自治区重点学科语言学及应用语言学经费资助

北方民族大学双一流建设经费资助

北方民族大学文学与新闻传播学院文库

隆德方言研究

杨苏平 ◎ 著

中国社会科学出版社

图书在版编目(CIP)数据

隆德方言研究 / 杨苏平著 . —北京：中国社会科学出版社，2018.10
ISBN 978-7-5203-3484-6

I.①隆… Ⅱ.①杨… Ⅲ.①西北方言-方言研究-隆德县 Ⅳ.①H172.2

中国版本图书馆 CIP 数据核字(2018)第 251495 号

出 版 人　赵剑英
责任编辑　任　明
责任校对　周　昊
责任印制　李寡寡

出　　　版　中国社会科学出版社
社　　　址　北京鼓楼西大街甲 158 号
邮　　　编　100720
网　　　址　http：//www.csspw.cn
发 行 部　010-84083685
门 市 部　010-84029450
经　　　销　新华书店及其他书店

印刷装订　北京君升印刷有限公司
版　　　次　2018 年 10 月第 1 版
印　　　次　2018 年 10 月第 1 次印刷

开　　　本　710×1000　1/16
印　　　张　24.5
插　　　页　2
字　　　数　401 千字
定　　　价　98.00 元

目　　录

第一章

绪　论

一　隆德县概况

（一）地理、人口

隆德县位于宁夏南部山区、六盘山西麓，地跨北纬 35 度 21 分至 35 度 47 分、东经 105 度 48 分至 106 度 15 分。县城东距六盘山 10 公里，北距银川 410 公里，西去兰州 380 公里，东去西安 340 公里，距固原县城 66 公里、西吉县城 53 公里、泾源县城 24 公里、静宁县城 37 公里、庄浪县城 47 公里。全县东西与南北之距相当，南北长 47 公里，东西宽 41 公里，总面积 1093 平方公里。海拔在 1720—2942 米之间，县城所在位置海拔 2100 米，地势东高西低。地貌类型分为黄土丘陵沟壑区、阴湿土石山区、河谷川道区。除六盘山外，散处于全县较为有名的山脉是凤太山、牧丹山、峰台梁、清凉山、北象山、蟠龙山等。县境内主要河流有渝河、葫芦河、庄浪河、好水河、甘渭河等七条河流。

到 2011 年，全县共有 3 镇 10 乡，即城关、沙塘、联财、神林、张程、杨河、凤岭、观庄、好水、陈靳、奠安、山河、温堡。全县共 128 个行政村，人口约 21 万，县内汉族人口约占 90% 以上，其余为回族人口，少数民族人口也使用当地汉语方言（以上材料来自隆德县政府官网）。

民国《隆德县志》有明确记载的人口大变迁，首次发生在明初洪武年间。当时县内人口一半属土达（即归于明朝的元代少数民族后裔），一半属山西洪洞县大槐树的汉族移民。县志的记载与民间口耳相传和一些家谱记述大体吻合。明末崇祯七年（1635 年），李自成农民军攻克县城，战乱加之崇祯十三年（1641年）的大饥荒，使县内人口锐减，户口仅存十之一二，这时汉族与土达基本融合。

　　第二次有明确记载的人口变更是清同治年间，西北回族反清起义，清政府派左宗棠等带兵镇压。兵燹之后，"全县属地十庄九空"，于是邻近秦安、静宁等地的汉族人"负耒耜而来"，陕西渭南、甘肃河州籍的少量回民则就近"安插而聚"。政府清理户口的结果是"本户十之二三，客户十之七八，而且客籍多旺盛，本户多单弱，旺盛者如水流之湛汪，单弱者如老木之就枯"。这次隆德人口空前绝后的大换血，发生在同治、光绪两朝，前后持续数十年，民国《隆德县志》慨叹道："同光时代，实隆德人悲惨历史也。"①

　　进入民国以后，1920年的海原8.5级大地震和连年旱灾造成的1929年大饥饿，又一次使刚刚恢复的人口大量死亡。庄浪、秦安、天水一带的流民随后不断迁来。形成了隆德境内处处可闻的所谓的"南里话"。

　　新中国成立以后到20世纪末，本地人口自然增长过快，人口密度越来越大。从20世纪80年代开始，隆德县不得不向宁夏中北部的黄灌区吊庄移民数万人，人口变迁流向首次发生了历史性的逆转。这些移民在新的居民点（例如，宁夏平罗境内的潮湖、吴忠境内的红寺堡等地）居住相对集中，因而形成了隆德话的境外"方言飞地"。

　　（二）历史沿革

　　据1998年新编《隆德县志》记载，隆德县古为戎狄部落游牧地，战国为秦国朝那县，秦属北地郡乌氏县。西汉武帝时析北地郡置安定郡，县境改属安定郡，县境时置月氏道以安置小月氏降者。西汉、魏、晋因之。隋属平凉郡。唐为原州监牧地。唐至德后陷没于吐蕃，五代时复归中央政权。宋大中祥符七年（1014年）筑笼竿城（今城关镇），为德顺军治地。天禧元年（1017年）在今西吉县火家集置羊牧隆城，属德顺军。庆历三年（1043年）更名为隆德寨。得名于羊牧隆城及德顺军两名之尾首二字。金皇统二年（1142年）升隆德寨为隆德县，县治在羊牧隆城。元初，隆德县治由羊牧隆城迁至笼竿城，隶陕西省巩昌路静宁州。明初，属陕西布政使司平凉府静宁州。嘉庆三十八年（1559年）直属平凉府。清属平凉府。民国时期，1913年属甘肃省泾源道。1935年属甘肃省第二行政督

──────────

　　①　以上材料引自民国《隆德县志》，第109—110页。

察区。

1949 年 8 月解放后，属甘肃省平凉专区。1958 年 3 月改属固原回族自治州，同年 10 月改属宁夏回族自治区固原专区。1970 年固原专区改为固原地区。2001 年固原地区撤地设市。

二 隆德方言的隶属及内部差异

本文研究的隆德方言是指分布在隆德县境内 3 镇 10 乡的方言，这 3 镇 10 乡是：城关、沙塘、联财、神林、张程、杨河、凤岭、观庄、好水、陈靳、奠安、山河、温堡。

按照 1987 年版《中国语言地图集》的划分，隆德方言隶属于中原官话陇中片，隆德周边各市县方言则分属于中原官话关中片、秦陇片和陇中片。隆德地处六盘山西麓，北面与东面有六盘山脉阻隔，地理位置相对闭塞，因而邻近的固原话（属秦陇片）、泾源话（属关中片）对隆德方言的影响不大。但西、南面分别与同属陇中片的甘肃静宁、庄浪等县区为邻，加之交通方便，人员往来密切，因而方言与其具有较大的一致性。根据平声是否分阴阳、新老派是否分尖团和泥、来母在今开口呼前是否相混，结合隆德境内的地理地形和周围环境，可以将隆德方言分为三片。

1. 北片。主要以县城北边的北象山（属六盘山支脉）为界，北象山以北的观庄、好水、杨河乡属于这一小区。包括 20 个行政村，人口约 4 万人。该小片的主要语音特点是有三个单字调，单字调平声不分阴阳（连调可分）；无论新派老派都不分尖团；泥母和来母不但在合口呼前相混，而且一些常用字在开口呼前也相混，如南 [læ̃²⁴] ＝兰 [læ̃²⁴]。此外，杨河乡回民话的声母 [t]、[tʰ] 在细音前腭化，音值接近 [tɕ]、[tɕʰ]，如：地 [tɕi⁴⁴] ＝记 [tɕi⁴⁴]；天 [tɕʰiæ̃²⁴] ＝铅 [tɕʰiæ̃²⁴]。

2. 中片。主要指隆德境内渝河流域的一些乡镇，包括城关、沙塘、联财、神林、张程、陈靳。地理上主要由渝河川道和两侧的一些二级台地（俗称塬）组成，土地肥沃，人口密集，物产丰富。加之西（西安）兰（兰州）公路 312 国道沿流通过，经济发达，人口约 10 万人，隆德县城位于渝河上游的城关镇。这一地区主要语音特点是有三个单字调，单字调平声不分阴阳（连调可分）；无论新派老派都不分尖团；泥母和来母不但在合口呼前相混，而且一些常用字在开口呼前也相混，如南 [læ̃²⁴] ＝兰

[læ²⁴]；匣母果摄开口一等歌韵常用字"河""何"等读合口呼。

3. 南片。指隆德境内甘渭河流域的山河、奠安、凤岭、温堡四乡，人口约 5 万人。其中温堡乡，四周被甘肃省庄浪、静宁 2 县属地包围。这四个乡的地理位置最为封闭，方言变化较为缓慢滞后。语音上的特点是：老派音不但平分阴阳、有四个声调，而且有尖团之分。泥母和来母只在合口呼前相混，如农 [luŋ²⁴] = 笼 [luŋ²⁴]；中古全浊声母仄声字读送气音的数量最多。因而在隆德三片话中，本片呈现出更加古老、更加稳定的特色。

本课题拟将南片老派话（具体为笔者家乡话——南片温堡话）作为隆德方言的代表进行重点研究。以下如不特别说明，所称隆德方言盖指南片话。

三　本课题的研究现状①

（一）隆德及宁夏方言研究状况

隆德本县的方言研究目前看到的较早的材料是纂修于民国二十四年的《隆德县志》，只有少数方言词条。无注音，释义简单。1977 年，为了配合推普工作，原宁夏大学中文系方言调查组调查了隆德方言（城关话）的语音，并与普通话进行了比较。可以说这是用现代语言学的方法调查研究隆德方言的肇始。

20 世纪 80 年代，由于纂修县志的需要，杨子仪先生整理了隆德方言的声韵调系统，材料较为粗疏，有油印本留传（未刊）。李树俨先生发表了《古知庄章三组声纽在隆德方言中的演变》（1993）。

进入新千年以后，始有本地方言工作者在隆德方言语音归属、语音特点和词汇方面进行研究，张安生发表了《宁夏境内的兰银官话和中原官话》（2008），指出隆德方言南片的老派音有四个声调，具有秦陇片的特点；新派音有三个声调，平声不分阴阳，具有陇中片的特点，这种分析符合处于过渡地带的隆德方言的实际。杨苏平发表了《宁夏隆德方言分尖团举例》（2008）、《隆德方言古词语例释》（2005）、《隆德方言四字格词

---

① 本节内容参考了张成材《陕西方言研究六十年评述》、雒鹏《甘肃汉语方言研究现状和分区》、张安生《宁夏方言研究综述》、李生信《宁夏方言研究五十年》、张成材《青海汉语方言研究五十年》、乔全生《晋方言研究综述》等文章。

语音义例释》（2006）、《隆德方言音系与中古音系的比较》（2009）、《宁夏隆德方言古从母仄声字的声母异读现象》（2012）《宁夏隆德方言古全浊声母今读的送气现象》（2013）等文章。从以上研究的内容来看，未涉及语法，谈不上专门系统研究。

宁夏方言研究方面，1979 年，宁夏大学中文系方言调查研究小组集体编写的《宁夏人学习普通话手册》为以后宁夏方言的深入研究提供了起点和平台。

1980 年以后，研究宁夏方音的论文有：张安生《银川方言的连读变调》（1981，宁夏语言学会会议论文，油印稿），张盛裕《银川方言的声调》（1984）、《银川方言三字组的连调》（1987）。1990 年，张安生的《银川话阳平、上声合并史探析》，通过兰银官话内部近亲方言的比较研究，认为：银川话及银吴片方言阳平、上声的合并缘起于上声调值的演变；演变导致了上声"本调"与"变调"的历史性换位：现在的"变调"是从前的"本调值"，而现在的"本调"则是从前"两上相连前变阳平"的变调值类推演变的结果。文章还对上声起变的原因、上声在不同分布条件下演变的速度及方式、上声与阳平合并的年代进行了探讨。2005 年发表了《银川话阳平、上声合并史新探》，就这一问题进行了新的讨论。

1998、2001 年，李倩的两篇论文《宁夏中宁方言"～子"的语法功能和特殊变调》《中宁方言两字组的两种连调模式》对中宁话的连调模式进行了深入探讨。上述论文在方言学界产生了较大影响。

张安生《宁夏境内的兰银官话和中原官话》（2008），阎淑琴《固原方言吸气音中的两个听辨实验》（2009）等论文分别就宁夏境内秦陇片的一些语音专题进行了讨论。曹强硕士论文《海原方言音韵研究》（2006）对属于秦陇片的海原音韵做了较系统的研究。王玉鼎《论海原方言的浊音清化规则及其形成原因》（2009）对海原方言的全浊声母清化规则做了初步探索，指出有 13 个常用仄声字有读送气音的现象。

西夏学专家李范文的《宋代西北方音》（1994）根据西夏人骨勒茂才《番汉合时掌中珠》里西夏文和汉文的对音材料，对 12 世纪末汉语西北方音及西夏语的声母、韵母逐一进行了分析和音值构拟，总结了宋代西北方音的特点。

20 世纪 80 年代中期以来，宁夏语言工作者参与了国家社会科学基金重点课题的研究工作。《普通话基础方言基本词汇集》全书共五卷，包括普通话基础方言区 90 多个方言点的音系和基本词汇比较。银川点由高葆泰完成。

由李荣担任主编的《现代汉语方言大词典》41 卷本是国家社科基金八五重点课题，其中《银川方言词典》分卷（1996）由李树俨、张安生调查编写。

宁夏方言词汇专题研究在以下两方面做得比较深入扎实。

一是对方言所存古语词的研究。代表作有林涛的《中卫方言中的元明清白话词语》（1983），《中卫方言本字考》（2000），杨子仪《固原方言本字考释》（1991），张安生《同心（回民）方言词语考释》（1994，1996）。

二是对回民话中特殊词语的研究。这方面的论文有：张安生《同心回民话中的阿拉伯语、波斯语借词》（1994），李树俨《吴忠回民使用的阿拉伯语、波斯语借词》（1995），《灵武回族使用的选择性用语》（2002），林涛《纳家户方言的外来语和特殊词语》（1999）。

马学恭、温复儒、杨子仪、李树俨分别对贺兰、固原、中宁方言的语法特点进行了探讨，这些论文对宁夏地点方言语法的系统描写起到示范作用。

张安生《宁夏同心（回民）方言的语法特点》（1993）、李倩《宁夏中宁方言的虚词"着"》（1997）、李树俨《宁夏方言和晋语某些相似的语法现象》（2003）揭示了宁夏方言的一些重要语法特点。进入新千年后，还出现了几篇从共时和历时两方面研究某种语法现象的论文。例如，李树俨的《银川方言人称代词复数的两种形式及词缀"都"》（2001），张安生的《宁夏同心话的选择性问句——兼论西北方言"X 吗 Y"句式的来历》（2003）。这些论文在西北方言语法比较研究方面的价值引起了国内同行的注意。

在分区研究方面，从 1959 年到 1982 年宁夏语言学界对境内方言的差异进行了初步探讨。张盛裕、张成材《陕甘宁青四省区汉语方言的分区（稿）》（1986）将宁夏俗称山区话、川区话的南北两大片方言分别划在中原官话、兰银官话里，又将南部各县方言分别归入中原官话关中、秦陇、陇中三片。

李树俨的《宁夏方言的分区及其归属》（1986），根据李荣的意见对宁夏方言的内部区划、隶属及命名、分区标准及层次发表了自己的见解。《试论宁夏方言的形成》（1988）一文，依据宁夏方志及其他史料进一步探讨了宁夏北部兰银官话区形成的社会历史背景。高葆泰《宁夏方言的语音特点和分区》（1989），对宁夏方言的分区及命名与李文略有不同。

张安生的《宁夏盐池方言的语音及归属》（1992），依据实地拉网式调查的材料，纠正了以往及张盛裕、张成材文对盐池话分析的错误，将盐池话归入中原官话。高葆泰、张安生在《银川话音挡·宁夏方言概说》中也涉及分区问题，并认为宁夏南北两大方言地理分野的形成与自宋夏对峙开始的近千年南北政区隶属不同有很大关系。

对一地方言进行综合研究始于 20 世纪 80 年代中期。李树俨的《中宁县方言志》（1989）和杨子仪、马学恭的《固原县方言志》（1990）分别对中宁、固原话的语音、词汇、语法进行了系统研究和描述。此后高葆泰、林涛的《银川方言志》（1993）、林涛《中卫方言志》（1994）相继出版。

张安生的《同心方言研究》（2000，2006）是首部关于宁夏方言的研究性专著，在宁夏方言研究中具有一定的开拓价值。《银川话音档》（高葆泰、张安生，1997）属于综合研究银川话成果，包括一盒音带、一册文本，是国家九五社科基金重点课题《现代汉语方言音库》的子项目。

从以上简述可以看出，宁夏中北部方言研究较为深入，取得了一批较为重要的成果。宁夏南部山区方言除固原点以外，几乎处于拓荒阶段，即使有少数论文，也谈不上有什么影响。

（二）陇中片及西部中原官话的研究状况

陇中片。有关论文有张盛裕《敦煌音系记略》（1985），曹志耘《敦煌方言的声调》（1989），莫超、朱富林《洮河流域汉语方言的语音特点》（2009），青海师院中文系方言调查组调查、张成材整理的《乐都音系》（1960），曹志耘、邵朝阳的《青海乐都方言音系》（2001），张成材《中古音与青海方音字汇》（1979）也涉及陇中片的几个点。综合研究有刘伶的《敦煌方言志》（1988）、郭纬国《循化方言志》（1995）等，还有各市县编写的地方志中也有方言部分，质量参差不齐。

总体来说，陇中片方言无论是从研究内容的深度、广度，还是研究方法上都处于十分落后的状态，其成果更谈不上有什么学术影响。这种状况与陇中片所蕴藏的语言资源是不相称的。

　　秦陇片主要分布于宁夏回族自治区南部、甘肃省西部、陕西省陕南、陕北南部、关中西部、青海东部等地区。

　　语音方面。高本汉在20世纪初的《中国音韵学研究》一书用现代语言学的眼光考察了33个点的汉语方言，其中就有秦陇片的平凉和泾川。改革开放以后，甘肃方言界产生了一批质量较高的论文：雒鹏《中古开口一等字在今武山方言中也有i介音》《陇东方音记略》（2000）、《甘肃汉语方言声韵调及特点》（2001）、《靖远方言两字组及变调》（2002）、《靖远方言儿化韵变调及特点》（2003）、《甘肃方言中的阳声韵》（2006），莫超、朱富林《洮河流域汉语方言的语音特点》（2009），这些文章不断将甘肃境内秦陇片方言研究推向深入。近年来，学术界对秦陇片代表点宝鸡话的关注较多。论文有：郭沈青《宝鸡方言同音字汇》（2001），王军虎《陕西凤翔方言两字组的连调模式》（2010）。有的学者将宝鸡话置于关中方言的大视野下进行研究，张维佳的《演化与竞争：关中方言音韵结构的变迁》（2005）较多地涉及了这方面的内容。青海省主要成果之一是将西宁点方言与中古音进行比较，代表专家有都兴宙（1991，1992）和张成材（1995，1996）。其次是配合侯精一主编的《现代汉语方言音库》，张成材负责完成了《西宁话音档》的编写和录制。

　　词汇方面。值得一提的是，张纯鉴、雒鹏主持的1992年度国家社科课题"《甘肃方言词典·陇东卷》编写"已经完成结项。张崇、王军虎《陕西方言语法和词汇方面的几个特点》（1998），所谈陕西方言词汇涉及了宝鸡点。李荣主编的《现代汉语方言大词典》，由张成材负责完成了西宁点的撰写工作。李行健、陈章太主编的《普通话基础方言基本词汇集》，张成材负责西宁点。

　　语法方面。较重要的成果是《白龙江流域汉语方言语法研究》（莫超，2004），该研究展示了白龙江流域汉语方言语法的概貌，结合人文历史，探讨了少数民族语言特别是蒙古语对汉语方言的影响。为丰富中国境内中原官话与少数民族语言的接触理论提供了新的语料。有一批学者对青海省内汉语方言的"动宾式"结构做了深入研究。河北大学张安生教授（2007）在《中国语文》上发表了《西宁回民话的引语标记"说着""说"》，该文指出，西宁回民话的引语标记"说着""说"是与本土方言SOV型语序倾向相和谐的后置式引语助词，与亚洲大陆的SOV黏着语的引语标记属于同一类型，这种引语标记当是在蒙古语族语等阿尔泰语言的影响下产生的，两词分别是早期动词"说"的连接式和陈述式语法化、凝固化的结果。

综合研究方面，值得一提的是张成材、朱世奎合作完成的《西宁方言志》，全面系统地研究了西宁方言，记录了4000多条方言词汇。

关中片方言研究在上个世纪形成了三次高潮。20世纪20—40年代最具代表性的成果是《关中方言调查报告》。1933年春，语言学家白涤洲先生调查了关中43个县50个点的方言，汇集了大量的音韵材料。50年代的研究，重点在描写关中各点方言，并且把它们与普通话做比较，寻找方言与普通话之间的对应规律。研究目的是为推广普通话服务。改革开放以后，关中方言研究进入了全新阶段，产生了一批重要成果。

语音方面。张维佳的《演化与竞争：关中方言音韵结构的变迁》，该著作在重视对方言共时结构细致描写的基础上，重点论述方言音韵结构历时变迁及音变条件的分析和解释，导向对演变过程、规律的探讨。张成材《中古合口三等韵字在岐山方言中遇知组、照组、日母读开口》《商县方言两字组的连读变调》，孙立新《户县方言的连读变调》，唐明路《西安方言音 pf、pfh 的共时音变》，张维佳《关中方言鼻韵尾的演化模式》《关中方言古全浊声母次清化及其与赣客方言的关系》《陕西关中方言的 ʅ 类韵母》等，这些文章对语音连读变调和方音要素的社会变异过程做了重点讨论。对古关中方言的音韵研究取得了一定的成绩。尉迟治平《周隋长安音初探》《论隋唐长安音和洛阳音的声母系统》，刘广和《唐代八世纪长安话声纽》，黄淬伯《唐代关中方言音系》，储泰松《唐五代关中方音研究》，日本学者桥本万太郎《西北方言和中古汉语的硬软腭音韵尾》，这些文章有的探讨中古长安音系的特点，有的强调古关中方言在汉语史上的发展地位。

词汇方面。1996年国家社科基金七五重点课题成果《普通话基础方言基本词汇集》由语文出版社出版，其中，西安点的调查、撰稿工作由吴天惠、张安生完成。王军虎《西安方言词典》收词8000余条，选词缜密，解释详尽，编排科学。另外还产生了一批考释方言词语的论文。

语法方面。较重要的成果有《关中方言代词研究》（孙立新，2010）《关中方言语法研究》（孙立新，2014）

进一步对关中各点方言进行细致的调查描写，到目前为止，已正式出版新方言志 20 余部，其中张成材的《商县方言志》独立成册，其余都包含在各县县志中。单点的调查报告还有孙立新的《户县方言研究》《西安方言研究》，毋效智的《扶风方言》。2008 年以来，由邢向东主持的《陕西方言重点调查研究》的成果相继面世，其中反映关中方言的《合阳方言调查研究》（邢向东、蔡文婷著）已经出版。

汾河片方言研究的历史虽然很长，但运用现代科学的方法来研究汾河流域方言始于 20 世纪初叶。瑞典汉语家高本汉于 1910 年前后调查了山西境内一些点的方言语音，这里就有汾河片的平阳（今临汾）点，并将其收在《中国音韵学研究》一书中。

进入 21 世纪以后，运用历史比较语言学的方法和理论对汾河片的语音进行分析和研究，取得了较大的成绩。代表著作有乔全生《晋方言语音史研究》和王临惠《汾河流域语音演变研究》。

涉及汾河片语法专题方面，有乔全生的《晋方言语法研究》，本书在语法研究中，进行了多方面的比较，在共时比较中，既注意了与共同语的差异，也注意了内部的不同。在纵向比较方面，指出汾河片中一些句式，如"动+宾+着"的句式，和宋元白话是一脉相承的。

20 世纪 80 年代初期，属于汾河片的一些方言志相继出版，如《汾西方言志》（乔全生，1990）、《洪洞方言志》（乔全生，1983）、《临汾方言志》（潘家懿，1990）、《新绛方言志》（朱耀龙，1990）、《万荣方言志》（吴建生，1984）。由侯精一和温端政先生共同主持的《山西方言调查研究报告》（1993）全面系统地描写、分析了山西方言，包括汾河片全部方言点。另外由乔全生主编的《山西方言重点研究丛书》相继出版，其中包括属于汾河片的《洪洞方言研究》《河津方言研究》等。

相关境外方言岛研究状况。清代同治年间西北回族反清起义失败以后，陕甘宁青回族后裔（目前有 12 万人）在中亚地区集中居住，形成了中原官话境外方言岛——学界称为东干语。

改革开放以前，研究东干语的学者主要是东干族本族一些学者如伊玛佐夫等人。这些研究成果大多不为境内学术界所了解。值得一提的是苏联汉学家 A. A. 龙果夫《现代汉语语法研究》（第一卷词类），该书中的语料有些是东干语中的甘肃方言。

改革开放以后，东干语逐渐受到国内语言学界的重视。海峰、王森、丁宏、桥本万太郎、胡振华分别就有关问题撰写过一批论文。

随着对东干语专题研究的深入，开始出现一批综合研究的成果。新疆大学的海峰博士《中亚东干语言研究》（2003）是我国出版的第一部有关东干语语言研究的综合性学术著作。

稍后有北方民族大学林涛教授《中亚东干语研究》（2003），为国内了解、研究东干语和东干历史文化提供了丰富的资料。林涛先生后来又出版了《东干语论稿》（2008）、《中亚回族陕西话研究》（2009）等著作。

以上研究从不同的角度探讨了中原官话境外方言岛与其他民族语言的接触和演化情形。

晋陕甘宁青地区的中原官话研究正在不断升温，所蕴藏的学术价值已越来越得到学界的重视。但是从目前研究状况来看，研究处于不平衡状态，主要表现在以下几个方面：

一是综合研究所涉及的点太少，山西和陕西已经启动了"山西方言重点研究"和"陕西方言重点研究"计划，这方面的不足将会逐步得到改观。汾河片、关中片及秦陇片的综合研究成果将会越来越多。但宁夏、甘肃、青海在这方面还未有相关计划，因而地跨宁夏、甘肃、青海三省区的陇中片方言综合研究在短期内无法得到根本改善，这种现象应该引起学界的高度重视。

二是汾河片、关中片的研究成果相对丰厚，而秦陇片和陇中片的研究成果比较薄弱，尤其是陇中片的研究可以说还十分落后。这种现象与陇中片方言所蕴藏的巨大语言资源是不相称的。

三是从研究方法来说，用历史语言学的方法和思路对关中片、汾河片方言的共时现象进行纵向的考察，从"史"的角度来解释共时现象中的语言事实，找出方言在历史语言中的演进节点。同时又注重共时比较，在比较中来确定所研究的方言在周围近亲方言中的环节，是近年来方言研究的一个新的特点，取得了较大的成功。这方面代表专家有张安生、王军虎、乔全生、邢向东、张维佳、王临惠等。总体来说，学界对陇中片、秦陇片方言事实的共时描写较多，缺少纵横两向比较。

四是在进行语音历史比较的时候，除了少数成果以外，大多数研究只注重方言与中古汉语的比较，缺乏与唐宋西北方音的比较研究。

五是在语言的接触演变研究中，注重与周围少数民族语言关系的研究，不重视强势方言（例如，普通话）对本地方言的影响和渗透。

有鉴于以上几点不足，笔者决定以属于陇中片的宁夏隆德县为切入点，按照历史语言学的方法，进行重点综合研究，自然有其学术价值。

四　本课题的研究思路、方法和价值

（一）研究思路、方法

1. 运用描写语言学的理论和方法，深入实地，全面梳理和描写宁夏隆德方言的语音系统、词汇系统、语法系统及其三者正在经历的共时变化，以大量新鲜的语言事实及其对事实的分析判断为前提，丰富学界对中原官话陇中片的感性认识和理性认识。

2. 在充分利用调查资料和现有资料的基础上，运用历史比较语言学的理论和方法，离析出叠加在隆德方言共时平面上的历史层次，探析各种历史层次之间累加关系和先后顺序，从而丰富学界对中原官话陇中片演进历史的具体认识，通过分析，也可以预测该地方言未来的变化方向。在离析语音层次的过程中，要以《切韵》音系作为观照点，同时还要注意唐宋西北方音对隆德方言的重要参照作用。

3. 在微观描写的基础上，将隆德话放在官话方言的宏观格局中，与周围近亲方言，特别是官话方言进行横向比较，分析隆德方言在这种宏观格局中的地位和属性。在外向比较中还要注意与普通话进行比较。普通话正以前所未有的力量促使隆德话发生着深刻的变化，影响着隆德话未来历史变化的方向，这种变化主要体现在新派和老派在语音、语汇和语法三方面的差异。本课题就是要在共时描写的基础上，科学揭示隆德方言原有的各系统正在经历的重新分化组合和变异过程。

（二）研究价值

每一种汉语方言都因其自身的各种因素因而具有特殊的研究价值。《中国语文》杂志在纪念语言所建所六十周年时发表特约评论员文章指出："今后将深入调查汉语方言的空白点，以期掌握汉语方言的更多的事实，在此基础上探讨汉语方言语音的构造和演变规律，汉语方言语音和语法之间的关系，建立汉语方言语音数据库；在过去汉语方言 41 部词典的基础上建立数据库，编写汉语方言分类词典；从汉语方言语法类型研究入手，建立普适于不同方言、语言的语法调查和研究的操作平台，同时注重共时差异与历时演变的结合研究；把汉语方言与书面语历史材料结合起来研究，为汉语历史的分析和解释提供重要的参数和理据。"作为中原官话重要组成部分的陇中片方言，无论是语音、词汇、语法各个方面，都有自己的鲜明特色。不仅与兰银官话、中原官话关中片、秦陇片、汾河片的方言有较大差别，就是在陇中片内部也有一定的差异。方言的这种共时差异反映了汉语官话方言的形成历史。目前的学术界，对中原官话西部地区的研究，关注的重点在汾河片、关中片、秦陇片，因而其学术成果相对丰富，认识较为深刻。陇中片的方言研究还比较薄弱，有些县市的方言研究至今还是盲点和空白。学术界在讨论中原官话的特点、演进历史时，很少有人提及陇中片的语言事实。西北地区蕴藏着极为丰富的语言资源，特别是隆德处在大山深处，长期以来，远离中心城市，在政治、经济、文化上处于社会神经的末梢地带，权威方言的影响相对薄弱，语言演进相对缓慢滞后，在其他方言区早已经消失的语言演变现象在隆德话中还正在发生之中，因而是一种更加古老的方言，具有其独特的研究价值。

隆德县处于属于西夏故地的宁南山区，据史书记载，宋夏之间在隆德境内发生过大规模的战争，是西夏政权与宋相互争夺的地方。与兰银官话相比较，中古的浊塞音、浊塞擦音仄声字在白读音中保留了送气的特点，这个现象又反映了宋西北方音"全浊送气"的特点。在宁夏境内比较特殊。长期以来，这个重要的语音现象不为语言学界所知。丁邦新说："客家话既然确实是从陕西、山西、河南之间迁徙而来，何以现在北方官话各小方言都没有全浊塞音平仄全变送气清音的现象？……在北方官话中只找到不完整的记录，如灵宝。"蒋绍愚总结道："至于在《大》中浊声母清化后全变成送气，这在汉语方言中有这种类型（如客家话）。尽管现代西北方言中没有这种类型，但在唐五代河西方言中有这种类型绝不是不可能的。"近20年来，有关学者在山西、陕西、甘肃等地都相继发现并报道了这种"全浊送气"的白读音层，研究成果丰厚。张维佳认为，西夏文献《文海》《音同》《番汉合时掌中珠》所反映的汉语字音代表的是秦陇和关中一带的方言，因为在西夏故地的宁夏、陕北、甘肃西北、青海东北、内蒙古南部方言中没有发现古全浊声母读为次清声母的任何例证。并且认为以上文献的出现与西夏人同关中人的交流有关系。学术界在讨论西北现存的"全浊送气"白读音层时完全排除了西夏故地宁夏地区，这个问题的调查研究可以丰富学术界对全浊清化规律的认识，也可以为构拟唐宋西北方音的地理分布提供参证。

关于精组、见组字腭化历史问题。除见组二等字（个别一等字也有腭化现象，如"刚"）在隆德方言中存在腭化与非腭化的文白两读以外，其他见组细音已经全部演变为舌面音了。精组字的细音在齐齿呼前保留了尖音的读法，在撮口呼前全部与团音字合流。隆德方言存在的这些腭化层次，既印证了学术界的一般结论，即"在官话方言之中，见系的腭化远较精系为普遍，也许见系的演变比较早"（丁邦新），也为精系细音的腭化提供了新的层次证据。在白读音中，精见系字与普通话相比，有的字普通话腭化了，隆德话还未腭化；有的普通话腭化了，隆德话也腭化了；有的普通话没有腭化，而隆德话腭化了。这些现象说明，白读音的历史音变不总是落后于强势方言，有的甚至先于强势方言，随着普通话的推广，这些已经腭化了的音又要发生逆向音变，以保持与强势方言的同步发展，这些现象都有助于学界对汉语腭化问题的理论认识。

语汇方面，同北京话相比，隆德方言在其俗语中保留了历代汉语词语，从先秦两汉，到元明清，可以说历代文献中的词语都可以在这一方言中找到其残留。这些词语曾经在汉语的某个时代是雅言，是流行语，后来由于种种原因，在新的雅言或通语中不再使用，但是这些词语却在方言中保留了它的音义。研究这些方言俗语，可以激活这些词语在文献中的意义。可见，俗与雅是一对辩证关系，这些历史词语的整理与研究，也是历史语言学的一个重要内容。隆德方言有一套严密的亲属称谓语系统，目前，新派话正在逐步接受强势方言的称谓语，因而两种系统正在发生竞争，研究这种竞争，可以从一个微观的窗口观察到语汇的叠置式变化。在长期的生活实践中，隆德及其周围的人民群众，经过世世代代的创造、加工和提炼，形成了成千上万条有别于普通话、富于地方特色、语义表达丰富多彩的语汇。这些语汇可以精确表达当地人民任何思想，完全可以满足老百姓的交流需要，可以说，这些语汇是汉语语料库中的有机组成部分，是语言文化的宝贵财富。令人遗憾的是，随着文化教育的普及，强势方言正在不断蚕食这种非物质文化遗产。抢救性地整理和发掘这些财富，是摆在语言文化工作者面前的重要任务。

隆德方言的语法特点主要表现在以下方面。拥有丰富的词缀；有一些流传地域较窄的特有副词；有一套专门表示陈述、疑问、感叹、祈使的语气词；有一些特殊的句式，（例如，选择疑问句式：VP 吗不 VP，或：VP 吗不），"着"字的一些特殊用法，被动句式和使动句式等。这些语法现象，有的见于汉语的其他方言又见于历史文献，有的只见于汉语的其他方言而不见于历史文献，有的不见于其他方言只见于历史文献，有的既不见于其他方言也不见于历史文献。梳理和研究隆德方言的语法现象，可以进一步丰富学界对中原官话语法流变的认识。

五 本课题的调查依据及相关说明

（一）本课题的调查依据

1. 语音调查的依据为中国社会科学院语言研究所编制的《方言调查字表》（1981 年新 1 版，以下简称《字表》）。《字表》共收录单字 3700 多个。笔者调查根据隆德方言具体情况适当做了调整，不用的字不再记录，另外增加了一些方言常用字。

2. 词汇调查的依据为中国社会科学院语言研究所编制的《汉语方言词语调查条目表》（《方言》2003 年第 1 期），另外笔者根据需要做了适当调整。

3. 语法调查大纲、例句参考了游汝杰《汉语方言学教程》附录三和附录四。

4. 变调、轻声、儿化调查主要依据张安生师编制的相关表格、资料。此外根据需要，笔者还参考了一些专著、论文的表格，自制了一些表格。

5. 在发音合作人的选取上，首要条件是地地道道的本地人（父母也是本地人），从学会说话到现在基本上生活在本地，一直在说本地方言，不讲或不会讲普通话或外地话。其次在年龄上以中老年为主，文化程度以中等偏下为主，以保证合作人的话语少受或不受书面语/共同语的影响。

（二）语料来源

隆德方言语音、词汇、语法语料绝大部分为笔者田野调查获得，少部分语汇资料参考了隆德中学乡土教材。

宁夏境内各代表点语料参考了《同心方言研究》《银川话音档》《宁夏方言概要》等著作。

用以比较的官话方言语音资料来源于《汉语方音字汇》和《现代汉语方言音库·字音》。用以比较的核心词语料来源于《现代汉语方言核心词·特征词集》《兰州方言词典》等文献。语法语料参考了《现代汉语方言音库·语法例句》和《同心方言研究》《神木方言研究》等专著。

（三）发音合作人（以调查先后为序）

1 杨翼翔，男，68 岁，农民，小学文化，山河乡山河村人。

2 赵志霞，女，42 岁，个体户，小学文化，张程乡后脑村人。

3 赵芳萍，女，49 岁，农民，小学文化，张程乡后脑村人。

4 李有才，男，80 岁，退休职工，中专文化，城关镇临泉村人。

4 武萍，女，23 岁，中学教师，大学文化，城关镇临泉村人。

5 张义，男，64 岁，退休职工，初中文化，张程乡桃园村人。

6 魏占峰，男，77 岁，退休职工，小学文化，凤岭乡白坡村人。

7 吴殿举，男，79 岁，退休职工，小学文化，温堡乡吴沟村人。

8 党安太，男，56 岁，个体户，小学文化，奠安乡旧街村人。

9 杨新义，男，50 岁，农民，初中文化，奠安乡旧街村人。

10 郭云，男，57 岁，农民，小学文化，奠安乡旧街村人。

11 马慧，女，15 岁，隆德第三中学初中学生，奠安乡旧街村人。

12 马芬，女，14 岁，隆德第三中学初中学生，奠安乡旧街村人。

13 李毓，男，57 岁，农电工，小学文化，山河乡崇安村人。

14 杜海珠，男，62 岁，农民，初中文化，温堡乡杜川村人。

15 程继刚，男，20 岁，农民，初中文化，温堡乡程岔村人。

16 杨文广，男，58 岁，退休职工，中专文化，温堡乡张杨村人。

17 杨文才，男，47 岁，电信职工，高中文化，温堡乡张杨村人。

18 杨景渊，男，25 岁，个体公司经理，大专文化，温堡乡张杨村人。

19 张颖颖，女，21 岁，个体户，中专文化，温堡乡新庄村人。

20 卜迎学，男，58 岁，个体医生，初中文化，温堡乡卜岔村人。

21 王鸿儒，男，68 岁，退休职工，中专文化，温堡乡夏坡村人。

22 马生明，男，52 岁，农民，高中文化，凤岭乡齐岔村人。

23 魏强强，男，14 岁，小学生，凤岭乡齐岔村人。

24 魏锡明，男，69 岁，农民，小学文化，凤岭乡魏沟村人。

25 陈志信，男，54 岁，农民，小学文化，凤岭乡冯碑村人。

26 邓选，男，72 岁，农民，农民识字班结业，凤岭乡冯碑村人。

27 聂志学，男，66 岁，农民，小学文化，联才镇街道村人。

28 张全，男，55 岁，个体户，小学文化，联才镇街道村人。

29 张军，男，44 岁，个体户，初中文化，神林乡神林村人。

30 张晓琴，女，45 岁，个体户，小学文化，神林乡神林村人。

31 李友仁，男，75 岁，退休教师，大专文化，神林乡神林村人。

32 张骞，男，76 岁，退休职工，初中文化，沙塘乡新民村人。

33 张喜平，男，45 岁，农民，高中文化，沙塘乡和平村人。

34 张世孔，男，87 岁，农民书画家，大专文化，温堡乡老庄村人。

35 王刚，男，35 岁，个体户，小学文化，城关镇十里村人。

36 金琳，男，64 岁，个体户，小学文化，大庄乡姚套村人。

37 李召甫，男，65 岁，北联池寺院僧人，小学文化，大庄乡前村人。

38 王俊彪，男，38 岁，个体司机，初中文化，大庄乡大庄村人。

39 厉喜子，男，45 岁，中学教师，大学文化，大庄乡观堡村人。

40 解东红，男，46 岁，个体户，初中文化，好水乡红星村人。

41 罗治平，男，60 岁，农民，小学文化，陈靳乡罗峡村人。

42 穆世军，男，36 岁，小学教师，大专文化，杨河乡人。

（四）音标及特殊符号说明

1. 本文音标符号使用国际音标，声调调值采用五度标记法，用阿拉伯数字表示。另外，部分内容用直音法对某些方言词语注音，以便于隆德本地人查阅时参考。

2. "□"代表有音无字的音节，"~"代表例字。在声韵调配合表中，"○"代表不存在的音节。

3. 字下加"－"表示白读音，加"＝"表示文读音。字下加"…"表示不明原因的又读音。

附　图

（一）隆德县在宁夏行政区划中的位置图

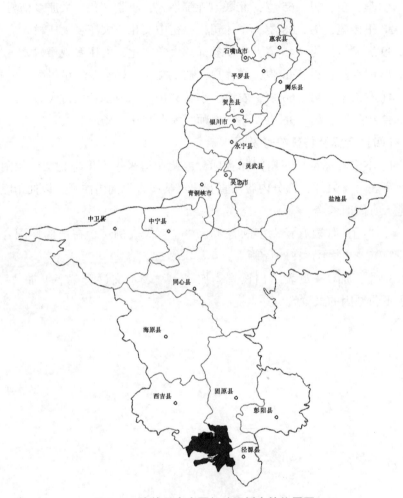

图 1-1　隆德县在宁夏行政区划中的位置图

（二）隆德方言在中原官话陇中片中的位置图

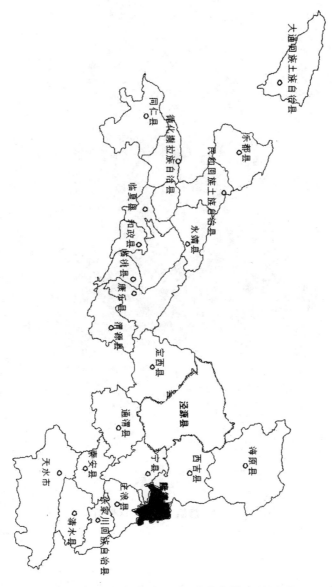

图 1-2　隆德方言在中原官话陇中片中的位置图

（三）隆德方言内部区划图

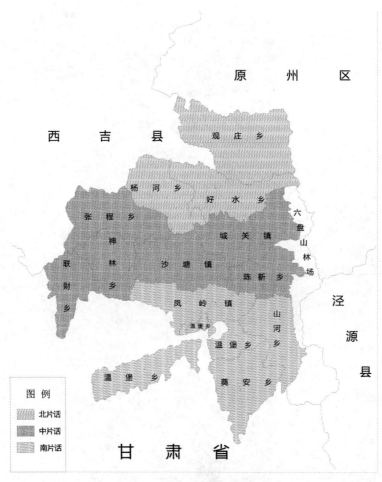

图1-3　隆德方言内部区划图

第二章

语　音

　　本章从共时和历时两方面考察隆德方言的语音系统。共时方面，主要描写隆德方言的单字音系和语流音变；历时方面，主要考察隆德方言与中古音声韵调的演变关系、文白异读及其历史层次。此外，从共时、历时相结合的角度，对古全浊声母仄声字的送气现象、古从母仄声字的声母异读现象进行专题讨论。

　　本章隆德方言记音以南片温堡话为代表，发音合作人张世孔。

第一节　单字音系

一　声母

　　隆德话有 24 个声母，零声母包括在内。

p 布班饱白	pʰ 怕胖盘步	m 门母买面	f 飞非冯副	v 围危微午
t 到达多道	tʰ 太同夺道	n 难怒女严		l 连吕笼农
k 贵归国街	kʰ 开苦葵跪	ŋ 案岸安额	x 化话咸活	
tɕ 经结杰及	tɕʰ 丘旗去局		ɕ 旋休虚俗	
tʂ 招蒸知丈	tʂʰ 昌潮丈着		ʂ 十石扇深	ʐ 然人绕日
ts 增争祖精	tsʰ 仓秋齐绽		s 丝修师诗	ø 延元而远

说明：

　　1. 中古的知、章、庄三组音在隆德话中演变为 [tʂ]、[ts] 二组音，演变类型属于昌徐型（熊正辉，1990）的下位类型洛阳型；演变的条件是，知组二等、庄组、章组止摄今开口呼字，读 [ts] 组音，其余读 [tʂ] 组音。[tʂ] 组音与合口呼韵母相拼时，其实际音值读舌叶音 tʃ

（猪）、tʃʰ（虫）、ʃ（书）、ʒ（绒）。［tʂ］组音与［tʃ］组音开合互补，因而分别合并为一个音位。

2. 中古精组字齐齿呼前分尖团，读［ts］组音；撮口呼前不分，读［tɕ］组音。

3. 中古全浊声母仄声字（塞音和塞擦音）清化后部分字读送气音。

4. 部分古见系二等常用字在白读音中保留了舌根音的读法（韵母也读洪音），例如，"街、咸"。

5. 中古的泥、来母字在合口呼前混读为［l］，例如，"农［luŋ²⁴］＝笼［luŋ²⁴］"。

6. 普通话开口呼零声母字，隆德话读［ŋ］母字。部分疑影母齐齿呼字声母读［n］，例如，"咬、硬、疑、仰、压、押、严"。

二　韵母

隆德话有 30 个韵母，分列如下。

ɿ	资支迟思	i	第地集急	u	故木出鹿	y	雨驴鱼欲
ʅ	知直日持						
ər	耳儿二尔						
a	爬把拉拿	ia	架夹霞家	ua	抓刮滑夸		
ə	河蛇舌合	iə	铁介姐野	uə	过落活括	yə	确缺月药
ɔ	饱保桃烧	iɔ	条交焦桥				
əu	斗丑收走	iəu	流刘由求				
ei	盖倍妹来			uei	怪桂贵帅		
æ̃	胆三竿含	iæ̃	连廉帘艰	uæ̃	短酸船官	yæ̃	权圆园袁
əŋ	根庚更恳	iŋ	林邻心星	uŋ	魂红温翁	yŋ	云群琼穷
aŋ	党桑狼刚	iaŋ	良量杨央	uaŋ	光床狂黄		

1. 只有［ŋ］尾一类鼻韵母。深臻摄与曾梗摄合流，咸山摄韵尾脱落，主要元音鼻化。

2. 合口呼韵母与［tʂ］组声母相拼时，［u］韵母与介音［u］音值读为［ɥ］。

3. 果摄一等字多读为［ə］［uə］韵，个别常用字读［a］韵，如"他、哪"，这在官话方言里大体一致。有的字在个别土语词中也读［a］韵，如"哥（小拇哥哥）"，反映了中古音的语音层次。

4. 流摄开口一等来母字的韵母读 [u]，如"楼、搂、漏"。

5. 止摄合口三等见系一些常用字的白读音，读同鱼韵 [y]，例如，"毁、讳、渭、猬、慰、苇"，属于"知微入鱼"现象。

三 声调

隆德话有 4 个声调，调类、调值如下。

阴平 213 高抽诗边挖拉德灭 　　阳平 24 唐穷房寒神文局读

上声 53 古丑死走体粉有碗 　　去声 44 盖共是近大爱怒用

说明：

1. 老派话仍有四个单字调，新派话单字调阴阳平已逐渐不分。

2. 中古清声母入声字和次浊入声字归阴平调，全浊入声字归阳平调。

四 声韵调配合关系

表 2-1　　　　声韵调配合关系表（1153 个音节）

声母	ʅ	ɭ	ər	i	u	y	a	ia	ua
	阴阳上去	阴阳上去	阴阳上去	阴阳上去	阴阳上去	阴阳上去	阴阳上去	阴阳上去	阴阳上去
p	○○○○	○○○○	○○○○	逼○比被	不○堡布	○○○○	八○把霸	[12]○○[13]	○○○○
pʰ	屄○○屁	○○○○	○○○○	批皮匹○	扑仆普步	○○○○	[5]爬[6]怕	[14]○[15]○	○○○○
m	○○○○	○○○○	○○○○	密弥米眯	木谋苗墓	○○○○	抹麻马骂	○○○○	○○○○
f	○○○○	○○○○	○○○○	○○○○	肤福斧富	○○○○	法乏○○	○○○○	○○○○
v	○○○○	○○○○	○○○○	○○○○	屋吴摀务	○○○○	挖娃瓦凹	○○○○	○○○○
t	○○○○	○○○○	低嫡抵帝	○○○○	督读堵渡	○○○○	搭答打大	○○○○	○○○○
tʰ	○○○○	○○○○	踢提体替	○○○○	秃图土兔	○○○○	塌踏○○	○○○○	○○○○
n	○○○○	○○○○	○泥你泥	○○○○	○○女○	○○○○	纳拿那○	押娘○压	○○○○
l	○○○○	○○○○	力犁李利	○○○○	陆楼鲁路	将驴吕○	拉○喇落	○[16]○○	○○○○
ts	资○纸痔	○○○○	积集挤祭	○○○○	租足祖做	○○○○	扎砸[7]炸	○○○○	○○○○
tsʰ	差瓷次刺	○○○○	七齐○砌	○○○○	粗[2]○醋	○○○○	擦查叉诧	○○○○	○○○○
s	诗辞死四	○○○○	西席洗细	○○○○	苏[3]粟嗉	○○○○	杀查洒啥	○○○○	○○○○
tʂ	○○○○	知直○治	○○○○	猪祝煮著	○○○○	○○○○	[8]○○○	○○○○	抓[18]爪○
tʂʰ	○○○○	吃池耻○	○○○○	出厨处住	○○○○	○○○○	○○○○	○○○○	[19][20][21][22]
ʂ	○○○○	适十○世	○○○○	书熟暑树	○○○○	○○○○	○[10]傻○	○○○○	刷○要○
ʐ	○○○○	日○○○	○○○○	入如辱[4]	○○○○	○○○○	○○○○	○○○○	揉○○○

续表

	ɿ 阴阳上去	ʅ 阴阳上去	ər 阴阳上去	i 阴阳上去	u 阴阳上去	y 阴阳上去	a 阴阳上去	ia 阴阳上去	ua 阴阳上去
tɕ tɕʰ ɕ	○○○○	○○○○	○○○○	鸡急几计	○○○○	驹菊举具	○○○○	家○假嫁	○○○○
	○○○○	○○○○	○○○○	欺骑起气	○○○○	区局取趣	○○○○	揢○恰[17]	○○○○
	○○○○	○○○○	○○○○	吸[1]喜戏	○○○○	需徐许旭	○○○○	○峡○夏	○○○○
k kʰ ŋ x	○○○○	○○○○	○○○○	○○○○	谷○估故	○○○○	○[11]嘎○	○○○○	瓜○寡挂
	○○○○	○○○○	○○○○	○○○○	哭○苦库	○○○○	○○卡○	○○○○	夸○垮跨
	○○○○	○○○○	○○○○	○○○○	○○○○	○○○○	○○○○	○○○○	○○○○
	○○○○	○○○○	○○○○	○○○○	呼胡虎护	○○○○	瞎○哈下	○○○○	花滑哗画
ø	○○○○	○○○○	○儿耳二	衣移椅义	○○○○	淤鱼雨预	啊○○○	丫牙哑亚	○○○○

注释：[1]~不容易：好不容易。[2]猫着腰。[3]不~故：不注意，不留心。[4]铡草时向铡子口中送草。[5]丝织品、布料等不细密、不牢固。[6]~皮：做事不认真。[7]用刀斧等用力垂直砍。[8]用力将绳索等拉断。[10]舒服。[11]枪毙人。[12]将纸张等片状的东西贴到墙壁上。引申为将大饼等放置到锅中烤熟。[13]栽赃诬陷别人。[14]~衍衍：液体满得快要溢出来的样子。[15]~子：一种腹大口小的金属器皿。[16]~伍：对人或事十分怠慢。[17]节省并隐藏下来。[18]机灵精干。[19]食品等酥脆可口。[20]用水冲洗。[21]将树皮等片状的东西猛然撕下来。[22]有意落到后面。

表2-1（续）

	ə 阴阳上去	iə 阴阳上去	əu 阴阳上去	yə 阴阳上去	ɔ 阴阳上去	ɔi 阴阳上去	ei 阴阳上去	uei 阴阳上去
p pʰ m f v	剥搏跛播	憋○[34]	○○○○	○○○○	包○保抱	彪○表○	北白摆辈	○○○○
	泼婆朴破	撇别[56]	○○○○	○○○○	[18]袍跑炮	飘嫖漂票	拍排佩配	○○○○
	沫魔抹磨	灭○蔑[7]	○○○○	○○○○	[19]毛卯冒	瞄渺妙	麦煤美卖	○○○○
	○佛○○	○○○○	○○○○	○○○○	○○○○	○○○○	飞肥匪费	○○○○
	握○○卧	○○○○	○○○○	○○○○	○○○○	○○○○	伟维伪味	○○○○
t tʰ n l	○○○○	跌爹[89]	多夺朵剁	○○○○	刀[20]导到	雕○○吊	呆○歹带	堆○○对
	○○○○	贴叠[20]	拖夺妥唾	○○○○	掏淘讨套	挑条挑粜	胎抬态太	推○腿退
	○○○○	捏[11]乜	○○○○	○○○○	○○脑闹	○○鸟尿	○○奶耐	○○○○
	○○○○	列○○趔	落罗裸摞	劣○[13]○	○捞老涝	○撩燎料	勒来○赖	○雷类泪
ts tsʰ s	○○○○	接捷姐借	作凿作左	○○○○	糟○早造	焦○[25]蘸	栽㧑载再	○○嘴最
	○○○○	切捷且藉	搓昨措错	○○○○	抄曹吵糙	悄瞧雀[26]	拆才采菜	摧脆○粹
	○○○○	楔邪写泻	唆缩锁○	○○○○	梢[21]扫哨	消○小笑	色○筛晒	虽随髓碎

续表

	ə	iə	uə	yə	ɔ	iɔ	ei	uei
	阴阳上去	阴阳上去	阴阳上去	阴阳上去	阴阳上去	阴阳上去	阴阳上去	阴阳上去
tʂ tʂʰ ʂ ʐ	者○折蜇	○○○○	捉镯○○	○○○○	招○○照	○○○○	○○○○	追○[27]缀
	车着扯[1]	○○○○	戳○踓○	○○○○	超潮赵抄	○○○○	○○○○	吹锤揣坠
	赊蛇舍社	○○○○	说○硕○	○○○○	烧韶少少	○○○○	○○○○	衰谁水睡
	热○惹○	○○○○	○○○○	○○○○	○饶绕[22]	○○○○	○○○○	○○○锐
tɕ tɕʰ ɕ	○○○○	揭○劫介	○○○○	觉决瘚嶡	○○○○	交○搅叫	○○○○	○○○○
	○○○○	怯茄起[12]	○○○○	缺橛[14][15]	○○○○	敲乔巧撬	○○○○	○○○○
	○○○○	血穴避懈	○○○○	雪学[16][17]	○○○○	枵淆晓孝	○○○○	○○○○
k kʰ ŋ x	割○[2]个	○○○○	锅○果过	○○○○	高○搞告	○○○○	该○改盖	归○鬼贵
	壳○苛可	○○○○	括○颗课	○○○○	[23]○考靠	○○○○	开○楷○	亏奎溃快
	恶讹我饿	○○○○	○○○○	○○○○	[24]熬袄傲	○○○○	挨癌碍爱	○○○○
	郝河喝贺	○○○○	豁和火货	○○○○	蒿毫好号	○○○○	黑孩海害	灰回毁坏
ø	○○○○	叶爷野夜	○○○○	药○○○	○○○○	妖尧咬要	○○○○	○○○○

注：[1]不正。[2]折算成实物或价钱。[3]~肚儿：椭圆形凸出的部分。[4]逃逸。[5]扔掉。[6]碍于某事。[7]~希：弱小，不强壮。[8]坡度突然变陡的样子。[9]偶然看一眼。[10]挺胸抬头的样子，比喻十分骄傲。[11]精神不振的样子。[12]~实：盛气凌人的样子。[13]用刀子猛然割。[14]看。[15]小孩身体瘦弱。[16]训斥。[17]不讲理。[18]萝卜失去水分变虚的样子。[19]猜测。[20]讨价还价。[21]指挥狗发起进攻。[22]斜着眼睛看。[23]运动中的两个物体接触上。[24]忍耐、坚持。[25]~令：干脆，不拖泥带水。[26]泥泞。[27]~实：身体结实的样子。

表2-1（续）

	əu	iəu	æ̃	iæ̃	uæ̃	yæ̃
	阴阳上去	阴阳上去	阴阳上去	阴阳上去	阴阳上去	阴阳上去
p pʰ m f v	○○○○	○○○○	班○板半	编○扁变	○○○○	○○○○
	○○○○	○○○○	潘盘[8]判	偏骈片骗	○○○○	○○○○
	○○○○	○○○○	[9]蛮满漫	○绵免面	○○○○	○○○○
	○○○○	○○○○	翻矾反饭	○○○○	○○○○	○○○○
	○○○○	○○○○	弯完碗万	○○○○	○○○○	○○○○
t tʰ n l	都○陡斗	丢○[4]○	担○旦胆	颠○点店	端○短段	○○○○
	偷头抖透	○○○○	摊坛毯炭	天田舔垫	团○○断	○○○○
	○奴○怒	○牛扭○	○男○难	蔫严眼念	○○○○	○○○○
	○○○○	绿刘柳溜	○拦懒烂	○连敛练	[15]○暖乱	○联○恋

续表

	əu 阴阳上去	iəu 阴阳上去	æ̃ 阴阳上去	iæ̃ 阴阳上去	uæ̃ 阴阳上去	yæ̃ 阴阳上去
ts tsʰ s	邹○走骤	揪○酒就	[10][11]斩赞	尖○剪箭	钻○纂攒	○○○○
	掫愁瞅凑	秋○○就	参馋产绽	千钱浅贱	穿攒○[16]	○○○○
	搜○[1]瘦	修[5]○秀	三○伞散	先○癣线	酸○○算	○○○○
tʂ tʂʰ ʂ ʐ	周○肘咒	○○○○	毡○展战	○○○○	专○转赚	○○○○
	抽稠丑臭	○○○○	○缠[12][13]	○○○○	川传喘舛	○○○○
	收仇手兽	○○○○	膻蟮闪善	○○○○	拴船○涮	○○○○
	○揉蹂肉	○○○○	○然染[14]	○○○○	○○○软	○○○○
tɕ tɕʰ ɕ	○○○○	纠[6]九救	○○○○	艰○捡见	○○○○	捐○卷娟
	○○○○	丘球○旧	○○○○	谦铅歉欠	○○○○	圈全犬劝
	○○○○	休○朽[7]	○○○○	掀闲险现	○○○○	宣旋选楦
k kʰ ŋ x	勾○狗够	○○○○	杆○敢干	○○○○	关○管冠	○○○○
	抠[2]口扣	○○○○	勘○砍看	○○○○	宽○款[17]	○○○○
	欧○呕沤	○○○○	安垵揞案	○○○○	○○○○	○○○○
	[3]侯吼后	○○○○	憨韩喊汉	○○○○	欢还缓换	○○○○
ø	○○○○	优油有诱	○○○○	烟盐掩宴	○○○○	冤圆远愿

注：[1]小虫子掘土作穴。[2]用器皿罩住。[3]发怒的样子。[4]不负责任地说话。[5]因疾病、光线刺激等睁不开眼睛。[6]将门闭上。[7]~实：对别人说风凉话或讽刺别人。[8]用锄头松土。[9]~~子：小碗。[10]因干燥而裂开口子。[11]~价：讨价还价。[12]纠缠。[13]努力做事。[14]滚雪球般变大。[15]认真、努力地做事情。[16]香味浓厚。[17]手~儿：手镯。

表2-1（续）

	əŋ 阴阳上去	iŋ 阴阳上去	uŋ 阴阳上去	yŋ 阴阳上去	aŋ 阴阳上去	iaŋ 阴阳上去	uaŋ 阴阳上去
p pʰ m f v	奔○本泵	冰○饼并	○○○○	○○○○	帮[12]绑棒	○○○○	○○○○
	喷朋捧碰	○平品病	○○○○	○○○○	胖旁○胖	○○○○	○○○○
	[1]门猛孟	○明悯命	○○○○	○○○○	[13]忙莽○	○○○○	○○○○
	风坟讽粪	○○○○	○○○○	○○○○	方房仿放	○○○○	○○○○
	温闻稳问	○○○○	○○○○	○○○○	汪王枉望	○○○○	○○○○

续表

	əŋ	iŋ	uŋ	yŋ	aŋ	iaŋ	uaŋ
	阴阳上去	阴阳上去	阴阳上去	阴阳上去	阴阳上去	阴阳上去	阴阳上去
t tʰ n l	灯○等凳	盯[8]顶订	东○懂冻	○○○○	当[14]党档	○○○○	○○○○
	吞疼[2][3]	听停挺定	捅同桶痛	○○○○	汤糖躺趟	○○○○	○○○○
	○能○[4]	○宁○硬	○○○○	○○○○	[15]囊攮齉	○娘仰○	○○○○
	[5]棱冷楞	○林领另	○农陇弄	○轮[11]论	○狼○浪	良两亮	○○○○
ts tsʰ s	争○怎憎	睛○井进	尊○总纵	○○○○	脏○[16]葬	将○蒋酱	○○○○
	撑层[6]衬	清晴请净	聪从○寸	○○○○	仓藏○[17]	枪墙抢匠	○○○○
	生○省渗	心寻醒信	松怂耸送	○○○○	桑○操丧	镶详想象	○○○○
tʂ tʂʰ ʂ ʐ	征○整正	○○○○	中○肿众	○○○○	张[18]长胀	○○○○	装○奘状
	称成逞乘	○○○○	冲虫蠢重	○○○○	○长厂唱	○○○○	疮床创撞
	深绳审胜	○○○○	○[9]瞬顺	○○○○	伤尝赏上	○○○○	双○爽○
	○人忍认	○○○○	○绒[10]润	○○○○	○瓤嚷让	○○○○	○○○○
tɕ tɕʰ ɕ	○○○○	惊○紧敬	○○○○	踪○窘俊	○○○○	江○讲降	○○○○
	○○○○	轻噙倾庆	○○○○	皴穷焪○	○○○○	腔强强强	○○○○
	○○○○	兴行擤幸	○○○○	凶雄笋训	○○○○	香降响向	○○○○
k kʰ ŋ x	根○耿更	○○○○	公○滚共	○○○○	缸[19]港杠	○○○○	光[21]广逛
	坑○肯[7]	○○○○	空○孔控	○○○○	康○○抗	○○○○	诓狂旷○
	恩○撎○	○○○○	○○○○	○○○○	昂○○○	○○○○	○○○○
	哼恒很恨	○○○○	轰红哄横	○○○○	巷行夯巷	○○○○	慌黄谎晃
ø	○○○○	阴营引应	○○○○	壅云涌晕	○○○○	央羊养样	○○○○

注：[1]不明情况。[2]说不合常理令人生厌的话。[3]狗伤人。[4]~加：特别、格外。[5]做让人反感的事。[6]耍~：闯祸的样子。[7]由于某种特殊困难迫使正在进行的事项中断。[8]食物不消化。[9]遇上晦气。[10]面点等可口。[11]量词。[12]吻。[13]物体顶部秃而圆的样子。[14]偶然碰见。[15]平庸无能的样子[16]现在。[17]努力挣钱。[18]反应迟钝。[19]尘土飞扬。[21]大口喝水。

第二节　语流音变

本节从四个方面讨论隆德方言的语流音变，一是连读变调，二是轻声，三是儿化音变，四是特殊音变。

一 连读变调

下面先讨论非叠字重重、重轻型两字组的变调，然后再讨论叠字组的变调。

（一）重重型两字组连读变调

表 2-2 重重型两字组连读变调规律表

前字 \ 后字	阴平 213	阳平 24	上声 53	去声
阴平 213	213/24+213 抽烟 隔壁	213/21+24 花茶 风流	213/21+53 资本 精简	213/21+44 书记 黑布
阳平 24	24+213 平均 流血	24+24 黄牛 平台	24+53 存款 团长	24+44 瓷器 群众
上声 53	53+213 酒缸 表哥	53+24 果园 可怜	A 式：53/21+53 党委 手表 B 式：53+53 厂长 演讲	53+44 讲究 小气
去声 44	44+213 定亲 看书	44+24 菜园 化肥	44+53 对比 汽水	44+44 计算 路线

通过表 2-2 可以看出，隆德方言重重型两字组的变调比较简单，只有阴平、上声作前字时要发生变调。

1. 阴平调值 213 作后字时不变，作前字时要变为 24 或 21。变调规律是：

（1）在阴平前变为 24，属于逆行异化。如：

213/24+213 抽烟 tȿʰəu iæ̃ 开窗 kʰei tȿʰuaŋ 隔壁 kei pi

（2）在非阴平（阳平 24、上声 53、去声 44）前变 21，如：

213/21+24 花茶 xua tsʰa 阴凉 iŋ liaŋ 开门 kʰei məŋ

213/21+53 资本 tsʅ pəŋ 精简 tsiŋ tɕiæ̃ 工厂 kuŋ tȿʰaŋ

213/21+44 书记 ʂu tɕi 黑布 xei pu 百货 pei xuə

普通话上声的单字调值为曲折调 214，在其他声调前面必须变调（在上声前变 35，在非上声前变 21），隆德方言阴平 213 也是一个曲折调，在其他声调前的变调音理跟普通话的上声变调相同。

2. 上声变调也属于逆行异化的前变调。上声调值 53 作后字不变，作前字只在部分"上+上"字组中变为 21（见表中 A 式），在 B 式同类字组中不变。如：

A式：53/21+53　党委 taŋ vei　　　手表 ʂəu piɔ　　　老虎 lɔ xu

B式：53+53　　　厂长 tʂʰaŋ tʂaŋ　　演讲 iæ tɕiaŋ　　掌管 tʂaŋ kuæ

至于为什么只有部分"上+上"字组变调，还需要进一步研究。

（二）重轻型两字组连读变调

表 2-3　　　　　　　　　非叠字两字组连读变调规律表

后字／前字	轻声字原调类			
	阴平	阳平	上声	去声
阴平 213	213/24+2 张家　医生	213/21+3 丫头　玻璃	213/21+3 刀子　听了	213/21+3 三个　车上
阳平 24	24+2 王家　泥巴	24+2 明年　男人	24+2 炉子　来了	24+2 骑上　前面
上声 53	53+3 李家　尾巴	53+3 斧头　枕头	53+3 椅子　耳朵	53+3 早上　五个
去声 44	44+1 赵家　下巴	44+1 后头　去年	44+1 夜里　豆腐	44+1 坐上　后面

通过表 2-3 可以看出，隆德方言非叠字重轻型两字组的阴平前字也要变调，变调规律与重重型两字组相当。即：在来源于阴平的轻声字前变调为 24，在来源于阳平、上声、去声的轻声字前变调为 21。如：

213/24+2（原阴平字）　医生 i səŋ　　高山 kɔ sæ　　阴天 iŋ tʰiæ

213/21+3（原阳平字）　丫头 ia tʰəu　玻璃 pə li　　衣裳 i ʂŋ

213/21+3（原上声字）　刀子 tɔ tsɿ　听了 tʰiŋ liəu　班里 pæ ni

213/21+3（原去声字）　三个 sæ kə　车上 tʂʰə ʂaŋ　六个 liəu kə

而上声前字在原调类为上声的轻声字前不变调，这与上声在"上+上"重重型字组中要变调不同。如：

53+3（原上声字）　　椅子 i tsɿ　　耳朵 ər tuə　　有了 iəu liəu

（三）AA 式叠字组的变调

隆德方言 AA 叠字组主要有重叠式名词和形容词的两种重叠形式，两种形式的重音模式不同，变调规律也不同。下面分别讨论。

1. AA 式重叠名词的变调

AA 式名词的重音模式为重轻型。从以下四类阴平、阳平、上声、去声字重叠名词的连调举例可以看出，只有阴平字的重叠名词前字要由 213

变为21，与"阴平+阴平"的非叠字重轻型、重重型两字组前字的变调规则都不同；其他三类声调的重叠名词前字都不变调。

（阴平）213/21+3　刀刀 tɔ tɔ　　兜兜 tu tu　　　袜袜 va va　　　角角 kə kə

（阳平）24+2　　　娃娃 va va　　馍馍 mə mə　　　盘盘 pʰæ̃ pʰæ̃　碟碟 tʰiə tʰiə

（上声）53+3　　　瓦瓦 va va　　手手 ʂou ʂou　　腿腿 tʰuei tʰuei　巴巴 pa pa

（去声）44+1　　　系系 ɕi ɕi　　　尿尿 niɔ niɔ　　罐罐 kuæ̃ kuæ̃　面面 miæ̃ miæ̃

说明：

（1）有几个阴平字的 AA 式亲属称谓词，字相同重音模式也相同，但前字变调不同。这种不同或为新老派差异，或有意义区别。例如：

哥哥：兄长，老派读 ［kə²¹³/²¹ kə³］，前字符合 AA 式名词的变调规则；新派读 ［kə²¹³⁻²⁴ kə²］，前字符合非叠字"阴平+轻声（原字阴平）"字组前字的变调规则。

妈妈：老派读 ［ma²¹³/²¹ ma³］，指婶婶、继母，前字符合 AA 式名词的变调规则；新派读 ［ma²¹³/⁴⁴ ma¹］：指母亲，前字变调应该是受到了普通话阴平调值的影响。

（2）同一个阴平字，在 AA 式名词里和在表遍指（每一）的名词重叠式里前字的变调不同。在表遍指的名词重叠式里，前字要按照非叠字"阴平+轻声（原阴平字）"字组的连调规则变调。例如：

天天：读 ［tʰiæ̃²¹³/²⁴ tʰiæ̃²］是名词的重叠，指每天，如：他天天读书看报；读 ［tʰiæ̃²¹³/²¹ tʰiæ̃³］是重叠式名词，指按天计酬的零工。如：他在工地上做天天着呢。

月月：读 ［yə²¹³/²⁴ yə²］是名词的重叠，指每月，如：他月月去一趟公园；读 ［yə²¹³/²¹ yə³］是重叠式名词，指按月计酬的零工。如：他在工地上做月月着呢。

2. 形容词重叠式的变调

形容词 AA 重叠式，一般以"AA 的"形式或"AA 儿的"儿化形式出现，"的"读轻声。形容词重叠部分为重重型，其中，阴平前字变 21 调，阴平后字和上声后字变 24 调。例如：

（阴平）213/21+213/24　高高 kɔ kɔ　　酸酸 suæ̃ suæ̃　　热热 zʅ zʅ

（阳平）24+24　　　　　红红 xuŋ xuŋ　长长 tʂʰaŋ tʂʰaŋ　蓝蓝 læ̃ læ̃

（上声）53+53/24　　　　好好 xɔ xɔ　　软软 ʐuæ̃ ʐuæ̃　　短短 tuæ̃ tuæ̃

（去声）44+44　　　　大大 ta ta　　　碎碎 suei suei　　　烂烂 læ̃ læ̃

二　轻声

（一）轻声的语音特征

隆德方言有大量的轻声音节。轻声的语音特征同普通话一样，也是又短又轻，并且失去了原来的调值，但是在不同的调值后有一定的音高变化。一般来说，轻声在阴平、上声字后音高比较高（3），在阳平字后音高次之（2），在去声字后音高最低（1），例见表 2-3。

（二）轻声的区别作用

1. 有的轻声音节可以区别词性。如（加点的为轻声音节）：

尿尿 nio⁴⁴nio¹：名词，指尿液。

尿尿 nio⁴⁴nio⁴⁴：动宾短语，指撒尿这种行为。

尖尖 tsiæ̃²¹tsiæ̃³：名词，一种束驮用的农具

尖尖（的）tsiæ̃²¹tsiæ̃²⁴：形容词重叠式，尖锐的样子。

2. 有的轻声音节可以区别同音词或词义。如：

石榴 ʂʅ²⁴liəu²：水果名称。

十六 ʂʅ²⁴liəu²¹³：数字名称。

头头 tʰəu²⁴tʰəur²：首领。例：他是单位的头头。

头头 tʰəu²⁴tʰəu²⁴：最顶端。例：跑道头头上有一双鞋。

3. 有的轻声音节可以区别词义的感情色彩。如

娃娃 va²⁴va²：指小孩子，中性词。如：他是个娃娃。

娃娃儿 va²⁴var²⁴：指青年人，有的带有喜爱色彩，如：新上来的村主任是个娃娃儿。有的带有轻视色彩，如：他还是娃娃儿，啥经验都没有。

三　儿化

（一）儿化的音变规则

"儿化"是后缀"儿"与前一音节合音后发生的语音变化。隆德方言与普通话一样，表现为前一音节的韵母带卷舌色彩。隆德方言中有大量的儿化词，需要说明的是，这些词慢读则为儿尾词（儿缀尚未合音），快读则为儿化词。这说明，隆德方言的儿缀还处于由儿尾向儿化的过渡阶段。

隆德方言的儿化使前字韵母发生变韵，前字的音变规则如下。

1. 音节末尾是 a、ɔ、ə、u 的，该元音直接卷舌。如：

a—ar　把把儿 pa⁵³par³　　大拿儿 ta⁴⁴nar²⁴　　狗娃儿 kəu⁵³var³

ia—iar　豆芽儿 təu⁴⁴iar²⁴　　几甲儿 tɕi²¹³⁻²¹tɕiar²¹³　　匣匣儿 ɕia²⁴ɕiar²

ua—uar　画儿 xuar⁴⁴　　套瓜儿 tʰɔ⁴⁴kuar¹　　花儿 xuar²¹³

ɔ—ɔr　桃儿 tʰɔr²⁴　　灯泡儿 təŋ²¹³⁻²¹pʰɔr⁴⁴　　刀刀儿 tɔ²¹³⁻²¹tɔr²⁴

iɔ—iɔr　打交儿 ta⁵³⁻²¹tɕiɔr⁵³　　雀儿 tsʰiɔr⁵³　　麦苗儿 mei²¹³⁻²¹miɔr²⁴

ə—ər　车车儿 tʂʰə²¹³⁻²¹tʂʰər²¹³　　勺勺儿 ʂə²⁴ʂər²　　说圪儿 ʂuə²¹³⁻²⁴kər²

iə—iər　夜儿 iər⁴⁴　　叶叶儿 iə²¹³⁻²¹iər²¹³　　半截儿 pæ⁴⁴tsʰiər¹

yə—yər　水角儿 ʂuei⁵³tɕyər³　　橛橛儿 tɕʰyə²⁴tɕʰyər¹　　月月儿 yə²¹³⁻²¹yər²

uə—uər　锅锅儿 kuə²¹³⁻²¹kuər²¹³　　桌桌儿 tʂuə²¹³⁻²¹tʂuər²¹³　　坨坨儿 tʰuə²⁴tʰuər²

u—ur　牛犊儿 niəu²⁴tʰur²　　兔儿 tʰur⁴⁴　　鹿儿 lur²⁴

əu—əur　豆儿 təur⁴⁴　　头儿 tʰəur²⁴　　肉肉儿 ʐəu⁴⁴ʐəur¹

iəu—iəur　牛儿 niəur²⁴　　抓阄儿 tʂua²¹³⁻²⁴tɕiəur²¹³　　纽扣儿 niəu⁵³kʰəur⁴⁴

2. 韵母有 i 尾的，韵尾失去，主要元音卷舌。如：

ei—er　插袋儿 tsʰa²¹³⁻²¹tʰer³　　女孩儿 ny⁵³xer³　　鞋鞋儿 xei²⁴xer²

uei—uer　棰棰儿 tʂʰuei²⁴tʂʰuer²　　水水儿 ʂuei⁵³ʂuer³　　堆堆儿 tuei²¹³⁻²¹tuer²¹³

3. 韵母是 ʅ、ɿ 的，ər 替换 ʅ、ɿ。如：

ʅ—ər　丝丝儿 sʅ²¹³⁻²¹sər²¹³　　纸纸儿 tsʅ⁵³tsər³　　齿齿儿 tsʰʅ⁵³tsʰər³

ɿ—ər　侄儿 tʂʰər²⁴　　十儿 ʂər²⁴　　直直儿 tʂʰʅ²⁴tʂʰər²

4. 韵母是 i、y 的，i、y 后加 ər。如：

i—iər　鸡儿 tɕiər²¹³　　系系儿 ɕi⁴⁴ɕiər¹　　梨儿 liər²⁴

y—yər　鱼儿 yər²⁴　　马驹儿 ma⁵³tɕyər³　　麻居居儿 ma²⁴tɕy²tɕyər²

5. 韵母是 æ̃、iæ̃、uæ̃、yæ̃ 的，æ̃ 直接卷舌。如：

æ̃—æ̃r　饼干儿 piŋ⁵³kæ̃r³　　脸蛋儿 niæ̃⁵³tʰæ̃r⁴⁴　　汗褙儿 xæ̃⁴⁴tʰæ̃r¹

iæ̃—iæ̃r　前儿 tsʰiæ̃r²⁴　　沿沿儿 iæ̃²⁴iæ̃r²　　蚰蜒儿 iəu²⁴iæ̃r²

uæ̃—uæ̃r　环环儿 xuæ̃²⁴xuæ̃r²　　端端儿 tuæ̃²¹³⁻²¹tuæ̃r²⁴　　酸酸儿 suæ̃²¹³⁻²¹suæ̃r²⁴

yæ̃—yæ̃r　卷卷儿 tɕyæ̃⁵³tɕyæ̃r³　　泉泉儿 tɕʰyæ̃²⁴tɕʰyæ̃r²　　旋儿 ɕyæ̃r⁴⁴

6. 韵母是 iŋ、yŋ 的，韵尾失去，加鼻化元音 ə̃r。如：

iŋ—iə̃r　铃铃儿 liŋ²⁴liə̃r²　　图钉儿 tʰu²⁴tiə̃r²　　菜心儿 tsʰei⁴⁴siə̃r²¹³

yŋ—yə̃r　群群儿 tɕʰyŋ²⁴yə̃r²　　轮轮儿 lyŋ²⁴yə̃r²　　容容儿 yŋ²⁴yə̃r²

7. 韵母是 uŋ、əŋ、aŋ、iaŋ、uaŋ 的，韵尾失去，韵腹卷舌并鼻音化。如：

uŋ—ũr　空儿 kʰũr⁴⁴　　　　　酒盅儿 tsiəu⁵³tʂũr²¹³　　　藩笼儿 pʰæ̃⁴⁴lũr¹

əŋ—ə̃r　棱棱儿 nəŋ²⁴nə̃r²　　　板凳儿 pæ̃⁵³tə̃r³　　　　根根儿 kəŋ²¹³⁻²¹kə̃r²¹³

aŋ—ãr　汤汤儿 tʰaŋ²¹³⁻²¹tʰãr²¹³　忙忙儿 maŋ²⁴mãr²⁴　　当当儿 taŋ²⁴tãr²⁴

iaŋ—iãr　刚刚儿 tɕiaŋ²¹³⁻²¹tɕiãr²¹³　梁梁儿 liaŋ²⁴liãr²　　墙墙儿 tsʰiaŋ²⁴tsʰiãr²

uaŋ—uãr　光光儿 kuaŋ²¹³⁻²¹kuãr²⁴　黄黄儿 xuaŋ²⁴xuãr²　　框框儿 kuaŋ²¹kʰuãr²⁴

（二）数词的儿化

当"一、二、三、四、五、六、七、八、九、十"这十个数字表示农历日期初一至初十时，口语中经常有儿化读法。其中，"一、三、四、五、六、七、八、九、十"九个音节的儿化与上述儿化的一般音变规则相合；"二"的音变有些特殊，单字［ər⁴⁴］的调值由44变为长音的443，"二儿"读作［ər⁴⁴³］。

这些儿化时间词中的"儿"很可能不是"儿"缀，而是"日"字。此类词还有"今儿、明儿、后儿、前儿"等。

四　特殊音变

1. 门槛 məŋ²⁴kʰæ̃²→məŋ²⁴kʰaŋ²（音同门康）：məŋ²⁴kʰæ̃²后一音节受前一音节韵尾的影响，由无尾韵增生后鼻韵尾 ŋ，同时主要元音 æ 舌位降低为 a（实际音值为 ɑ），属于顺同化现象。

2. 大麦沟 ta⁴⁴mei¹kəu²¹³→ta⁴⁴mei⁴⁴kəu²¹³（音同大卖沟）：第二音节 mei（轻声）受第一音节去声44调值的影响，改读为去声。属于顺同化现象。大麦沟为温堡乡一地名。

3. 先后 siæ̃⁴⁴xəu²→siaŋ⁴⁴xəu¹（音同象后）：siæ̃⁴⁴xəu¹前一音节韵母 iæ̃⁴⁴受后一音节声母 x 发音部位的影响，增生后鼻韵尾 ŋ，同时主要元音 æ 舌位降低为 a（实际音值为 ɑ），属于逆同化现象。

4. 星宿 siŋ²¹³⁻²¹siəu⁴⁴→siəu²¹³⁻²¹siəu⁴⁴（音同修秀）：siŋ²¹siəu⁴⁴前一音节韵母受后一音节韵母的同化，由 iŋ 变读为 iəu。属于逆同化现象。《宁夏方言概要》（林涛，2012）记隆德点"星星"为"宿宿 ɕiəu²⁴ɕiəu⁴⁴"；《民国固原县志》也记"星星"为"休休"，实为"星宿"一词的方言变读。

5. 路道 lu⁴⁴tʰɔ⁴⁴→lɔ⁴⁴tʰɔ⁴⁴（音同涝套）：lu⁴⁴tʰɔ⁴⁴前一音节韵母 u 受后一音节韵母 ɔ 的影响，变读为 ɔ，属于逆同化。

6. 碑弯里 pi²¹³⁻²⁴ væ̃²¹³⁻²¹ ni³→piə²¹³⁻²⁴ və²¹³⁻²¹ ni³ （音同鳖窝里）：pi²⁴ v æ̃²¹³前一音节韵母 i 复音化为 iə，后一音节韵母受前一音节韵腹 ə 的同化，由æ̃变读为 ə。碑弯里为凤岭乡一村名。

7. 三拳二胜 sæ̃²¹³⁻²¹ tɕʰyæ̃²⁴ ər⁴⁴ ʂəŋ⁴⁴→sæ̃²¹³⁻²¹ ər⁴⁴ ʂəŋ⁴⁴ （三二胜）：划拳用语，因酒场频繁使用，加之语速的需要，脱落 "拳 tɕʰyæ̃²⁴"。

8. 我哪呱 ŋə⁵³na²⁴kua²→kə⁵³na²⁴kua² （音同个哪呱）：由 ŋ→k，鼻辅音塞音化。"我哪呱" 或 "我啦呱" 为隆德方言叹词，常表示赞叹、惊奇等语法意义。

第三节　单字音系与中古音（广韵）的比较

本节从声、韵、调三方面比较隆德话与中古音的演变关系，中古声母、韵母、声调的分类和例字依据《方言调查字表》。隆德话有文白两读的，一般取白读音。

一　声母的比较

隆德话与中古声母的比较请看表 2-4。比较显示，中古音以来隆德方言声母的演变主要表现在以下几个方面：

1. 中古 10 个全浊声母 "并、定、从、邪、澄、船、崇、禅、群、匣" 已全部清化，其中浊塞音、浊塞擦音清化的规律是白读不论平仄绝大部分字送气，少量仄声字不送气（疑受文读音的影响）。浊擦音大部分变为清擦音，少部分清化为塞擦音。

2. 从重唇音（即双唇音）里分化出轻唇音（即唇齿音）来。

3. 古见组细音和古精组细音中的撮口呼分化出一组舌面音 [tɕ、tɕʰ、ɕ]。

4. 知、章、庄三组音在隆德话中变化为 [tʂ]、[ts] 二组音，变化的条件是，知组二等、庄组、章组止摄的今开口呼字，读 [ts] 组音，其余读 [tʂ] 组音。

表 2-4　　　　　　　　隆德方言与中古音声母比较表

隆德　中古	p	pʰ	m	f	v	t	tʰ	n	l	k	kʰ	ŋ	x	tɕ	tɕʰ	ɕ	tʂ	tʂʰ	ʂ	ʐ	ts	tsʰ	s	ø
帮	兵 杯																							

续表

中古＼隆德	p	pʰ	m	f	v	t	tʰ	n	l	k	kʰ	ŋ	x	tɕ	tɕʰ	ɕ	tʂ	tʂʰ	ʂ	ʐ	ts	tsʰ	s	ø
滂		烹																						
並	抱	爬																						
明			门																					
帮（非）				飞																				
滂（敷）				蜂																				
並（奉）				肥																				
明（微）					无																			
端						刀																		
透							吞																	
定						达	题																	
泥（娘）								年	挪											酿				
来									凉															
精														租							左			
清															蛆							搓		
从														寂	全						罪	矬		
心																素						粹	梭	
邪																徐					词		邪	
知				爹													知		罩					
彻																		痴						
澄																			茶					
庄																	榛		查					
初																		叉						
崇																			寨	茬			士	
生																傻			产	沙				
章																	遮							
昌																		车	齿					
船				盾														乘		蛇			示	
书																奢			翅				施	
禅																酬			韶				视	
日																				惹				儿
见				脸						歌	会	桧	家											
溪										可	喫	去	溪											
群										共	跪	巨	茄											
疑					卧					疑	虐	蛾												牙
晓													荷			霞								
匣																								
影					倭			蔫				哀												阿
云（喻三）					卫								熊											于
以（喻四）					维							捐	铅											耶

二　韵母的比较

隆德韵母与中古韵母的比较见下表2-5。

隆德方言与中古音音韵母比较表

表2-5

中古＼隆德	ʅ	ɿ	ɚ	a	ə	ei	ue	ɔ	æ̃	aŋ	əŋ	i	ia	ɛ	ei	iɛ	iei	iæ̃	iaŋ	iŋ	u	ua	ɤ	uei	uæ̃	uaŋ	y	ye	yæ̃	yŋ
果 开 歌一				他	歌		多																							
果 合 戈三					讹		科																					瘸		
果 合 戈一							所																							
假 开 麻二				巴									茄																	
假 开 麻三					遮								家	些																
假 合 麻二				傻									也									瓜								
遇 合 模一					模		奴														布						租			
遇 合 鱼三																					猪						驴			
遇 合 虞三																					夫						趋			
蟹 开 咍一						胎																								
蟹 开 泰一						贝																								
蟹 开 皆二						排								谐																
蟹 开 佳二						牌							佳	懈																
蟹 开 夬二						败																								
蟹 开 祭三												蔽																		
蟹 开 废三												刘																		
蟹 开 齐四			滞									茈																癞		

续表

摄	呼	中古	ɿ	ʅ	ɚ	a	ə	ei	ue	ɔ	æ̃	əɲ	i	ia	ei	ɔi	iei	uai	iæ̃	iɲ	un	uən	uei	uæ̃	uɲ	y	ye	yæ̃	yɲ
蟹	合	灰一						杯					坏										堆						
		泰一																					蜕						
	开	皆二																					乖						
		佳二																			挂		拐						
		夬二																					快						
		祭三																					脆						
		废三																					碎						
		齐四																					圭						
止	开	支三	雌	知	儿								携																
		脂三	师	致	二								碑																
		之三	之	持	而								狸																
	合	微三						非																					
		支三											析											随						
		脂三																					虽						
		止三																					归						
效	开	豪一								高																			
		肴二								包						交														
		宵三								烧						飘														
		萧四														聊										荸			

续表

隆德 / 中古	ʅ	ɚ	a	e	ei	ou	ɔ	æ̃	aŋ	i	ia	ie	iɛu	ɔi	iæ̃	iaŋ	iŋ	u	ua	ue	uei	uæ̃	uaŋ	y	ye	yæ̃	yŋ
流 开 侯一						偷												楼									
流 开 尤三						周	孬						流					浮									
流 开 幽三													谬	彪													
咸 开 覃一合								眈																			
咸 开 谈一				鸽				篮																			
咸 开 盍一			答	硲																							
咸 开 咸二								馋							减											馅	
咸 开 洽二			扎								夹																
咸 开 衔二								衫							监												
咸 开 狎二											甲																
咸 开 盐三								瞻																			
咸 开 业三												劫			严												
咸 开 添四															甜												
咸 开 帖四											挟	帖															
咸 合 凡三								凡																			
咸 合 乏三			法																								
深 开 侵三									深								林										
深 开 缉三	执			蛰						立								入									

备注：表中部分韵母与例字的对应位置系据原表辨读，个别字迹与对位或有出入。

续表

摄	开合	中古	ɿ	ʅ	ɚ	a	e	ei	ue	ɔ	æ̃	aŋ	əŋ	i	ia	ei	ci	ieɿ	iæ̃	iŋ	u	uan	en	ueɿ	uæ̃	uaŋ	y	ye	yæ̃	yŋ
山	开	寒一				癞	割				丹																			
		曷一				拔																								
		山二				铡					山								艰			涮								
		黠二					彻												奸			刷								
		删二									班								鞭											
		鎋二																												
		仙三						别							錯				言											
		薛三						揭																						
		元三						憋			单																		轩	
		月三																												
		先四																	边											
		屑四																												
	合	桓一					泼				般												掇		端					
		末一				挖																								
		山二									顽														鏐					
		黠二									弯																			
		删二																							关					
		鎋二																												
		仙三																	沿						传					
		薛三						血															拙					劣		
		元三				发					藩																捋		元	
		月三																	县									月		
		先四																											全	
		屑四																										决	悬	

续表

隆德 中古	ʅ	ɚ	a	ə	ei	əu	ɔ	ɑ̃	əŋ	i	ia	ei	ɔ	iei	iɛ̃	iɑ̃	iŋ	u	ua	əu	uei	uɛ̃	uɑ̃	y	ye	yɛ̃	yŋ
臻 开 痕一									吞																		唷
真三		姪		蜇					珍	笔							彬										
质三				勃													斤										
殷三									奔	讫																	敦
迄三																											
臻 合 魂一					惡											尹		突						律			椿
没一																											
谆三				佛														出						屈	掘		
木三																											
文三									分																		
物三																											论
宕 开 唐一				博		索		帮								娘							庄				伦
铎一				煏		嚼		张															光				
阳三				绳		鄂		汪					雀												略		
药三								方								王							匡				群
宕 合 唐一																											
铎三																											
阳三																											
药三																											

续表

摄	开合	中古韵	ɿ	ʅ	ər	a	e	ei	ue	ɔ	æ̃	aŋ	əŋ	i	ia	ei	iɔ	iei	iæ̃	iaŋ	iŋ	u	ua	ue	uei	uæ̃	uŋ	y	ye	yæ̃	yŋ
江	开	江二										帮								江							窗				
	开	觉二					握		桌	雹																			觉		
曾	开	登一											崩																		
	开	德一						北																							
	开	蒸三			扔								征								冰										孕
	开	职三		仿				测																							
	合	登一																									弘				
	合	德一																							国						
	合	职三																										域			
梗	开	庚二				打							澄								硬										
	开	陌二				吓		百																							
	开	耕二											棚								茎										
	开	麦二						掰																							
	开	庚三											盟								兵										
	开	陌三												碧														刷			
	开	清三											贞								名										
	开	昔三		赤			射							壁		液															
	开	青四												壁							宁										

续表

中古＼隆德	ɿ	ʅ	ər	a	e	ei	ue	ɔ	æ̃	eŋ	i	ia	iei	iɔ	iuei	iæ̃	iŋ	u	ua	eu	uei	uæ̃	uŋ	y	ye	yæ̃	yŋ
梗合 庚二																						矿	横				
梗合 陌二																					虢						
梗合 耕二																							宏				
梗合 麦二																			划		获						
梗合 庚三																											兄
梗合 清三																	菁										琼
梗合 昔三											疫																
梗合 青四																	萤										迥
通合 东一										蓬													东				
通合 屋一																		秃									
通合 冬																							冬				
通合 沃																		督									
通合 东三										风													隆				穷
通合 屋三							肉								六			福		缩				肃			
通合 钟三										封													从				胸
通合 烛三															绿			录						曲			

　　隆德方言韵母与中古韵母相比较，主要演变表现在以下方面：

　　1. 中古三十四个入声韵塞音尾消失，演变为阴声韵，从而使韵母系统简化。

　　2. 中古阳声韵尾有三大类，即 ［m］（咸摄、深摄）、［n］（山摄、臻摄）、［ŋ］（宕摄、江摄、曾摄、梗摄、通摄）；在隆德方言中，阳声韵尾只有后鼻音 ［ŋ］ 一类。咸摄和山摄韵尾脱落，主要元音鼻化，深摄和臻摄并入曾、梗、通摄，演变为 ［ŋ］ 尾韵。这是隆德方言韵母简化的又一重要原因。

三　声调的比较

　　隆德方言与中古声调的比较见下表 2-6。

表 2-6　　　　　　　　　　隆德方言与中古音声调比较表

中古＼隆德		阴平 213	阳平 24	上声 53	去声 44
平	清	边三专刚			
	次浊		鹅人难文		
	全浊		扶唐时穷		
上	清			古短草手	
	次浊			五染老有	
	全浊				倍妇术社
去	清				盖变醉送
	次浊				岸怒望用
	全浊				共助树饭
入	清	积国笔必			
	次浊	目物入玉			
	全浊		白服食局		

　　隆德方言与中古音声调相比较，演变主要表现在以下方面：

　　1. 平分阴阳。平分阴阳的条件与普通话一样，清声母变阴平，浊声母（全浊和次浊）变阳平。

　　2. 全浊上声变去声。

　　3. 入声调类消失。入声字分别派入阴平和阳平。其中清声母和次浊声母入声字派入阴平，全浊声母入声字派入阳平。

第四节　文白异读

汉字存在文白异读差异是方言中特有的语音现象，大部分文白异读是具有共同历史来源但分属不同音系的音类在本方言中叠置的结果。其中白读音属于本方言固有的语音系统，一般用于口语词或口语化的场合；文读音主要来源于标准语或强势方言的影响，一般用于书面语词或较文雅的场合。隆德方言里存在一定数量的文白异读字，本节先分类列出声母异读、韵母异读、声调异读字，然后讨论各类字文白读的历史层次以及文白异读的特点。

一　文白异读的类别

隆德方言异读字的文白两读可以分为声母异读、韵母异读、声调异读三类，其中声母异读最多，韵母异读次之，声调异读最少。下面以声韵调为序分别列出各类异读字。声、韵、调异读字内部再据中古音分列。每字的两个异读，斜线"/"左为白读音，右为文读音。

（一）声母的文白异读

1. 古全浊仄声字的文白异读

并母：罢 p^ha^{44}/pa^{44}　　　　败 p^hei^{44}/pei^{44}　　　　暴 $p^hɔ^{44}$/$pɔ^{44}$

　　　　办 $p^hæ̃^{44}$/$pæ̃^{44}$　　　别 $p^hiə^{24}$/$piə^{24}$　　　笨 $p^həŋ^{44}$/$pəŋ^{44}$

　　　　白 p^hei^{44}/p^hei^{44}　　　鉋 $p^hɔ^{44}$/$pɔ^{44}$　　　　捕 p^hu^{53}/pu^{53}

定母：度 t^hu^{44}/tu^{44}　　　　袋 t^hei^{44}/tei^{44}　　　　道 $t^hɔ^{44}$/$tɔ^{44}$

　　　　掉 $t^hiɔ^{44}$/$tiɔ^{44}$　　　但 $t^hæ̃^{44}$/$tæ̃^{44}$　　　蛋 $t^hæ̃^{44}$/$tæ̃^{44}$

　　　　定 $t^hiŋ^{44}$/$tiŋ^{44}$　　　洞 $t^huŋ^{24}$、$t^huŋ^{44}$/$tuŋ^{44}$　独 t^hu^{24}/tu^{24}

　　　　动 $t^huŋ^{44}$/$tuŋ^{44}$　　　地 t^hi^{44}/ti^{44}

从母：藉 $ts^hiə^{44}$/$tsiə^{44}$　　字 $ts^hɿ^{44}$/$tsɿ^{44}$　　　剂 ts^hi^{44}/tsi^{44}

　　　　在 ts^hei^{44}/$tsei^{44}$　　就 $ts^hiəu^{44}$/$tsiəu^{44}$　贱 $ts^hiæ̃^{44}$/$tsiæ̃^{44}$

　　　　捷 $ts^hiə^{24}$/$tsiə^{24}$　　截 $ts^hiə^{24}$/$tsiə^{24}$　集 ts^hi^{24}/tsi^{24}

　　　　绝 $tɕ^hyə^{24}$/$tɕyə^{24}$　　尽 $ts^hiŋ^{44}$/$tsiŋ^{44}$　疾 ts^hi^{24}/tsi^{24}

　　　　贼 ts^hei^{24}/$tsei^{24}$　　静 $ts^hiŋ^{44}$/$tsiŋ^{44}$　剂 ts^hi^{44}/tsi^{44}

匠 tsʰiaŋ⁴⁴/tsiaŋ⁴⁴

澄母：住 tʂʰu⁴⁴/tʂu⁴⁴　　　　坠 tʂʰuei⁴⁴/tʂuei⁴⁴　　　　赵 tʂʰɔ⁴⁴/tʂɔ⁴⁴

绽 tsʰæ̃⁴⁴/tʂæ̃⁴⁴　　　　丈 tʂʰaŋ⁴⁴/tʂaŋ⁴⁴　　　　杖 tʂʰaŋ⁴⁴/tʂaŋ⁴⁴

直 tʂʰʅ²⁴/tʂʅ²⁴　　　　值 tʂʰʅ²⁴/tʂʅ²⁴　　　　重 tʂʰuŋ⁴⁴/tʂuŋ⁴⁴

轴 tʂʰu²⁴/tʂəu²⁴

崇母：寨 tsʰei⁴⁴/tsei⁴⁴　　　　闸（牐）tsʰa²⁴/tsa²⁴

炸（煤）用油炸 tsʰa²⁴/tsa²⁴

群母：技 tɕʰi⁴⁴/tɕi⁴⁴；

2. 古禅、邪、书、心母的文白异读

禅母：仇（雠）ʂəu²⁴/tʂʰəu²⁴　　植 ʂʅ²⁴/tʂʅ²⁴　　　瑞 ʂuei⁴⁴/ʐuei⁴⁴

晨 ʂəŋ²⁴/tʂʰəŋ²⁴　　盛盛满了 ʂəŋ²⁴/tʂʰəŋ²⁴ 尝 ʂaŋ²⁴/tʂʰaŋ²⁴

偿 ʂaŋ²⁴/tʂʰaŋ²⁴　　唇 ʂuŋ²⁴/tʂʰuŋ²⁴　　殖 ʂʅ²⁴/tʂʅ²⁴

邪母：辞 sʅ/tsʰʅ²⁴　　　　翔 tsʰiaŋ²⁴/siaŋ²⁴

书母：鼠 tʂʰu⁵³/ʂu⁵³　　　舒 tʂʰu⁵³/ʂu⁵³

心母：赐 sʅ²⁴/tsʰʅ²⁴　　　塞 tsei²¹³/sei²¹³　　岁 tsuei⁴⁴/suei⁴⁴

燥 sɔ⁴⁴或 tsʰɔ⁴⁴/tsɔ⁴⁴　　骚 tsɔ²¹³/sɔ²¹³　　搔 tsɔ²¹³/sɔ²¹³

3. 古见系字（包括见、晓组）的文白异读

见母：街 kei²¹³/tɕiə²¹³　　　解解开 kei⁵³/tɕiə⁵³　　芥 kei⁴⁴/tɕiə⁴⁴

刚 tɕiaŋ²¹³/kaŋ²¹³　　讲 kaŋ⁵³/tɕiaŋ⁵³　　觉 kə²¹³/tɕyə²¹³

角 kə²¹³/tɕyə²¹³

溪母：腔 kʰaŋ²¹³/tɕʰiaŋ²¹³

疑母：疑 ni²⁴/i²⁴　　　　崖 ŋei²⁴/ia²⁴　　　严 niæ̃²⁴/iæ̃²⁴

仰 niaŋ⁵³/iaŋ⁵³　　　逆 i⁴⁴/ni⁴⁴

晓母：毁 ɕy⁵³/xuei⁵³　　　讳 ɕy⁴⁴/xuei⁴⁴

匣母：下底下 xa⁴⁴/ɕia⁴⁴　　　鞋 xei²⁴/ɕiə²⁴　　　鹹 xæ̃²⁴/ɕiæ̃²⁴

项 xaŋ⁴⁴/ɕiaŋ⁴⁴　　　巷 xaŋ⁴⁴/ɕiaŋ⁴⁴

4. 古精组合口字的文白异读

精母：租 tɕy²¹³/tsu²¹³　　　踪 tɕyŋ²¹³/tsuŋ²¹³

清母：皴 tɕʰyŋ²¹³/tsʰuŋ²¹³

心母：肃 ɕy²¹³/su²¹³　　　宿 ɕy²¹³/su²¹³　　　粟 ɕy²¹³/su⁵³

俗 ɕy²¹³/su²¹³　　　素 ɕy⁴⁴/su⁴⁴　　　逊 suŋ⁴⁴/ɕyŋ⁴⁴

笋 ɕyŋ⁵³/suŋ⁵³

邪母：诵 ɕyŋ⁴⁴/suŋ⁴⁴　　　　颂 ɕyŋ⁴⁴/suŋ⁴⁴　　　讼 ɕyŋ⁴⁴/suŋ⁴⁴

5. 古帮母、精母开口洪音字的文白异读

帮母：胞 pʰɔ⁴⁴/pɔ⁴⁴　　　　波 pʰə²¹³/pə²¹³

精母：躁 tsʰɔ⁴⁴/tsɔ⁴⁴　　　　剿 tsiɔ⁵³或 tsʰɔ²¹³/tɕiɔ²¹³

6. 古澄母平声字的文白异读

迟 tsʰɿ²⁴/tʂʰʅ²⁴　　　　池 tsʰɿ²⁴/tʂʰʅ²⁴

7. 古影母字的文白异读

押 nia²¹³/ia²¹³　　　　压 nia⁴⁴/ia⁴⁴

（二）韵母的文白异读

假摄：下 xa⁴⁴/ɕia⁴⁴　　　　也 ia⁵³/iə⁵³

遇摄：租 tɕy²¹³/tsu²¹³　　　素 ɕy⁴⁴/su⁴⁴　　　去 tɕʰi⁴⁴/tɕʰy⁵³

蟹摄：崖 ŋei²⁴/ia²⁴　　　　街 kei²¹³/tɕiə²¹³　　解 _解开_ kei⁵³/tɕiə⁵³

　　　芥 kei⁴⁴/tɕiə⁴⁴　　　逮 ti⁴⁴/tei⁴⁴

止摄：毁 ɕy⁵³/xuei⁵³　　　讳 ɕy⁴⁴/xuei⁴⁴　　苇 y⁵³/vei²⁴

　　　慰 y⁴⁴/vei⁴⁴　　　　渭 y⁴⁴/vei⁴⁴

　　　魏 y⁴⁴/vei⁴⁴　　　　猬 y⁴⁴/vei⁴⁴　　　尉 y⁴⁴/vei⁴⁴

　　　蔚 y⁴⁴/vei⁴⁴　　　　尾 i⁵³/vei⁵³　　　泪 lu⁴⁴/luei⁴⁴

效摄：堡 pu⁵³/pɔ⁵³　　　　剿 tsʰɔ²¹³/tsiɔ⁵³或 tɕiɔ²¹³

流摄：抽 tʂʰu²¹³/tʂʰəu²¹³　帚 tʂu²¹³/tʂəu²¹³　　牡 mɔ⁵³/mu⁵³

咸摄：鹹 xæ²⁴/ɕiæ²⁴　　　馅 ɕyæ̃⁴⁴/ɕiæ̃⁴⁴

山摄：联 lyæ̃²⁴/liæ̃²⁴

臻摄：素 ɕy⁴⁴/su⁴⁴　　　　笋 ɕyŋ⁵³/suŋ⁵³

　　　皴 tɕʰyŋ²¹³/tsʰuŋ²¹³　允 iŋ⁵³/yŋ⁵³

宕摄：藏 tsʰiaŋ²⁴/tsʰaŋ²⁴　刚 tɕiaŋ²¹³/kaŋ²¹³　雀 tsʰiɔ⁵³/tɕʰyə²¹³

　　　鹊 tsʰiɔ²¹³/tɕʰyə²¹³　郝 _姓_ xə²¹³/xɔ²¹³

江摄：讲 kaŋ⁵³/tɕiaŋ⁵³　　　项 xaŋ⁴⁴/ɕiaŋ⁴⁴　　巷 xaŋ⁴⁴/ɕiaŋ⁴⁴

　　　腔 kʰaŋ²¹³/tɕʰiaŋ²¹³　剥 pɔ²¹³/pə²¹³　　觉 kə²¹³/tɕyə²¹³

　　　角 kə²¹³/tɕyə²¹³　　　饺（角）tɕyə²¹³/tɕiɔ⁵³

通摄：龙 lyŋ²⁴/luŋ²⁴　　　浓 lyŋ²⁴/luŋ²⁴　　　踪 tɕyŋ²¹³/tsuŋ²¹³

　　　诵 ɕyŋ⁴⁴/suŋ⁴⁴　　　颂 ɕyŋ⁴⁴/suŋ⁴⁴　　　讼 ɕyŋ⁴⁴/suŋ⁴⁴

雍 vəŋ⁴⁴/yŋ⁴⁴　　　　　绿 liəu²¹³/ly²¹³　　　俗 çy²⁴/su²⁴

肃 çy²¹³/su²¹³　　　　　宿 çy²¹³/su²¹³　　　粟 çy²¹³/su²¹³

卜 pu²¹³/pə²¹³

（三）声调的文白异读

古上声：伟 vei⁵³/vei²¹³　　　　齿 tsʰʅ⁵³/tsʰʅ²¹³

古去声：丽 li²¹³/li⁴⁴　　　　　　恋 lyæ̃⁴⁴/lyæ̃²⁴

古入声：玉 y²¹³/y⁴⁴　　　　　　　益 i²¹³/i⁴⁴　　　陆 lu²¹³/lu⁴⁴

　　　　辱 ẓu²¹³/ẓu⁵³

二　文白异读的历史层次

讨论隆德方言文白字音在纵向历史演化中的时间层次，有必要把隆德方言文白异读的微观现象放在汉语方言大背景的宏观格局中去考察，这符合历史比较语言学的基本原则。这一部分将引进官话方言（北方方言）代表点的相关材料，作为考察隆德方言文白字音历史层次比较参照。所引材料主要来源于《汉语方音字汇》（北京大学中文系语言学教研室，2003）和《现代汉语方言音库·字音》（侯精一，1992—1999 各点音档）。为方便查阅，在所引材料后的括号内注明了页码。文中有关中古音的音类、音值均依据王力先生的《汉语史稿》。为了论述方便，按照传统习惯，将太原、平遥、呼和浩特 3 点也计入官话方言点。引用《汉语方音字汇》的材料涉及 8 个点：北京、济南、西安、太原、武汉、成都、合肥、扬州。引用《现代汉语方言音库》的材料涉及 20 个点：北京、哈尔滨、天津、济南、青岛、郑州、西安、西宁、银川、兰州、乌鲁木齐、武汉、成都、贵阳、昆明、南京、合肥、太原、平遥、呼和浩特。

下面仍以声韵调为序讨论文白异读的历史层次，声、韵、调各类异读的讨论顺序以及异读字例请看上面第一部分。

（一）声母异读的历史层次

1. 古全浊仄声字异读的历史层次

古全浊声母清化后，大多数北方方言和共同语一样，古平声字送气、仄声字不送气。可是全浊仄声字在"我国西北地区的山西、陕西、甘肃等地的方言固有的'白读音'里也存在大片的送气音区而且连成一片"（李如龙、辛世彪，1999）。隆德方言全浊送气现象与上述西北方言类型一致，而且古全浊仄声字白读送气现象所领字数较多，是区别于普通话及其周围兰银官话的重要特点之一，从文献上可以追溯到唐五代和宋西北方音，属于早期的、固有的层次。古全浊仄声字文读不送气现象显然反映了权威方言对隆德方言的影响和渗透，是后起的、晚近的层次。具体讨论详见本章第五节内容。

2. 古禅、邪、书、心母字异读的历史层次

古禅母平声字文白异读的特点是，白读为擦音，文读为塞擦音。古禅母为浊擦音，在今北京话里，平声部分字读擦音，如"神、绳、时、韶"，部分字读送气塞擦音，如"仇（雠）、晨、盛盛满了、尝、偿、唇、臣、酬、常、乘、垂"。但北京话中的仄声除少数入声字如"植、殖"外，一般为擦音，如"射、顺、睡、舌、食、树、是"。隆德方言中的部分平声字如"仇（雠）报仇、晨、盛盛满了、尝、偿、唇"和少数仄声字如"植、殖"白读音仍处于擦音阶段。文读音受到了普通话的影响。以平声字"仇报仇"为例，据《汉语方音字汇》（209）材料，官话方言 8 点（北京、济南、西安、太原、武汉、成都、合肥、扬州）均为塞擦音类型。据《现代汉语方言音库·字音》（176）材料，官话方言 20 点（北京、哈尔滨、天津、济南、青岛、郑州、西安、西宁、银川、兰州、乌鲁木齐、武汉、成都、贵阳、昆明、南京、合肥、太原、平遥、呼和浩特）均为塞擦音类型。以仄声字"植"的读音为例，据《汉语方音字汇》（62）材料，官话方言 8 点（北京、济南、西安、太原、武汉、成都、合肥、扬州）均为塞擦音类型。《现代汉语方言音库·字音》未收"植、殖"一类字。《现代汉语词典》（2012，第 6 版，467）"骨殖"词条注音：gǔshi；释义：尸骨。"骨殖"在表示"尸骨"义时，读音反映了较早的层次。"瑞"白读为清擦音，文读为浊擦音。据《汉语方音字汇》（167）材料，官话方言 6 点（西安、太原、武汉、成都、合肥、扬州）为清擦音类型，北京为浊擦音，济南为边音 l。《现代汉语方言音库·字音》未收该字。

古邪母字"辞"的文白异读特点是，白读为擦音，文读为塞擦音。古邪母是擦音，白读擦音应是较早的层次，文读塞擦音现象则是后起的层次。据《汉语方音字汇》（57）材料，官话方言 6 点（北京、济南、武汉、成都、合肥、扬州）为塞擦音类型，2 点（西安、太原）有擦音类型（新派为塞擦音）。据《现代汉语方言音库·字音》（66）材料，官话方言 18 点（北京、哈尔滨、天津、济南、青岛、郑州、西安、西宁、银

川、兰州、乌鲁木齐、武汉、成都、贵阳、昆明、南京、合肥）为塞擦音类型，2点（太原、平遥，其中平遥为白读音）为擦音类型。综合西安、太原、平遥等各点材料以及宁夏隆德白读音来看，"辞"字读擦音主要分布在官话方言西北地区。"翔"文白异读类型与"辞"正好相反，白读为塞擦音，文读为擦音。据《汉语方音字汇》（323）材料，官话方言5点（北京、济南、西安、太原、成都）为擦音类型，3点（武汉、合肥、扬州）为塞擦音类型。《现代汉语方言音库·字音》未收"翔"字，但与"翔"同音韵地位的"详"在20点中的银川（白读）、兰州、武汉、贵阳、昆明、南京、合肥7个点中为塞擦音类型。

古书母字文白异读特点是，白读为塞擦音，文读为擦音。古书母是清擦音，文读清擦音是中古层次，白读塞擦音则是后起的层次。以"鼠"为例，据《汉语方音字汇》（122）材料，官话方言6点（北京、济南、西安、太原、武汉、成都）为擦音类型，2点（合肥、扬州）为塞擦音类型。《现代汉语方言音库·字音》未收"鼠"字。

古心母字有的白读擦音，文读塞擦音；有的白读塞擦音，文读擦音。古心母是清擦音，今读擦音是中古音层次，塞擦音是后起的层次。以"赐"为例（隆德白读擦音），据《汉语方音字汇》（58）材料，官话方言5点（北京、武汉、成都、合肥、扬州）为塞擦音，3点（济南、西安、太原）旧读为擦音，新读为塞擦音。《现代汉语方言音库·字音》未收此字。以"骚"为例（隆德白读塞擦音），据《汉语方音字汇》（185）材料，官话方言7点（北京、济南、太原、武汉、成都、合肥、扬州）为擦音类型，1点（西安）擦音和塞擦音两读。《现代汉语方言音库·字音》未收此字。

3. 古见系（见、晓组）字异读的历史层次

见系字的文白异读，大部分字（主要是二等）白读为舌根音，文读为舌面音。宕摄（开口一等）个别字（刚）白读为舌面音，文读为舌根音。中古见系字本为舌根音，由于韵母增生i介音的影响，假摄（开口二等个别字）、止摄（合口三等个别字）、蟹摄（开口二等）、江摄（开口二等）文读舌面音是中古以后的音，是晚近的层次，白读为舌根音，是中古读音。宕摄开口一等的"刚"情况相反，白读舌面音是晚近层次，文读舌根音是中古的层次。以蟹摄二等见母"解"为例，据《汉语方音字汇》（47）材料，官话方言5点（北京、济南、西安、太原、合肥）为

舌面音类型，1 点（武汉）为舌根音类型，2 点（成都、扬州）文读为舌
面音、白读为舌根音类型。据《现代汉语方言音库·字音》（133）材料，
官话方言 11 点（北京、天津、济南、青岛、郑州、西安、南京、合肥、
太原、平遥、呼和浩特）为舌面音类型，4 点（西宁、兰州、贵阳、昆
明）为舌根音类型，5 点（哈尔滨、银川、乌鲁木齐、武汉、成都）文
读为舌面音、白读为舌根音类型。

　　疑母字的读音呈现出三个类型，ŋ、n、ø，疑母古为舌根音 ŋ，零声
母 ø 是最晚近的层次，应该是来源于共同语。n 应是晚于 ŋ 而早于零声母
ø 的层次。因此"崖"的白读音 ŋ 为最古的层次，"严"的白读音 n 为晚
于 ŋ 而早于 ø 的层次，文读音 ø 是晚近层次。"仰、疑"的情况与"严"
相似。逆 i⁴⁴/ni⁴⁴；白读音 ø 为晚近层次，文读音 n 为晚于 ŋ 而早于 ø 的历
史层次。以"严"为例，据《汉语方音字汇》（260）材料，官话方言 6
点（北京、济南、太原、武汉、合肥、扬州）为零声母，1 点（成都）
为 ŋ，1 点（太原）白读 ŋ，文读零声母。据《现代汉语方言音库·字
音》（214）材料，官话方言 17 点（北京、哈尔滨、天津、济南、青岛、
郑州、西安、西宁、银川、兰州、乌鲁木齐、武汉、昆明、南京、合肥、
太原、呼和浩特）为零声母，2 点（成都、平遥）为 ŋ，1 点（贵阳）旧
读 n，新读零声母。

　　4. 古精组合口字异读的历史层次

　　古精组合口字（多为三等）的文白异读，其特点是，大部分字白读
为舌面音，文读为舌尖前音。古精组字本为舌尖前音，文读反映了中古的
层次，白读是近代汉语声母腭化后产生的层次，是晚近的读音。以"踪"
（合口三等）为例，据《汉语方音字汇》（364）材料，官话方言 8 点
（北京、济南、西安、太原、武汉、成都、合肥、扬州）均为舌尖前音类
型。《现代汉语方言音库·字音》未收此字。以"素"（合口一等）为
例，据《汉语方音字汇》（115）材料，官话方言 8 点（北京、济南、西
安、太原、武汉、成都、合肥、扬州）均为舌尖前音类型。据《现代汉
语方言音库·字音》（107）材料，官话方言 19 点（北京、哈尔滨、天
津、济南、青岛、郑州、西安、银川、兰州、乌鲁木齐、武汉、成都、贵
阳、昆明、南京、合肥、太原、平遥、呼和浩特）为舌尖前音类型，只
有 1 点（西宁）为舌面音类型。

　　5. 古帮、精母字异读的历史层次

　　零星的古帮母字（波）、精母字（躁、剿）的文白异读特点是白读为

送气音，文读为不送气音。帮母和精母本为不送气音，文读代表了中古的层次，白读送气音应是方言不规则读音。以"波"为例，据《汉语方音字汇》（28）材料，官话方言6点（济南、太原、武汉、成都、合肥、扬州）为不送气类型，1点（西安）为送气类型，1点（北京）不送气和送气两读。《现代汉语方言音库·字音》此字未收。

　　以"躁"为例，据《汉语方音字汇》（183）材料，官话方言4点（北京、济南、武汉、扬州）为不送气类型，1点（成都）为送气类型，3点（西安、太原、合肥）既有不送气类型，也有送气类型。《现代汉语方言音库·字音》未收此字。"剿"的白读一保留尖音读法，为中古音层次。白读二送气现象可能是由声旁类推产生的误读音。《汉语方音字汇》和《现代汉语方言音库·字音》未收此字。

　　6. 古澄母平声字异读的历史层次

　　古澄母平声字（迟、池）文白异读的特点是，文读为舌尖后音，白读为舌尖前音。熊正辉（1990）在讨论官话方言分 ts、tʂ 的类型时，把官话方言的知庄章的今读概括为昌徐型、济南型和南京型，提纲挈领，简明扼要。段亚广（2012）又按熊文的方法把中原官话昌徐型方言进一步划分为洛阳型、西安型、咸阳型、彬阳型、美原型等几种次类型，隆德方言知庄章读音类型当属昌徐型的下位类型洛阳型。其特点是古知二庄开口、止开三章组读舌尖前 ts 类音，其余读舌尖后 tʂ 类音，"迟、池"为澄母止开三等字，按类型白读当读 tʂ 组音，但其白读音混入止开三章组 ts 类音，笔者怀疑，这两字的例外读音可能另有原因，文读音反而符合洛阳型特点。以"迟"为例，据《汉语方音字汇》（65）材料，官话方言3点（北京、济南、合肥）为舌尖后音类型，5点（西安、太原、武汉、成都、扬州）为舌尖前音类型。据《现代汉语方言音库·字音》（68）材料，官话方言12点（北京、哈尔滨、天津、济南、青岛、郑州、西宁、银川、兰州、昆明、南京、合肥）为舌尖后音类型，7点（西安、乌鲁木齐、武汉、成都、贵阳、太原、呼和浩特）为舌尖前音类型，1点（平遥）白读音舌尖前音型，文读为舌尖后音型。以上比较显示，隆德话"迟、池"的白读反映了西部中原官话的特点。

　　7. 古影母字异读的历史层次

　　古影母字文白异读的特点是，白读为 n，文读为零声母。古影母本为零声母，因此文读为中古音层次。白读 n 为增生的声母，是较后的层次。

以"押"为例，据《汉语方音字汇》（13）材料，官话方言 7 点（北京、济南、太原、武汉、成都、合肥、扬州）为零声母，1 点（西安）白读 n̠，文读零声母。《现代汉语方言音库·字音》未收此字。

（二）韵母异读的历史层次

1. 假摄字异读的历史层次

假摄开口二等字"下"的白读音 a 为中古层次，文读音 ia 是晚近的层次。二等见系开口字在普通话里大多数读细音，这些细音字在一些方言里还常常有读成洪音的。假摄开口三等字"也"的白读音 ia 代表中古层次，文读 iə 是较晚的层次。以"也"为例，据《汉语方音字汇》（51）材料，官话方言 7 点（北京、济南、西安、太原、武汉、成都、扬州）为 iə 音类型，1 点（合肥）为 iɛ。《现代汉语方言音库·字音》未收此字。

2. 遇摄字异读的历史层次

遇摄合口一等字"租、素"韵母的文白读是 [u、y]。u 是中古的层次，y 为晚近层次。"租"，据《汉语方言字汇》（114），官话方言 7 点（北京、济南、西安、太原、成都、合肥、扬州）为 u 音类型，1 点（武汉）为复元音 ou。《现代汉语方言音库·字音》未收此字。

遇摄合口三等韵文白异读所领字只有一个"去"字，不成系统。白读音 i 与止摄开口三等韵合流，应是晚近的层次。文读音 y 应是较早的层次。值得注意的是，"去"字文白异读现象在汉语方言中分布较广。据《汉语方音字汇》（136）材料，官话方言 7 点（北京、济南、西安、太原、武汉、成都、扬州）有文白异读，1 点（合肥）无文白异读。《现代汉语方言音库·字音》未收此字。

3. 蟹摄字异读的历史层次

蟹摄开口二等字，有洪音和细音两个类型。洪音为中古层次，是本地方言固有的读音，细音是权威方言见系二等韵增生 i 介音后移入本地方言产生的读音。以"崖"为例，据《汉语方音字汇》（14）的材料，官话方言 4 点（北京、济南、合肥、扬州）为细音类型，2 点（武汉、成都）为洪音类型，2 点（西安、太原）文读细音，白读洪音。据《现代汉语方言音库·字音》（36）材料，11 点（北京、天津、济南、青岛、郑州、银川、乌鲁木齐、南京、合肥、太原、平遥）为细音类型，8 点（西安、西宁、兰州、武汉、成都、贵阳、昆明、呼和浩特）为洪音类型，1 点

（哈尔滨）文读细音，白读洪音。

4. 止摄字异读的历史层次

止摄合口三等韵文白异读字较多，文读为 uei（零声母为 vei），韵腹或韵尾反映了中古音特点。白读为 y（不包括"泪、尾"二字），反映了中古音三等韵有 i 介音的特点，是所谓的"支微入鱼"现象。王军虎（2004）认为"支微入鱼"是唐五代西北方音的继承，刘勋宁（2005）进一步指出"支微入鱼"是一个在中原官话中普遍存在过的语音层次，并曾影响了周边许多地区的方言。以"苇"为例，据《汉语方音字汇》（175）的材料，官话方言 4 点（北京、济南、合肥、扬州）为 uei 音类型，4 点（西安、太原、武汉、成都）文读 uei 类型，白读 y 类型。《现代汉语方言音库·字音》未收该字。

5. 效摄字异读的历史层次

效摄开口一等"堡"文读音 ɔ 韵是权威方言 au 移入后折合的结果，是中古音层次，白读音 u 是唐代以后西北地区乃至官话地区大面积存在过的一个层次。唐末李匡乂《资暇集》卷中"俗谭"① 记载："熨头为酝，剪刀为箭，帽为慕，礼为里，保为补，襃为逋，暴为步。"其中有四条效摄字与遇摄字呈有规律的对应。钱大昕评价道："今北人读堡为补，唐时盖已然"（《十驾斋养新录》卷五，117）。据《汉语方音字汇》（176）的材料，官话方言 3 点（武汉、合肥、扬州）为 au 或 ɔ 类型，5 点（北京、济南、西安、太原、成都）文读 au 或 ɔ 类型，白读 u 类型。《现代汉语方言音库·字音》未收该字。效摄开口三等"剿"的白读一 iɔ 和文读 iɔ 是中古音层次，白读二 ɔ 应是最晚的层次。据笔者推测，白读音 ɔ 可能是由声旁"巢"类推而产生的误读，因为该字在本地人的生活中不常用。《汉语方音字汇》和《现代汉语方言音库·字音》未收此字。

6. 流摄字异读的历史层次

流摄开口三等字"抽、帚"，文读 əu，应为中古音层次，白读 u 转入遇摄，应是中古后的自主音变。隆德方言中还有另外一些流摄字的白读音转入遇摄，如"搂、楼、漏、陋、谋"，一些遇摄字的白读音转入流摄，如"奴、怒"，这些现象说明，流摄字和遇摄字的关系密切。只是后边这些例字其文读音还没有进入到本地方言的读音系统，属于有白读、无文读

---

① 转引自乔全生《晋方言语音史研究》。

的一音阶段，不属于本节讨论内容。流摄字音和遇摄字音相互转化的现象在西北地区有一定分布。乔全生（2008）考察了晋方言的流摄字和遇摄字的读音后，认为晋方言流摄与遇摄存在着密切的联系和相互转化的条件。密切联系就是都具有后高元音 u 这个共同点，有了这个共同点就有了单韵母向复韵母、复韵母向单韵母转化的条件，即 ou/əu——u。乔先生还认为，流摄字转入遇摄的时间要比遇摄字转入流摄的时间早。以"帚"为例，据《汉语方音字汇》（208）材料，官话方言 6 点（北京、西安、太原、成都、合肥、扬州）读音为 ou/əu 类型，1 点（济南）为 u 类型，1 点（武汉）文读 ou，白读 y。《现代汉语方言音库·字音》该字未收。"牡"的文读音 u 和白读音 ɔ 应是中古以后，流摄一等韵在不同的方言中各自演化的结果，有的方言转入遇摄，有的转入效摄。隆德方言白读音属于后者。据《汉语方言字汇》（104）材料，6 点（北京、济南、西安、太原、成都、扬州）转入遇摄，1 点（武汉）文读跟流摄音一致，白读转入效摄，1 点（合肥）文读转入效摄，白读为 əŋ。《现代汉语方言音库·字音》该字未收。

7. 咸摄字异读的历史层次

咸摄开口二等字"鹹"，白读洪音ã²⁴为中古音层次，文读 iã²⁴ 为晚近层次，应是权威方言移入后的结果。据《汉语方音字汇》（257）材料，官话方言 4 点（北京、济南、太原、合肥）为细音类型，1 点（成都）为洪音类型，3 点（西安、武汉、扬州）文读为细音，白读为洪音。《现代汉语方言音库·字音》未收该字。"馅"的文读音为齐齿呼，符合开口二等字增生 i 韵头的读音特点，是晚于中古音的层次。白读音为今撮口呼，应是在增生 i 韵头后的自主音变，为更晚近的层次。据《汉语方音字汇》（258）的材料，1 点（西安）为撮口呼，5 点（北京、济南、太原、成都、合肥）为齐齿呼，1 点（武汉）文读齐齿呼，白读开口呼。1 点（文读为齐齿呼，白读为开口呼），《现代汉语方言音库·字音》该字未收。

8. 山摄字异读的历史层次

山摄开口三等"联"字，韵母文读为齐齿呼，白读为撮口呼。文读对应开口三等字的中古音层次，白读应是本地方言自主音变的结果，是晚期层次。据《汉语方音字汇》（249）材料，官话方言 6 点（北京、济南、武汉、成都、合肥、扬州）为齐齿呼，1 点（西安）为合口呼，1 点（太

原）为撮口呼。据《现代汉语方言音库·字音》（206）材料，官话方言
15 点（北京、哈尔滨、天津、济南、青岛、西宁、银川、兰州、乌鲁木
齐、武汉、成都、贵阳、昆明、南京、合肥）为齐齿呼，1 点（西安）
为合口呼，3 点（太原、平遥、呼和浩特）为撮口呼，1 点（郑州）白读
为撮口呼，文读为齐齿呼。

9. 臻摄字异读的历史层次

臻摄字的文白异读，主要集中在古精组合口字，"笋、皴"中古属合
口三等字，韵母白读为细音 yŋ，文读为洪音 uŋ。白读合口细音反映了中
古音的特点，应是早期层次，文读洪音应是晚期层次。以"笋"为例
（合口三等），据《汉语方音字汇》（297）材料，官话方言 7 点（北京、
西安、太原、武汉、成都、合肥、扬州）为洪音，1 点（济南）为细音。
据《现代汉语方言音库·字音》（242）材料，官话方言 17 点（北京、哈
尔滨、天津、西安、西宁、银川、兰州、乌鲁木齐、武汉、成都、贵阳、
昆明、南京、合肥、太原、平遥、呼和浩特）为洪音，3 点（济南、青
岛、郑州）为细音。

10. 宕摄字异读的历史层次

宕摄开口一等的"藏藏起来、刚"两字，韵母文读为洪音，白读为细
音。古一等韵无 i 介音，因此文读是中古音层次，白读是后期自主音变的
结果。以"藏"为例，据《汉语方音字汇》（311）材料，5 点（北京、
济南、太原、武汉、扬州）为洪音类型，3 点（西安、成都、合肥）白
读为细音，文读为洪音。《现代汉语方言音库·字音》未收此字。

宕摄其他文白异读主要集中在古入声韵字（雀、鹊、郝）。中古入声
韵消变以后，宕摄入声字在不同的方言区音变的方向不同，有的方言演变
为 o 类韵（o、io、yo）/ə 类韵（ə、iə、uə、yə），有的演变成 au 类韵
（au、iau）。在官话方言区，由于这种音变过程持续时间长（元泰定甲
子1324年，周德清所著《中原音韵》表明就已经发生，现代晋语和江淮官话
还在进行），空间范围跨度大，所涉入声字舒声化先后的次序又参差不
齐，方言间相互借用的差异性，种种复杂因素，造成该类字音在某些方言
中的白读音类型或文读音类型并不整齐划一。隆德方言有的字白读属 ə 系
列，有的字白读属 au 系列（对应隆德话的 ɔ 系列）。以"雀"为例，据
《汉语方音字汇》（54）材料，官话方言 1 点（济南）为 ə 音类型，2 点
（武汉、成都）为 o 音类型，1 点（北京）白读 au 音类型，文读 ə 音类

型，1 点（西安）白读 au 音类型，文读 o 音类型。其余 3 点（太原、合肥、扬州）保留入声韵。《现代汉语方言音库·字音》该字未收。

11. 江摄字异读的历史层次

江摄见系开口二等字的韵母文读为细音，白读为洪音。细音应该是权威方言增生 i 介音后移入本地方言的结果，是较晚的层次，白读是早期层次。以"项"为例，据《汉语方音字汇》（324）材料，官话方言 4 点（北京、济南、太原、合肥）为细音类型，2 点（西安、武汉）为洪音类型，2 点（成都、扬州）白读为洪音，文读为细音。

入声韵"角"的白读音 ə 保留了二等韵增生 i 韵头之前的读法，旧文读 yə 反映了二等韵增生韵头 i 以后中原官话的音变特点。角（饺）的白读 yə 是旧文读，文读音 iɔ 显然受到了权威方言的影响，是权威方言移入后的读音。因为清声母入声字按规律在本地方言（中原官话）中读阴平调，但"角（饺）"的声调类型却为上声，与北京音调类一致。同时韵母类型与北京音一致（au 音类型）。笔者推测，"角（饺）"的新文读音的产生与俗字"饺"的推波助澜有很大关系。据《汉语方音字汇》（198）材料，"角"在官话方言区的读音比较复杂：2 点（济南、西安）为细音类型；1 点（扬州）为洪音类型；2 点（武汉、成都）白读为洪音，文读为细音；1 点（北京）白读为 iau 音（上声），文读为 ye 音（阴平）；1 点（合肥）白读洪音，文读细音；1 点（太原）文白异读均为细音，但主要元音和声调不同。《现代汉语方言音库·字音》未收此字。角（饺）在官话方言区，7 点（北京、济南、西安、武汉、成都、合肥、扬州）全为细音类型，同时为上声调类，且无文白异读，只有 1 点（太原）保留入声韵，有文白异读。《现代汉语方言音库·字音》未收"角（饺）"字。江摄还有一个常用的帮母入声字"剥"，其韵母的文白异读与北京话相同。

12. 通摄字异读的历史层次

通摄合口三等韵的文白异读所领字数较多，其特点是阳声韵字"龙、浓"文读为合口洪音，白读为撮口细音。白读反映了中古合口三等细音的特点，是早期层次，文读音应是三等韵 i 介音消变后的层次。以"龙"为例，据《汉语方音字汇》（362）材料，官话方言 8 点全为洪音类型。据《现代汉语方言音库·字音》（295）材料，只有郑州 1 点白读为细音，文读为洪音，其余 19 点（北京、哈尔滨、天津、济南、青岛、西安、西宁、银川、兰州、乌鲁木齐、武汉、成都、贵阳、昆明、南京、合肥、太原、平遥、呼和浩特）全为洪音类型。

通摄古入声韵字"绿"白读为齐齿呼，文读为撮口呼。文读反映了中古合口韵特点，应是早期层次。白读应是合口特征进一步消变后的层次。"绿"在官话方言中的读音比较复杂。据《汉语方音字汇》（132）材料，官话方言3点（北京、济南、西安）有异读，全为洪细之分，无开合之别。其余5点（太原、武汉、成都、合肥、扬州）为洪音，无异读。据《现代汉语方言音库·字音》（120）材料，5点（北京、哈尔滨、济南、青岛、乌鲁木齐）为y；2点（西安、西宁）为iou或iɯ音；5点（郑州、兰州、成都、贵阳、昆明）为u；1点（武汉）为əu；1点（银川）白读为y，文读为u；1点（天津）白读为y，文读为uei；5点（南京、合肥、太原、平遥、呼和浩特）全为合口洪音入声韵。

（三）声调异读的历史层次

1. 古上声字

古上声字"伟、齿"的白读为上声调（53），文读为阴平调（213）。白读上声调类反映了中古音调类的特点，文读音是后起的层次。笔者分析，北京话上声调类调值是曲折调型（214），隆德话阴平调类调值也是一个曲折调型。文读调是直接借用普通话调值调型的结果。

2. 古去声字

"丽"白读为阴平调（213），文读为去声调（44）。文读调类是由普通话调类类推的结果。凡是在普通话中读去声调值（51）的，在隆德方言里要类推折合成去声（44）调值。反映了"丽"属古去声字的特点。

3. 古入声字

古入声异读字白读为阴平调，文读"玉、益、陆"为去声调；"辱"为上声调。文白读反映了中原官话、北京官话古入声今分派的差异。中原官话古清声母和次浊声母入声字归阴平调，上述"玉（疑）、陆（来）、辱（日）"为古次浊声母入声字，"益（影）"为清声母入声字，隆德话今读阴平，正合中原官话的读音类型。次浊入声字在北京官话中归入去声调（"辱"在北京话中读上声调是个例外）。因此上述"玉（疑）陆（来）"的文读去声调、"辱（日）"文读上声调是北京话等权威方言影响的结果。

隆德方言里，"玉"的白读音为阴平调，目前仅存在于"玉皇大帝"

"汉白玉""玉石俱焚"等少数词语当中，其他语境基本全为文读音所覆盖。尤其是"玉"字在人名当中使用频率极高，其读音全为文读音，这为文读音在竞争中的胜出起了很大作用。"陆"的文读音只出现在姓氏当中，其他语境还未出现。"益"文读音也多出现在人名当中。从这几个古入声字的文白读音分布环境来判断，"玉"的文读去声调是最早进入本地方言的。

三　文白异读的不均衡性

（一）声、韵、调分配上的不均衡

隆德话中，声母主要体现在三方面有较系统的文白异读现象，所领字数较多。首先是古全浊声母仄声字逢塞音、塞擦音文读不送气，白读送气；其次是古禅、邪、书、心母存在擦音与塞擦音的文白异读现象；再次是古见系字和精组字存在是否腭化的文白异读。其他声母的文白异读字数较少，不成系统。

韵母的文白异读，主要集中在蟹、止、臻、宕、江、通六摄上，所领字数较多。假、遇、效、流、咸、山六摄的文白异读因其所领字数较少，因而不成系统。果、深、曾、梗四摄未发现文白异读字。

声调的文白异读字不多，古入声字的文白异读4例，上声字2例，去声字2例。因而隆德话文白异读主要体现在声母和韵母上。

（二）同一声系、同一韵摄的不同等之间分配上不均衡

在见系的一二三四等韵中，一等韵的文白异读只有一个"刚"（宕摄开口）字，二等（蟹摄开口、江摄开口）所领字数较多，三等韵（主要是疑、晓母止摄合口，云母止摄合口）有少量文白异读字，四等韵未见有文白异读字。在通摄的一三等韵中，精系三等合口有较多的文白异读字。

（三）文白字音出现的频率不均衡

文白读出现频率的不均衡体现在三个方面，下面以声母的文白异读为例说明这种情况。

第一种情形是，有的字白读音出现频率高，文读音出现频率低。这类字音的特点是，当地识字的人念这些字时，只会稳定地读出白读音，不会读文读音。但这些字在新词语特别是科技词语中出现时，即使是当地老年人也会跟着说文读音。这些字的白读音和本字的联系比较密切，文读音还

没有同本字建立稳定的联系。例如，並母去声字"鉋"的文白异读（目前只发现"刨床"一词是文读音）、澄母入声字"轴"的文白异读（只发现"西北轴承厂"名称是文读音）。在文白竞争中，这类字的文白异读还属于白强文弱阶段。

第二种情形是，有的字文白读音出现的频率相当。这类字音的特点是，当地识字的人能明白无误地分辨哪个是当地固有的土语音，哪个属于外来音。在平时的使用上，这些字往往文白并用，老年人倾向于白读，青年人倾向于文读。总之，不管是文读还是白读，同本字都有固定的联系。例如，澄母平声字"迟"、泥母去声字"闹"的文白异读。在文白竞争中，这类字的文白读还处于相持阶段。

第三种情形是，有的字白读出现频率低，文读出现频率高。这类字音的特点是，当地识字的人念这些字时，只知道文读音，不知道白读音。由于文读和本字建立了长期密切的联系，以致在当地人的心理上，有的白读和本字早已失掉了联系。这种情况说明，这些字文读音进入本地方言语音系统的年代较远。但这些残存的白读音对研究隆德方言的语音史却有着特殊意义。例如：定母上声字"道"的送气音读法，澄母平声字"池"的舌尖前音的读法，这些字的白读音只出现在一些地名中。在文白竞争中，这部分字文白异读已处于文强白弱阶段。

第五节　全浊送气现象与唐宋西北方音

20 世纪 80 年代以来，以黑水城西夏文献夏汉对音材料为主要依据的宋西北方音的重建是汉语语音史、汉语方言史、西夏学研究的重要成果。西夏文献反映的全浊声母仄声字今读送气现象，成为西北汉语方言研究领域的热门话题之一。但是学术界鲜有人注意到西夏故地—宁夏南部山区的全浊送气现象这一重要语言事实。本节将隆德方言作为切入点，专门来讨论这个问题。

隆德话全浊声母字读音较为复杂，呈现出两个音层：文读音层平声送气、仄声不送气，白读音层不论平仄读送气音。因而隆德话古全浊声母的今读特点主要表现在仄声字，古平声字声母今读与北京话基本一致。本节拟从新老派单字音、老派词语读音两方面讨论古全浊声母仄声字在隆德话中的读音情况。老派的主要发音合作人杨发成，69 岁，高小文化；新派的主要发音合作人杨龙华，29 岁，大学文化。两人都是温堡乡老户。

　　本论文选取《方言调查字表》中的 258 个古全浊仄声字作为调查材料，另外补充了"鹁、碡"2 个字，共计 260 字（见下表）。《方言调查字表》中的三类全浊仄声字不包括在内：①普通话也读送气音的少数仄声字，如"仆、佩、曝、瀑、叛、特、突、艇、挺、咳"；②今读擦音的崇母字（如"士、仕、柿、俟、事"）和船母字。船母字在隆德话中无送气读法；③本方言中不用的字。这样，本文所调查的字涉及並、定、澄、从、崇、群 6 个声母。调查记音以老派话为准。

一　古全浊仄声字单字音声母今读

　　隆德方言古全浊仄声字单字音声母今读的调查结果请看下表，表中未加圈的字新老派声母发音方法相同；加圈的字老派读送气音，新派读不送气音。读音统计以老派话为准。

表 2-7　　　　　　隆德方言古全浊仄声字单字音声母今读表

古声母	今声母	例字	字数	
並	p	薄~荷 罢稗败敝弊币毙陛鎏背焙被~通 被~子 被迫 便~宜 汴便方~ 备箆抱暴菢瓣办别弼弻笨棒蚌白並	31	57
	pʰ	部簿步 哺㊀ 埠 倍㊀ 避鼻 鲌㊀ 鉋鳔拔辨 辩㊀ 辫㊀ 拌 劲㊀ 饽傍薄泊 用㊀ 雹病 鹁㊀	26	
定	t	大惰度渡镀怠殆代袋大~黄 队兑道盗导掉调音~ 调~动 豆逗蝶谍诞但弹~蛋达电殿奠佃段缎盾钝遁荡宕铎踱邓定敌狄洞独读	48	70
	tʰ	舵驮杜肚腹 弟弟㊀ 递地稻 藿灰~菜 沓痰~淡㊀ 毒㊀ 碟垫断夺 甸㊀ 籴动㊀ 牸牛~子 毒	22	
从	ts/tɕ	藉~故 在载罪自字皂造杂暂渐集践尽疾捷捷藏藏西~ 脏赠贼静靖籍藉狼~ 族聚辑绝寂	29	41
	tsʰ	坐㊀ 座㊀ 剂㊀ 面~子 就 戚㊀ 饯截凿昨匠嚼 净㊀	12	
澄	tʂ/ts	箸柱住滞雉治坠赵兆召宙赚蛰绽传~记阵秩丈仗杖浊瞪直值郑掷仲逐/痔站泽择宅	34	42
	tʂʰ	彴㊀ 辙俦着睡~ 瞳㊀ 轴㊀ 重轻~ 碡	8	
崇	ts/tʂ	乍寨闸（牐）栈骤/助撰状镯	9	11
	tsʰ	炸（煤）用油~ 铡	2	
群	k/tɕ	共/巨拒距具惧技妓忌臼舅咎俭及杰键健腱倦仅窘菌掘倔屐极竞剧屐	28	39
	kʰ/tɕʰ	跪柜/轿㊀ 旧 柩㊀ 件㊀ 圈猪~ 槪 近㊀ 强倔~ 局㊀	11	

　　从上表可以看出，並、定、澄、从、崇、群六母全浊仄声字在隆德老

派话中都有不送气音和送气音两类读法，根据学界对唐宋西北方音的研究（详见下文），送气音当属于白读，不送气音当属于文读。在 260 个被查字里，老派有文读字 179 个，白读字 81 个，文白之比是 69%：31%。老派话的送气音，新派话已有 28 字读为不送气音，即由白读层转入文读层。新派保留的白读送气音共有 53 个（并 18、定 15、从 7、澄 5、崇 2、群 6），文白之比为 80%：20%。相比较而言，老派话中的白读音比较稳定，新派话白读音稳定性较差，在一定的交际场所（例如，与外地人交谈）这 20%的白读字很容易转换为文读音。由此可见新派话的文读音层正在扩张，白读音层相应萎缩。

二　老派词语文白异读调查

在词语调查中我们发现，老派话单字音中的少量白读字，在一些通用词语特别是新词语中已出现文读音，例如：

并：鉋 pɔ⁴⁴~床（新式木工工具）｜捕 pu⁵³逮~

定：动 tuŋ⁴⁴劳~，~物｜地 ti⁴⁴~方，~理｜夺：tuə²⁴定~

从：剂 tsi⁴⁴针~，药~师｜贱 tsiæ̃⁴⁴低~

澄：重 tʂuŋ⁴⁴~要，尊~

有些单字读不送气音的文读字，在温堡乡的土语词里还存在送气白读音，这类字共有 32 个。有少数字在温堡乡未发现送气的白读音，但在温堡乡邻近的山河、奠安一带（同属南片），发现有送气的白读音，如"赵、白、字" 3 字。这两类字共计 36 个，笔者将这 36 个字看作白读音的残读现象，列举如下。

并：罢 pʰa⁴⁴ 吃~饭｜败 pʰei⁴⁴ 茶叶~了茶水因多次冲泡而无味，~奶子牛、羊等动物幼崽丧失了自主吃奶的能力｜暴 pʰɔ⁴⁴~性子性格暴躁｜办 pʰæ̃⁴⁴~女人娶妻，~年货，操~｜别 pʰiə²⁴ ~谁别人，把花儿~着头上｜笨 pʰəŋ⁴⁴蠢~多指人的长相丑陋或家具笨重｜白 pʰei⁴⁴姓~（山河、奠安乡读音）

定：度 tʰu⁴⁴~量小｜袋 tʰei⁴⁴插~子上衣口袋｜道 tʰɔ⁴⁴街~，夹~小胡同｜掉 tʰiɔ⁴⁴把头~过｜但 tʰæ̃⁴⁴天爷~下雨，就不赶路了如果天下雨，就不走路了｜蛋 tʰæ̃⁴⁴脸~子｜定 tʰiŋ⁴⁴ ~儿站着一动不动地站立｜洞 tʰuŋ⁴⁴门~门口｜洞 tʰuŋ²⁴烟~眼烟囱，耳朵~儿耳垂上人工穿凿的洞眼｜独 tʰu²⁴ ~~蒜一种不分瓣的大蒜，~橘子只用一头牛拉的农具从：藉 tsʰiə⁴⁴ ~住坡坡儿就溜凭借有坡度的地形顺势滑下去，比喻见台阶就下，或者一有机会就脱身，~机会抓住有利时机 ｜ 字 tsʰɿ⁴⁴写~（山河、奠安乡读音）｜ 在 tsʰei⁴⁴自~ ｜ 捷 tsʰiə²⁴打~路走捷径 ｜ 集 tsʰi²⁴跟~到农村乡镇定期轮回举办的农贸市场买卖货物，赶~（义同"跟集"）｜ 绝 tɕʰyə²⁴做~事指做事不留后路，~物罕有的物种 ｜ 尽 tsʰiŋ⁴⁴大~大月，小~小月 ｜ 疾 tsʰi²⁴病~，病儿~儿 ｜ 贼 tsʰei²⁴忤逆~大逆不孝的人，打劫~抢劫犯 ｜ 静 tsʰiŋ⁴⁴安~ ｜ 皂 tsʰɔ⁴⁴ ~角（中药名）

澄：住 tʂʰu⁴⁴雨~了雨停了，鞋做~了做好了 ｜ 坠 tʂʰuei⁴⁴耳朵~~儿耳垂 ｜ 赵 tʂʰɔ⁴⁴姓~（山河、奠安乡读音）｜ 绽 tsʰæ⁴⁴花瓣儿~开了 ｜ 丈 tʂʰaŋ⁴⁴ ~人岳父，~母岳母 ｜ 杖 tʂʰaŋ⁴⁴擀~擀面用的木杖 ｜ 直 tʂʰɿ²⁴ ~固性格固直而不知变通，脖子~了脖子僵直不能转动 ｜ 值 tʂʰɿ²⁴不~钱

崇：寨 tsʰei⁴⁴ ~子川（地名）

群：技 tɕʰi⁴⁴ ~术

综合单字和语词两层面的调查结果，可以发现，隆德老派话被调查的260个字中，143个字未发现白读音，占总数的55%，117个字有白读音，占总数的45%。

三　隆德方言白读音层的历史来源

隆德方言（周围陇中片县市情况相类似）中古全浊声母清化后不论平仄读送气音的历史可以追溯到唐宋西北方音。

最早记录这一现象的是唐人李肇，他在笔记《唐国史补》卷下云："……关中人呼'稻'为'讨'，……皆讹谬所习，亦曰坊中语也。""稻"是定母上声字，"讨"是透母上声字，说明那时候关中方言已出现了全浊声母与次清声母合流的现象。《集韵》晧韵之内收"稻"字入"讨"小韵，并曰："稻，粃也，关西语。"《唐国史补》记载了开元（713—741 年）至长庆（821—824 年）百余年间的事（转引自乔全生《晋方言语音史研究》，2008，103），说明隆德及其周围陇中片方言这种"稻""讨"同音的现象已逾 1200 年，由来已久。

张清常（1963 年）通过对天城梵书金刚经残卷的对音分析归纳出：中古汉语全浊声母并、定、澄、从、群的对音同次清声母滂、透、彻、清、溪相同（转引自乔全生《晋方言语音史研究》，2008，103）。唐西北方音的这一特点与隆德及周围陇中片的白读音层是一致的。

罗常培先生在《唐五代西北方音》中认为声母有这样的特点：中古的全浊声母在《金刚经》《阿弥陀经》《千字文》的对音中不变，而在《大乘中宗见解》中除"凡梵（以上奉母）怠道第大地盗定达（以上定母）着（澄母）"11字未变外，其余都变为次清字。可见在唐五代的河西地区已经出现了清化后全浊送气的方言类型。

西夏建国于1038年，亡于1227年，大致于宋王朝（960—1279年）的活动时期相当。它主要活动于我国的西北地区，包括今天的宁夏、甘肃大部、陕西北部、内蒙古西部和青海东北部。所以学术界把西夏文献所反映的汉语方音称为宋西北方音。其中《番汉合时掌中珠》为十二世纪汉语西北方音最重要的资料，为公元1190年（序尾记乾祐庚戌二十一年）西夏人骨勒茂才著。内容是汉语与西夏语的对译及对音，由于时间和地域的确定性，又为一人所作，材料的同质性无可置疑。

龚煌城在研究《番汉合时掌中珠》后发现，西夏字𗊬（音 p^hu）不但用于注汉字的滂母字"铺"，也可以注汉字的並母字"菩、蒲、薄、泊、葡、匍"，而且不分平上去入。西夏同音字𗊬（音 p^hu）不但用汉字滂母字"普"来注音，而且也用汉字並母字"部"来注音，因而得出结论："由此可见12世纪末汉语的西北方音，滂母与並母已完全不分。我们假设这是 $b>p^h$ 的变化，而不是其反向"（2004，253）。其他全浊塞音、塞擦音亦然，"中古的浊塞音与浊塞擦音声母，不分声调，都变为送气的清塞音及清塞擦音"（2004，280）。

李范文《宋代西北方音》也通过对《番汉合时掌中珠》中大量的西夏字和汉字互注来分析西夏时的西北方音声母系统，认为全浊声母已经清化，清化后读送气音。结论与龚文完全一致。

《文海》是一部西夏韵书，它把西夏文按其语音分类排列，体例与《广韵》类似，《文海》分为平上两卷，现存平声卷。平声卷含97韵（2577字），每韵之下又按声组次序分为若干小组，同小组的西夏文即西夏同音字。黄振华《〈文海〉反切系统的初步研究》（1983）对宋西北方音的声母进行研究，就是将《文海》中所有的反切上字系联成类，又将各类所切西夏文曾用过的标音汉字分别列出，从中可以清楚地看出宋西北方音的归派。都是全清字自成一类，全浊与次清并为一类（转引自王洪君北京大学1986硕士论文《文白异读与叠置式音变》，全文见于丁邦新主编《历史层次与方言研究》论文集）。

四　隆德方言白读音层与周围方言的联系

隆德方言古全浊声母不论平仄清化后读送气音在西北方言中不是孤立的现象。近 20 年来，有关资料在山西汾河片、陕西关中、甘肃大部的中原官话区和陕北的晋语区都相继发现了这种"全浊送气"的白读音层。

王洪君于 1987 年第 1 期《中国语文》上发表了题为《山西闻喜方言的白读层与宋西北方音》，文中指出中古的全浊声母，不管是平声还是仄声，在闻喜及晋南地区的白读层，一律念送气的清音。隆德话与闻喜方言相比，并母仄声字中有"薄薄荷、背背诵"二字未发现有送气读法，但"薄"字在表示"薄厚"意义时，则读送气音，其他并母字的送气情况两地完全相同。其他全浊声母仄声例字的送气与隆德方言完全一致。应说明的是，"皂"字在"肥皂、香皂"等词语中未发现有送气读音，因为青年人说的"肥皂、香皂"，老年人过去都说成"洋碱、胰子"，但是有一种中药名"皂角"则为送气读音。

侯精一、温端政《山西方言调查研究报告》（1993 年）列汾河片 24 个方言点，有 23 个点古全浊声母无论平仄，今逢塞音、塞擦音声母多读送气音（这里包括闻喜点），系统记录了中原官话汾河片的读音。这 23 个点是运城、芮城、永济、新绛、绛县、襄汾、平陆、临猗、万荣、河津、乡宁、吉县、侯马、夏县、闻喜、垣曲、稷山、临汾、翼城、浮山、古县、洪洞、霍州。另外，方言上划入吕梁片、行政上归汾河片的隰县、大宁、永和、蒲县、汾西 5 个点读同中原官话汾河片。

关中方言古全浊声母今读的演变方向，以前一些学者做过零星的调查（如孙立新对户县方言的调查研究），学者们经研究发现，关中方言残存的白读音与唐宋西北方音是一致的（李如龙、辛世彪，1999 年）。张维佳（2005 年）选取了 123 个常见的中古全浊声母仄声字在关中的 33 个点做了调查。结果表明，中心地区读送气音的少，周边地区读送气音的多，呈现出涡状分布，这种状态完全是受强势方言影响的结果。

笔者以张维佳所举的 123 个例字作为参照，对照隆德土语层的实际情况进行比较，其中有 90 个字仍有送气音读法，约占例字总数的 72%—73%，这个比例相当于关中西府地区的旬邑和麟游，虽然不及关中东府地区的渭南等地，但远高于关中中心地区。

近年来陆续发现的资料表明，甘肃平凉、泾川、天水及洮河流域

（张成材、莫超，2005年；莫超，2009年）也存在这种读音现象。

邢向东等人（2006年）的调查结果表明，属于西夏故地的陕北沿河一带就存在古全浊声母不分平仄读送气音的白读音层，除府谷、绥德两地只有群母（跪）例字以外，神木（无定母例）、佳县、清涧（无从母例）、延川（无从母例）等地并、定、群、澄、崇、从的仄声字保留送气的白读层相对比较完整。

王玉鼎先生（2009年）调查了宁夏中部的海原县全浊仄声字的读音分布状况，发现不送气是常例，送气是变例。下列13字读送气音："耙、部、簿、步、倍、辟、避、藉、襟、撞、秩、住、跪"。王先生认为这是移民带来或关中方言播散的结果。

至此，有关资料在山西汾河片、陕西关中、甘肃大部的中原官话区和陕北的晋语区都相继发现并讨论了中古全浊声母不分平仄读送气音的白读音层。学界虽然有资料涉及宁夏境内这一现象，但未做专门考察和讨论。经笔者实地调查，宁夏隆德、西吉及属于甘肃的秦安、静宁、庄浪等地也都较多地保留了这种白读音。隆德及其周围地区正是历史上宋夏对峙的边地，因而本节内容对隆德及其周围地区全浊声母不分平仄送气现象的调查研究不仅可以丰富学界对北方地区全浊清化规律的认识，也可以为唐宋西北方音的地理分布提供参证。

第六节　古从母仄声字的声母异读现象

由于语音上存在的新老派区别和文白异读，声母有一字数读的情况。声母一字两读在官话方言中常见，但隆德方言古从母仄声字有一字声母四读的情况，这种现象在官话方言的研究中鲜有报道。本节试图对隆德方言的这种共时现象进行初步探讨。

一　尖团音的分混与全浊声母的异读

1. 尖团音的分混

在隆德县境南片一带，老派话精组声母齐齿呼保留了尖音的读法。新派音已不分尖团了。现将精组声母字与见组（包括晓匣母）声母字读音进行比较：

老派话

①齐齿呼读音：精［tsiŋ²¹³］≠经［tɕiŋ²¹³］　节［tsiə²¹³］≠结
［tɕiə²¹³］　秋［tsʰiəu²¹³］≠丘［tɕʰiəu²¹³］　齐［tsʰi²⁴］≠旗［tɕʰi²⁴］
修［siəu²¹³］≠休［ɕiəu²¹³］

②撮口呼读音：全［tɕʰyæ̃²⁴］=权［tɕʰyæ̃²⁴］　　旋［ɕyæ̃²⁴］=玄
［ɕyæ̃²⁴］

新派话

①齐齿呼读音：精［tɕiŋ²⁴］=经［tɕiŋ²⁴］　节［tɕiə²⁴］=结［tɕiə²⁴］
秋［tɕʰiəu²⁴］=丘［tɕʰiəu²⁴］　齐［tɕʰi²⁴］=旗［tɕʰi²⁴］　修［ɕiəu²⁴］
=休［ɕiəu²⁴］

②撮口呼读音：全［tɕʰyæ̃²⁴］=权［tɕʰyæ̃²⁴］　　旋［ɕyæ̃²⁴］=玄
［ɕyæ̃²⁴］

从以上比较可以看出，隆德方言新派音已完全不分尖团，这种情况与
普通话基本相同。老派音在齐齿呼前还分尖团，但在撮口呼前与新派音读
音相同，已不分尖团了。

2. 全浊声母仄声字的异读

隆德方言中古全浊声母字的读音与普通话相比，最大的区别在于相当
一部分仄声字的白读音呈现出送气现象。笔者以《方言调查字表》中的
字为例，发现中古并、定、从、澄、崇、群各声母的仄声字都有一部分字
读送气音。应说明的是，新老派虽然在所辖字数上略有差异，但大部分白
读音读送气音的特点基本相同。这些字详见本章第五节讨论。

二　从母仄声字异读举例

新老派存在尖团分读的差异，白读全浊送气的共同特点和书面词语受
强势方言影响读不送气音的现象交织在一起，因而在从母仄声字中形成一
字声母四读的情况，下面分别以从母缉韵入声字"集"和从母宥韵去声
字"就"的声母读音为例，来说明这一现象。

例1，集：

A 集［tsʰi²⁴］：舌尖前、送气、清塞擦音。属于老派话中的白读音，
其特点是分尖团、全浊送气。词例：集集市　赶集　跟集

B 集［tsi²⁴］：舌尖前、不送气、清塞擦音。属于老派话中的文读音，
其特点是分尖团、全浊平声送气仄声不送气。词例：集体　集合　集中

C 集〔tɕʰi²⁴〕：舌面、送气、清塞擦音。属于新派话中的白读音，其特点是不分尖团、全浊送气。词例：集_{集市} 赶集 跟集

D 集〔tɕi²⁴〕：舌面、不送气、清塞擦音。属于新派话中的文读音，其特点是不分尖团、全浊平声送气仄声不送气。词例：集体 集合 集中

例 2，就：

A 就〔tsʰiəu⁴⁴〕：舌尖前、送气、清塞擦音。属于老派话中的白读音，其特点是分尖团、全浊送气。词例：就是 就算

B 就〔tsiəu⁴⁴〕：舌尖前、不送气、清塞擦音。属于老派话中的文读音，其特点是分尖团、全浊平声送气仄声不送气。词例：成就 就业

C 就〔tɕʰiəu⁴⁴〕：舌面、送气、清塞擦音。属于新派话中的白读音，其特点是不分尖团、全浊送气。词例：就是 就算

D 就〔tɕiəu⁴⁴〕：舌面、不送气、清塞擦音。属于新派话中的文读音，其特点是不分尖团、全浊平声送气仄声不送气。词例：成就 就业

以上所举词例，"集_{集市} 赶集 跟集"和"就是 就算"为本地方言固有，新派老派全读送气的白读音。"集体 集合 集中"和"成就 就业"是外来文化词语，新派老派全读不送气的文读音。因而在隆德方言中，不论新派老派，以发音方法是否送气来构成此类字的文白差异。在同是文读音或同是白读音当中，新派话不分尖团，老派话分尖团。因而在此类字的读音中，以发音部位是否分尖团构成了新派老派的区别。隆德方言"集""就"等类字声母的四种共时音变形式，是文白差别和新老差异这两种因素共同制约的结果。

隆德方言"集""就"等类字声母的四种共时音变形式，是本地方言与强势方言竞争演化在现阶段的必然反映。从发音部位上来说，在近代汉语中，中古精组细音字在官话方言的大部分地区经历和完成了腭化的过程，演变成现代汉语的舌面音 tɕ、tɕʰ、ɕ，但在老派分尖团的隆德方言中，"集""就"等类字老派的两种读法 A 和 B（为行文方便，用上文序号来代表四种不同的读音，下同），则保留了尖音的特征，反映了中古汉语从母的发音部位，是本地固有的特征。新派的两种读法 C 和 D，则反映了已经腭化的强势方言（如北京话）在发音部位上对隆德方言的影响和渗透。据学界研究，"全浊送气"是唐宋西北方音的重要特点（罗常培，1933；龚煌诚，1989；李范文，1994）。近 20 年来，"全浊送气"的白读音层在西北的汉语方言研究中屡有报道（王洪君，1987；侯精一、温端

政，1993；孙立新，1997；张维佳，2005；张成材，2007；邢向东，2006；莫超，2009），笔者的调查说明，隆德话也存在这种成系统的白读音层。因此，从发音方法上可以肯定，"集""就"等类字的两种送气音形式 A 和 C，反映了唐宋西北方音"全浊送气"的特点，是本地固有的特征。另两种不送气音形式 B 和 D 是强势方言（如北京话）全浊声母清化后平声送气仄声不送气的文读音影响、渗透的结果，不送气是隆德方言晚近的特征。

　　隆德方言"集""就"等类字声母的四种异读形式，分别从发音部位和发音方法两个方面与中古汉语、唐宋西北方音、近代汉语、现代汉语的各种语音特点相联系。A 以舌尖前音的形式与中古汉语从母的发音部位相联系，以送气的形式与唐宋西北方音的发音方法相联系；B 以舌尖前音的形式与中古汉语的发音部位相联系，以不送气的形式与汉语强势方言（如北京话）的发音方法相联系；C 以舌面音的形式与汉语强势方言（如北京话）的发音部位相联系，以送气的形式与唐宋西北方音的发音方法相联系；D 以舌面音的形式与汉语强势方言（如北京话）的发音部位相联系，以不送气形式与汉语强势方言（如北京话）的发音方法相联系。

　　从音类来源上来讲，A 是本地方言发音部位和发音方法固有的白读音，B 是本地方言发音部位和强势方言（如北京话）发音方法杂配的结果，C 是强势方言（如北京话）发音部位和本地方言发音方法杂配的结果，D 是强势方言（如北京话）发音部位和发音方法完全移入后的文读音。

　　据笔者考察，在隆德方言中，与"集""就"等字声母读音具有相同情况的例子还有"藉_{藉故}、捷、截、尽、疾、匠、静、净、剂"等 9 个字。这些字的共同特点是：中古汉语从母仄声字，方言中读齐齿呼，又是常用字。

三　异读现象的时空关系

1. 异读时间层次的推断

以"集"字为例，从共时阶段呈现出的四种读音出发，可以推断出隆德南片一带"集"字读音的纵向历史层次。从推断结果来看，强势方言的音类 D 终将代替 A、B、C 三种音。具体演化可以图示如下：

A—A—B→A—B—C—D→C—D→D

根据笔者所掌握的"集"字读音情况，现将上述 5 个阶段分别说明。

A 阶段：20 世纪 50 年代前。是"集体、集合、集中"等文化词语进入本方言区（据老人回忆，大约在新中国成立前后）前的读音，这一阶段既无文读音，也无所谓新派音。

A—B 阶段：20 世纪 50 年代初至 70 年代末。这时期文化词语在口语中大量普及，"集"的文白两种异读音在本方言中非常稳定，但本地对外交流还很有限，文盲和半文盲在人口中还占有较大的比例。后期有新派音萌芽，但人数较少，不是人口中的多数。

A—B—C—D 阶段：即现阶段。新派话舌面音读法比较稳定，对外交流越来越频繁，讲新派话的人口越来越多。根据笔者的调查材料发现，20 世纪 70 年代后出生的人，他们中的文盲极少，已经不分尖团。另外就是经常跑外面的人也不分尖团了。但这个阶段尖音读法还明显存在。例如，温堡点发音合作人张世孔（87 岁，农民书画家，老庄村人）、卜迎学（58 岁，个体医生，卜岔村人）、杜海珠（62 岁，农民，杜川村人）、杨文广（58 岁，退休职工，张杨村人），虽然这些人都上过学，但尖团字读音区别很清楚。他们在读音比字中都能明确告诉笔者"齐—旗"一类字的区别。另外笔者还访问了不少文盲或半文盲老年人，在交谈中，发现这些人尖团区分非常清楚。

C—D 阶段：可以预测，这一阶段的到来，为时不会太远。能明确区分尖团字音的人年龄大多都在 50 岁以上。随着时间的推移，这部分人在总人口中的比例将会越来越少。笔者以杜成德老人（78 岁，温堡乡杜堡村人，文盲）及其亲属的读音作为个案来观察，发现杜成德夫妇（老伴去世不久）及其长女夫妇、长子夫妇、次子夫妇 8 人能区分尖团，他们年龄段都在 50 岁以上。其余亲属近 20 人已不能区分尖团，特别是孙辈（最大的年龄 30 岁）10 余人无一人能区分尖团。笔者访问的其他老人，虽然各人家庭因其成员文化程度和对外往来各不相同，但由分尖团到不分尖团的大体衰变趋势是相似的。

D 阶段：是这类字音的最终演化方向。在进行调查过程中，还没有发现有人在交谈中将"集、赶集、跟集"一类词语读不送气音。但凡上过学的人都知道这类词语在书面中读不送气音。尽管这个阶段在温堡点未见端倪，但随着强势方言的影响，这将是最终结果。

值得说明的是，根据"集"字在共时阶段的四个异读声母推断的上述 5 个音变阶段在温堡等点的音变历史中并没有截然的界限。例如，从 A—B 阶段向 A—B—C—D 阶段的转换（温堡是笔者家乡），开始是老派音 A—B 的发音人数占绝对优势，新派音 C—D 的读音只发生在少数所谓追求时髦的年轻人身上。C—D 读音从本质上来说还算不上本地方言的读音。此后 A—B 和 C—D 读音的人数彼此消长，当 C—D 读音的人数增加到一定程度时，C—D 读音已经进入到本方言的读音系统当中，这样才算真正进入到了 A—B—C—D 阶段，这是 20 世纪 80 年代的事情。

　　还需要说明的是，上文中的"就"和另外 9 个字，其文读不送气音进入本方言区的时间与"集"字相比，并不同步，有的更早，有的更晚，这里就不一一说明了。

　　2. 空间分布的对应

　　隆德方言"集""就"等类字读音先后所反映的纵向时间层次，其实与隆德全境及其周围秦陇片、陇中片方言的空间分布有大致的对应关系。从此类字读音在全县空间分布上来看，A 阶段和 A—B 阶段在隆德境内已经完全消失。A—B—C—D 阶段在温堡等 4 乡中还比较明显。隆德县城及其中片、北片的大部分乡镇已不分尖团，即属于 C—D 阶段。D 阶段在北片的大庄乡已初见端倪，因为一些经常跑外面的年轻人开始将"集、赶集、跟集"和"就是 就算"等本方言固有词语稳定地发成不送气音（据隆德大庄中学教师厉喜子先生提供的材料），而这种情况正是邻近固原方言（属秦陇片）的语音特点。从地理上讲，这一蜕变过程是从北往南逐步实现的。根据空间演变方向来看，似乎表明，越往南走，分尖团和全浊送气的趋势越明显。笔者与邻近地区的人交流发现，位于隆德以南的庄浪、秦安（同属陇中片）一带方言，也分尖团，而且分尖团的类型与隆德南片话相同，这些地区也都有全浊送气与不送气的文白异读。近些年来有关材料反映出位于隆德更南边的甘肃天水方言全浊送气（张成材、莫超：2005；张成材：2007）和分尖团（赵跟喜、赵健：2004）的事实，可以印证笔者的判断。从南往北看，隆德县正处在一个由分尖团到不分尖团、由全浊送气到不送气的过渡地带。而且隆德境内中片和北片仍有文白异读但无新老差异的事实说明，两种异读衰退的速度各不相同，文白异读消失慢，新老差异消失快。在音理上表现为，发音方法的变化速度慢，发音部位的变化速度快。这种情况与"集"字读音在温堡点上时间层次的推断相吻合。至于在隆德以南的陇中片方言中，是否有与隆德话 A—B 时间层次相对应的空间分布（即新派 C—D 读音还未出现的方言点），笔者还没有这方面的材料。但是可以肯定，与隆德方言 A 阶段时间层次相对应的空间分布（既无文读不送气音，也无新派的舌面音读法的方言点）早已经消失了。

3. 关于异读现象的两点思考

从这类字音演化的出发点 A 到归宿点 D 的整个过程来看，笔者有以下两点思考：

（1）强势方言和本地方言的音类在竞争过程中，有时候不是一个简单的替换过程（即 D 直接代替 A），有可能产生新的变异的音类。隆德方言中就产生了 B（老派文读音）和 C（新派白读音）两个新的杂配（王洪君，1986）的音类。但这两类音不会长期存在，在演化过程中最终会消失掉。"集"字的老派文读音 B 从产生到衰亡预计不过百年时间，虽然新派白读音 C 能持续多长时间还不好说，但可以肯定，在本地方言的语音变迁中，A 是很遥远的，就目前的材料来看，只知终点，不知起点（唐五代和宋西北方音业已存在）。D 也是只知起点不知终点的音类。因而比起 A 和 D 两类音来说，B 和 C 的生命并不算长。

（2）强势方言影响本地方言的时候，其音类的发音方法方面的特征会先于其发音部位方面的特点进入本地方言读音系统。相反，本地方言在衰退过程中，发音方法方面的特点会后于发音部位方面的特征而消失。表现在隆德方言系统中，是否送气的文白异读可以跨越 A—B、A—B—C—D、C—D 三个阶段，而是否分尖团的新老异读只跨越 A—B—C—D 一个阶段，相比较而言，文白异读存在的时间要长久得多，但新老派是否分尖团的异读不会长期存在。

在共时平面上，新老派是否分尖团有时会和全浊是否送气的文白异读交织到一起，形成一字声母四读并且分层叠置的复杂现象。考察隆德方言这种现象及其来龙去脉，有助于了解西北地区汉语方言语音的具体演进过程。

第三章

词　汇

　　属于中原官话陇中片的隆德方言，其核心词汇、基础词汇与官话方言，特别是与周边近亲方言既有较大的一致性，又有一定的差异性。隆德方言的词汇特点主要体现在一般词汇中。本章在对隆德方言各类词汇系统调查的基础上，重点比较隆德方言与官话方言、宁夏方言各代表点的核心词、基本词，讨论隆德方言中的古语词、四字格词语、亲属称谓语以及阿拉伯语、波斯语借词。

第一节　与各官话代表点核心词比较

一　说明

　　1. 词目选择。核心词调查词表根据斯瓦士 100 核心词制作，制作词表时英文词目参考了徐通锵《历史语言学》（商务印书馆，1991）"附表二：修正后的一百词表"。汉语对照词目参考了刘俐李等编著的《现代汉语方言核心词·特征词集》（凤凰出版社，2007）。

　　2. 各官话代表点。北京官话：北京；东北官话：哈尔滨；冀鲁官话：济南；胶辽官话：荣成；西南官话：成都；江淮官话：南京；兰银官话：兰州；中原官话：西安、隆德。

　　3. 语料来源。官话方言区（除兰银官话外）7 个点的语料引用了刘俐李等《现代汉语方言核心词·特征词集》。兰银官话兰州话的语料引用了张文轩、莫超《兰州方言词典》（中国社会科学出版社，2009）。隆德方言（温堡话）为笔者调查所得。除隆德方言以外，各点的轻声音节调值均标为 0。各点非轻声音节的调值为连读变调后的实际读音。

4. 比较结果统计见下表 3-1。

表 3-1　　　　　隆德方言与各官话代表点 100 核心词异同关系统计表

	北京		哈尔滨		济南		荣城		成都		南京		兰州		西安	
同形词	77	77%	82	82%	79	79%	71	71%	72	72%	80	80%	84	84%	82	82%
形近词	16	16%	12	12%	14	14%	18	18%	23	23%	14	14%	13	13%	13	13%
异形词	7	7%	6	6%	7	7%	11	11%	5	5%	6	6%	3	3%	5	5%

5. 异同词条辑录

（北京）同形词 77 个：我、你、这、谁、不、全部、多、一、二、大、长、小、女人、男人、人、鱼、狗、虱、树、种子、根、树皮、肉、血、鸡蛋、头发、头、眼睛、鼻子、嘴、舌头、爪子、脚、手、肚子、脖子、心脏、肝、喝、吃、咬、知道（晓的）、睡、死、杀、飞、走、来、躺、坐（隆德话还有"蹴"）、站、给、说、月亮、水、雨、石头、土地、烟、火、灰、烧、路、山、红、绿、黄、白、黑、热、冷、满、新、好、圆、干、名字。形近词 16 个：我都（我们）、叶子（叶）、肉皮儿（皮肤）、骨都（骨）、角角儿（角儿）、尾巴（尾）、毛（羽毛）、耳朵（耳）、牙（牙齿）、磕膝盖（膝）、听着（听见）、看着（看见）、耍水（游水）、星宿（星星）、沙子（沙）、云彩（云）。异形词 7 个：伟（那）、啥（什么）、雀雀儿（鸟儿）、油（脂肪）、奶头（乳房）、热头（太阳）、黑了（晚上）。

（哈尔滨）同形词 82 个：我、你、这、谁、不、全部、啥（哈尔滨话还有"什么"）、多、一、二（隆德话还有"两"）、大、长、小、人、狗、虱、树、种子、叶子、根、树皮、肉皮儿、肉、血、鸡蛋、尾巴（隆德话还有"尾干"）、头发、耳朵、眼睛、鼻子、嘴（哈尔滨话还有"嘴巴"）、牙、舌头、爪子、脚（哈尔滨话还有"脚丫子"）、手、肚子、脖子、心脏、肝、喝、吃、咬、知道（隆德话还有"晓得"）、睡、死、杀、飞、走、来、躺、坐（隆德话还有"蹴"）、站、给、说（哈尔滨话还有"掰""唠"）、月亮、水、雨、石头、沙子、土地、云彩、烟、火、灰、烧、路（哈尔滨话还有"道儿"）、山、红、黄、白、黑、热、冷、满、新、好（哈尔滨话还有"带劲、不赖"）、圆、干、名字。形近词 12 个：我都（我们）、鱼儿（鱼）、雀雀儿（雀儿、鸟儿）、骨都（骨头）、角角儿（角儿）、毛（羽毛儿）、头（头儿）、磕膝盖（漆盖、簸棱盖儿）、奶头（奶子、咂儿）、看着（看见）、听着（听见）、星宿（星星儿）、黑了（下黑、下晚儿黑、晚上）。异形词6个：伟（那）、女人（娘们儿）、男人（大老爷们儿）、油（脂肪）、耍水（游泳）、热头（太阳、日头）。

（济南）同形词79个：我、你、这、谁、不、全部、多、一、二、大、长、小、女人、男人、人、狗、树、种子、叶子、根、树皮、肉、血、鸡蛋、尾巴（隆德话还有"尾干"）、头发、头、耳朵、眼睛、鼻子、嘴、舌头、爪子、脚、手、肚子、脖子、心、肝、喝、吃、咬、知道、睡、死、杀、飞、走、来、躺、坐（隆德话还有"蹴"）、站、给、说、月亮、水、雨、石头、沙子、土地、烟、火、灰、烧、路、山、红、绿、黄、白、黑、热、冷、满、新、好、圆、干、名字。形近词14个：我都（我们）、鱼儿（鱼）、虱（虱子）、肉皮儿（皮肤）、骨都（骨头）、角角儿（角儿）、毛（羽毛）、牙（牙齿）、磕膝盖（漆盖儿）、奶头（奶子、妈妈）、看着（看见、瞅见）、听着（听见）、星宿（星星）、云彩（云）。异形词7个：伟（那）、啥（什么）、雀雀儿（鸟）、油（脂肪）、耍水（游泳）、热头（太阳）、黑了（晚上）。

（荣城）同形词71个：我、你、这、谁、不、全部、多、一、二、大、长、小、女人、男人、人、狗、虱、树、种子、根、树皮、肉、血、鸡蛋、尾巴（隆德话还有"尾干"）、头发、头、耳朵、眼睛、鼻子、嘴、舌头、爪子、脚、手、肚子、心、肝、喝、咬、知道、睡、死、杀、飞、走、来、躺、坐（隆德话还有"蹴"）、给、说、月亮、水、雨、石头、土地、烟、火、灰、烧、山、红、绿、黄、白、黑、热、冷、满、新、干、名字。形近词18个：我都（我们）、全部（全部儿）、鱼儿（鱼）、雀雀儿（雀儿）、叶子（叶）、肉皮儿（皮肤）、骨都（骨头）、角角儿（角儿）、毛（羽毛）、牙（牙齿）、磕膝盖（菠棱盖）、脖子（脖颈子）、奶头（奶子）、看着（看见）、听着（听见）、星宿（星星）、沙子（沙）、云彩（云）。异形词11个：伟（乜儿）、啥（什么）、油（脂肪）、吃（歹）、耍水（洗澡）、站（立着）、热头（日头）、路（道儿）、黑了（后响儿）、好（不糙）、圆（团）。

（成都）同形词72个：我、你、这、谁、不、全部、多、一、二、大、长、小、女人、男人、人、狗、树、种子、根、树皮、肉、血、油、鸡蛋、尾巴（隆德话还有"尾干"）、头发、头、耳朵（成都话还有

"耳")、眼睛、鼻子、舌头、手、肚子（成都话还有"肚皮"）、心、喝、吃、咬、晓得（成都话还有"懂了"）、睡、死、杀、飞、走、来、坐（隆德话还有"蹴"）、站、给、说（成都话还有"摆"）、月亮、水、雨、石头、沙子、火、灰、烧、路、山、红、绿、黄、白、黑、黑了（成都话还有"晚上"）、热、冷、满、新、好、圆、干、名字。形近词23个：我都（我们）、啥（啥子）、鱼儿（鱼）、雀雀儿（雀儿、雀雀）、虱（虱子）、叶子（树子叶叶）、肉皮儿（皮皮、皮子）、骨都（骨头）、角角儿（角角）、毛（羽毛）、嘴（嘴巴、牙巴）、牙（牙齿）、爪子（爪爪）、脚（脚板儿）、磕膝盖（克膝头儿）、奶头（奶奶）、看着（看到）、听着（听到）、睡（睡倒）、星宿（星星儿、星宿儿）、土地（地）、云彩（云）、烟（烟烟儿、烟子）。异形词5个：伟（那）、脖子（颈项、颈子）、肝（胆）、耍水（游泳、洗澡）、热头（太阳）。

（南京）同形词80个：我、你、这、谁、不、全部、多、一、二、大、长、小、女人、男人、人、狗、树、种子、叶子、根、树皮、肉、血、油（南京话也有"脂肪"）、鸡蛋、尾巴（隆德话还有"尾干"）、头发、头、耳朵、眼睛、鼻子、嘴（南京话还有"嘴巴"）、舌头、爪子、脚、手、肚子、脖子、心、肝、喝、吃、咬、知道、睡、死、杀、飞、走、来、躺、坐（隆德话还有"蹴"）、站、给、说（南京话还有"讲"）、月亮、水、雨、石头、沙子、土地、烟、火、灰、烧、路、山、红、绿、黄、白、黑、热、冷、满、新、好、圆、干、名字。形近词14个：我都（我们）、鱼儿（鱼）、雀雀儿（雀子、鸟）、虱（虱子）、肉皮儿（皮肤）、骨都（骨头）、角角儿（角）、毛（羽毛）、牙（牙齿）、磕膝盖（膝盖骨、波罗盖儿、裤膝头儿）、看着（看见）、听着（听见）、星宿（星星）、云彩（云）；异形词6个：伟（那）、啥（什么）、奶头（乳房）、耍水（游泳）、热头（太阳）、黑了（晚上）。

（兰州）同形词84个：我、你、这、谁、啥、不、全部、多、一、二、大、长、小、女人、男人、人、鱼儿、狗、树、种子、叶子、根、树皮、肉、血、油、鸡蛋、尾巴（隆德话还有"尾干"）、毛、头发、头、耳朵、鼻子、嘴、舌头、爪子、脚、手、肚子、脖子、心、喝、吃、咬、知道、睡、死、杀、飞、走、来、躺、坐（隆德话还有"蹴"）、站、给、说、热头、月亮、星宿、水、雨、石头、沙子、地土、云彩、烟、火、灰、烧、路、山、红、绿、黄、白、黑、热、冷、满、新、好、圆、干、名字。形近词 13 个：我都（我们）、雀雀儿（鸟儿）、虮（虮子）、肉皮儿（肉皮子）、骨都（骨头）、角角儿（角儿）、眼睛（眼）、牙（牙齿）、磕膝盖（勃膝盖子）、肝（肝子）、看着（看见）、听着（听见）、耍水（赴水、打澡、洗澡儿）。异形词 3 个：伟（奈）、奶头（茶茶）、黑了（晚夕）。

（西安）同形词 82 个：我、你、这、谁、啥、不、全部、多、一、二、大、长、小、女人、男人、人、狗、虮、树、种子、根、树皮、肉、血、骨都（西安话也有"骨头"）、油（西安话也有"脂肪"）、鸡蛋、尾巴（隆德话还有"尾干"）、毛、头发、头（西安话还有"□sɑ²⁴"）、耳朵（西安话还有"耳"）、眼睛、鼻子、嘴、舌头、爪子、脚、手、肚子、脖子、心、喝、吃、咬、知道、睡、死、杀、飞、走、来、睡、坐（隆德话还有"蹴"）、站、给、说、月亮、水、雨、石头、沙子、土地、烟、火、灰、烧、路、山、红、绿、黄、白、黑、热、冷、满、新、好、圆、干、名字。形近词 13 个：我都（我们）、鱼儿（鱼）、雀雀儿（鸟儿）、叶子（叶）、肉皮儿（皮）、角角儿（角儿）、牙（牙齿）、磕膝盖（膝、克膝盖）、看着（看见）、听着（听见）、耍水（游水、浮水、游）、星宿（星星）、云彩（云）。异形词 5 个：伟（那）、奶头（乳房）、肝（胆）、热头（太阳、日头、日头爷）、黑了（晚上）。

二　斯瓦迪士 100 核心词比较（见下表 3-2）。

第二节　与宁夏各方言片代表点基础词比较

一　说明

1. 词目选择。下表所列词汇根据中国社会科学院语言研究所《现代汉语方言词汇调查表》，按照天文、地理、时间、农事、植物、动物、房舍、用器、亲属、人品、身体、疾病、服饰、饮食、婚丧、教育、游戏、动作、形容、称代、方位等义类排列。共 22 类、200 条常见词语，用国际音标注音，隆德方言声调调值为变调后的实际音值。这些词语为宁夏各地方言常用，词目为普通话书面语词汇。由于语料所限，基础词汇词目比

表 3-2　隆德方言与各官话代表点 100 核心词比较表

词目	北京	哈尔滨	济南	荣城	成都	南京	兰州	西安	隆德
我 I	我 uo²¹⁴	我 uo²¹³	我 vɔ⁴⁵	我 uo²¹⁴	我 ŋo⁵³	我 o¹¹	我 vɤ⁴⁴	我 ŋɤ⁵³	我 ŋɤ⁵³
你 you	你 ni²¹⁴	你 ni²¹³	你 ɲi⁴⁵	你 ni²¹⁴	你 ɲi⁵³	你 li¹¹	你 li⁴⁴	你 ni⁵³	你 ni⁵³
我们 We	我们 uo²¹ mən³⁵	我们 uo²¹ mən⁰	我们 vɔ²¹⁴ mẽ⁰	我们 uo²¹ mən³⁵	我们 ŋo⁴⁵ mʅ⁵⁵	我们 ŋo⁴⁵ m⁵⁵	我们 vɤ⁴⁴ mən⁰	我们 o²¹ mən¹³	我都 ŋɤ⁵³ tau³
这 this	这 tsɤ⁵³	这 tsɤ⁵³	这 tsɤ³¹	这 tʃɛ³³⁴	这 tse²¹³	这 tʂe⁴⁴	这 tsʅ¹³	这 tʂɤ⁵³	这 tʂɤ⁵³
那 that	那 nʌ⁵¹	那 na⁵³	那 na³¹	乜儿 nier³³⁴	那 na²¹³	那 lɔʔ⁵	奈 lɛ¹³	那 na⁵³	伟 vei⁵³
谁 who	谁 ʂɤi³⁵	谁 ʂuei²⁴	谁 ʂɤi⁵³	谁 ʃuɛ³⁵	谁 na⁴⁵ ko²¹	谁 la²² ko²²	谁 fei⁵¹	谁 sei²⁴	谁 ʂuei²⁴
什么 what	什么 ʂən³⁵ mə⁰	什么 ʂən³⁵ mə⁰　哈 ʂa²⁴	什么 ʂə⁴⁵ mə⁰	什么 ʂən³⁵ me⁰	哈子 sa²¹³ tsʅ⁵³	什么 ʂən¹³ mɔʔ⁵	哈 sa¹³	哈 sa⁴⁴	哈 sa⁴⁴
不 not	不 pu⁵¹	不 pu⁵³	不 pu²¹⁴	不 pu²¹⁴	不 pu²¹	不 puʔ⁵	不 pu¹³	不 pu²¹	不 pu²¹³
全部 all	全部 tɕʰyɛn³⁵ pu⁵¹	全部 tɕʰyan²⁴ pu⁵³	全部 tɕʰy æ̃⁵³ pu³¹	全部儿 tsʰiæn³⁵ pur³³⁴	全部 tɕʰyan⁵⁵ pu²¹	全部 tɕʰyen¹³ pu⁴⁴	全部 tɕʰyan⁵¹ pu¹³	全部 tsʰu æ̃²⁴ pu⁴⁴	全部 tɕʰy æ̃²⁴ pʰu⁴⁴
多 many	多 tuo⁵⁵	多 tuo⁴⁴	多 tuɤ²¹⁴	多 tuo⁵⁵	多 to⁴⁵	多 to³¹	多 tuɤ⁵³	多 tuo²¹	多 tuɤ²¹³
一 one	一 i⁵⁵	一 i⁴⁴	一 i²¹⁴	一 i²¹⁴	一 i²¹	一 iʔ⁵	一 i¹³	一 i⁵⁵	一 i²¹³

续表

词目	北京	哈尔滨	济南	荣成	成都	南京	兰州	西安	隆德
二 two	二 ər⁵¹ 两 liaŋ²¹⁴	二 ər⁵³	二 ər⁵¹ 两 liaŋ²¹⁴	二 ər³³⁴	二 ər²¹³ 两 liaŋ⁵³	二 ər⁴⁴ 两 nã¹¹	二 ɯ¹³ 两 liɔŋ⁴⁴	二 ər⁴⁴ 两 liaŋ⁵³	二 ər⁴⁴ 两 liaŋ⁵³
大 big	大 tA⁵¹	大 ta⁵³	大 ta³¹	大 ta³³⁴	大 ta²¹³	大 ta⁴⁴	大 ta¹³	大 ta⁴⁴	大 ta⁴⁴
长 long	长 tʂʰaŋ³⁵	长 tʂʰaŋ²⁴	长 tʂʰaŋ⁵³	长 tʂʰaŋ³⁵	长 tʂʰaŋ²¹	长 tʂʰã¹³	长 tʂʰɔŋ⁵¹	长 tʂʰaŋ²⁴	长 tʂʰaŋ²⁴
小 small	小 ɕiau²¹⁴	小 ɕiau²¹⁴	小 ɕiɔ⁴⁵	小 siau²¹⁴	小 ɕiau⁵³	小 ɕiɔ¹¹	小 ɕiɔ⁴⁴	小 ɕiau⁵³	小 siɔ⁵³
女人 woman	女人 ny²¹ ʐ̩ən³⁵	娘们儿 niaŋ²⁴ mər⁰	女人 ny⁴⁵ ʐ̩ẽ⁵³	女人 ny²¹ in⁵³	女人 ny⁴⁵ ʐ̩ən³⁵	女人 li³¹ ʐ̩ən¹³	女人 ly⁴⁴ ʐ̩ən⁰	女人 ny⁵³ ʐ̩ẽ⁰	女人 ny⁵³ ʐ̩əŋ³
男人 man	男人 nan³⁵ ʐ̩ən³⁵	大老爷们儿 talau²¹ iɛ²⁴ mər⁰	男人 næ̃⁴⁵ ʐ̩ẽ⁵³	男人 nən³⁵ in⁰	男人 nan⁵⁵ ʐ̩ən²¹	男人 lã¹³ ʐ̩ən¹³	男人 lan⁵¹ ʐ̩ən⁰	男人 næ̃²⁴ ʐ̩ẽ⁰	男人 nɛ̃²⁴ ʐ̩əŋ²
个人 person	人 ʐ̩ən³⁵	人 in²⁴	人 ʐ̩ẽ⁵³	人 in⁵³	人 ʐ̩ən²¹	人 ʐ̩ən¹³	人 zən⁵¹	人 z̩ẽ²⁴	人 z̩ən²⁴
鱼 fish	鱼 y³⁵	鱼 y²⁴	鱼 y⁵³	鱼 y⁵²	鱼 y²¹	鱼 y¹³	鱼儿 y⁵¹ ɯ⁰	鱼 y²⁴	鱼儿 yər²⁴
鸟 bird	鸟儿 niaur²¹⁴	鸟儿 niaur²¹³ 雀儿 tɕʰiaur²¹³	鸟 niɔr⁴⁵	雀儿 tsʰyɔr³⁵	雀 tɕʰyo⁵⁵ ər⁵⁵ 雀雀 tɕʰyo⁵⁵ tɕʰyo⁵⁵	鸟 liɔ¹¹ 雀子 tɕʰiɔ²⁵ tsɿ⁰	鸟儿 liɔ⁴⁴ ɯ⁰	鸟儿 tɕʰiaur⁵³	雀雀儿 tsʰiɔ⁵³ tsʰiɔr³
狗 dog	狗 kou²¹⁴	狗 kou²¹³	狗 kou⁴⁵	狗 kou²¹⁴	狗 kou⁵³	狗 kou¹¹	狗 kəu⁴⁴	狗 kou⁵³	狗 kəu⁵³

续表

词目	北京	哈尔滨	济南	荣城	成都	南京	兰州	西安	隆德
虱子 louse	虱 ʂ̩⁵⁵	虱子 ʂ̩⁵⁵tsʐ̩⁰	虱子 ʂ̩²¹tsʐ̩⁰	虱 ʂ̩⁵²	虱子 sʐ̩⁵⁵tsʐ̩⁵³	虱子 ʂɤ²⁵tsʐ̩⁰	虱子 ʂɤ¹¹tsʐ̩⁰	虱 se²¹	虱 sei²¹³
树 tree	树 ʂu⁵¹	树 su⁵³	树 ʂu³¹	树 ʃy³³⁴	树 su²¹³	树 su⁴⁴	树 fu¹³	树 fu⁴⁴	树 ʂu⁴⁴
种子 seed	种子 tʂuŋ²¹tsɤ⁰	种子 tʂuŋ²¹tsʐ̩⁰	种子 tʂuŋ²¹⁴tsʐ̩⁰	种子 tʂoŋ²¹tsʐ̩⁰	种子 tʂoŋ⁵⁵tsʐ̩⁵³	种子 tʂoŋ²¹tsʐ̩⁰	种子 pfɤŋ⁴⁴tsʐ̩⁰	种子 pfɤŋ⁵³tsʐ̩⁰	种子 tʂuŋ⁴⁴tsʐ̩¹
叶子 leaf	叶 ie⁵¹	叶子 ie⁵³tsʐ̩⁰	叶子 iə⁴⁴tsʐ̩⁰	叶 ie²¹	树子叶叶 su²¹³tsʐ̩⁵³ iə²¹ie²¹	叶子 ie²⁵tsʐ̩⁰	叶子 ie¹¹tsʐ̩⁰	叶 ie²¹	叶子 iə²¹tsʐ̩³
根 root	根儿 kɤr⁵⁵	根 kən⁴⁴	根 kẽ²¹⁴	根 kən⁵²	根 kən⁴⁵	根 kən³¹	根 kən⁵³	根 kẽ⁴⁴	根 kən²¹³
树皮 bark	树皮儿 ʂu⁵³pʰiər³⁵	树皮 su⁵³pʰi²⁴	树皮 ʂu²¹pʰi⁵³	树皮 ʃy³⁵pʰi³⁵	树皮 su²¹³pʰi²¹	树皮 su⁴²pʰi¹³	树皮 fu¹³pʰiʅ⁵¹	树皮 fu⁴⁴pʰi²⁴	树皮 ʂu⁴⁴pʰi²⁴
皮肤 skin	皮肤 pʰi³⁵fu⁰	肉皮儿 zou⁵³pʰiər²⁴	皮肤 pʰi⁵³fu²¹⁴	皮肤 pʰi³⁵fu⁵²	皮皮 pʰi⁵⁵pʰi⁵⁵ 皮子 pʰi⁵⁵tsʐ̩⁵³	皮肤 pʰi¹³fu³¹	肉皮子 zou¹³pʰi⁰tsʐ̩⁰	皮 pʰi²⁴	肉皮儿 zou⁴⁴pʰiər²⁴
肉 flesh	肉 zou⁵¹	肉 zou⁵³	肉 zou³¹	肉 iou³³⁴	肉 zəu²¹³	肉 zəɯ⁴⁴	肉 zəu¹³	肉 zou⁴⁴	肉 zəu⁴⁴
血 blood	血 ɕyɛ²¹⁴	血 ɕyɛ²¹³	血 ɕiə²¹⁴	血 siɛ²¹⁴	血 ɕyɛ²¹³	血 ɕyɛ²¹	血 ɕiɛ¹³	血 ɕyɛ²¹³	血 ɕiə²¹³

续表

词目	北京	哈尔滨	济南	荣城	成都	南京	兰州	西安	隆德
骨头 bone	骨 ku^{214}	骨头 ku^{21} tʰou^{0}	骨头 ku^{35} tʰou^{0}	骨头 ku^{35} tʰə^{0}	骨头 ku^{55} tʰəu^{55}	骨头 ku^{5} tʰəɯ^{13}	骨头 ku^{11} tʰəu^{0}	骨头 ku^{21} tʰou^{0} 骨都 ku^{21} tou^{0}	骨都 ku^{21} tu^{24}
脂肪 grease	脂肪 tʂʅ^{21} faŋ^{35}	脂肪 tʂʅ^{21} faŋ^{24}	脂肪 tʂʅ^{214} faŋ^{45}	脂肪 tʂʅ^{21} faŋ^{24}	油 iəu^{21}	油 iəɯ^{13} 脂肪 tʂʅ^{21} fɑ̃^{13}	油 iəu^{511}	脂肪 tʂʅ^{21} fuŋ^{24} 油 iəu^{21}	油 iəu^{24}
鸡蛋 egg	鸡蛋 tɕi^{55} tan^{51}	鸡蛋 tɕi^{44} tan^{53}	鸡蛋 tɕi^{23} tæ̃^{41}	鸡蛋 ci^{52} tɛn^{214}	鸡蛋 tɕi^{45} tan^{21}	鸡蛋 tɕi^{33} tɑ̃^{44}	鸡蛋 tɕi^{53} tan^{0}	鸡蛋 tɕi^{21} tæ̃^{0}	鸡蛋 tɕi^{21} tæ̃^{44}
角 horn	角儿 tɕiaur^{214}	角儿 tɕiaur^{213}	角儿 tɕyɤr^{214}	角儿 cyɔr^{214}	角 tɕyo^{55} tɕyo^{21}	角 ko^{25}	角儿 tɕɤ^{11} ɯ^{0}	角儿 tɕyɔr^{214}	角角儿 kə^{21} kər^{24}
尾巴 tail	尾 uei^{214}	尾巴 uei^{21} pa^{0}	尾巴 uei^{214} pa^{0}	尾巴 uei^{21} pa^{334}	尾巴 uei^{45} pa^{21}	尾巴 uei^{22} pa^{0}	尾巴 i^{44} pa^{0}	尾巴 i^{53} pa^{0}	尾巴 i^{53} pʰa^{3} 尾干 i^{53} kæ̃^{3}
羽毛 feather	羽毛 y^{21} mou^{35}	羽毛儿 y^{21} maur^{35}	羽毛 y^{45} mɔ^{53}	羽毛 y^{214} mɔr^{52}	羽毛 y^{45} mau^{21}	羽毛 i^{21} mɔ^{13}	毛 mɔ^{53}	毛 mɑu^{24}	毛 mɔ^{24}
头发 hair	头发 tʰou^{35} fʌ^{51}	头发 tʰou^{24} fa^{0}	头发 tʰou^{45} fa^{0}	头发 tʰou^{35} fa^{0}	头发 tʰəu^{55} fa^{55}	头发 tʰəɯ^{21} faʔ^{5}	头发 tʰəu^{51} fa^{0}	头发 tʰou^{24} fa^{2}	头发儿 tʰou^{24} fa^{2}
头 head	头 tʰou^{35}	头儿 tʰour^{24}	头 tʰou^{53}	头 tʰou^{35}	头 tʰəu^{21}	头 tʰəɯ^{13}	头 tʰəu^{51}	头 tʰou^{24} □ sɑ^{24}	头 tʰəu^{24}

续表

词目	北京	哈尔滨	济南	荣城	成都	南京	兰州	西安	隆德
耳朵 ear	耳 ər^{214}	耳朵 ər^{21} tuo^{0}	耳朵 ər^{214} tuɣ^{0}	耳朵 ər^{35} tə^{0}	耳 ər^{53} ər^{55} to^{55}	耳朵 ər^{21} to^{44}	耳朵 ər^{21} tuo^{0}	耳 ər^{53} ər^{53} tuo^{0}	耳朵 ər^{53} tuɜ^{3}
眼睛 eye	眼睛 iɛn^{21} tɕiŋ^{55}	眼睛 ian^{21} tɕiŋ^{0} 眼 ian^{213}	眼睛 iæ̃^{212} tɕiŋ^{0}	眼睛 ian^{214} wai tsiŋ^{52}	眼睛 iɛn^{55} tɕin^{55}	眼睛 ien^{22} tɕiŋ^{0}	眼 ian^{44}	眼睛 ni æ̃^{53} uo^{0}	眼睛 ni æ̃^{53} tsiŋ^{3}
鼻子 nose	鼻子 pi^{35} tsɿ^{0}	鼻子 pi^{24} tsɿ^{0}	鼻子 pi^{45} tsɿ^{0}	鼻子 pi^{35} tsɿ^{0}	鼻子 pi^{55} tsɿ^{53}	鼻子 pi^{25} tsɿ^{0}	鼻子 pi^{51} tsɿ^{0}	鼻子 pi^{24} tsɿ^{0}	鼻子 pʰi^{24} tsɿ^{2}
嘴 mouth	嘴 tsuei^{214}	嘴 tsuei^{213} 嘴巴 tsuei^{21} pa	嘴 tsuei^{45}	嘴 tsei^{214}	嘴巴 tsuei^{-55} pa^{55} 牙巴 ia^{55} pa^{55}	嘴 tsuei^{11} 嘴巴 tsuei^{11} pa^{31}	嘴 tsuei^{44}	嘴 tsuei^{53}	嘴（口） tsuei^{53}
牙齿 tooth	牙齿 iA^{35} tʂʰʅ^{214}	牙 ia^{24}	牙齿 ia^{53} tʂʰʅ^{45}	牙齿 ia^{52} tʂʅ^{214}	牙齿 ia^{55} tsʅ^{21}	牙齿 ia^{13} tʂʅ^{11}	牙齿 ia^{51}	牙齿 ȵia^{53} tsʰʅ^{0}	牙 ia^{24}
舌头 tongue	舌 ʂə^{35}	舌头 ʂə^{24} tʰou^{0}	舌头 ʂə^{45} tʰou^{0}	舌头 ʃɛ^{35} tə^{0}	舌头 se^{55} tʰər^{55}	舌 se^{25} tʰəuɯ^{13}	舌头 ʂə^{51} tʰəu^{0}	舌头 ʂə^{24} tʰou^{0}	舌头 ʂə^{24} tʰu^{2}
爪子 claw	爪 tʂuA^{214}	爪子 tʂua^{21} tsɿ^{0}	爪子 tʂua^{214} tsɿ^{0}	爪子 tʂua^{214} tsɿ^{0}	爪爪 tsua^{55} tsua^{2}	爪子 tsua^{21} tsɿ^{0}	爪子 pfa^{44} tsɿ^{0}	爪子 pfa^{53} tsɿ^{3}	爪子 tʂua^{53} tsɿ^{3}
脚 foot	脚 tɕiau^{214}	脚 tɕiau^{213} 脚丫子 tɕiau^{21} ia^{44} tsɿ^{0}	脚 tɕyɣ^{214}	脚 cyɔ^{214}	脚板儿 tɕyo^{55} pər^{53}	脚 tɕioʔ^{5}	脚 tɕye^{13}	脚 tɕyo^{21}	脚 tɕyɔ^{213}

续表

词目	北京	哈尔滨	济南	荣城	成都	南京	兰州	西安	隆德
膝 knee	膝 tɕʰi⁵⁵	膝盖 ɕi²¹kai⁵³ 簸棱盖儿 pɤ²¹ləŋ⁰ kar⁵³	膝盖儿 ɕi²³kar⁵³	波棱盖 po⁵²lə⁰ kai³³⁴	克膝 头儿 kʰe²¹ɕi⁵⁵ tər²¹	膝盖骨 ɕi²⁵kɛ⁴² ku⁵ 波罗盖儿 po²²lo²² kər²² 裤膝头儿 kʰu⁴²tɕʰi⁰ tʰəɯɹ¹³	胪膝盖子 pɤ⁵³ɕi·⁰ kɛ¹¹tsɿ⁰	膝 tɕʰi²¹ 克膝盖 kʰɯ²¹ tɕʰi²¹kɛ⁴⁴	磕膝盖 kʰə²¹siə²⁴ kei⁴⁴
手 hand	手 ʂou²¹⁴	手 ʂou²¹³	手 ʂou⁴⁵	手 ʂou²¹⁴	手 ʂou⁵³	手 ʂoɯ¹¹	手 ʂou⁴⁴	手 ʂou⁵³	手 ʂou⁵³
肚子 belly	肚子 tu⁵¹tsɿ⁰	肚子 tu⁵³tsɿ⁰	肚子 tu⁴⁴tsɿ⁰	肚子 tu³³⁴tsɿ⁰	肚子 tu²¹³tsɿ⁵³ 肚皮 tu²¹³pʰi²¹	肚子 tu⁴⁴tsɿ⁰	肚子 tu¹¹tsɿ⁰	肚子 tou⁴⁴tsɿ⁰	肚子 tʰu⁴⁴tsɿ¹
脖子 neck	脖子 po³⁵tsɿ⁰	脖子 pɤ²⁴tsɿ⁰	脖子 pɤ⁴⁵tsɿ⁰	脖颈子 pɤ³kəŋ²¹⁴ tsɿ⁰	颈项 tɕin⁵⁵xaŋ⁵³ 颈子 tɕin⁴⁵tsɿ⁵³	脖子 po²⁵tsɿ⁰	脖子 pɤ⁵¹tsɿ⁰	脖子 po²⁴tsɿ⁰	脖子 pʰə²⁴ tsɿ²
乳房 breasts	乳房 zu²¹faŋ³⁵	奶子 nai²¹tsɿ⁰ 咂儿 tsar⁴⁴	妈妈 ma²¹ma⁰ 奶 nɛ²¹⁴tsɿ⁰	奶子 nai²¹⁴tsɿ⁰	奶奶 lai⁴⁵lai⁵⁵	乳房 lu²¹fɔ¹³	茶茶 lie⁵³lie⁰	乳房 vu⁵³faŋ²⁴	奶头 mei⁵³ tʰou³

续表

词目	北京	哈尔滨	济南	荣城	成都	南京	兰州	西安	隆德
心脏 heart	心 çin⁵⁵ 心脏 çin⁵⁵ tsaŋ⁵¹	心 çin⁴⁴ 心脏 çin⁴⁴ tsaŋ⁵³	心 çiẽ²¹⁴ 心脏 çiẽ²¹³ tsaŋ²¹	心 sin⁵² 心脏 sin⁵² tsaŋ³³⁴	心 çin⁴⁵	心 çin³¹ 心脏 çin³¹ tsaŋ⁴⁴	心 çin⁵³	心 çiẽ²¹ 心脏 çiẽ²¹ tsaŋ⁴⁴	心 sin²¹³ 心脏 siŋ²¹ tsaŋ⁴⁴
肝子 liver	肝 kan⁵⁵	肝 kan⁴⁴	肝 kæ̃²¹³	肝 kɛn⁵²	胆 tan⁵³	肝 kã³¹	肝子 kan⁵³ tsɿ⁰	胆 tæ̃⁵³	肝 kæ̃²¹³
喝 drink	喝 xɤ⁵⁵	喝 xɤ⁴⁴	喝 xɤ²¹⁴	喝 xa²¹⁴	喝 xo⁴⁵	喝 xoʔ⁵	喝 xɤ¹³	喝 xuo²¹	喝 exə²¹³
吃 eat	吃 tʂʅ⁵⁵	吃 tʂʅ⁴⁴	吃 tʂʅ²¹⁴	歹 tai²¹⁴	吃 tʂʅ⁵⁵	吃 tʂʅ⁵⁵	吃 tʂʅ¹³	吃 tʂʰʅ²¹	吃 tʂʅ²¹³
咬 bite	咬 iɑu²¹⁴	咬 iau²¹⁴	咬 iɔ⁴⁵	咬 iau²¹⁴	咬 ŋau²¹⁴	咬 iɔ¹¹	咬 iɔ⁴⁴	咬 niɔ⁵³	咬 niɛ⁵³
看见 see	看见 kʰan⁵³ tɕiɛn³¹	看见 kʰan⁵³ tɕian⁰ 瞅见 tʂʰou⁵³ tɕian⁰	看见 kʰæ̃⁴⁴ tɕiɛ⁰	看见 kʰɛn³³⁴ çiɛn³²	看到 kan²¹³ tau⁵³	看见 kʰã⁴² tɕiɛn⁴⁴	看见 kʰan¹¹ tɕian⁰	看见 kʰæ⁴⁴ tɕiõ⁰	看着 kʰæ⁴⁴ tʂʰeʔ¹
听见 hear	听见 tʰiŋ⁵⁵ tɕiɛn⁵¹	听见 tʰiŋ⁴⁴ tɕian⁵³	听见 tʰiŋ²¹ tɕiɛ⁰	听见 tʰiŋ⁵² tɕiɛn³³⁴	听到 tʰin⁴⁵ tau⁵³	听见 tʰin⁴² tɕiɛn⁰	听见 tʰiŋ²¹ tɕiɛ̃⁰	听见 tʰiŋ²¹ tɕiɛ⁰	听着 tʰiŋ²¹ tʂʰeʔ²⁴
知道 know	知道 tʂʅ⁵⁵ tɑu⁵¹	知道 tʂʅ⁵⁵ tau⁵³	知道 tʂʅ²³ tɔ³¹	知道 tʃi⁵² tau³³⁴	懂了 toŋ⁵⁵ no²¹ 晓得 çiau⁵⁵ te²¹	知道 tʂʅ³¹ tɔ⁴⁴	知道 tʂʅ⁵³ tɔ¹³	知道 tʂʅ²¹ tau⁰	晓得 çiɔ⁵³ ti³ 知道 tʂʅ²¹ tɔ³
睡觉 sleep	睡 ʂuei⁵¹	睡 ʂuei⁵³	睡 ʂuei³¹	睡 ʂuei³³⁴	睡 suei²¹³	睡 suei⁴⁴	睡 fei¹³	睡 fei⁴⁴	睡 ɕuei⁴⁴

续表

词目	北京	哈尔滨	济南	荣城	成都	南京	兰州	西安	隆德
die 死	死 sʅ²¹⁴	死 sʅ²¹³	死 sʅ⁴⁵	死 sʅ²¹⁴	死 sʅ⁵³	死 sʅ¹¹	死 sʅ⁴⁴	死 sʅ⁵³	死 sʅ⁵³
kill 杀	杀 ʂA⁵⁵	杀 ʂa⁴⁴	杀 ʂa²¹⁴	杀 ʂa²¹⁴	杀 ʂa²¹	杀 ʂa²⁵	杀 ʂa¹³	杀 ʂa²¹	杀 sa²¹³
swim 游水	游水 iou³⁵ ʂuei²¹³	游泳 iou²⁴ yŋ²¹³	游泳 iou³ yŋ⁴⁵	洗澡 si³⁵ tsau²¹⁴	游泳 iou²⁴ yŋ²¹³ 洗澡 ɕi⁵⁵ tsau⁵³	游泳 iuei¹³ ioŋ¹¹	赴水 fu¹³ fei⁴⁴ 打澡 ta⁵³ tso⁴⁴ 洗澡儿 ɕi⁵⁵ tso⁴⁴ɯ⁰	游水 iou²⁴ fei⁵³ 浮水 fu²⁴ fei⁵³ 游 iou²⁴	耍水 ʂua⁵³ ʂuei⁵³
fly 飞	飞 fei⁵⁵	飞 fei⁴⁴	飞 fei²¹⁴	飞 fei⁵²	飞 fei⁴⁵	飞 fei³¹	飞 fei⁵³	飞 fei²¹	飞 fei²¹³
walk 走	走 tsou²¹⁴	走 tsou²¹³	走 tsou⁴⁵	走 tsou²¹⁴	走 tsou⁵³	走 tsəu¹¹	走 tsəu⁴⁴	走 tsou⁵³	走 tsəu⁵³
come 来	来 lɛ³⁵	来 lai²⁴	来 lɛ⁵³	来 lai³⁵	来 lai²¹	来 nɛ¹³	来 lɛ⁵¹	来 le²⁴	来 lei²⁴
lie 躺	躺 tʰɑŋ²¹⁴	躺 tʰaŋ²¹³	躺 tʰaŋ⁴⁵	躺 tʰaŋ²¹⁴	睡倒 suei²¹³ tau⁵³ 睡起 suei²¹³ tɕi⁵³ 躺倒起 tʰaŋ⁵³ tau⁵³ tɕʰi²¹	躺 tʰɑ¹¹ 睡 suei⁴⁴	躺 tʰɔ̃⁴⁴	睡 fei⁴⁴	躺 tʰaŋ⁵³ 睡 ʂuei⁴⁴
sit 坐	坐 tsuo⁵¹	坐 tsuo⁵³	坐 tsuɣ³¹	坐 Csuŋ³³⁴	坐 tso²¹³	坐 tso⁴⁴	坐 tsuɣ¹³	坐 tsuo⁴⁴	蹴 tsʰei⁴⁴ 坐 tsʰua⁴⁴
stand 站	站 tʂan⁵¹	站 tʂan⁵³	站 tʂæ³¹	立着 li²¹⁴ tʂəʔ⁰	站 tsan²¹³	站 tʂɑ⁴⁴	站 tʂan¹³	站 tʂæ⁴⁴	站 tsæ⁴⁴

续表

词目	北京	哈尔滨	济南	荣城	成都	南京	兰州	西安	隆德
给 give	给 kei²¹⁴	给 kei²¹³	给 tɕi⁵³	给 kei²¹⁴	给 ke⁴⁵	给 tɕi¹¹	给 kɯ⁴⁴	给 kei⁵³	给 kei⁴⁴
说 say	说 ʂuo⁵⁵	说 ʂuo⁴⁴ 掰 pai⁴⁴ 唠 lau⁴⁴	说 ʂuɣ²¹⁴	说 ʃuɛ²¹⁴	说 so²¹ 摆 pai⁵³	讲 tɕiɑ̃¹¹ 说 soʔ⁵	说 fɣ¹³	说 sʅ²¹	说 suɔ²¹³
太阳 sun	太阳 tʰai⁵³iaŋ³⁵	日头 zʅ⁵³tʰou⁰ 太阳 tʰai⁵³iaŋ⁰	太阳 tʰɛ³¹iaŋ⁵³	日头 i³⁵tʰou⁰	太阳 tʰai⁴²iɑn⁰	太阳 tʰɛ⁵³iaŋ⁰	热头 zʅɣ¹¹tʰəu	太阳 tʰɛ⁴⁴iaŋ⁰ 日头 ər²¹tʰou⁰ 日头各 ər²¹tʰou⁰iɛ⁴⁴	热 zɤ²¹ 头 tʰəu²⁴
月亮 moon	月亮 ye⁵¹liaŋ⁰	月亮 ye⁵³liaŋ⁰	月亮 yɣ²¹⁴liaŋ³¹	月亮 yɛ³⁴liaŋ³³⁴	月亮 yɛ⁵⁵liaŋ⁰	月亮 yeʔ⁵liaŋ⁰	月亮 ye¹³liɑŋ¹³	月亮 yɛ²¹liaŋ⁴⁴	月亮 yɔ²¹liaŋ⁴⁴
星星 star	星星 ɕiŋ⁵⁵ɕiŋ⁰	星星儿 ɕiŋ⁴⁴ɕiər⁰	星星 ɕiŋ²¹ɕiŋ⁰	星星 siŋ⁵³siŋ⁰	星星儿 ɕiər⁵⁵ 星宿儿 ɕiər²¹	星星 ɕiŋ³¹ɕiŋ⁰	星宿 ɕin⁵³ɕiəu	星星 ɕin²¹ɕin²⁴	星宿（修秀）siəu²¹siəu⁴⁴
水 water	水 ʂuei²¹⁴	水 ʂuei²¹³	水 ʂuei⁴⁵	水 ʂuei²¹⁴	水 suei⁵³	水 suei¹¹	水 fei⁴⁴	水 fei⁵³	水 ʂuei⁵³
雨 rain	雨 y²¹⁴	雨 y²¹³	雨 y⁴⁵	雨 y²¹⁴	雨 y⁵³	雨 y¹¹	雨 y⁴⁴	雨 y⁵³	雨 y⁵³
石头 stone	石头 ʂʅ³⁵tʰou⁰	石头 ʂʅ²⁴tʰou⁰	石头 ʂʅ⁴⁵tʰou⁰	石头 ʃʅ³⁵tʰou⁰	石头 sʅ⁴⁴tʰəu²	石头 ʂʅʔ⁵tʰəɯ¹³	石头 ʂʅ⁵¹tʰou	石头 ʂʅ²⁴tʰou⁰	石头 ʂʅ²⁴tʰəu²

续表

词目	北京	哈尔滨	济南	荣城	成都	南京	兰州	西安	隆德
沙子 sand	沙 ʂa⁵⁵	沙子 ʂa⁴⁴tsʅ⁰	沙子 ʂa²¹tsʅ⁰	沙 ʂa⁵²	沙沙 sa⁴⁵sa⁴⁵sa⁴⁵ 沙子 sa⁴⁵tsʅ²¹	沙子 ʂa⁴⁴tsʅ⁰	沙子 ʂa⁵³tsʅ⁰	沙子 ʂa⁴⁴tsʅ⁰	沙子 ʂa²¹tsʅ³
土地 earth	土地 tʰu²¹ti⁵¹	土地 tʰu²¹ti⁵³	土地 tʰu⁴⁵ti³¹	土地 tʰu²¹ti³³⁴	土地 tʰu⁵⁵ti²¹³ 地 ti²¹³	地 ti⁴⁴ 土地 tʰu²¹ti⁴⁴	地土 ti¹¹tʰu⁴⁴	土地 tʰou⁵³ti⁴⁴ 地 ti⁴⁴	地土 tʰi⁴⁴tʰu⁴⁴ 土地 tʰu⁵³ti⁴⁴
云 cloud	云 yn³⁵	云彩 yn²tsʰai⁰	云 ye⁵³	云 yn⁵²	云 ye²⁴	云 in¹³	云彩 yn⁵¹tsʰɛ⁰	云 yɛ̃²⁴	云彩 yŋ²⁴tsʰei²
烟 smoke	烟 iɛn⁵⁵	烟 ian⁴⁴	烟 iɛ̃²¹⁴	烟 iɐn²¹⁴	烟烟儿 ien⁴⁵iar⁵⁵ 烟子 ien⁴⁵tsʅ²¹	烟 ien³¹	烟 ian⁵³	烟 iɛ̃²¹	烟 iɛ̃²¹³
火 fire	火 xuo²¹⁴	火 xuo²¹³	火 xuɤ⁴⁵	火 cnx²¹⁴	火 xo⁵³	火 xo¹¹	火 xuɤ⁴⁴	火 xuo⁵³	火 xuɤ⁵³
灰 ash	灰 xuei⁵⁵	灰 xuei⁴⁴	灰 xuei²¹⁴	灰 xuei⁵²	灰 xuei⁴⁵	灰 xuei³¹	灰 xuei⁵³	灰 xuei²¹	灰 xuei²¹³
烧 burn	烧 ʂau⁵⁵	烧 ʂau⁴⁴	烧 ʂɔ²¹⁴	烧 ʂau⁵²	烧 ʂau⁴⁵	烧 sɔ³¹	烧 ʂɔ⁵³	烧 ʂɔ²¹	烧 ʂu²¹³
路 path	路 lu⁵¹	路 lu⁵³ 道儿 taur⁵³	路 lu³¹	道儿 tɔr³³⁴	路 nu²¹³	路 lu⁵⁵	路 lu¹³	路 lou⁴⁴	路 lu⁴⁴

续表

词目	北京	哈尔滨	济南	荣成	成都	南京	兰州	西安	隆德
山 mountain	山 ʂan^{55}	山 ʂan^{44}	山 ʂæ̃^{214}	山 ʂan^{52}	山 san^{45}	山 sã^{31}	山 ʂan^{53}	山 sæ̃^{21}	山 sæ̃^{213}
红 red	红 xuŋ^{35}	红 xuŋ^{24}	红 xuŋ^{53}	红 xoŋ^{35}	红 xoŋ^{21}	红 xuŋ^{13}	红 xueŋ^{51}	红 xuŋ^{24}	红 xuŋ^{24}
绿 green	绿 ly^{51}	绿 ly^{53}	绿 ly^{31}	绿 ly^{214}	绿 nu^{21}	绿 luʔ^{5}	绿 lu^{13}	绿 liou^{21}	绿 liou^{213}
黄 yellow	黄 xuaŋ^{35}	黄 xuaŋ^{24}	黄 xuaŋ^{53}	黄 xuaŋ^{35}	黄 xuaŋ^{21}	黄 xuɑ̃^{13}	黄 xuɒŋ^{51}	黄 xuɑŋ^{24}	黄 xuaŋ^{24}
白 white	白 pɛ^{35}	白 pai^{24}	白 pei^{53}	白 pɛ^{334}	白 pe^{21}	白 pəʔ^{5}	白 pɤ^{51}	白 pei^{24}	白 pei^{24}
黑 black	黑 xei^{55}	黑 xei^{44}	黑 xei^{214}	黑 xɛ^{214}	黑 xe^{21}	黑 xeʔ^{5}	黑 xɤ^{13}	黑 xei^{21}	黑 xei^{213}
晚上 night	晚上 uan^{21} ʂaŋ^{51}	晚上 uan^{21} ʂaŋ^{0} 下黑儿 ɕia^{44}xɚ^{44} 下晚儿黑 ɕia^{53} uar^{21} xei^{44}	晚上 væ^{214} ʂaŋ^{0}	后晌儿 xou^{334} ʂɿ^{0}	晚上 uan^{45} ʂaŋ^{21} 黑了 xe^{55}lou^{21}	晚上 uɑ̃^{22} sɑ̃^{22}	晚夕 van^{44} ɕin^{0}	晚上 uan^{21} ʂaŋ^{51}	黑丁 xei^{21} liou^{24}
热 hot	热 ʐɤ^{51}	热 ʐɤ^{53}	热 ʐɤ^{31}	热 iɛ^{214}	热 ze^{21}	热 ʐe^{251}	热 ʐɤ^{13}	热 ʐɤ^{21}	热 ʐə^{213}
冷 cold	冷 ləŋ^{214}	冷 ləŋ^{213}	冷 ləŋ^{45}	冷 ləŋ^{214}	冷 nən^{53}	冷 lən^{214}	冷 lən^{44}	冷 ləŋ^{53}	冷 ləŋ^{53}
满 full	满 man^{214}	满 man^{213}	满 mæ̃^{45}	满 mæn^{214}	满 man^{53} 爆 pau^{213}	满 mɑ̃^{11}	满 man^{44}	满 mæ̃^{53}	满 mæ̃^{53}

续表

词目	北京	哈尔滨	济南	荣城	成都	南京	兰州	西安	隆德
新 new	新 φin^{55}	新 φin^{44}	新 $\varphi i\tilde{e}^{214}$	新 sin^{52}	新 φin^{45}	新 φin^{31}	新 φin^{53}	新 $\varphi i\tilde{e}^{21}$	新 $si\eta^{213}$
好 good	好 xau^{214}	好 xau^{213} 带劲 $tai^{53}\,t\varphi i\eta^{53}$ 不赖 $pu^{24}\,lai^{53}$	好 $x\mathfrak{d}^{45}$	不糙 $pu^{2}ts^{h}au^{32}$	好 xau^{53}	好 $x\mathfrak{d}^{11}$	好 $x\mathfrak{d}^{44}$	好 xau^{53}	好 $x\mathfrak{d}^{53}$
圆 round	圆 $y\varepsilon n^{35}$	圆 yan^{24}	圆 $y\tilde{\mathbf{æ}}^{53}$	团 $t^{h}\mathbf{e}n^{24}$	圆 yan^{21}	圆 yen^{13}	圆 yan^{51}	圆 $y\tilde{\mathbf{æ}}^{24}$	圆 $y\tilde{\mathbf{æ}}^{24}$
干 dry	干 kan^{55}	干 kan^{44}	干 $k\tilde{\mathbf{æ}}^{214}$	干 $k\mathbf{e}n^{334}$	干 kan^{45}	干 $k\tilde{a}^{31}$	干 kan^{53}	干 $k\tilde{\mathbf{æ}}^{21}$	干 $k\tilde{\mathbf{æ}}^{213}$
名字 name	名字 $mi\eta^{35}ts\mathbf{\eta}^{0}$	名字 $mi\eta^{24}ts\mathbf{\eta}^{2}$	名字 $mi\eta^{45}ts\mathbf{\eta}^{0}$	名字 $mi\eta^{52}ts\mathbf{\eta}^{0}$	名字 $mi\eta^{55}ts\mathbf{\eta}^{21}$	名字 $min^{21}ts\mathbf{\eta}^{0}$	名字 $min^{51}ts\mathbf{\eta}^{0}$	名字 $mi\eta^{24}ts\mathbf{\eta}^{0}$	名字 $mi\eta^{24}ts\mathbf{\eta}^{2}$

较表中只收录斯瓦迪士 200 词表中的 37 条词语，这些词语是："太阳、月亮、星星、雨、山、花、树、虱子、鱼、蛇、父亲、母亲、丈夫、妻子、头、脖子、鼻子、嘴（口）、耳朵、乳房、脚、盐、死亡、说话、我、你、他、我们、你们、他们、这里、那里、谁、什么、左边、右边、和"。有少数普通话词目，隆德方言中有两种说法的，在表中注明。还有少数词目，在宁夏各地方言中由于用字不统一出现的词形差异，也计入同形词，如"砸金花、扎金花、诈金花"。

2. 方言选点。根据《中国方言地图集》（香港朗文出版社，1989），宁夏北部方言属于兰银官话，南部方言属于中原官话。兰银官话和中原官话的主要区别在于古入声的清声母和次浊声母字分派不同。本文以隆德（温堡话）的调查材料与宁夏境内的兰银官话、中原官话的几个代表点语料进行比较，在比较中考察隆德方言基本词与周边方言的异同关系。

方言代表点是：兰银官话银吴片的银川、吴忠、中卫三点；中原官话的盐池（秦陇片）、固原（秦陇片）、泾源（关中片）、隆德（陇中片）四点。

3. 语料来源。除隆德（温堡点）为笔者调查外，其余各代表点材料都引用了林涛先生的《宁夏方言概要》（2012 年，宁夏人民出版社），特此说明。

4. 比较结果统计见下表 3-3。

表 3-3　　隆德方言与宁夏各方言片代表点 200 基础词异同关系统计表

	银川		吴忠		中卫		盐池		固原		泾源	
同形词	83	41.5%	86	43%	78	39%	79	39.5%	120	60%	116	58%
形近词	79	39.5%	76	38%	79	39.5%	79	39.5%	57	28.5%	54	27%
异形词	38	19%	38	19%	43	21.5%	42	21%	23	11.5%	30	15%

5. 异同词条辑录。

（1）（银川话）同形词 83 个：月亮、天河、星宿、虹、摇了、雨、山、黄土、今年、明年、年年、月头、今儿、明儿、早起、压粪、倒茬、扬场、木锨、口袋、车轴、肚带、白菜、洋芋、蒜薹、韭菜、蒜、牡丹、马莲花、苇子、树、榆树、儿马、骒马、马驹子、乳牛、母羊、牛犊子、羊羔子、女猫、猫娃子、咕噜雁、野鸡、长虫、楼房、炕桌、铺盖、锅头、马勺、尿盆子、荷包、洋火、洋碱、胰子、太爷、爹、妈、女婿、辈历、叫花子、豁豁、脖子、鼻子、嘴、肋巴、脚片子、号脉、裙子、吃喝、盐、回门、养娃娃、咽气了、老衣、砸金花、耍、把作、我、你、他、谁、啥、一老。

形近词79个：热头（日头）、饯面风（饯风）、白雨（大雷雨）、山水（山洪）、川道（川）、梁顶（山顶）、河畔（河崖子）、豁岘（岘子）、巷道（巷子）、街道（街上）、集（集市）、坟（坟茔）、年时（头年）、趃年馑（年馑）、天天（见天）、这时间（这阵子）、一满天（成天）、历头（皇历）、荒地（荒田）、耱地（耱田）、除草（薅草）、碾场（打场）、担（扁担）、推车子（单轮子车）、车排（车厢）、拥脖（拥脖子）、麦子（小麦）、荞（荞麦）、大豌豆（大豆）、辣椒（辣子）、西红柿（洋柿子）、红萝卜（胡萝卜）、苦菜（苦苦菜）、洋蒜（洋葱）、果木（水果）、桑杏儿（桑杏）、瓜（西瓜）、梨瓜儿（香瓜）、花儿（花）、刺玫子花（玫瑰花）、向日葵（向向葵）、白杨树（杨树）、牲口（头口）、牛包牛（㹇牛）、公猫（郎猫）、野物（野牲）、野狐（狐子）、鹁鸽儿（野鸽子）、野鹊（喜鹊）、夜蝙呼（夜蝙蝠）、马黄蜂（土蜂）、虱（虱子）、蛤蟆虼蚤子（蛤蟆蚪蚪）、鱼儿（鱼）、院（院子）、厦房（厢房）、厨房（伙房）、椽（椽子）、板凳（凳子）、被儿（被窝）、大老碗（老碗）、太太（太奶奶）、背锅子（背罗锅）、耳朵（耳刮子）、凉着了（着凉）、手圈子（手镯）、拌汤（疙瘩汤）、衣（衣胞）、寻活（做活）、缓下（缓一缓）、丢盹（打盹）、我都（我们）、你都（你们）、他都（他们）、这达（这呢）、左半个（左首）、一乎（系忽忽）、咋溜（高咋）。

异形词38个：屲（山坡）、饭罢（正晌午）、伟时间（那阵子）、地（田）、耕地（犁田）、喳子（扎子）、瓠子（葵葫芦）、芫荽（香菜）、花红（大果子）、葛芦（蒲公英）、木耳（毛菇）、针金（黄花菜）、猫鼠（獾）、鸽侯鸟（夜猫子）、恶老鸹（老鹰）、蛾蛾子（叶蝶子）、邹邹（蟢里蛛蛛）、地蟖（蛐蛐虫）、上房（堂屋）、檩（桁条）、铁片子（锅铲）、丈人（外父）、丈母（外母）、男人（汉子）、女人（婆姨）、末末孙（嫡蹓子）、贼娃子（小偷）、赌博客（咕噜子）、头（脑袋瓜子）、奶头（高高）、挂瓶子（打吊针）、水角子（扁食）、给婆婆（嫁汉子）、办女人（娶婆姨）、言喘（说话）、骂仗（吵架）、兀达（哎呢）、连（和）。

（2）（吴忠话）同形词86个：月亮、天河、星宿、虹、雨、山水、山、黄土、集、今年、年时、明年、年年、月头、早起、倒茬、扬场、木锨、口袋、推车子、车轴、拥脖、喳子、肚带、白菜、蒜薹、韭菜、芫荽、蒜、西红柿、牡丹、马莲花、苇子、树、榆树、牲口、儿马、骒马、马驹子、乳牛、母羊、羊羔子、女猫、猫娃子、野鸡、长虫、楼房、炕桌、铺盖、锅头、马勺、尿盆子、荷包、洋碱、太爷、爹、妈、男人、女婿、辈历、贼娃子、脖子、鼻子、嘴、耳朵、肋巴、脚片子、号脉、裙子、吃喝、拌汤、盐、回门、衣、咽气了、老衣、扎金花、耍、言喘、把作、你、他、谁、啥、一老、连。

形近词76个：热头（日头）、馉面风（馉风）、白雨（大白雨）、川道（川）、河畔（河崖头）、街道（街上）、巷道（巷子）、坟（坟堰）、跌年馑（跌年成）、今儿（今）、天天（见天天）、这时间（这阵子）、一满天（成天）、荒地（荒田）、压粪（积粪）、耱地（耱田）、除草（薅草）、碾场（打场）、担（扁担）、车排（车厢）、麦子（小麦）、荞（荞麦）、大豌豆（蚕豆）、洋芋（山芋蛋）、辣椒（辣子）、西红柿（柿子）、红萝卜（胡萝卜）、苦蕖（苦苦菜）、洋蒜（薙蒜）、桑杏（桑子）、瓜（西瓜）、梨瓜儿（香瓜子）、花儿（花）、刺玫子花（玫瑰花）、向日葵（向阳葵）、白杨树（杨树）、牛包牛（臊牛）、牛犊儿（牛卜郎）、公猫（郎猫）、野物（野牲灵）、野狐（野狐子）、咕噜雁（长脖子雁）、鹁鸽儿（草鸽子）、野鹊（喜鹊）、夜蝙呼（夜蝙蝠）、恶老鸹（花鸹）、马黄蜂（马蜂子）、虱（虱子）、蛤蟆圪蚤子（黑蟆咕嘟）、鱼儿（鱼）、院（院子）、厦房（厢房）、厨房（伙房）、椽（椽子）、板凳（凳子）、被儿（被）、大老碗（老碗）、洋火（火焌子）、胰子（香胰子）、太太（老太太）、寻吃（讨吃）、背锅子（背棱锅）、豁豁（豁豁嘴）、凉着了（凉了）、手圈子（手镯）、给婆婆（给人）、寻活（干活）、缓下（缓缓）、丢盹（栽盹）、骂仗（嚷仗）、你都（你们）、他都（他们）、这达（这塌）、左半个（左帮个）、右半个（右帮个）、咋溜（高咋）。

异形词39个：摇了（地）、梁顶（山头）、屲（山坡）、豁岘（深沟）、明儿（咩）、饭罢（正晌午）、伟时间（那阵子）、历头（宪书）、地（田）、耕地（犁田）、瓠子（葵瓜子）、果木（青货）、花红（大果子）、葛芦（荒蒿）、木耳（毛菇）、针金（窜草花）、猫鼠（獾）、鸮侯鸟（夜猫子）、蛾蛾子（叶蝶蝶）、邹邹（喜虫虫）、地蟮（曲线虫）、上房（堂屋）、檩（桁条）、铁片子（香匙）、丈人（外父）、丈母（外母）、女人（婆姨）、末末孙（嫡里子）、赌博客（耍钱的）、头（脑袋瓜子）、奶头（高高）、挂瓶子（输液）、水角子（扁食）、引女人（娶婆姨）、养娃娃（坐月子）、我（阿）、我都（阿们）、兀达（呧呢）、一乎（差忽忽）。

（3）（中卫话）同形词78个：月亮、天河、星宿、虹、雨、白雨、山水、山、黄土、集、今年、明年、年年、跌年馑、月头、扬场、木锨、口袋、推车子、车轴、拥脖、喳子、肚带、白菜、蒜薹、韭菜、芫荽、蒜、果木、西红柿、牡丹、马莲花、苇子、针金、树、儿马、骒马、马驹子、牛包牛、乳牛、母羊、羊羔子、女猫、猫娃子、野鸡、长虫、楼房、炕桌、铺盖、马勺、荷包、洋碱、胰子、爹、妈、女婿、辈历、贼娃子、背锅子、嘴、肋巴、脚片子、裙子、吃喝、盐、回门、老衣、咽气了、扎金花、耍、言喘、把作、你、他、谁、啥、一老、连。

形近词有79个。这些词是：热头（日头）、饯面风（饯风）、川道（川）、河畔（河边）、豁岘（岘子）、街道（街上）、巷道（巷子）、坟（坟塬）、年时（去年）、今儿（今）、天天（见天）、早起（赶早）、这时间（这会子）、一满天（成天）、荒地（荒）、压粪（积粪）、糖地（打糖）、除草（薅草）、倒茬（调茬）、碾场（打场）、担（扁担）、车排（车厢）、麦子（小麦）、荞（荞麦）、大豌豆（大豆）、洋芋（芋头）、辣椒（辣子）、西红柿（柿子）、红萝卜（胡萝卜）、苦藚（苦苦菜）、桑杏（桑杏子）、瓜（西瓜）、梨瓜儿（香瓜子）、花儿（花）、刺玫子花（苍冥花）、向日葵（向葵）、白杨树（杨树）、榆树（榆钱子树）、牲口（牲灵）、牛犊儿（牛卜郎）、公猫（郎猫）、野物（野牲）、野狐（野狐子）、咕噜雁（长脖子雁）、鹁鸽儿（野鸽子）、野鹊（喜鹊）、恶老鸹（花鸹）、虱（虱子）、鱼儿（鱼）、厦房（厢房）、厨房（厨屋）、橼（橼子）、板凳（凳子）、被儿（被窝）、锅头（锅灶）、大老碗（老碗）、洋火（火焌子）、太爷（老太爷）、太太（老太太）、寻吃（讨吃）、豁豁（豁豁嘴）、脖子（脖项子）、鼻子（鼻疙瘩）、耳朵（耳朵扇子）、凉着了（着凉了）、号脉（捏脉）、手圈子（手镯子）、水角子（水馍馍）、给婆婆（给人）、衣（衣胞）、咽气（灭气了）、寻活（干活）、缓下（缓缓子）、丢盹（栽盹）、骂仗（嚷仗）、你都（你们）、他都（他们）、这达（这呢）、兀达（兀呢）、左半个（左帮个）、右半个（右帮个）、一乎（差忽忽）。

异形词43个：摇了（地动了）、梁顶（山尖）、屲（山坡）、明儿

（灭）、饭罢（晌午）、伟时间（兀会子）、历头（宪书）、地（田）、荒地（荒）、耕地（秒田）、瓠子（葵瓜）、洋蒜（薤）、花红（大果子）、刺玫子花（苍冥花）、葛芦（黄花苗）、木耳（毛菇）、猫鼠（獾）、鸲侯鸟（夜猫子）、夜蝙呼（月别风）、蛾蛾子（叶桃子）、邹邹（喜虫虫）、马黄蜂（虹子）、蛤蟆屹蚤子（癞蛔子）、地蟮（曲虫）、院（宅子）、檩（桁条）、铁片子（香匙）、尿盆子（夜壶）、丈人（外父）、丈母（外母）、男人（汉子）、女人（婆也）、末末孙（嫡流子）、赌博客（咕噜子）、头（脑瓜子）、奶头（杂杂）、挂瓶子（吊针）、拌汤（面疙瘩）、引女人（娶媳妇）、养娃娃（坐月子）、我（阿）、我都（阿们）、咋溜（贵贱）。

（4）（盐池话）同形词79个：月亮、天河、星宿、虹、雨、山、黄土、巷道、集、年时、明年、年年、天天、地、荒地、糶地、除草、扬场、木锨、口袋、推车子、车轴、喳子、肚带、麦子、荞、白菜、西红柿、蒜薹、韭菜、芫荽、蒜、牡丹、马莲花、苇子、树、榆树、牲口、儿马、骒马、马驹子、乳牛、母羊、羊羔子、野物、野鸡、长虫、楼房、上房、炕桌、铺盖、马勺、荷包、洋火、女人、女婿、贼娃子、背锅子、脖子、鼻子、嘴、耳朵、肋巴、裙子、吃喝、拌汤、盐、回门、衣、老衣、扎金花、耍、言喘、把作、我、你、他、谁、啥、一老、连。

形近词79个：热头（日头）、馊面风（馊风）、白雨（雷雨）、山水（洪水）、河畔（河边）、豁岘（山豁子）、街道（街上）、今年（当年）、跌年馑（跌年成）、今儿（今）、早起（赶早）、这时间（这乎）、一满天（成天）、压粪（攒粪）、耕地（犁地）、倒茬（倒山种地）、碾场（打场）、担（扁担）、车排（车厢）、拥脖（拥脖子）、大豌豆（蚕豆）、洋芋（山芋）、辣椒（辣子）、红萝卜（胡萝卜）、苦蕒（苦苦菜）、洋蒜（洋葱）、桑杏（桑子）、瓜（西瓜）、梨瓜儿（香瓜子）、花儿（花）、刺玫子花（玫瑰花）、向日葵（向阳葵）、白杨树（杨树）、榆树（榆钱子树）、牛包牛（臊牛）、牛犊儿（牛卜郎）、公猫（郎猫）、女猫（母猫）、猫娃子（猫儿子）、野狐（狐子）、鹁鸪儿（野鸽子）、野鹊（喜鹊）、夜蝙呼（夜蝙蝠）、马黄蜂（马蜂）、虱（虱子）、蛤蟆屹蚤子（黑麻屹抖子）、鱼儿（鱼）、院（院子）、厦房（厢房）、椽（椽子）、板凳（凳子）、被儿（被窝）、锅头（锅台）、大老碗（海碗）、胰子（香胰子）、太爷（老太爷）、太太（老太太）、达（达达）、妈（妈呀）、辈历

（辈分）、豁豁（豁唇子）、寻吃（讨吃）、赌博客（赌咕噜）、豁豁（豁豁嘴）、脚片子（脚板子）、号脉（捉脉）、手圈子（手坠）、给婆婆（给人）、寻活（做活）、缓下（缓缓）、丢盹（打盹）、骂仗（嚷仗）、我都（我们）、你都（你们）、他都（他们）、这达（这儿）、左半个（左帮个）、右半个（右帮个）、一乎（系忽）。

异形词42个：摇了（地动）、川道（平滩）、梁顶（山尖）、屲（山坡）、坟（茔地）、明儿（咩）、饭罢（晌午）、伟时间（那乎）、历头（宪书）、瓠子（荄瓜）、果木（青货）、花红（大果子）、葛芦（黄黄菜）、木耳（毛菇）、针金（黄花菜）、猸鼠（獾）、咕噜雁（鸳鸯）、鸺侯鸟（夜猫子）、恶老鸹（老鹰）、蛾蛾子（蝴蝶）、邹邹（喜虫子）、地蟮（蚯蚓）、厨房（锅屋）、檩（桁条）、铁片子（锅铲子）、尿盆子（夜壶）、洋碱（胰子）、丈人（外父）、丈母（外母）、男人（老汉）、末末孙（嫡流子）、赌博客（咕噜子）、头（脑瓜壳）、奶头（高高）、凉着了（伤风）、挂瓶子（吊液）、水角子（扁食）、引女人（娶婆姨）、养娃娃（坐月子）、咽气（过世了）、兀达（那呢）、咋溜（贵贱）。

（5）（固原话）同形词120个：热头、天河、星宿、虹、戗面风、雨、山水、川道、山、洼、黄土、集、今年、明年、月头、今儿、明儿、饭罢、历头、地、荒地、压粪、耱地、除草、倒茬、碾场、扬场、木锨、口袋、担、推车子、车轴、拥脖、肚带、荞、白菜、洋芋、西红柿、瓠子、蒜薹、韭菜、蒜、果木、桑杏儿、瓜、花儿、牡丹、马莲花、向日葵、雨子、树、白杨、榆树、牲口、儿马、骒马、马驹子、牛包牛、乳牛、牛犊儿、母羊、羊羔子、女猫、猫娃子、野物、咕噜雁、鹁鸽儿、杏侯鸟、野鸡、蛾蛾子、马黄蜂、河蟆个走子、长虫、院、楼房、上房、炕桌、板凳、铺盖、马勺、荷包、洋火、洋碱、太爷、太太、达、妈、男人、女人、女婿、末末孙、辈历、贼娃子、豁豁、嘴、脚片子、号脉、裙子、吃喝、拌汤、盐、回门、老衣、砸金花、耍、缓下、丢盹、言喘、骂仗、我、你、他、这哒儿、兀哒、谁、啥、一老、一和、连、咋么。

形近词有57个。这些词是：月亮（月）、摇了（地摇了）、白雨（猛过雨）、河畔（河沿）、豁岘（岘子）、街道（街面）、坟（坟宛）、年时（年时个）、年年（每一年）、跌年馑（遭年馑）、天天（见天）、早起（早上）、这时间（这会子）、一满天（整天）、耕地（犁地）、车排（车厢）、麦子（小麦）、大豌豆（大豆）、辣椒（辣子）、红萝卜（黄萝卜）、苦蕒（苦苦菜）、梨瓜儿（梨瓜子）、刺玫子花（刺玫花）、公猫（郎猫）、野狐（野狐子）、獬鼠（猫猪子）、野鹊（喜鹊）、夜蝙呼（夜蝙蝠）、恶老鸹（窝落鸹）、虱（虱子）、鱼儿（鱼）、地蟮（蛐蟮）、厦房（偏厦）、厨房（伙房）、檩（檩条）、椽（椽子）、被儿（被窝）、锅头（锅灶）、大老碗（老碗）、尿盆子（尿壶）、胰子（香胰子）、背锅子（背锣锅）、鼻子（鼻蛋子）、耳朵（耳刮子）、肋巴（肋巴骨）、奶头（奶蛋蛋）、凉着了（着凉咧）、挂瓶子（挂针）、水角子（煮角子）、衣（衣胞）、寻活（做活）、我都（我们）、你都（你们）、他都（他们）、左半个（左帮个）、右半个（右帮个）。

异形词23个：梁顶（山尖）、夹道（巷子）、伟时间（那会子）、喳子（嚼子）、芫荽（香菜）、洋蒜（葱头）、花红（果子）、葛芦（黄黄苔）、木耳（毛菇菇）、针金（黄花菜）、邹邹（蛛蛛）、铁片子（铲锅子）、丈人（姨父）、丈母（姨娘）、寻吃（要饭的）、赌博客（咕噜子）、头（脑瓜）、脖子（项颈）、手圈子（镯子）、给婆婆（出嫁）、引女人（娶亲）、养娃娃（坐月）、咽气（过世咧）。

(6)（泾源话）同形词116个：月亮、天河、虹、雨、山水、川道、山、黄土、豁岘、街道、集、今年、年时、过年、年年、月头、今儿、明儿、早起、历头、地、荒地、压粪、糖地、除草、倒茬、碾场、扬场、木锨、口袋、推车子、车轴、拥脖、喳子、肚带、荞、白菜、洋芋、西红柿、瓠子、蒜薹、韭菜、红萝卜、苦蕒、芫荽、洋蒜、蒜、果木、花儿、牡丹、马莲花儿、向日葵、针金、树、榆树、儿马、骒马、马驹子、牛包牛、乳牛、牛犊子、母羊、羊羔子、女猫、猫娃子、野物、咕噜雁、鹁鸽儿、丫鹊、夜蝙胡、野鸡、虱、长虫、院、楼房、上房、檩、椽、炕桌、铺盖、锅头、荷包、洋火、洋碱、胰子、达、妈、女婿、末末孙、辈历、贼娃子、背锅子、豁豁、头、鼻子、嘴、耳朵、奶头、号脉、裙子、茶饭、拌汤、盐、回门、耍、丢盹、言喘、把作、我、你、他、这哒儿、兀哒、谁、啥、一老。

形近词54个：热头（儿头）、星宿（星星）、饯面风（饯面子风）、白雨（冷雨）、梁顶（梁顶儿）、河畔（河岸）、坟（坟园）、跌年馑（年馑）、天天（见天）、这时间（这会儿）、一满天（一天）、耕地（犁地）、车排（车排子）、麦子（麦）、大豌豆（大豆）、辣椒（辣子）、桑杏儿（桑椹）、瓜（西瓜）、梨瓜儿（梨瓜子）、刺玫子花（刺玫花儿）、苇子

（苇子杆）、白杨树（杨树）、公猫（郎猫）、野狐（狐子）、猫鼠（猫猪）、鸹 侯鸟（鸹户子）、蛾蛾子（大豆蛾儿）、马黄蜂（马蜂）、蛤蟆虼蚤子（黑蟆咕嘟）、鱼儿（鱼）、地蟮（蛐蟮）、厦房（厦子房）、厨房（伙房）、（板凳）凳子、被儿（被子）、锅头（锅灶）、大老碗（老碗）、尿盆子（尿盆）、太爷（老爷）、脖子（脖项）、肋巴（肋子）、脚片子（脚）、挂瓶子（挂吊针）、养娃娃（抓娃）、寻活（做活）、缓下（缓）、骂仗（嚷仗）、我都（我们）、你都（你们）、他都（他们）、左半个（左岸儿）、右半个（右岸儿）、一乎（系忽）、咋溜（咋嚷）。

异形词 30 个：摇了（地动）、屲（坡坡儿）、夹道（巷巷儿）、饭罢（上午）、伟时间（那会儿）、花红（林斤）、葛芦（金金杠）、木耳（毛菇）、牲口（头股）、恶老鸹（鹰）、邹邹（蛛蛛）、马勺（瓢）、铁片子（铲铲子）、太太（老婆儿）、丈人（姨父）、丈母（姨）、男人（老汉）、女人（老婆）、寻吃（要乜贴的）、赌博客（耍钱的）、凉着了（冒风咧）、手圈子（镯子）、水角子（扁食）、给婆婆（发落）、引女人（娶媳妇）、衣（胎）、咽气（没咧）、老衣（穿布）、诈金花（抛三页）、连（带）。

二　隆德方言与宁夏各方言片代表点 200 基础词比较

表 3-4　　　　　隆德方言与宁夏各方言片代表点基础词比较表

词目	银川	吴忠	中卫	盐池	固原	泾源	隆德
太阳	日头 zʐ¹³tʰou	日头 zʐ¹³tʰəu¹³	日头 zʐ¹³tʰou¹³	日头 zʐ³⁵tʰəu¹³	热头 zxɤ²⁴tʰəu	儿头 ər⁵³tʰəu	热头 zə²¹tʰəu²⁴
月亮	月亮 ye¹³liaŋ	月亮 yə¹³liaŋ¹³	月亮 yə¹³liaŋ¹³	月亮 yə³⁵liaŋ³⁵	月 yx²⁴	月亮 yə⁵³liãŋ	月亮 yə²¹liaŋ⁴⁴
银河	天河 tʰiæ̃⁴⁴xɤ⁵³	天河 tʰiæ̃⁴⁴xɤ⁵³	天河 tʰiæ̃⁴⁴xə	天河 tʰiæ̃⁴⁴xə¹³	天河 tʰiæ̃²¹³xuɤ²⁴	天河 tʰiã²¹xuə²⁴	天河 tʰiæ̃²¹xə²⁴
星星	星宿 çiŋ⁴⁴çiou¹³	星星 çiŋ⁴⁴çiŋ	星宿 çiŋ⁴⁴çy	星宿 çiŋ⁴⁴çiəu	星宿 çiŋ²¹³çiəu²⁴	星星 çiəŋ⁵³çiəŋ	星宿（修秀）siəu²¹siəu⁴⁴
彩虹	虹 kaŋ¹³	虹 kaŋ¹³	虹 kaŋ¹³	虹 kaŋ³⁵	虹 tçiaŋ⁴⁴	虹 tçiã⁴⁴	虹 tçiaŋ⁴⁴
地震	摇了 io⁵³lə	地醒了 ti¹³çiŋ¹³lɤ	地动了 ti¹³tuŋ¹³lɤ	地动 ti³⁵tuaŋ³⁵	地摇了 ti⁴⁴iou²⁴lɤ	地动 tʰi⁴⁴tʰuəŋ⁴⁴	摇了 io²⁴liəu²
逆风	戗风 tçʰiaŋ⁴⁴fəŋ⁴⁴	戗风 tçʰiaŋ⁴⁴fəŋ	戗风 tçʰiaŋ⁴⁴fəŋ	戗风 tçʰiaŋ⁴⁴fəŋ	戗面风 tçʰiaŋ²⁴miæ̃⁴⁴fəŋ	戗面子风 tçʰiaŋ²⁴miæ̃²¹tsʅfəŋ²¹	戗面风 tsʰhiaŋ²¹miæ̃⁴⁴fəŋ¹

续表

词目	银川	吴忠	中卫	盐池	固原	泾源	隆德
雨	雨 y⁵³	雨 y⁵³	雨 y⁵³	雨 y⁵³	雨 y⁵³	雨 y⁵³	雨 y⁵³
暴雨	大雷雨 ta¹³luei⁵³y⁵³	大白雨 ta¹³pia¹³y⁴⁴	白雨 pia¹³y⁴⁴	雷雨 luei¹³y⁵³	猛过雨 məŋ⁵³kuɤ⁴⁴y	冷雨 ləŋ⁵³y	白雨 pei²⁴y²
山洪	山洪 ʂæ̃⁴⁴xuŋ⁵³	山水 ʂæ̃⁴⁴ʂuei⁵³	山水 sãi⁴⁴ʂuẽi	洪水 xuəŋ¹³ʂuei⁵³	山水 sæ̃²¹³ʂuei⁵³	山水 sã²¹ʂuei⁵³	山水 sæ̃²¹ʂuei⁵³
平川	川 tʂʰuæ̃⁴⁴	川 tʂʰuæ̃⁴⁴	川 tʂʰuãi⁴⁴	平滩 pʰiəŋ¹³tʰaŋ⁵³	川道 tʂʰu æ̃²¹³ tɔu⁴⁴	川道 tʂʰuã²¹tɔ⁴⁴	川道 tʂʰuæ̃²¹tɔʰ⁴⁴
山	山 ʂæ̃⁴⁴	山 ʂæ̃⁴⁴	山 ʂãi⁴⁴	山 s æ̃⁴⁴	山 s æ̃²¹³	山 sã²¹	山 s æ̃²¹³
山顶	山顶 ʂæ̃⁴⁴tiŋ⁵³	山头 ʂæ̃⁴⁴tʰəu⁵³	山尖 ʂãi⁴⁴tɕiẼ⁴⁴	山尖 s æ̃⁴⁴tɕi æ̃⁴⁴	山尖 s æ̃²¹³tɕi æ̃²¹³	梁顶儿 liaŋ²⁴tɕiər⁵³	梁顶 liaŋ²⁴tiŋ⁵³
山坡	山坡 ʂæ̃⁴⁴pʰə⁴⁴	山坡 ʂæ̃⁴⁴pʰɤ⁴⁴	山坡 ʂãi⁴⁴pʰə⁴⁴	山坡 s æ̃⁴⁴pʰə⁴⁴	洼 va⁴⁴	坡坡儿 pʰə²¹pʰər	圵 va⁴⁴
河边	河崖子 xə⁵³ɛ⁵³tsʅ	河崖头 xɤ⁵³ɛ⁵³tʰəu	河边 xə⁵³piẼ⁴⁴	河边 xə⁵³pi æ̃⁴⁴	河沿 xuɤ²⁴i²⁴	河岸 xuə²⁴ŋã²⁴	河畔 xə²⁴pʰ æ̃⁴⁴
黄土	黄土 xuəŋ⁵³tʰu⁵³	黄土 xuaŋ⁵³tʰu⁵³	黄土 xuaŋ⁵³tʰu	黄土 xuəŋ⁵³tʰu⁵³	黄土 xuaŋ¹³tʰu⁵³	黄土 xuaŋ²⁴tʰu⁵³	黄土 xuaŋ²⁴tʰu⁵³
嵚崎	岘子 ɕi æ̃¹³tsʅ	深沟 ʂəŋ⁴⁴kəu⁴⁴	岘子 tɕʰiẼ¹³tsʅ¹³	山豁子 s æ̃⁴⁴xuə¹³tsʅ	岘子 ɕi æ̃⁴⁴tsʅ	豁岘 xuə²¹ɕiã⁴⁴	豁岘 xuə²¹ɕi æ̃⁴⁴
街道	街上 kɛ⁴⁴ʂuŋ	街上 kɛ⁴⁴ʂuŋ	街上 kãi⁴⁴ʂaŋ	街上 kɛ⁴⁴ʂuŋ	街面 kɛ²¹³mi æ̃⁴⁴	街道 kɛ²¹tʰɔ⁴⁴	街道 kei²¹tʰɔ⁴⁴
胡同	巷子 xaŋ¹³tsʅ	巷子 xaŋ¹³tsʅ	巷子 xaŋ¹³tsʅ¹³	巷道 xaŋ³⁵tɔ³⁵	巷子 xaŋ⁴⁴tsʅ¹³	巷巷儿 xãŋ⁴⁴xãr	巷道（夹道） xaŋ²¹tʰɔ⁴⁴
集市	集市 tɕi¹³ʂʅ¹³	集 tɕi¹³	集 tɕi¹³	集 tɕi¹³	集 tɕi²⁴	集 tɕʰi²⁴	集 tsʰi²⁴
坟地	坟茔 fəŋ⁵³iŋ	坟堰 fəŋ⁵³i æ̃	坟堰 fẼi⁵³yẼ	茔地 iəŋ¹³ti³⁵	坟宛 fəŋ²⁴v æ̃	坟园 fən²⁴yã	坟 fəŋ²⁴
今年	今年 tɕiŋ⁴⁴ni æ̃	今年 tɕiŋ⁴⁴ni æ̃	今年 tɕiŋ⁴⁴niẼ	当年 taŋ⁴⁴ni æ̃¹³	今年 tɕiŋ²¹³ni æ̃²⁴	今年 tɕiðnniã	今年 tɕiŋ²¹ni æ̃²⁴
去年	头年 tʰou⁵³ni æ̃	年时 ni æ̃⁵³ʂʅ	去年 tɕʰy¹³niẼ⁴⁴	年时 ni æ̃¹³ʂʅ¹³	年时个 ni æ̃²⁴sʅkɤ	年时 niã²⁴sʅ⁵³	年时 ni æ̃²⁴sʅ²
明年	明年 miŋ⁵³ni æ̃	明年 miŋ⁵³ni æ̃	明年 miŋ⁵³niẼ	明年 miŋ¹³ni æ̃	明年 miŋ²⁴ni æ̃	过年 kuə⁴⁴niã	过年（明年） kuə⁴⁴ni æ̃¹
每年	年年 ni æ̃⁵³ni æ̃	年年 ni æ̃⁵³ni æ̃⁵³	年年 niẼ⁵³niẼ⁵³	年年 ni æ̃⁵³ni æ̃⁵³	每一年 mei⁵³i²⁴ni æ̃²⁴	年年 niã²⁴niã²⁴	年年 ni æ̃²⁴ni æ̃²⁴
荒年	年馑 ni æ̃⁵³tɕiŋ⁵³	跌年成 tie¹³ni æ̃⁵³ tʂʰəŋ	跌年馑 tiə¹³niẼ⁵³tɕi	跌年成 tiə¹³ni æ̃¹³ ʂəŋ¹³	遭年馑 tsɔu²¹³ni æ̃²⁴ tɕiŋ	年馑 niã²⁴tɕiəŋ²⁴	跌年馑 tiə²¹ni æ̃²⁴tɕiŋ⁴⁴
月初	月头 yə¹³tʰou⁵³	月头 ye¹³tʰəu⁵³	月头 yə¹³tʰou⁵³	月初 yə¹³tsʰuⁿ⁴⁴	月头 yɤ¹³tʰəu²⁴	月头 yə²¹tʰəu²⁴	月头 yə²¹tʰəu²⁴

词目	银川	吴忠	中卫	盐池	固原	泾源	隆德
今天	今儿 tɕiə⁴⁴	今 tɕie⁴⁴	今 tɕiə⁴⁴	今 tɕiə⁴⁴	今儿 tɕiɛr²¹³	今儿 tɕiər²¹	今儿 tɕiər²¹³
明天	明儿 miə⁵³	咩 mia⁵³	灭 miə⁵³	咩 mia¹³	明儿 miɛr¹³	明儿 miər¹³	明儿 miər²⁴
每天	见天 tɕiæ¹³tʰiæ⁴⁴	见天天 tɕiæ¹³tʰiæ⁴⁴tʰiæ	见天 tɕiɛ¹³tiɛ⁴⁴	天天 tʰiæ⁴⁴tʰiæ	见天 tɕiæ⁴⁴tʰiæ	见天 tɕiɑ⁴⁴tʰia²¹	天天 tʰiæ²⁴tʰiæ²
早晨	早起 tsɔ⁵³tɕʰi	早起 tsɔ⁵³tɕʰi	赶早 kãi⁵³tsɔu⁵³	赶早 kæ⁵³tsɔu⁵³	早上 tsɔu⁵³ʂʅŋ	早起 tsɔ⁵³tɕʰi	早起 tsɔ²¹tɕʰiə⁵³
中午	正晌午 tʂəŋ¹³ʂʅŋ⁵³vu	正晌午 tʂəŋ¹³ʂʅŋ⁵³vu	晌午 ʂaŋ¹³vu⁵³	晌午 ʂaŋ³⁵vu⁵³	饭罢 fæ⁴⁴pa	上午 ʂãŋ⁴⁴xu	饭罢 fæ⁴⁴pʰa¹
这时候	这阵子 tʂʅ¹³tʂəŋ¹³tsʅ	这阵子 tʂei¹³tʂəŋ¹³tsʅ	这会子 tʂʅ¹³xɛi⁴⁴tsʅ	这乎 tʂʅ³⁵xuə¹³	这会子 tʂʅ⁴⁴xueitsʅ	这会儿 tʂʅ⁴⁴xur	这时间 tʂʅ⁴⁴sʅ³tɕiæ²
那时候	那阵子 nə¹³tʂəŋ¹³tsʅ	那阵子 næ⁴⁴tʂəŋ¹³tsʅ	兀会子 vu⁴⁴xuɛitsʅ	那乎 nə⁴⁴xuə¹³	那会子 nə⁴⁴xueitsʅ	那会儿 nɛ⁴⁴xur	伟时间 vei⁵³sʅ³tɕiæ³
整天	成天 tʂʰəŋ⁵³tʰiæ⁴⁴	成天 tʂʰəŋ⁵³tʰiæ⁴⁴	成天 tʂʰəŋ⁵³tʰiɛ⁴⁴	成天 tʂʰəŋ⁵³tʰiæ	整天 tʂəŋ⁵³tʰiæ	一天 i²¹tʰiɑ	一满天 i²¹mæ⁵³tʰiæ²¹³
历书	皇历 xuaŋ⁵³li¹³	宪书 ɕiæ¹³ʂu¹³	宪书 ɕiɛ¹³ʂu¹³	宪书 ɕiæ³⁵ʂu	历头 li²¹³tʰəu²⁴	历头 li⁴⁴tʰəu	历头 li²¹tʰəu²⁴
田	田 tʰiæ⁵³	田 tʰiæ⁵³	田 tʰiɛ⁵³	地 ti³⁵	地 ti⁴⁴	地 tɕʰi⁴⁴	地 tʰi⁴⁴
荒田	荒田 xuaŋ⁴⁴tʰiæ	荒田 xuaŋ⁴⁴tʰiæ	荒 xuaŋ⁴⁴	荒地 xuaŋ⁴⁴ti	荒地 xuaŋ²¹³ti⁴⁴	荒地 xuãŋ⁵³tɕʰi	荒地 xuaŋ²¹tʰi⁴⁴
积肥	压粪 ia¹³fəŋ¹³	积粪 tɕi¹³fəŋ¹³	积粪 tɕi¹³fɛi¹³	攒粪 tsæ⁵³fəŋ⁴⁴	压粪 nia⁴⁴fəŋ⁴⁴	压粪 nia⁴⁴fæ⁴⁴	压粪 nia⁴⁴fəŋ⁴⁴
犁田	犁田 li⁵³tʰiæ⁵³	犁田 li⁵³tʰiæ⁵³	耖田 tʂʰɔu¹³tʰiɛ⁵³	犁田 li¹³ti³⁵	犁地 li²⁴ti⁴⁴	犁地 li²⁴tɕʰi⁴⁴	耕地 kəŋ²¹tʰi⁴⁴
耱田	耱田 mə¹³tʰiæ⁵³	耱田 mɣ⁵³tʰiæ⁵³	打耱 ta¹³mə⁵³	耱地 mə¹³ti³⁵	耱地 mɣ⁴⁴ti⁴⁴	耱地 mə⁴⁴tɕʰi⁴⁴	耱地 mə⁴⁴tʰi⁴⁴
除草	薅草 xɔ⁴⁴tsʰɔ⁵³	薅草 xɔ⁴⁴tsʰɔ⁵³	薅草 xɔ⁴⁴tsʰɔ⁵³	除草 tʂʰu¹³tsʰɔ⁵³	除草 tʂʰu²⁴tsʰɔu⁵³	除草 tʂʰu²⁴tsʰɔ⁵³	除草 tʂʰu²⁴tsʰɔ⁵³
轮作	倒茬 tɔ⁵³tʂʰa⁵³	倒茬 tɔ⁵³tʂʰa⁵³	调茬 tiɔu¹³tʂʰa⁵³	倒山种地 tɔ⁵³sæ tʂuəŋ³⁵ti³⁵	倒茬 tɔu⁵³tʂʰa²⁴	倒茬 tɔ⁵³tʂʰa²⁴	倒茬 tɔ⁵³tʂʰa²⁴
打场	打场 ta⁵³tʂʰaŋ⁵³	打场 ta⁵³tʂʰaŋ⁵³	打场 ta⁵³tʂʰaŋ⁵³	打场 ta⁵³tʂʰaŋ⁵³	碾场 niæ⁵³tʂʰaŋ²⁴	碾场 niã⁵³tʂʰãŋ²⁴	碾场 niæ⁵³tʂʰaŋ²⁴
扬场	扬场 iaŋ⁵³tʂʰaŋ⁵³	扬场 iaŋ⁵³tʂʰaŋ⁵³	扬场 iaŋ⁵³tʂʰaŋ⁵³	扬场 iaŋ⁵³tʂʰaŋ⁵³	扬场 iaŋ²⁴tʂʰaŋ²⁴	扬场 iãŋ²⁴tʂʰãŋ²⁴	扬场 iaŋ²⁴tʂʰaŋ²⁴
木锨	木锨 mu¹³ɕiæ⁴⁴	木锨 mu¹³ɕiæ⁴⁴	木锨 mu¹³ɕiɛ⁴⁴	木锨 mu³⁵ɕiæ⁴⁴	木锨 mu⁴⁴ɕiæ²¹³	木锨 mu²¹ɕiɑ²⁴	木锨 mu²⁴ɕiæ²⁴
口袋	口袋 kʰou³⁵tʰɛ	口袋 kʰəu¹³tʰɛ¹³	口袋 kʰou¹³tɛ	口袋 kʰəu³⁵ɛ¹³	口袋 kʰəu⁵³tɛ	口袋 kʰəu⁵³ɛ¹³	口袋 kʰəu⁵³tʰei

续表

词目	银川	吴忠	中卫	盐池	固原	泾源	隆德
扁担	扁担 piẽ^{13}tæ	扁担 piẽ^{13}tæ^{53}	扁担 piɛ̃^{13}tãi^{53}	扁担 piẽ^{53}tæ	担 tẽ^{44}	扁担 piã^{53}tã	担 tẽ^{44}
独轮车	单轮子车 tẽ^{44}luŋ^{53}tsʅ tʂʰə^{44}	推车子 tʰuei^{44}tʂʰɤtsʅ	推车子 tʰuei^{44}tʂʰətsʅ	推车子 tʰuei^{44}tʂʰətsʅ	推车子 tʰuei^{213}tʂʰɤ^{213}tsʅ	推车儿 tʰuei^{44}tʂʰər	推车子（儿）tʰuei^{24}tʂʰəˀsʅˀ
车厢	车厢 tʂʰə^{44}ɕiaŋ^{44}	车厢 tʂʰɤ^{44}ɕiaŋ^{44}	车厢 tʂʰə^{44}ɕiaŋ^{44}	车厢 tʂʰə^{44}ɕiaŋ^{44}	车厢 tʂʰɤ^{44}ɕiaŋ^{44}	车排子 tʂʰə^{21}pʰɤ^{24}tə	车排 tʂʰə^{21}pʰei^{24}
车轴	车轴 tʂʰə^{44}tʂu^{13}	车轴 tʂʰɤ^{44}tʂu^{13}	车轴 tʂʰə^{44}tʂu^{13}	车轴 tʂʰə^{44}tʂu^{13}	车轴 tʂʰɤ^{213}tʂu^{24}	车轴 tʂʰə^{21}tʂəu^{24}	车轴 tʂʰə^{21}tʂu^{24}
拥脖	拥脖子 yŋ^{44}pə^{4}tsʅ	拥脖 yŋ^{44}pɤ	拥脖 yŋ^{44}pə	拥脖子 yŋ^{44}pʰətsʅ	拥脖 yŋ^{44}pʰɤ	拥脖 yɤ̃^{53}pʰə	拥脖 yŋ^{21}pʰə^{24}
嚼子	扎子 tʂa^{13}tsʅ	喳子 tʂʰa^{53}tsʅ	喳子 tʂʰa^{53}tsʅ	喳子 tʂʰa^{13}tsʅ	嚼子 tɕye^{24}tsʅ	喳子 tʂʰa^{24}tsʅ	喳子 tsʰa^{44}tsʅ
肚带	肚带 tu^{13}tɛ^{13}	肚带 tu^{13}tɛ^{13}	肚带 tu^{13}tãi^{44}	肚带 tu^{35}tɛ	肚带 tu^{44}tɛ^{44}	肚带 tʰu^{44}tɛ^{44}	肚带 tʰu^{44}tei^{1}
小麦	小麦 ɕiɔ^{53}mia^{13}	小麦 ɕiɔ^{53}mia^{13}	小麦 ɕiɔu^{53}mia^{13}	麦子 mia^{35}tsʅ	小麦 ɕiɔu^{53}mei	麦 mei^{24}	麦子 mei^{21}tsʅ^{3}
荞麦	荞麦 tɕʰiɔu^{53}miə	荞麦 tɕʰiɔu^{53}miẽ^{13}	荞麦 tɕʰiɔu^{53}miə	荞 tɕʰiɔu^{13}mia^{35}	荞 tɕʰiɔ^{24}	荞 tɕʰiɔ^{24}	荞 tɕʰiɔ^{24}
蚕豆	大豆 ta^{13}tou^{13}	蚕豆 tsʰɛ^{53}təu^{13}	大豆 ta^{13}tou^{13}	蚕豆 tsʰɛ^{13}təu^{35}	大豆 ta^{44}təu^{44}	大豆 ta^{44}təu	大豌豆 ta^{44}vẽ^{21}təu^{44}
白菜	白菜 pia^{13}tsʰɛ^{13}	白菜 pia^{13}tsʰɛ^{13}	白菜 pia^{13}tsʰãi^{13}	白菜 pia^{13}tsʰɛ^{35}	白菜 pei^{24}tsʰɛ^{44}	白菜 pei^{24}tsʰɛ^{44}	白菜 pei^{24}tsʰei^{2}
土豆	洋芋 iaŋ^{53}y^{13}	山芋蛋 sẽ^{44}y^{13}tæ^{53}	芋头 y^{13}tʰou^{44}	山芋 sæ̃^{44}y	洋芋 iaŋ^{24}y^{44}	洋芋 iaŋ^{24}y^{44}	洋芋 iaŋ^{24}y^{44}
辣子	辣子 la^{13}tsʅ^{13}	辣子 la^{13}tsʅ^{13}	辣子 la^{13}tsʅ^{13}	辣子 la^{35}tsʅ^{13}	辣子 la^{24}tsʅ^{44}	辣子 la^{13}tsʅ^{53}	辣椒 la^{24}tsiəu^{4}
西红柿	洋柿子 iaŋ^{53}ʂʅ^{13}tsʅ	柿子 ʂʅ^{13}tsʅ	柿子 ʂʅ^{13}tsʅ^{44}	西红柿 ɕi^{44}xuŋ^{24}sʅ^{44}	西红柿 ɕi^{44}xuŋ^{24}sʅ^{44}	西红柿 ɕi^{21}xuɚŋ^{24}sʅ^{44}	西红柿 si^{21}xuŋ^{24}sʅ^{44}
茭瓜	茭葫芦 tɕiɔ^{13}xu^{13}lu	茭瓜子 tɕiɔ^{13}kuɤ^{13}tsʅ	茭瓜 tɕiɔu^{13}kuə^{53}	茭瓜 tɕiɔ^{53}kua	瓠 xu^{44}tsʅ	瓠 xu^{44}tsʅ	瓠子 xu^{44}tsʅ^{1}
蒜薹	蒜薹 suẽ^{13}tʰɛ^{53}	蒜薹 suẽ^{13}tʰɤ^{53}	蒜薹 suãi^{13}tʰãi^{53}	蒜薹 suẽ^{13}tʰɛ^{53}	蒜薹 suæ^{44}tʰɛ	蒜薹 ɕyæ^{44}tʰɛ	蒜薹 suæ^{44}tʰei^{1}
韭菜	韭菜 tɕiou^{13}tsʰɛ	韭菜 tɕiou^{13}tsʰɛ^{13}	韭菜 tɕiou^{13}tsʰãi^{53}	韭菜 tɕiəu^{53}tsʰɛ^{35}	韭菜 tɕiəu^{53}tsʰɛ	韭菜 tɕiəu^{53}tsʰɛ	韭菜 tɕiəu^{53}tsʰei^{3}
胡萝卜	胡萝卜 xu^{53}luɤ^{53}pu	胡萝卜 xu^{53}luɤ^{53}pu	胡萝卜 xu^{53}luəpu	黄萝卜 xuaŋ^{13}luə^{13}pə	黄萝卜 xuaŋ^{24}luɤ^{24}pʰu	红萝卜 xuəŋ^{24}luə^{24}pʰu^{53}	红萝卜 xuŋ^{24}luə^{2}pʰu^{2}

续表

词目	银川	吴忠	中卫	盐池	固原	泾源	隆德
苦苦菜	苦苦菜 kʰu¹³kʰutsʰɛ¹³	苦苦菜 kʰu¹³kʰutsʰɛ¹³	苦苦菜 kʰu¹³kʰu⁵³tsʰāi¹³	苦苦菜 kʰu⁵³kʰutsʰɛ³⁵	苦苦菜 kʰu⁵³kʰutsʰɛ⁴⁴	苦蕒 kʰu⁵³tɕʰy	苦蕒 kʰu⁵³tɕʰy³
香菜	香菜 ɕiaŋ⁴⁴tsʰɛ¹³	芫荽 iæ̃⁵³suei	芫荽 iɛ̃⁵³suei	芫荽 iæ̃¹³suei⁴⁴	香菜 ɕiaŋ⁴⁴tsʰɛ¹³	芫荽 iã²¹ɕy⁵³	芫荽 iæ²⁴suei²
洋葱	洋葱 iaŋ⁵³tsʰuŋ⁴⁴	薤蒜 xæ̃¹³suæ̃¹³	薤 xæ̃¹³	洋葱 iaŋ¹³tsʰuŋ⁴⁴	葱头 tsʰuŋ²⁴tʰəu²⁴	洋蒜 iaŋ²⁴ɕy⁴⁴	洋蒜 iaŋ²⁴suæ̃⁴⁴
蒜	蒜 suæ̃¹³	蒜 suæ̃¹³	蒜 suāi¹³	蒜 suæ̃¹³	蒜 suæ̃¹³	蒜 ɕyã⁴⁴	蒜 suæ̃⁴⁴
水果	水果 ʂuei⁵³kuə⁵³	青货 tɕʰiŋ⁴⁴xuɤ	果木 kuə⁵³mu	青货 tɕʰiəŋ⁴⁴xuə	果木 kuɤ⁵³mu	果木 kuə⁵³mu	果木 kuə⁵³mu³
沙果	大果子 ta¹³kuə¹³tsɿ	大果子 ta¹³ku⁴⁴tsɿ	大果子 ta¹³kuə⁴⁴tsɿ	大果子 ta¹³kuə⁴⁴tsɿ	果子 kuɤ⁵³tsɿ	林斤 liən²⁴tɕiən⁵³	花红 xua²¹xuŋ²⁴
桑椹	桑杏 saŋ⁴⁴xəŋ	桑子 saŋ⁴⁴tsɿ	桑杏子 saŋ⁴⁴xəŋtsɿ	桑子 saŋ⁴⁴tsɿ⁵³	桑杏儿 saŋ⁴⁴ɕiər⁴⁴	桑椹 sãŋ⁵³ʂən	桑杏儿 saŋ²¹ɕiər⁴⁴
西瓜	西瓜 ɕi⁴⁴kua	西瓜 ɕi⁴⁴kua	西瓜 ɕi⁴⁴kuə	西瓜 ɕi⁴⁴kua	瓜 kua²¹³	西瓜 ɕi²¹kua	瓜 kua²¹³
香瓜	香瓜 ɕiaŋ⁴⁴kua	香瓜子 ɕiaŋ⁴⁴kuɤtsɿ	香瓜子 ɕiaŋ⁴⁴kuətsɿ	香瓜子 ɕiaŋ⁴⁴kua⁴⁴tsɿ	梨瓜子 li²⁴kua²¹³tsɿ	梨瓜子 li²¹kua⁵³tsɿ	梨瓜儿 li²⁴kuar²
花	花 xua⁴⁴	花 xua⁴⁴	花 xua⁴⁴	花 xua⁴⁴	花儿 xua²¹³ɛr	花儿 xuar⁵³	花儿 xuar²¹³
牡丹	牡丹 mu¹³tæ̃	牡丹 mu¹³tæ̃	牡丹 mu¹³tāi⁵³	牡丹 mu⁵³tæ̃	牡丹 mɔu⁵³tæ̃	牡丹 mɔ⁵³tã	牡丹 mɔ⁵³tæ̃³
玫瑰	玫瑰花 mei⁵³kuei¹³xua⁴⁴	玫瑰花 mei⁵³kuei¹³xua⁴⁴	苍冥花 tsʰaŋ⁴⁴miŋ⁴⁴xua	玫瑰花 mei¹³kuei⁴⁴xua	刺玫花 tsʰɿ⁴⁴mei²⁴xua	刺玫花儿 tsʰɿ⁴⁴mei²⁴xuar	刺玫子花 tsʰɿ⁴⁴mei¹tsɿ¹xua²¹³
马兰花	马莲花 ma³⁵liæ̃⁵³xua⁴⁴	马莲花 ma¹³liæ̃⁴⁴xua⁴⁴	马莲花 ma¹³liɛ̃⁵³xua⁴⁴	马莲花 ma⁵³liæ̃¹³xua⁴⁴	马莲花 ma⁵³liæ̃xua²¹³	马莲花儿 ma³⁵liæ̃⁵³xuar⁴⁴	马莲花 ma⁵³liæ̃³xua²¹³
向日葵	向向葵 ɕiaŋ¹³ɕiaŋkʰuei⁵³	向阳葵 ɕiaŋ¹³iaŋ¹³kʰuei⁵³	向葵 ɕiaŋ¹³kʰuẽi⁵³	向阳葵 ɕiaŋ³⁵iaŋ¹³kʰuei	向日葵 ɕiaŋ⁴⁴zɿ²⁴kʰuei²⁴	向日葵 ɕiãŋ⁴⁴ərkʰuei²⁴	向日葵 ɕiaŋ⁴⁴zɿ²¹kʰuei²⁴
芦苇	苇子 vei¹³tsɿ	苇子 vei¹³tsɿ	苇子 vẽi¹³tsɿ⁵³	苇子 y⁵³tsɿ	雨子 y⁵³tsɿ	雨子杆 y⁵³təkã	苇子 y⁵³tsɿ³
蒲公英	蒲公英 pʰu⁵³kuŋ⁴⁴iŋ⁴⁴	黄蒿 xuaŋ⁵³xɔ⁴⁴	黄花苗 xuaŋ⁵³xuəmiɔu	黄黄菜 xuaŋ¹³xuaŋ¹³tsʰɛ³⁵	黄黄苔 xuaŋ²⁴xuaŋtʰɛ³⁵	金金杠 tɕiən²¹tɕiənkāŋ⁴⁴	葛芦 kə²¹lu²⁴
蘑菇	毛菇 mɔ⁵³ku	毛菇 mɔ⁵³ku	毛菇 mɔu⁵³ku	毛菇 mɔ¹³ku⁴⁴	毛菇菇 mɔu²⁴kuku	毛菇 mɔ²⁴ku⁵³	木耳 mur²⁴
黄花菜	黄花菜 xuaŋ⁵³xua⁴⁴tsʰɛ¹³	窜草花 tsʰuæ̃⁴⁴tsʰɔ⁵³xua⁴⁴	针金 tʂẽi⁴⁴tɕil	黄花菜 xuaŋ¹³xua⁴⁴tsʰɛ³⁵	黄花菜 xuaŋ²⁴xuatsʰɛ⁴⁴	针金 tʂən²⁴tɕiən²	针金 tʂən²⁴tɕiŋ²

续表

词目	银川	吴忠	中卫	盐池	固原	泾源	隆德
树	树 ʂu¹³	树 ʂu¹³	树 ʂu¹³	树 ʂu³⁵	树 ʂu⁴⁴	树 ʂu⁵³	树 ʂu⁴⁴
杨树	杨树 iaŋ⁵³ʂu¹³	杨树 iaŋ⁵³ʂu¹³	杨树 iaŋ⁵³ʂu	杨树 iaŋ¹³ʂu³⁵	白杨 pei²⁴aŋ	杨树 iãŋ²⁴ʂu⁵³	白杨树（白杨）pei²⁴iaŋ⁵³ ʂu⁴⁴
榆树	榆树 y⁵³ʂu¹³	榆树 y⁵³ʂu¹³	榆钱子树 y⁵³tɕiẼtsʅʂu¹³	榆树 y¹³ʂu³⁵	榆树 y²⁴ʂu⁴⁴	榆树 y²⁴ʂu⁵³	榆树 ʐu²⁴ʂu⁴⁴
牲畜	头口 tʰou⁵³kʰou	牲口 səŋ⁴⁴kʰəu	牲灵 səŋ⁴⁴liŋ	牲口 səŋ⁴⁴kʰəu	牲口 səŋ²¹³kʰəu⁵³	头股 tʰəu²⁴ku⁵³	牲口 səŋ²¹kʰəu⁵³
公马	儿马 a⁵³ma	儿马 a⁵³ma	儿马 a⁵³ma	儿马 a³⁵ma¹³	儿马 ɛ⁵³ma⁵³	儿马 ər²⁴ma⁵³	儿马 ər²⁴ma⁵³
母马	骒马 kʰuə¹³ma	骒马 kʰuɤ¹³ma⁴⁴	骒马 kʰuə¹³mə⁴⁴	骒马 kʰuə¹³ma	骒马 kʰuɤ⁴⁴ma	骒马 kʰuə⁴⁴ma⁵³	骒马 kʰuə⁴⁴ma⁵³
小马	马驹子 ma⁵³tɕy⁴⁴ tsʅ	马驹子 ma¹³tɕy¹³ tsʅ	马驹子 ma¹³tɕy⁵³ tsʅ	马驹子 ma⁵³tɕy¹³ tsʅ	马驹子 ma⁵³tɕy²¹³ tsʅ	马驹子 ma⁵³tɕy tə	马驹子（儿）ma⁵³tɕy³ tsʅ³
公牛	臊牛 sɔ⁴⁴niou⁵³	臊牛 sɔ⁴⁴niəu⁵³	牤牛 pʰou⁴⁴niou	臊牛 sɔ⁴⁴niəu	牤牛 pʰou²¹³niəu²⁴	牤牛 pʰɔ²⁴niəu²⁴	牤丹（牛）pʰɔ²¹tæ̃²¹³
母牛	乳牛 ʐu¹³niəu⁵³	乳牛 ʐu⁵³niəu	乳牛 ʐu¹³niou⁵³	乳牛 ʐu⁵³niəu	乳牛 ʐu⁵³niəu²⁴	乳牛 ʐu⁵³niəu	乳牛 ʐu⁵³niəu³
小牛	牛犊子 niou⁵³tu¹³ tsʅ	牛卜郎 niəu⁵³pulaŋ	牛卜郎 niou⁵³pulaŋ	牛卜郎 niəu⁵³pulaŋ	牛犊子 niəu²⁴tʰu²⁴tsʅ	牛犊子 niəu²⁴tʰur⁵³	牛犊儿（子）niəu²⁴tʰur²
母羊	母羊 mu⁵³iaŋ	母羊 mu¹³iaŋ	母羊 mu¹³iaŋ⁵³	母羊 mu⁵³iaŋ	母羊 mu⁵³iaŋ	母羊 mu⁵³iãŋ	草羊（母羊）tsʰɔ⁵³iaŋ³
小羊	羊羔子 iaŋ⁵³kɔtsʅ	羊羔子 iaŋ⁵³kɔtsʅ	羊个子 iaŋ⁵³kətsʅ	羊羔子 iaŋ¹³kɔ⁴⁴tsʅ	羊羔子 iaŋ²⁴kɔu²¹³tsʅ	羊羔儿 iãŋ²⁴kɔr⁵³	羊羔儿（子）iaŋ²⁴kɔr²
公猫	郎猫 laŋ⁵³mɔ⁵³	郎猫 laŋ⁵³mɔu	郎猫 laŋ¹³mɔ¹³	郎猫 laŋ²⁴mɔu	郎猫 laŋ²⁴mɔu	郎猫 lãŋ²⁴mɔ	公猫 kuŋ²¹mɔ²⁴
母猫	女猫 mi⁵³mɔ⁵³	女猫 mi⁵³mɔ	女猫 mi¹³mɔu⁵³	母猫 mu⁵³mɔ¹³	女猫 mi⁵³mɔu	女猫 mi⁵³mɔ	女猫 mi⁵³mɔ³
小猫	猫娃子 mɔ⁵³va⁵³tsʅ	猫娃子 mɔ⁵³vatsʅ	猫娃子 mɔu⁵³vətsʅ	猫儿子 mɔ¹³a¹³tsʅ	猫娃子 mɔu²⁴vatsʅ	猫娃子 mɔ²⁴ua⁵³tsʅ	猫娃子（儿）mɔ²⁴va²⁴tsʅ²
野牲	野牲 iə¹³səŋ	野牲灵 iə¹³səŋ⁴⁴liŋ⁵³	野牲 iə¹³səŋ⁵³	野物 iə⁵³səŋ	野物 iɛ⁵³xɤ	野物 iɛ⁵³uə	野物 iə⁵³və³
狐狸	狐子 xu⁵³tsʅ	狐子 xu⁵³tsʅ	野狐子 iə¹³xu⁵³tsʅ	狐子 xu¹³tsʅ⁴⁴	野狐子 iɛ⁵³xu²⁴tsʅ	狐子 xu²⁴tə⁵³	野狐 iə⁵³xu³
獾	獾 xuæ̃⁴⁴	獾 xuæ̃⁴⁴	獾 xuæi⁴⁴	獾 xuæ̃¹³	猫猪子 tʰuæ̃²⁴ tʂu²⁴tsʅ	猫猪 tʰuã²¹tʂu²⁴	猫鼠 tsʰuæ̃²¹tʂʰu⁵³
大雁	咕噜雁 ku⁴⁴lui æ̃¹³	长脖子雁 tʂʰaŋ⁵³pɤ¹³ tsʅi æ̃¹³	长脖子雁 tʂʰaŋ⁵³ pɤtsʅiã¹³	鹭鸶 tsʰʅ¹³lɔ³⁵	咕噜雁 ku²¹³lu²⁴iæ̃⁴⁴	咕噜雁 ku²⁴luiã⁴⁴	咕噜雁 ku⁴⁴lu⁴⁴i æ̃⁴⁴

续表

词目	银川	吴忠	中卫	盐池	固原	泾源	隆德
野鸽子	野鸽子 iə¹³kə¹³tsʅ	草鸽子 tshɔ¹³kɤ¹³tsʅ	野鸽子 iə¹³kə⁵³tsʅ	野鸽子 iə⁵³kətsʅ	鹁鸽 pu²⁴kɤ²⁴	鹁鸽儿 phu²⁴kər⁵³	鹁鸽儿 phu²⁴kər²
喜鹊	喜鹊 çi¹³tçhiɔ	喜鹊 çi¹³tçhiɔ	喜鹊 çi¹³tçhiɔu⁵³	喜鹊 çi⁵³tçhiɔ	喜鹊 çi⁵³tçhiɔu⁵³	丫鹊 ia⁵³tçhiɔ	野鹊 ia²¹tshhiɔ⁵³
猫头鹰	夜猫子 iə¹³mɔ⁴⁴tsʅ	夜猫子 ie¹³mɔ⁴⁴tsʅ	夜猫子 iə¹³mɔu⁴⁴tsʅ	夜猫子 iə³⁵mɔ³⁵tsʅ	杏侯鸟 çiŋ⁵³xɤu	鸺户子 çiŋ⁴⁴xutə⁵³	鸺鹠 xəŋ⁴⁴xəu¹
蝙蝠	夜蝙蝠 iə¹³piɛ⁵³fu	夜蝙蝠 ie¹³phie⁴⁴fu	月别风 y¹³piɔ⁴⁴fəŋ	夜蝙蝠 ie³⁵pia¹³fəŋ	夜蝙蝠 iɛ⁴⁴piɛ⁵³fu	夜蝙胡 iə⁴⁴pi ɛ̃¹xu¹	夜蝙呼 ie⁴⁴pie¹xu¹
老鹰	老鹰 lɔ⁵³iŋ⁴⁴	花鸹 xua⁴⁴pɔ	花鸹 xua⁴⁴pɔu	老鹰 lɔ⁵³iəŋ⁴⁴	窝落鸹 vɤ⁴⁴luɤ²⁴pɔu⁴⁴	鹰 niəŋ21	恶老鸹 ŋɤ⁴⁴lɔ⁴⁴pɔ⁴⁴
雉鸡	野鸡 iə¹³tçi⁴⁴	野鸡 iə⁵³tçi	野鸡 iə¹³tçi⁵³	野鸡 iə⁵³tçi	野鸡 ie⁵³tçi²¹³	野鸡 ie⁵³tçi	野鸡 iə⁵³tçi³
蝴蝶	叶蝶子 iə¹³tiə¹³tsʅ	叶蝶蝶 iə¹³thiə¹³thiə	叶桃子 iə¹³tiɔu⁴⁴tsʅ	蝴蝶 xu¹³thiə	蛾蛾子 ŋɤ²⁴ŋɤtsʅ	大豆蛾儿 ta⁴⁴təuŋər²⁴	蛾蛾子 ŋɤ²⁴ŋɤ²tsʅ²
蜘蛛	蟢里蛛蛛 çi³⁵litsu⁴⁴tsu	喜虫虫 çi⁵³tʂhuŋ⁵³tʂhuŋ	喜虫虫 çi¹³tʂhuŋ⁵³tʂhuŋ	喜虫子 çi¹³tʂhuŋ¹³tsʅ	蛛蛛 tsəu²⁴tsəu²⁴	蛛蛛 tsu⁵³tsu	邹邹 tsəu²¹tsəu²⁴
马蜂	土蜂 thu⁵³fəŋ	马蜂子 ma⁵³fəŋ⁴⁴tsʅ	虹子 tiŋ⁴⁴tsʅ	马蜂 ma⁵³fəŋ	马黄蜂 ma⁵³xuaŋ²⁴fəŋ²¹³	马蜂 ma⁵³fəŋ	马黄蜂 ma⁵³xuaŋfəŋ²
虱子	虱子 ʂə¹³tsʅ	虱子 ʂɤ¹³tsʅ	虱子 ʂə¹³tsʅ	虱子 ʂə¹³tsʅ¹³	虱子 sə²¹³tsʅ	虱 sei⁵³	虱 sei²¹³
蝌蚪	蛤蟆蚪蚪 xa⁵³mə tou³⁵tou	黑蟆咕嘟 xɯ¹³mɤku¹³tu	癞蝈子 lãi¹³kuə¹³tsʅ	黑麻虼抖子 xɯ¹³ makɯtəutsʅ	河蟆个走子 xuɤ²⁴ma⁵³ kuɤ²⁴tsəu⁴⁴tsʅ	黑蟆咕嘟 xɯ²⁴ma ku⁵³tu	蛤蟆虼蚤子 xɔ²⁴ma²kɤ² tsɔ²⁴tsʅ²
鱼	鱼 y⁵³	鱼 y⁵³	鱼 y⁵³	鱼 y¹³	鱼 y²⁴	鱼 y²⁴	鱼儿 yər²⁴
蚯蚓	蛐蛐虫 tçhy¹³tçhy tʂhuŋ⁵³	曲线虫 tçhy¹³çi ɛ̃¹³ tʂhuŋ⁵³	蛐虫 tʂhuŋ⁵³	蚯蚓 tçhiɔu¹³in¹³	蛐蟮 tçhy¹³sɛ̃⁴⁴	蛐蟮 tçhy⁵³sɛ̃	地蟮 thi¹⁴⁴sɛ̃²⁴
蛇	长虫 tʂhaŋ⁵³tʂhuŋ⁵³	长虫 tʂhaŋ⁵³tʂhuŋ	长虫 tʂhaŋ⁵³tʂhuŋ	长虫 tʂhaŋ¹³tʂhuəŋ¹³	长虫 tʂhaŋ²⁴tʂhuŋ	长虫 tʂhaŋ²⁴tʂhuəŋ²⁴	长虫 tʂhaŋ²⁴tʂhuŋ²
院落	院子 yɛ̃¹³tsʅ	院子 yɛ̃¹³tsʅ	宅子 tsə¹³tsʅ	院子 yɛ̃³⁵tsʅ	院 yɛ̃⁴⁴	院 yã⁴⁴	院 yɛ̃⁴⁴
楼房	楼房 lou⁵³faŋ	楼房 ləu⁵³faŋ	楼房 ləu⁵³faŋ⁵³	楼房 ləu¹³faŋ¹³	楼房 ləu²⁴faŋ²⁴	楼房 ləu²⁴faŋ²⁴	楼房 lu²⁴faŋ²
正房	堂屋 thaŋ⁵³vu	堂屋 thaŋ⁵³vu	上房 ʂaŋ¹³faŋ⁵³	上房 ʂaŋ³⁵faŋ¹³	上房 ʂaŋ⁴⁴faŋ²⁴	上房 ʂaŋ⁴⁴faŋ²⁴	上房 ʂaŋ⁴⁴faŋ²⁴
偏房	厢房 çiaŋ⁴⁴faŋ	厢房 çiaŋ⁴⁴faŋ	厢房 çiaŋ⁴⁴faŋ	厢房 çiaŋ⁴⁴faŋ	偏厦 phi ɛ²¹³sa⁵³	厦子房 sa⁵³tsʅfãŋ²⁴	厦房 sa⁵³faŋ²⁴

续表

词目	银川	吴忠	中卫	盐池	固原	泾源	隆德
厨房	伙房 xuə⁵³faŋ	伙房 xuɤ⁵³faŋ	厨屋 tʂʰuə⁵³vu	锅屋 kuə⁴⁴vu	伙房 xuɤ⁵³faŋ	伙房 xuə⁵³faŋ	厨房 tʂʰu²⁴faŋ²⁴
檩条	桁条 ɕiŋ⁵³tʰiɔ	桁条 ɕiŋ⁵³tʰiɔ	桁条 ɕiŋ⁵³tʰiɔu	桁条 ɕiŋ¹³tʰiɔ¹³	檩条 liŋ⁵³tʰiɔu²⁴	檩 liəŋ⁵³	檩 liŋ⁵³
椽子	椽子 tʂʰuæ̃⁵³tsʅ	椽子 tʂʰuæ̃⁵³tsʅ	椽子 tʂʰuæi⁵³tsʅ	椽子 tʂʰuæ̃¹³tsʅ¹³	椽子 tʂʰuæ̃²⁴tsʅ	椽 tʂʰuæ²⁴	椽 tʂʰuæ²⁴
炕桌	炕桌 kʰaŋ¹³tʂuə¹³	炕桌 kʰaŋ¹³tʂuɤ¹³	炕桌 kʰaŋ¹³tʂuə¹³	炕桌 kʰaŋ³⁵tʂuə¹³	炕桌 kʰaŋ⁴⁴tʂuə²⁴	炕桌 kʰãŋ⁴⁴tʂuə²⁴	炕桌 kʰaŋ⁴⁴tʂuə¹
凳子	凳子 təŋ¹³tsʅ	凳子 təŋ¹³tsʅ	凳子 təŋ¹³tsʅ¹³	凳子 təŋ³⁵tsʅ	板凳 pæ̃⁵³təŋ	凳子 təŋ⁴⁴tsʅ	板凳 pæ̃⁵³təŋ³
卧具	铺盖 pʰu⁴⁴kɛ¹³	铺盖 pʰu⁴⁴kɛ	铺盖 pʰu⁴⁴kai	铺盖 pʰu⁴⁴kɛ	铺盖 pʰu²¹³kɛ⁴⁴	铺盖 pʰu⁵³kɛ	铺盖 pʰu²¹kei⁴⁴
被子	被窝 pei¹³vu	被 pei¹³	被窝 pẽi¹³və¹³	被窝 pei¹³və	被窝 pi⁴⁴vɤ	被子 pi⁴⁴tə	被儿 piər⁴⁴
灶	锅头 kuə⁴⁴tʰou	锅头 kuɤ⁴⁴tʰəu	锅灶 kuə⁴⁴tsɔu	锅台 kuə⁴⁴tʰɛ¹³	锅灶 kuɤ²¹³tsɔu⁴⁴	锅头 kuə⁵³tʰəu	锅头 kuə²¹tʰəu²⁴
大碗	老碗 lɔ⁵³væ̃	老碗 lɔ⁵³væ̃	老碗 lɔu⁵³vãi	海碗 xɛ⁵³væ̃	老碗 lɔu²⁴væ̃⁵³	老碗 lɔ²⁴uæ̃⁵³	大老碗 ta⁴⁴lɔu²¹væ̃⁵³
水瓢	马勺 ma³⁵ʂuə	马勺 ma¹³ʂuə	马勺 ma¹³ʂuə⁵³	马勺 ma⁵³ʂuə¹³	马勺 ma⁵³ʂuə	瓢 pʰiɔ²⁴	马勺 ma⁵³ʂə³
锅铲	锅铲 kuə⁴⁴tʂʰæ̃⁵³	香匙 ɕiaŋ⁴⁴tʂʰʅ	香匙 ɕiaŋ⁴⁴tʂʰʅ	锅铲子 kuə13tʂʰæ̃⁵³tsʅ	铲锅子 tʂʰæ̃⁵³ kuə²¹³tsʅ	铲铲子 tsʰã⁵³tsãtsʅ	铁片子 tʰiɔ²¹pʰiæ̃⁵³tsʅ³
尿罐子	尿盆子 niɔ¹³pʰəŋ⁵³tsʅ	尿盆子 suei⁴⁴pʰəŋ⁵³tsʅ	夜壶 iə¹³xu⁴⁴	夜壶 iə³⁵xu	尿壶 niɔ⁴⁴xu²⁴	尿盆 niɔ⁴⁴pʰəŋ	尿盆子 niɔ⁴⁴pʰəŋ¹tsʅ¹
荷包	荷包 xɔ⁵³pɔ	荷包 xɔ⁵³pɔ	荷包 xɔ⁵³pɔu	荷包 xɔ¹³pɔ	荷包 xuɤ²⁴pɔu	荷包 xuə²⁴pɔu	荷包 xə²⁴pɔr²
火柴	洋火 iaŋ⁵³xuə⁵³	火煤子 xuɤ¹³tʰy¹³tsʅ	火煤子 xuɤ¹³tʰy⁵³ts	洋火 iaŋ¹³xuə⁵³	洋火 iaŋ¹³xuɤ⁵³	洋火 iãŋ²⁴xuə⁵³	洋火 iaŋ²⁴xuə⁵³
肥皂	洋碱 iaŋ⁵³tɕiæ̃⁵³	洋碱 iaŋ⁵³tɕiæ̃⁵³	洋碱 iaŋ⁵³tɕiæ̃⁵³	胰子 i¹³tsʅ	洋碱 iaŋ²⁴tɕiæ̃⁵³	洋碱 iãŋ²⁴tɕiã⁵³	洋碱 iaŋ²⁴tɕiæ̃⁵³
香皂	胰子 i⁵³tsʅ	香胰子 ɕiaŋ⁴⁴i⁵³tsʅ	胰子 i⁵³tsʅ	香胰子 ɕiaŋ⁴⁴i¹³tsʅ	香胰子 ɕiaŋ²¹³i²⁴tsʅ	胰子 i²⁴tər⁵³	胰子 i⁴⁴tsʅ¹
曾祖父	太爷 tʰɛ¹³iə	太爷 tʰɛ¹³ie¹³	老太爷 lɔu⁵³tʰãi¹³iə⁵³	老太爷 lɔ⁵³tʰɛ³⁵iə	太爷 tʰɛ⁴⁴iə²⁴	老爷儿 lɔ⁵³ier²⁴	太爷 tʰei⁴⁴iə²⁴
曾祖母	太奶奶 tʰɛ³⁵nɛ⁴⁴nɛ	老太太 lɔ⁵³tʰɛtʰɛ⁴⁴	老太太 lɔu⁵³tʰãitʰãi⁴⁴	老太太 lɔ⁵³tʰɛ³⁵tʰɛ	太太 tʰɛ⁴⁴tʰɛ	老婆儿 lɔ⁵³pʰər²⁴	太太 tʰei⁴⁴tei¹
父亲	爹 tiə⁴⁴	爹 tiə⁴⁴	爹 tiə⁴⁴	达达 ta¹³ta	达 ta²⁴	达 ta²⁴	达 ta²⁴（爹）爸爸 pa²⁴pa²
母亲	妈 ma⁴⁴	妈 ma⁴⁴	妈 ma⁴⁴	妈呀 ma⁴⁴ia	妈 Ma²⁴	妈 ma²⁴	娘 nia²⁴ 妈 ma²⁴

词目	银川	吴忠	中卫	盐池	固原	泾源	隆德
岳父	外父 vɛ¹³fu	外父 vɛ¹³fu	外父 vāi¹³fu¹³	外父 vɛ³⁵fu	姨父 i²⁴fu	姨父 i²⁴fu	丈人 tʂaŋ⁴⁴ʐ̩ən¹
岳母	外母 vɛ¹³mu	外母 vɛ¹³mu	外母 vāi¹³mu¹³	外母 vɛ³⁵mu	姨娘 i²⁴niɑŋ	姨 i²⁴	丈母 tʂʰaŋ⁴⁴mən¹
丈夫	汉子 xæ̃¹³tsŋ	男人 næ̃⁵³ʐ̩ən	汉子 xāi¹³tsŋ¹³	老汉 lɔ⁵³xæ̃	男人 næ̃²⁴ʐ̩ən	老汉 lɔ⁵³xã	男人 næ̃²⁴ʐ̩ən²
妻子	婆姨 pʰə⁵³i	婆姨 pʰɤ⁵³ie	婆也 pʰə⁵³iə	女人 pʰə⁵³iə¹³	女人 ny⁵³ʐ̩ən	老婆 lɔu⁵³pʰə	女人 ny⁵³ʐ̩ən³
女婿	女婿 ny¹³ɕy	女婿 ny¹³ɕy	女婿 my¹³ɕy⁵³	女婿 ny⁵³ɕy	女婿 ny⁵³ɕy	女婿 ny⁵³ɕi	女婿 ny⁵³si³
第五代孙	嫡蹓子 ti¹³liou¹³tsŋ	嫡里子 ti¹³li¹³tsŋ	嫡流子 ti¹³liou¹³tsŋ	嫡流子 ti¹³liou⁴⁴tsŋ	末末孙 mɤ²⁴mɤ²⁴suŋ²⁴	末末孙 mə⁵³məsuei⁵³	末末孙 mə²¹mə²⁴suŋ¹
辈分	辈历 pei¹³li¹³	辈历 pei¹³li¹³	辈历 pẽi¹³li¹³	辈分 pei³⁵fei	辈历 pei⁴⁴li	辈历 pei⁴⁴li	辈历 pei⁴⁴li¹
乞丐	叫花子 tɕiɔ¹³xua⁴⁴tsŋ	讨吃 tʰɔ¹³tʂʰŋ	讨吃 tʰou¹³tʂʰŋ⁵³	讨吃 tʰɔ⁵³tʂʰŋ	要饭的 iɔu⁴⁴fæ̃⁴⁴ti	要乜贴的 iɔ⁴⁴nie⁵³tɕʰieti	叫花子（寻吃）tɕiɔ⁴⁴xuə¹tsŋ¹
小偷	小偷 ɕiɔ⁵³tʰou⁴⁴	贼娃子 tsei⁵³vɤtsŋ	贼娃子 tsẽi⁵³vətsŋ	贼娃子 tsei⁵³vətsŋ	贼娃子 tsei²⁴vatsŋ	贼娃子 tsʰei⁵³va⁵³ŋ	贼娃子 tsei⁵³va²tsŋ²
赌徒	咕噜子 ku⁴⁴lu⁴⁴tsŋ	要钱的 ʂua⁵³tɕʰiæ̃⁵³ti	咕噜子 ku⁴⁴lu⁴⁴tsŋ	赌咕噜 tu⁵³kulu	咕噜子 ku²¹³lusŋ	要钱的 ʂua⁵³tɕʰiã²⁴ti	赌博客 tu⁵³pə³kei³
驼背	背罗锅 pei⁴⁴luəkuə	背棱锅 pei⁴⁴ləŋ⁴⁴kuɤ⁴⁴	背锅子 pẽi⁴⁴kuatsŋ	背锅子 pei⁴⁴kuatsŋ	背锣锅 pei²⁴luɤ²⁴kuə	背锅子 pei²⁴kuə²⁴tə	背锅子 pei²⁴kuə²tsŋ²
兔唇	豁豁 xuə⁴⁴xuɤ	豁豁嘴 xɤ¹³xɤ¹³tsuei⁵³	豁豁嘴 xuə⁴⁴xuətsuẽi⁵³	豁唇子 xuə⁴⁴tsʰuəŋ¹³tsŋ	豁豁 xuɤ²¹³xuɤ	豁豁 xuə²¹xuə	豁豁 xuə²¹xuə²¹³
头	脑袋瓜子 nɔ³⁵tɛkua⁴⁴tsŋ	脑袋瓜子 nɔ³⁵tɛkua⁴⁴tsŋ	脑瓜子 nɔ⁵³kua⁴⁴tsŋ	脑瓜壳 nɔu⁵³kuə⁴⁴kə³⁵	脑瓜 nɔu¹³kua²¹³kə³⁵	头 tʰəu²⁴	头 tʰəu²⁴
脖子	脖子 pə¹³tsŋ	脖子 pɤ¹³tsŋ	脖项子 pə¹³xaŋ¹³tsŋ¹³	脖子 pə¹³tsŋ¹³	项颈 xaŋ⁴⁴tɕiŋ	脖项 pʰə²⁴xãŋ⁴⁴	脖子 pʰə²⁴tsŋ²
鼻子	鼻子 pi¹³tsŋ	鼻子 pi¹³tsŋ	鼻疙瘩 pi²⁴k 81 ¹³tʂə08	鼻子 5 pi¹³tsŋ⁴⁴ 3	鼻蛋子 8pi²⁴tæ̃⁴⁴tsŋ	鼻子 pi¹³tsŋ	鼻子 pʰi²⁴tsŋ²
口	嘴 tsuei⁵³	嘴 tsuei⁵³	嘴 tsuei⁵³	嘴 tsuei⁵³	嘴 tsuei⁵³	嘴 tsuei⁵³	嘴（口）tsuei⁵³
耳朵	耳刮子 a¹³kuatsŋ	耳朵 a¹³tuɤ	耳朵扇子 a¹³tuə⁵³sãi⁴⁴tsŋ¹³	耳朵 a⁵³tuə	耳刮子 ɛr⁵³kua²¹³tsŋ	耳朵 ər⁵³tuə	耳朵 ər⁵³tuə³
肋骨	肋巴 lia¹³pa	肋巴 lia¹³pa¹³	肋巴 lia¹³pə⁴⁴	肋巴 lia¹³pa	肋巴骨 lei²¹³pa²⁴ku	肋子 lei⁵³tsŋ	肋巴 lei²¹pa²⁴

续表

词目	银川	吴忠	中卫	盐池	固原	泾源	隆德
乳房	高高 kɔ^{44}kɔ	高高 kɔ^{53}kɔ	尜尜 ka^{53}ka	高高 kɔ^{13}kɔ^{13}	奶蛋蛋 nɛ^{53}tæ̃^{44}tæ̃	奶头 nɛ^{53}t^{h}ei	奶头 nei^{53}t^{h}ei^{3}
脚	脚片子 tɕyə^{13}p^{h}iæ̃^{13} tsɿ	脚片子 tɕyə^{13}p^{h}iæ̃^{13} tsɿ^{13}	脚片子 tɕyə^{13}p^{h}iE)^{44} tsɿ	脚板子 tɕyə^{13}pæ̃^{53} tsɿ	脚片子 tɕyɤ^{24}piæ̃^{53} tsɿ	脚 tɕyə^{24}	脚片子 tɕyə^{21}p^{h}iæ̃^{53} tsɿ^{3}
感冒	着凉 tʂɔ^{44}liɑŋ^{53}	凉了 liɑŋ^{53}lɤ	着凉了 tʂɔu^{44} liaŋ^{53}lə	伤风 ʂɑŋ^{44}fəŋ	着凉咧 tʂuɤ^{24} liɑŋ^{24}liɛ	冒风咧 mɔ^{44}fə̃ŋlie	凉着了 liaŋ^{24}tʂ^{h}ə^{2} liəu^{2}
切脉	号脉 xɔ^{13}mia^{13}	号脉 xɔ^{13}mia^{13}	捏脉 niə^{13}mia^{13}	捉脉 tʂuə^{13}mia^{13}	号脉 xɔu^{44}mei^{24}	号脉 xɔ^{44}mei	号脉 xɔ^{44}mei^{213}
静滴	打吊针 ta^{53}tiɔ^{13} tʂəŋ^{44}	输液 ʂu^{13}ie^{13}	吊针 tiɔu^{13}tʂẽi^{44}	吊液 tiɔ^{35}ie^{35}	挂针 kua^{44}tʂəŋ^{213}	挂吊针 kua^{44} tiɔ^{44}tʂə̃n	挂瓶子 kua^{44}p^{h}iŋ^{24} tsɿ^{2}
裙子	裙子 tɕ^{h}yŋ^{53}tsɿ	裙子 tɕ^{h}yŋ^{53}tsɿ	裙子 tɕ^{h}yi^{53}tsɿ	裙子 tɕ^{h}yəŋ^{13}tsɿ	裙子 tɕ^{h}yŋ^{24}tsɿ	裙子 tɕ^{h}yə̃n^{24}tə	裙子 tɕ^{h}yŋ^{24}tsɿ^{2}
手镯	手镯 ʂəu^{13}tʂuə^{13}	手镯 ʂəu^{13}tʂuɤ^{13}	手镯子 ʂəu^{13} tʂuə^{53}tsɿ	手坠 ʂəu^{53}tʂuei^{44}	镯子 tʂuɤ^{24}tsɿ	镯子 tʂuə^{24}tə	手圈子 ʂəu^{53}k^{h}uæ̃^{44} tsɿ^{1}
饮食	吃喝 tʂ^{h}ʅ^{13}xə	吃喝 tʂ^{h}ʅ^{13}xɤ	吃喝 tʂ^{h}ʅ^{13}xə^{44}	吃喝 tʂ^{h}ʅ^{13}xə^{13}	吃喝 tʂ^{h}ʅ^{24}xuə	茶饭 ts^{h}a^{24}fã^{44}	吃喝（茶饭） tʂ^{h}ʅ^{24}xə^{2}
饺子	扁食 piæ̃^{13}ʂʅ^{13}	扁食 piæ̃^{13}ʂʅ^{13}	水馍馍 ʂuẽi^{13} mə^{53}mə	扁食 piæ̃^{53}ʂʅ	煮角子 tʂu^{53}tɕyɤtsɿ	扁食 piã^{53}ʂʅ	水角子 ʂuei^{53}tɕyə^{3} tsɿ^{3}
面疙瘩	疙瘩汤 kɯ^{13} tət^{h}ɑŋ^{44}	拌汤 pæ̃^{13}t^{h}ɑŋ	面疙瘩 miæ̃^{13} kɯ^{13}tə^{13}	拌汤 p^{h}æ̃^{35}t^{h}ɑŋ	拌汤 p^{h}æ̃^{44} t^{h}ɑŋ^{213}	拌汤 p^{h}ã^{44}t^{h}ãŋ^{21}	拌汤 p^{h}æ̃^{44}t^{h}aŋ^{1}
盐	盐 iæ̃^{53}	盐 iæ̃^{53}	盐 iE)^{53}	盐 iæ̃^{13}	盐 iæ̃^{24}	盐 iæ̃^{24}	盐 iæ̃^{24}
女子出嫁	嫁汉子 tɕia^{13} xæ̃^{13}tsɿ	给人 kɯ^{53}ʐəŋ^{53}	给人 kɯ^{53}ʐẽi^{53}	给人 kɯ^{53}ʐəŋ^{13}	出嫁 tʂ^{h}u^{213}tɕia^{44}	发落 fa^{21}luə	给婆婆 kei^{44}p^{h}ə^{24}pə^{2}
男子娶妻	娶婆姨 tɕ^{h}y^{53}p^{h}ə^{53}i	娶婆姨 tɕ^{h}y^{53}p^{h}ɤ^{53}i	娶媳妇 tɕ^{h}y^{53}ɕi^{13} fu^{13}	娶婆姨 tɕ^{h}y^{53}p^{h}ə^{13}i	娶亲 tɕ^{h}y^{53} tɕ^{h}iŋ^{213}	娶媳妇 tɕ^{h}y^{53} tɕ^{h}i^{21}fu	引（办）女人 iŋ^{53}ny^{53}ʐəŋ^{3}
回门	回门 xuei^{53}məŋ^{53}	回门 xuei^{53}məŋ^{53}	回门 xuei^{53}mẽi^{53}	回门 xuei^{13}məŋ^{13}	回门 xuei^{24}məŋ^{24}	回门 xuei^{24}mə̃ŋ^{24}	回门 xuei^{24}məŋ^{24}
生小孩	养娃娃 iɑŋ^{53}va^{53}va	坐月子 tsuɤ^{13}ye^{13}tsɿ	坐月子 tsuə^{13} yə^{13}tsɿ^{13}	坐月子 tsuə^{35}ye^{35}tsɿ	坐月 tsuɤ^{44}yɤ	抓娃 tʂua^{21}ua^{44}	养娃娃 iaŋ^{53}va^{24}va^{2}
胎盘	衣胞 i^{44}pɔ	衣 i^{44}	衣胞 i^{44}pɔu	衣 i^{44}	衣胞 i^{213}pɔu^{53}	胎 t^{h}ɛ^{24}	衣 i^{213}
死亡	咽气了 iæ̃^{13}tɕ^{h}i^{13}lə	咽气了 iæ̃^{13}tɕ^{h}i^{13}lɤ	灭气了 niə^{13}tɕ^{h}i^{13}lə	过世了 kuə^{35}ʂʅ^{35}lə	过世咧 kuɤ^{44}ʂʅ^{44}liɛ	没咧 mə^{24}lie	咽气 iæ̃^{44}tɕ^{h}i^{44}

续表

词目	银川	吴忠	中卫	盐池	固原	泾源	隆德
寿衣	老衣 lɔ⁵³i	老衣 lɔ¹³i	老衣 lɔu¹³i⁵³	老衣 lɔ⁵³i	老衣 lɔu⁵³i	穿布 tʂʰuã⁵³pu	老衣 lɔ⁵³i³
砸金花	砸金花 tsa¹³tɕiŋ⁴⁴ xua⁴⁴	扎金花 tsa¹³tɕiŋ⁴⁴ xua⁴⁴	砸金花 tsa¹³tɕiĩ⁴⁴ xua⁴⁴	砸金花 tsa¹³tɕiəŋ⁴⁴ xua⁴⁴	砸金花 tsa²¹³tɕiŋ²⁴ xua²⁴	抛三页 pʰiɔ²¹sã⁵³ier	诈金花 tsa⁴⁴tɕiŋ²⁴xua²
做活	做活 tsuə¹³xuə⁵³	干活 kæ̃¹³xuɤ⁵³	干活 kãi¹³xuə⁵³	做活 tsuə⁴⁴xuə¹³	做活 tsu⁴⁴xuɤ²⁴	做活 tsu⁴⁴xuə²⁴	寻活 siŋ²⁴xuə²⁴
玩耍	耍 ʂua⁵³	耍 ʂua⁵³	耍 ʂua⁵³	耍 ʂua⁵³	耍 ʂua⁵³	耍 ʂua⁵³	耍 ʂua⁵³
休息	缓一缓 xuæ̃¹³ixuæ̃	缓缓 xuæ̃¹³xuæ̃	缓缓子 xuæ̃iʂ¹³ tsʅ¹³	缓缓 xuæ̃¹³xuæ̃	缓下 xuæ̃⁵³xa	缓 xuæ̃⁵³	缓下 xuæ̃⁵³xa³
打盹	打盹 ta⁵³tuəŋ⁵³	栽盹 tsɛ⁴⁴tuŋ⁵³	栽盹 tsãi⁴⁴tuei⁵³	打盹 ta¹³tuəŋ⁵³	丢盹 tiəu²¹³tuŋ⁵³	丢盹 tɕiəu²¹tuə̃n⁵³	丢盹 tiəu²¹tuŋ⁵³
说话	说话 ʂuə¹³xua¹³	言喘 iæ̃⁵³tʂʰuãi	言喘 iE)⁵³tʂʰuãi	言喘 iæ̃²⁴tʂʰuæ̃	言喘 iæ̃²⁴tʂʰuæ̃	言喘 iæ̃²⁴tʂʰuæ̃	言喘 iæ̃²⁴tʂʰuæ̃²
骂架	吵架 tʂʰɔ¹³tɕia¹³	嚷仗 zʐaŋ¹³tʂãŋ¹³	嚷仗 zʐaŋ⁵³tʂãŋ¹³	嚷仗 zʐaŋ⁵³tʂãŋ³⁵	骂仗 ma⁴⁴tʂãŋ⁴⁴	嚷仗 zʐãŋ⁵³tʂãŋ⁴⁴	骂仗 ma⁴⁴tʂãŋ⁴⁴
受拘束	把作 pa¹³tsuə	把作 pa¹³tsuə¹³	把作 pa¹³tsuə⁵³	把作 pɑ¹³tsuə	把捉 pa⁵³tʂuɤ²¹³	把作 pa⁵³tsuə	把作 pa⁵³tsuə³
我	我 və⁵³	阿 a⁵³	阿 a¹³	我 və⁵³	我 ŋuɤ⁵³	我 ŋə⁵³	我 ŋə⁵³
你	你 ni⁵³	你 ni⁵³	你 ni⁵³	你 ni⁵³	你 ni⁵³	你 ni⁵³	你 ni⁵³
他	他 tʰə⁴⁴	他 tʰɤ⁴⁴	他 tʰə⁴⁴	他 tʰa⁴⁴	他 tʰa⁵³	他 tʰa⁵³	他 tʰa⁵³
我们	我们 və¹³m	阿们 a⁵³mu	阿们 a¹³mu⁵³	我们 və⁵³məŋ	我们 ŋuɤ⁵³mu	我们 ŋə⁵³tɕi	我都 ŋə⁵³təu³
你们	你们 ni⁵³m	你们 ni⁵³mu	你们 ni¹³mu⁵³	你们 ni⁵³məŋ	你们 ni⁵³mu	你们 ni⁵³tɕi	你都 ni⁵³təu³
他们	他们 tʰa⁴⁴m	他们 tʰa⁴⁴mu	他们 tʰa⁴⁴mu	他们 tʰa⁴⁴məŋ	他们 tʰa⁵³mu	他们 tʰa⁵³tɕi	他都 tʰa⁵³təu³
这里	这呢 tʂʅ¹³ni	这塌 tʂʅ¹³tʰɤ	这呢 tʂʅ¹³ni⁴⁴	这儿 tʂər⁵³	这哒儿 tʂʅ⁴⁴tar	这哒儿 tʂʅ⁴⁴tar²⁴	这达（儿）tʂʅ⁴⁴ta¹
那里	咬呢 nɔ⁴⁴ni	咬呢 nɔ⁴⁴ni	兀呢 vu⁴⁴ni	那呢 na⁵³ni	兀哒 vu⁴⁴ta	兀哒 u²⁴ta	兀达 vu⁴⁴ta¹
谁	谁 ʂuei⁵³	谁 ʂuei⁵³	谁 ʂuei⁵³	谁 ʂuei¹³	谁 ʂei²⁴	谁 ʂei²⁴	谁 ʂuei⁵³
什么	啥 sa¹³	啥 ʂa¹³	啥 sa⁵³	啥 sa³⁵	啥 sa⁴⁴	啥 sa⁵³	啥 sa⁴⁴

续表

词目	银川	吴忠	中卫	盐池	固原	泾源	隆德
左边	左首 tsuə⁵³ ʂou	左帮个 tsuɤ¹³ paŋ¹³kɤ	左帮个 tsuə¹³ paŋ¹³kə	左帮个 tsuə⁵³ paŋ¹³kə	左帮个 tsuɤ⁵³ paŋ⁴⁴kɤ	左岸儿 tsuə⁵³ŋãr	左半个 tsuə⁵³pæ̃⁴⁴kə¹
右边	右首 iou¹³ ʂou	右帮个 iəu¹³ paŋ¹³kɤ	右帮个 iou¹³paŋ¹³kə	右帮个 iəu³⁵ paŋ¹³kə	右帮个 iəu⁴⁴ paŋ⁴⁴kɤ	右岸儿 iəu⁴⁴ŋãr	右半个 iəu⁴⁴pæ̃⁴⁴kə¹
经常	一老 i¹³lɔ⁵³	一老 i¹³lɔ⁵³	一老 i¹³ləu⁵³	一老 i¹³lɔ⁵³	一老 i¹³ləu⁵³	一老 i²¹lɔ⁵³	一老 i²¹lɔ⁵³
差点	系忽忽 çi⁴⁴xu⁵³xu	差和和 tʂʰa⁴⁴ xuɤ⁵³xuɤ	差忽忽 tʂʰa⁴⁴xu⁵³xu	系忽 çi⁴⁴xu⁴⁴	一和 i²⁴xuɤ⁵³	系忽 çi²⁴xu⁵³	一乎 i²¹xu⁵³
和	和 xuə⁵³	连 liæ̃⁵³	连 liE⁵³	连 liæ̃¹³	连 liæ̃²⁴	带 tɛ⁴⁴	连 liæ̃²⁴
无论 如何	高咋 kɔ⁵³tsa⁵³	高咋 kɔ⁵³tsa⁵³	贵贱 kuɛi¹³tɕiɛ̃¹³	贵贱 kuei⁴⁴tɕiæ̃⁴⁴	咋么 tsa²⁴mɤ²⁴	咋囊 tsa⁵³nã	乍溜 tsa²⁴liəu²

第三节　词语考释

汉语是华夏文明的重要信息载体。汉语的每一种方言都经历了长期演变的历史，汉语方言词汇的共时系统中沉积着不同历史时期的层次，运用现代语言学的各种方法来离析汉语方言词汇系统共时平面中存在的不同历史层次，这是历史语言学的重要任务之一。"方言词汇历史层次的研究就是要通过对历史文献的考察，一方面揭示隐藏在共时平面下的方言词汇的历史的累加过程，把平面拉成立体，让它们有层次地呈现出来。另一方面考求古代某一方言的词语在如今方言中的遗存，考察古今方言词汇的变迁，进而探究古今方言、现代各方言之间的联系。"（邢向东，2002）

古代社会的许多通用词语，虽然在后世的共同语中消失了，在现代汉语的书面材料中难以找到例证，但其语音语义仍然顽强地保留在方言口语中。要准确把握上古汉语、中古汉语、近代汉语，那么研究这些词语在方言中的语音语义显得尤为重要。

中原官话陇中片是一支具有悠久历史的方言，表现在词汇上，陇中片方言保存了一批上古汉语、中古汉语、近代汉语的语汇。这批词语，有的也见于其他方言，前辈时贤早已指出，有的虽然在周围其他方言中流行，但前人的认识多有失误。

方言俗语与文人雅言的关系是辩证的。方言俗语往往是历代雅言。黄侃先生在《蕲春语》中说："固知三古遗言，散存方国；考古语者，不能不验之于今；考今语者，不能不原之于古。世之人或徒慕艰深而多书古字，或号称通俗而昧于今言，其皆未为懿也。"这一精辟的论述，无疑是强调古今贯通的重要性。

隆德及其周围方言中的许多词语往往都可以在中国历代文献、典籍、辞书中找到其来源。特别有趣的是，古代汉语中的一些单音节词在现代汉语普通话中已经不再使用，而在隆德及其周围方言中却保留了下来，这些单音节词的读音和意义比起其作为多音节词的语素来说，至今保留了语音和语义的明确性，这些都具有较高的学术价值。

本节不致力于考释方言中的本字，而列举隆德方言中的一些词语，结合前辈时贤的研究成果，以例释的形式来反映隆德乃至陇中片方言词语的历史来源。

笔者在考察这些方言词语的历史层次时，深深体会到，方言词语历史层次的研究是一件非常困难的事情。方言词语的出现年代"说有容易，说无难"。就书面语和口语的普遍关系而言，由于书面语言总是落后于口头语言，当一个词语在口语中留传了好多年代时，才有可能进入书面语言，文献中才有可能反映出来。加之在古代，受教育是少数人的权利，文字被少数人所垄断。新词语只有在社会上普遍流行开来，才能得到文献的记录。在文字还被少数人所垄断的时代，新词从产生到见于著录有一个不小的"时间差"。因此，本节内容在表述方言特征词语的历史来源时，使用"见"一词，而不用"产生"之类的词。见于某时代文献的词，并不等于产生于某时代。

另外，笔者在考察词语的历史层次时，认识到，掌握的材料不同，所得出来的结论也不尽相同。笔者以前看到，有的材料将某个方言词语的出现归于近代汉语。但是随着新的材料的发现和利用，其出现的年代可能大大提前。笔者在本节所列出的一些词语，其早期文献出处有的参考了前人时贤的成果，有的是笔者自己进行了力所能及的考查。但是笔者也深深意识到，不管是前人时贤，还是笔者自己，所查找到的早期文献都不是绝对的。我们只能期待学术界对这些方言特征词语进行更加深入的研究。

一　上古汉语词语

1. 先后 siaŋ⁴⁴xəu¹（音同象后）：妯娌。例：~几个不和气。
《史记·封禅书》："神君者，长陵女子，以子死，见神于~宛若。宛若祠之其室，民多往祠。"《汉书·郊祀志》："神君者，长陵女子，以乳死，见神于~宛若。"魏孟康注《汉书》云："兄弟妻相谓先后。"《释名·释亲属》："少妇谓长妇曰姒，言其先来，己所当法似也。长妇谓少妇曰娣，娣，弟也，己后来也。或曰先后，以来先后言之也。"《汉书·郊祀志》："神君者，长陵女子，以乳死，见神于~宛若。"颜师古注曰"古谓之娣姒，今关中俗呼为先后，吴楚俗呼之为妯娌。"《广雅·释亲》："妯娌、娣姒，先后也。"《广韵》去声《霰韵》："先，先后犹娣姒。又姓。出河东。又苏前切。"《广韵》收录了"先"的去声读音，可是郭锡良的《汉字古音手册》和中国社会科学院语言研究所编的《方言调查字表》都未收录此音。《辞源》未注明"先后"之"先"读去声。隆德方言保留了这一古声调。

上述材料可以说明，古代对弟兄们妻子之间关系的称谓，有"先后""娣姒""妯娌"三个名称。从其出现的时间来看，"娣姒"最早，《仪礼·丧服传》《左传·成公十一年》《尔雅·释亲》里已经有了这个词，前二书是先秦旧籍，《尔雅》成书也不晚于西汉初年。其后是"先后"在《史记》里出现，该书是司马迁在汉武帝时期创作的。再后是"妯娌"这一词见于《方言》卷十二，字作"筑娌"，音义与"妯娌"相同，而该书是扬雄在西汉末年撰写的。同一种事物有不同的称呼，在语言学上叫"同物异名"现象。这是由于方言的差异造成的。据有关资料考证，"娣姒"是先秦至汉初流行于齐鲁地区的一个称谓，"妯娌"一词是两汉之际通行于南方，渐及中原，其后一度进入关中，以至敦煌一带，晚近则成为全国南北通语，《现代汉语词典》将其列为普通话词语。"先后"在《史记》中的出现，说明这一词语已广泛流行于王都长安所在地的关中。至今仍在使用。这一词语也流传于甘肃、四川一些地方。

《汉书》颜师古注："先，苏见反；后，音胡构反。"在隆德，"先"读去声，由于受后面音节"后"声母 [x] 发音部位的影响，"先"韵母发生逆同化音变 [æ̃] → [aŋ]，"后"读轻声。

2. 胤 iŋ⁴⁴：（1）子孙繁衍叫胤；例：乳牛下乳牛，三年~五头。

（2）植物自根部向四周繁生幼苗也叫胤，例：一棵核桃树~了一大片。该义不见于文献。（3）引申为火势由小变大或向周围蔓延。例：灶房里~火了。该义不见于文献。

《说文》："子孙相承续也。从肉从八，象其长也，幺亦象重累也。"《广韵》："继也、嗣也。"《书经·洛诰》："予乃~保，大相东土。"传："我乃继文武安天下之道，大相洛邑。"《国语·周语下》："胤也者，子孙蕃育之谓也。"

在隆德方言中，该词常用于动植物，不用于人，词义范围变小。合成词有"胤牲"之说，指母畜的繁育能力强。例："这头乳牛肯~得很。"

3. 瘿 iŋ⁵³：甲状腺肿大，也称大脖子病。例：脖子上长了一个~瓜瓜。

《庄子·人间世》："瓮㼜大~说齐桓公。"《说文》："~，颈瘤也。"《释名》曰："瘿，婴也。在颈婴喉也。"张华《博物志》曰："山居多~，饮泉之不流者也。"嵇康《养生论》："颈处险而~。"《方书》："~有五：肉色不变为肉~，筋脉现露为筋~，筋脉交络为血~，忧恼消长为气~，坚硬不移为石~。~"

旧时代六盘山一带，此病较多，实因水中缺碘所致。并非"饮泉之不流者也。"新中国成立后，政府推广加碘盐，此病慢慢绝迹。

4. 瘀 nɔ⁴⁴：药毒。例：在仓里放了些~老鼠药。

《方言》卷三："凡饮药傅药而毒，……北燕朝鲜之间谓之瘀。"字或写作"闹"。《红楼梦》第八十一回："把他家中一抄，抄出好些泥塑的煞神，几匣子闹香。""闹香"即一种有毒的能致人昏迷的香。

这一方言词语在全国分布较广。据有关资料所知，关中、四川、甘肃、湖南等地均有此语，但这一词语没有进入普通话词汇系统。

5. 奘 tʂuaŋ⁵³：粗大。例：蛇~窟窿大（常比喻收入多，花费也大）。

扬雄《方言》："秦晋之间凡人之大谓之~，或谓之壮。"《说文·大部》："奘，驵大也。从大、壮，壮亦声。"《尔雅·释兽》："奘，驵也。"郭璞注："今江东呼大为驵。"《广韵》上声《荡韵》："奘，大也。"《西游记》第九十五回："见那短棍儿一头~一头细却似春碓臼的杵头模样。"《中国基本古籍库》引明金陵世德堂本作"奘"。

6. 挼 ʐua²⁴：揉搓。例：~凉粉（旧时用荞麦制作凉粉，主要靠揉搓这一道工序）。字或作"捼"。《说文·手部》："捼，摧也。从手，委声。

一曰两手相切摩也。"《广韵》平声《灰韵》："挼，手摩物也。"《集韵·麻韵》儒邪切："挼，揉也，关中语。"《新方言·释言》："今谓按摩曰挼。"《晋书·刘毅传》："后于东府聚樗蒲大掷，一判应至数百万，余人并黑犊以还，唯刘裕及毅在后。毅次掷得雉，大喜，褰衣绕床，叫谓同坐曰：'非不能卢，不事此耳。'裕恶之，因~五木久之，曰：'老兄试为卿答。'既而四子俱黑，其一子转跃未定，裕厉声喝之，即成卢焉。""挼"在这里类似于今天的洗牌。《齐民要术》："以麴末于瓮中和之，~令调匀。"这就是说把酒曲拌和在发酵的原料里边。唐冯贽《云仙杂记》卷四《挼花浸酒》："杨恂遇花时，就花下取蕊，粘缀于妇人衣上，微用蜜蜡，兼~花浸酒，以快一时之意。"宋程大昌《演繁露·按字》："医有按摩法：按者以手捏捺病处也，摩者~搓之也。"宋冯延巳词《谒金门》："风乍起，吹皱一池春水。闲引鸳鸯香径里，手~红杏蕊。"

隆德方言中意义进一步引申为折磨之义。"挼"在《现代汉语词典》《四角号码新词典》等工具书里，均注明方音为 ruá。

7. 讳：çy⁴⁴（音旭）：隐瞒之意。例：娃娃把闯的祸给大汉~了。

《说文·言部》："讳，誋也。"《玉篇·言部》："隐也，避也，忌也。"《春秋序》："隐~以避患。"《公羊传·闵公元年》："春秋为尊者~，为亲者~，为贤者~。"《战国策》："罚不~强大。"注："讳犹避也。"《史记·秦始皇纪》："秦俗多忌~之禁。"

在隆德话中，支微两韵的少数字，韵母读为 [y]，如"慰问""毁牙""苇子"分别读如"玉问""许牙""雨子"。受韵母的影响，支韵里的少数字，如"毁、讳"声母为 [ç]，与文读或普通话不一样。

该词在普通话中不能单说单用。

8. 恋 lyæ̃⁴⁴：因喜欢而不能离开。例：①捉了个黄鼠养~了。②娃娃~爷爷奶奶。

《后汉书·姜肱传》："及各娶妻，兄弟相~，不能别寝。"

三国魏嵇康《嵇中散集·思亲诗》："日远迈兮思予心，~所生兮泪不禁。"

《广韵》去声《线韵》力卷切："恋，慕也。"隆德方言白读音声、韵、调与《广韵》俱合。该字在文读中为平声，不符合音变规律。

9. 绽 tsʰæ̃⁴⁴（音灿）：将包裹等东西一层层打开。例：①把铺盖卷儿~开。②花苞苞~了。

《礼记·内则》："衣裳~裂，纫箴请补缀。"注："绽犹解也。"北周庾信《庾子山集·杏花诗》："春色方盈野，枝枝~翠英。"唐《皎然集·劳劳山居寄呈吴处士》诗："寒园扫~栗，秋浪拾干薪。"

隆德方言中，知组开口二等、庄组开口字声母今读为舌尖前音。如"盏、产、山、栈"等字。中古全浊声母仄声字清化以后，塞音、塞擦音白读音多为送气音，"绽"即属这种情况，这点与普通话不一致。

10. 穋 lu⁵³（音鲁）：谷物等不种自生称穋生。例："~生麦穗子没面气。"

《集韵》《韵会》《正韵》《广韵》均注为"自生稻也。"《韵会》："与稆同。"《唐书·马燧传》："怀州稆生于境。"又通作"旅"。《汉书·天文志》："参主葆旅。"李贤注："关中谓桑榆孽生为葆，禾野生曰旅。"《后汉书·光武帝纪》："至是野谷旅生，麻菽尤甚，野蚕成茧，被于山阜。"李贤注："旅，寄也。不因播种而生，故曰旅。今字书作穋，音吕，古字通。"又《后汉书·献帝纪》："尚书郎以下自出采稆。"李注："稆，音吕。《埤仓》曰：'穋，自生也。'稆与穋同。"《乐府诗集·梁鼓角横吹曲》："兔从狗窦入，雉从梁上飞。中庭生旅谷，井上生旅葵。"

二　中古汉语词语

1. 早起 tsɔ²¹tɕʰiə⁵³：早晨。例：喝了酒~起不来。

《水经注·㶟水》："桑干水又东，左合武周塞水。水出故城东，南流出山，迳日没城南，盖夕阳西颓，戎车所薄之故城也。东有日中城，城东又有~城，亦曰食时城，在黄瓜阜北曲中。"这里提到武周塞水流经的三个城名："日没城""日中城""早起城"。很显然，"早起""日中""日没"是一个白昼之内的三个时段，就是上午、中午、傍晚。文中说："早起城亦曰食时城"，这是因为古人一日两餐，早饭（"朝食"）在中午之前，午前就称作"食时"。可见"早起"与"食时"为同一个时段。

李白《望木瓜山》诗："~见日出，暮见栖鸟还。客心自酸楚，况对木瓜山。"

《敦煌变文·燕子赋》："你是王法罪人，凤凰命我责问。明日~过案，必是更着一顿。"

元杂剧《刘行首》第二折，[诗云]："教你当家不当家，乃至当家乱如麻。~开门七件事，柴米油盐酱醋茶"。这里"早起"指清早。《举案齐眉》第三折，［圣药王］："折莫他从～到晚夕，不得口安闲饭食与充饥。"这里"早起"指早晨。《东堂老》第一折，［白］："哥，你在哪里来？俺等你一～了。""一早起"等于说一个上午。

2. 叫唤 tɕio⁴⁴xuæ̃¹：啼哭或啼叫。例：娃娃睡醒～着呢！

敦煌写本《王梵志诗》第三百零七首："生时不共作荣华，死后随车强～。""强叫唤"就是假装悲伤而勉强哭泣。第九十五首："妻儿啼哭送，鬼子唱歌迎。"这也是写亲属为死者送葬时的情景。"叫唤"与"啼哭"其义相同。

《敦煌变文·大目乾连冥间救母变文》："箭毛鬼喽喽喽窜窜。铜嘴鸟咤咤叫叫唤"。"叫唤"就是鸟儿啼叫。

3. 圪落 kə²¹lɔ²¹³：角落。例：猫蹲在～里抓老鼠呢。

前人认为是"角"的切脚字。宋代孙奕《示儿编》卷二十三："《宋子京笔记》云：'孙炎作反切语，本出于俚俗常言，故谓就为鲫溜，凡人不慧者，即曰不鲫溜，谓团曰突栾，谓精曰鲫令，谓孔曰窟窿，不可胜举'"。又如，宋代洪迈《容斋随笔》卷十六："世人语音有以切脚而称者，亦间见之于书史中。如以蓬为勃笼，盘为勃阑，铎为突落，叵为不可，团为突栾，钲为丁宁，顶为滴宁，角为屹落，薄为勃卢，精为即零，螳为突郎，诸为之乎，旁为步廊，茨为蒺藜，圈为屈挛，锢为骨露，窠为窟驼是也。"

现代汉语中有"角落"一词，笔者认为隆德方言中的"圪落"一词即是"角落"的方言转读音。"角"在方言中读如"圪"的例证又如："牛角"一词，当地人读成［nieu²⁴kə²¹³］。角，《唐韵》"古岳切"，属见母字。声母方言读音是中古音的遗留。再如"帽角"一词，当地人读作［mɔ⁴⁴kə¹］，指女子头上扎的发辫。

从词义方面来考察，隆德方言中的"圪落"与普通话的"角落"完全相等，正因如此，凡是普通话应说"角落"的地方，在隆德方言中，一律说成"圪落"，隆德方言中，凡是说成"圪落"的地方，普通话都说成"角落"，不存在两词共存互补现象，这说明"圪落"的本字即是"角落"。

这一词语广泛流传于各地方言，写法不尽相同，如"旮旯""圪老""阁老""圪劳""圪牢"。

4. 解拆 kei²⁴tsʰei²：原义为使离开，引申为调解，排解。例：两口子吵架，邻居过来~开了。

宋范成大《吴船录》卷下："每一舟入峡数里，后舟方敢续发，水势怒急，恐猝相遇，不可~也。"

《水浒传》第三十八回："这个人只除非是院长说得他下。没奈何烦院长去~则个。"又第四十四回："杨雄被张保并两个军汉逼住了，施展不得，只得忍气，~不开。"

在隆德话白读音中，"解"至今读舌根音，韵母为开口呼，与普通话读舌面齐齿呼不同。

5. 笑面虎 sio^{44}miæ^{44}xu^{53}：外貌和善而内怀奸险的人。例：张老二是个~，处事要防着点。

宋庞元英《谈薮》："王公兖祖墓为守墓人所掘，事发，守墓人被官府处以杖刑，又往王家认罪，王以酒相待，即拔剑斩之。公兖性甚和，平居常若嬉笑，人谓之~。"

《水浒传》第四十四回："这是舍弟朱富，绰号~"

6. 年时 niæ^{24}ṣ^2：去年。例：~他赚了大钱，今年做生意亏了本。

辛弃疾词《鹧鸪天·重九席上》："十分劲力夸强健，只比年时病起时。""年时"就是去年。王庭珪词《虞美人·辰州上元》："花衢柳陌~，□地今年盛？"金董解元《西厢》卷七《仙吕调·点绛唇缠令》："颠损金莲，搓损葱枝手。从别后，脸儿清秀，比是~瘦。"冯子振《鹦鹉曲·买臣负薪手卷》："记~雪断溪桥，脱度前湾归去。"张养浩《越调·天净沙·闲居》："~尚觉平安，今年陡凭衰残。"

张相在《诗词曲语辞汇释》中将"年时"释为"当年或那时"，龙潜庵在《宋元语言词典》中解释为"当年，昔日"，这都是不对的。根据资料所知，陕西关中、甘肃、山东亦有此语（见朱正义《关中方言古词论稿》第140页；刘伶《敦煌方言志》第80页；高文达《山东方言词调查举例》《语言学通讯》第二期第62页）。

7. 汉萝葡 xæ^{44}luə^{1}pʰu^1：萝卜品种。例：种了些~。

《番汉合时掌中珠》收录此词条。该文献是夏汉双解词典，为西夏语言学家骨勒茂才著，成书于西夏乾祐二十一年（1190年）。

8. 碌碡 lu^{21}tʂʰu^{53}：碾场用的农具之一，石制，圆柱状，中间突起，两端稍细，重达数百斤。套在枢架上，用牲畜或机器牵引。例：这个人掂劲没量的，提着~想打月亮。

宋范成大《春日田园杂兴》诗："系牛莫碍门前路，移系门前~边。"明徐光启的《农政全书》写作"碌碡"。《正字通》："碌碡，石辊也，平田器。"普通话读作 liùzhóu。

中古屋韵中有少部分字，普通话韵母为 iəu 或 əu，而秦陇片方言为 u，如"碌""轴"。"澄"为浊塞擦音，在隆德方言白读中变为送气的清音，例："碡""轴"。"碡"按类应读平声，但该字变为上声字，声调例外。

9. 白雨 $pei^{24}y^2$：夏天的暴雨。例：谚语有"东虹热头西虹雨，南虹过来发~"。

李白的《宿鰕湖》诗："鸡鸣发黄山，暝投鰕湖宿。~映寒山，森森似银竹。"白居易《游悟真寺》诗："赤日间~，阴晴同一川。"南卓的《羯鼓录》："玄宗尤爱羯鼓玉笛……开府谓上曰：'头如青山峰，手如~点。'此即羯鼓之能事。山峰，取不动；雨点，取碎急。"《太平广记》卷九十八《怀信》（出《独异志》）："数夕后，天火焚塔俱尽，~如泻，旁有草堂，一无所损。"宋梅尧臣《次韵和马都官宛溪浮桥》诗："~紧大笪，断虹生横舣；游鱼不可见，车骑久临渊。"苏轼《六月二十七日望湖楼醉书》诗："黑云翻墨未遮山，~跳珠乱入船。卷地风来忽吹散，望湖楼下水如天。"陆游《大雨中作》诗："贪看~掠地风，飘洒不知衣尽湿。"司马光《温国文正公集》《和复古大雨》诗："~四注垂万缗，坐间斗寒衣可增。"《五灯会元》卷十九《无为宗泰禅师》："祖以手作打仗鼓势，操蜀音唱《绵州八歌》：'豆子山，打瓦鼓。杨平山，撒~。~下，娶龙女……'"明何景明的《黑龙潭》："~遥从白日来，黑云低映黑龙台。"这样的用例很多。

10. 排门 $p^hei^{24}məŋ^{24}$：

挨家挨户。例：他有了不是，到亲戚家~认错。

黄庭坚《赋未见君子，忧心靡乐八韵寄李师载》诗："齐地谷翔贵，~无爨馈。"孟元老《东京梦华录》卷十"十二月"："初八日，街巷中有僧尼三五日作队念佛，……~教化。"元睢景臣《般涉调·哨遍·高祖还乡》："社长~告示，但有的差使无推故。"关汉卿《包待三勘蝴蝶梦》第三折："谁敢道半步俄延，~儿叫化都寻启遍。"《水浒传》第三十一回："如今官司搜捕得紧急，~挨户，只恐明日有些疏失。"

三　近代汉语词语

1. 妹子 mei⁴⁴tsʅ¹：妹妹。例：他有一个～，两个兄弟。

元佚名《元朝秘史》卷二："所以将帖木真枷开着烧了，与他后面盛羊毛的车子里藏了，分付他合答安名字的～看着，说：'任谁行，休对他说。'"《西游记》第七十三回："却说道士走进方丈中，只见七个女子齐齐跪倒叫：'师兄，师兄！听小～一言！'道士用手搀起道：'你们早间来时，要与我说什么话，可可的今日丸药，这枝药忌见阴人，所以不曾答你。如今又有客在外面，有话且慢慢说罢。'"《水浒传》第二十四回："他是阎罗大王的～，王道将军的女儿，武大官的妻，问他怎的?"《三国演义》第六十六回："玄德看了，怒曰：'孙权既以妹嫁我，却乘我不在荆州，竟将～潜地取去，情理难容！我正要大起川兵，杀下江南，报我之恨，却还想来索荆州乎！'"

2. 二尾子 ər⁴⁴i¹tsʅ¹：两性人。例：他是个～，不男不女的。

《金瓶梅词话》第九十六回："内有一人说：'葉道，這箇小夥子兒是新来的，你相他一相'。又一人說：'你相他相，倒相箇兄弟'。一人說：'倒相箇二尾子。'"

《龙图耳录》第五十四回："我问他们东跨所有谁? 他们说来了个～，男不男女不女的。"

《醒世姻缘传》第八回："没的那郭姑子是个～，除了一个扶，又长出一个吊来了?"又九十三回："既要吃佛家的饭食，便该守佛家的戒律，何可干这～营生?"

3. 汗褡儿：xæ̃⁴⁴tʰæ̃r¹：贴身穿的内衣，汗衫。例：身上只穿着～。

《儿女英雄传》第三十八回："说着，揪着支～袖子，翻来覆去找了半天，只找不着。"《蜀方言》卷上："帖身短衣曰汉褡。"亦作"汗搨""汗塌"，同音借用。元欧阳玄《渔家傲·南词》之五："血色金罗轻汗塌，宫中画扇传油法。"佚名《村乐堂》第二析："请同知自向跟前望，夫人为什么汗塌湿残妆。"清钱大昕《恒言录》卷五《饮食衣饰类》："汗搨，衬衫也，京师人语。"本字当作"褡"。《玉篇·衣部》："褡，衣"。

4. 估：ku⁵³：强迫，逼迫。例：打劫贼（强盗）～着要她身上的钱。

《金瓶梅词话》第七十一回："我因堂尊分付，就说此房来，何公倒好，就~着要，学生无不做成。"李申先生《金瓶梅方言俗语汇释》谓："估着，心中涌起某种欲念，就要急着去办。"所释非是。"估着要"即强着要，执意要。"估"常和"着""住"等连用。《跻春台》卷一《节寿坊》："怎奈五旬无子，娶一妾三年不孕~住丈夫嫁了。"

5. 扔崩 lən⁵³pən³：

突然丢开，常说成"扔崩子"。例：贼娃子看见警察，~子跑了。

《红楼梦》第一百十九回："这有什么难的呢？一个人也不叫他们知道，~一走就完了事了。"

6. 话头：xua⁴⁴tʰəu²⁴：说话的口气。例：一看~不对，他就不说了。

《京本通俗小说·错斩崔宁》："那个后生见不是~，便对小娘子道：'既如此说，小娘子只索回去。小人自家去休。'"

7. 烧锅 ʂɔ²⁴kuə²：酿酒的作坊。例：他家开~着呢。

《俗语考源》："北方酿酒之家。清时征收税银，谓之~税。"《清会典事例·户部·杂赋》有烧锅税。

烧锅为旧时富户所开，主要做法是以锅蒸谷，承取蒸馏以酿酒。以家庭为单位的酿酒作坊现已绝迹。

8. 鸡眢眼 tɕi²¹mu⁴⁴niæ̃¹：夜盲症。例：他是个~，天黑了看不着路。

清钱大昕《恒言录》卷六《成语类》："《尔雅翼》云雀性多欲，至瞑黑辄盲。人至其时用目力不止者，亦得雀盲之疾。案今人得此疾者，目辄昏暗，谓之鸡宿昏，以其时鸡方宿也。"《通俗常言疏证·头面》："《埤雅》：'雀目夕昏，人有至夕昏不见物者，谓之雀眢。'今俗所谓'鸡眢眼'是也。"

9. 额颅 ŋei²¹lu⁴⁴：额头即脑门。例：~上汗流出来了。

"额颅"一词在元杂剧、元曲中多见。《百花亭》第二折，［随尾煞］："皂头巾裹着~，斑竹篮提在手。"《西厢记》第二本第二折、《曲江池》第一折、《风光好》第一折、《秋胡戏妻》第三折、《魔合罗》第一折，都使用了这个词。也写作"额楼"，《太平乐府》卷九高安道散套《哨遍淡行院》："皂纱片深深的裹着额楼。"变"颅"为"楼"，自模韵入候韵，作者的方音中，这两字正好同音。

10. 抱 pɔ⁴⁴：过继。例：他两口子没有生养，~了一个侄儿。

关汉卿《五侯宴》楔子："你则是~养我这个小的，我与些钱钞，埋殡你那丈夫，可不好？"《浓情快史》第一回："他有一个从堂哥子，名唤武城。他儿媳妇头胎怀了，倒生下两侳孙，一个叫午郎，一人叫申郎，思量要过他一个做孙子。……沉吟许久，忽想起当年去~他时，妻子叫我三思而行，今就起名三思吧。"前谓"过"，即过继，后谓"抱"，显然"抱"亦即过继。《跻春台》卷一《东瓜女》："原来张贡爷已死，其弟奸狡好讼，见侳无子，欲把侳害死，~孙以占其业。"又卷二《审豺狼》："其妻贤淑，~子兴家，卒享高寿。"又卷四《审禾苗》："今听本县之判，尔可~与正邦为子，与桂英配合，结良缘。"又："本县判尔~去，正是上合天心，下合人意，使尔无妻而有妻，桂英无夫而有夫，正邦无子而有子，那些不美？"《古今小说·明悟禅师赶五戒》："我问你，那年~的红莲，如今在那里？"

第四节　亲属称谓语

一　亲属称谓语的含义

亲属关系是人类社会中普遍存在的一种人际关系，也是人类社会最重要的一种社会关系，相应地标记这种关系的亲属称谓语也就成为世界上每一种语言都具有的成分。亲属称谓语是指人类社会中体现特定的人在特定的家庭或社会关系中的特定的身份（包括辈分）、家族地位、性别等而得出来的，反映人们的家族关系的一套名称。

亲属称谓是从家庭及亲属关系中产生出来的一种称谓形式，是亲属制度的语言反映，它以简单的词语形式反映出了复杂的亲属制度。在语言的词汇系统中，亲属称谓是称谓系统中一个重要的子系统。不同语言（或方言）的亲属称谓各自构成具有自己特点的体系。从总体上说，亲属称谓的特点一般受到亲属制度的制约。具有不同的亲属制度，自然会形成不同的亲属称谓系统。但是，语言对社会的反映还受到语言本身内部结构规律的影响。相同的亲属制度，反映在不同的语言（或方言）中也会表现出亲属称谓的不同程度的差异。考察语言（或方言）中的亲属称谓，不仅可以了解使用这种语言（或方言）的社会的亲属制度的构成状况，也可以了解这种语言（或方言）的语言系统特别是词汇系统的面貌与特点。亲属称谓不仅仅是语言学家们所考虑、研究的问题，也是人类学、文化学、民俗学等多门学科都十分关注的重大问题。因此，通过语言和方言来研究亲属称谓也必然要观照其他方面的因素，而不能只是单纯的语言学词汇理论。

长期以来，我国社会基于以男性为中心的传统宗法观念，把亲属分为宗亲、外亲和姻亲三类。亲属关系的发生有三种情况，一是由出生等血缘关系所致，二是由婚姻关系所致，三是由法律认定（如收养关系）或自我认定（如结拜关系）所致。前两者涵盖了亲属关系的绝大部分。据此，人们可以从不同的角度来给亲属关系划分类别。通常来说，可以把亲属关系分为两大类：血亲和姻亲。血亲指与自己有血缘关系的亲属。血亲又分为宗亲和外亲，宗亲是指与自己同出一宗，同一个姓氏，其中又包括直系宗亲和旁系宗亲。直系宗亲包括曾祖父母、祖父母、父母、儿子、孙子等。旁系宗亲包括伯父、叔父、堂兄弟、堂姐妹、侄子、侄女、侄孙、侄孙女。外亲是指与自己虽有血缘关系，但是不同姓氏，如外祖父母、舅父、姨母、表兄弟妹、表外甥（表兄弟姐妹的子女）、外孙等。姻亲指的是没有血缘关系而有婚姻亲戚，包括自己的配偶及其父母兄弟姐妹、自己兄弟姐妹的配偶、父母兄弟姐妹的堂兄弟姐妹的配偶、表兄弟姐妹的配偶等。

二 亲属称谓语的特点

1. 父系血亲重于母系血亲

隆德方言汉语亲属称谓词汇与其他任何方言一样，是一个十分复杂的系统。在这些复杂的系统当中，直系血亲称谓系统处于最为重要的地位。在直系血亲当中，其中尤以父系血亲（即宗亲）关系最为重要。表现在亲属称谓语上，父系血亲可以上下各推四世，以"我"为中心，形成"五服"关系，"五服"之内的人，被认为有亲属关系。在直系血亲关系的母系血亲（外亲）关系中，一般是上下各推两世。两世之外，一般不认为再有亲属关系。隆德方言的这种亲属关系，既反映了封建宗法制度对亲属称谓词的影响，另一方面也表现了家庭观念在社会生活中的重要性。通过亲属称谓语不难发现，在血缘关系网中，几千年形成的一个以男性为主的父系社会的印记仍然十分明显。在直系血亲中，由于父系血亲重于母系血亲，从而形成了父系血亲和母系血亲称谓语的非对称现象。同样这种关系的主次也表现在姓氏的确定和婚配关系当中。在隆德民俗当中，子女的姓氏必须跟随父系姓氏。"同姓不婚"的禁忌十分严格。但姑表兄弟姐妹、姨表兄弟姐妹之间可以通婚。这也反映出父系血亲重于母系血亲。

2. 上下有别，长幼有序

中国向来是崇尚伦理道德的"礼仪之邦"。传统的伦理道德以儒家思想以及儒学为核心内容，在塑造和构建汉民族文化心理结构的过程中，起到了特别重要的作用。千百年来，封建专制王朝以儒学作为做官求仕的入学初阶或必修之课，而且通过各种层次的知识分子以及他们编纂的《孝经》《三字经》《千字文》《增广贤文》等，以及各种"家规""族训""乡约""里范"等，使儒学的很多基本观念成为了整个社会言行、公私生活、思想意识的指引规范，长久地渗透于政教体制、社会习俗和人们的思想、言语、活动之中。体现在亲属称谓上就是辈分分明，辈分不同，称呼也不同。根据冯汉骥先生的研究，中国的祖、孙、父、子、母、女、兄、弟、姊、妹、伯、叔、侄、姑、甥、舅、姨、岳等十八个核心称谓，都是分辈分的。行辈有别，长辈尊，晚辈卑。长辈可以直呼晚辈名字，反之则不允许。在从他亲属称谓中，虽然有时在称呼的结构形式上似乎改变了说话人之间的辈分关系，但实际上它只不过是用不同的亲属称谓来称呼自己的亲属罢了。如，儿媳妇既可以用从夫称谓称呼自己的婆婆为"妈、娘"等（这是对长一辈的亲属称谓），也可以从子女称谓称呼为"孩子他奶奶"（变成长两辈了）等；婆婆可以直接称呼儿媳妇的名字，也可以用从孙称谓如"××他妈"。辈分在称谓上有了形式上的改变，但实际上的长幼尊卑关系却没有变，也没有违反基本原则——媳妇绝对不能称呼婆婆的名字，否则就是失礼甚至是大逆不道。简单来说，具体的称谓形式可以变，但古老相传的长幼尊卑观念不能改。

和中国传统的亲属称谓相同，方言的亲属称谓也体现出了明显的辈分性。每一代人有每一代的辈分，对于上一代人来说，他们这一代人是晚辈；但是对于下一代人来说，他们这一代人又是前辈。如对父母以上的长辈，祖父为"爷爷"，祖母为"奶奶"；其上每长一辈，前加一"太"字以示区别：称曾祖父为"太爷"，曾祖母为"太太"；对晚辈，子之子为"孙子""孙女"；其下一辈，加一"重"字以示区别："重孙子""重孙女"。整个家族的辈分称谓极严格，也就是说，亲属称谓只受辈分的制约，和年龄大小无关。同时，还可以根据年龄与辈分的反比关系来判断自己的上辈在宗族中的排行。如果年龄小而辈分高，说明其上辈在宗族中排行为幼，反之排行为长，这就是俗语说的"大房门出小辈，小房门出大辈。"

于是，在日常生活中，常会出现有些年龄大的人，称呼比自己小得多的人为"爷""达"等现象。尽管晚辈的年龄实际上比长辈还大，但并没有改变彼此的辈分关系。我们既能碰到年龄比本人小很多的舅舅，又能碰到年龄比本人大很多的侄子。为了表示对长辈的尊重，不但称谓语要严格分清辈分，晚辈在命名时，绝对不能和同族的任何长辈的名字相同。其次，如果被称呼的亲属之间是同辈关系，那么所使用的亲属称谓词便按照年龄大小条理分明地排列着。如长辈，父亲的兄弟为"大爹""二大""三大""碎大"；母亲的姐妹为"大姨姨""二姨姨""三姨姨""碎姨姨"等；对自己的兄、弟、姐、妹的称谓更是不能混淆长幼；又如晚辈，儿子为"老大""老二""老三"。除此之外，在农村很多家族同辈之间，仍然按统一的顺序排行，命名时同辈兄弟或姐妹要有一个字相同。

3. 从亲不从疏

虽然在人的亲属称谓中，人们在心理上严格遵照"上下有别，长幼有序"的原则，但在实际运用中，亲属称谓往往有一些非常规的动态的使用方法。隆德方言也不例外。这种非常规的使用有以下几种：

A 以亲属称谓称呼没有亲属关系的人。这在日常生活中非常普遍，比如称呼邻居或关系较好的人为"爷爷、奶奶、姨姨、哥哥、姐姐"等。随非直系亲属或朋友称呼他们的亲属为"姑姑、舅舅、姨姨"等。这对于加强人与人之间的相互关系和沟通感情有着十分重要的意义。

B 以近亲称谓称呼远亲关系。比如对堂亲的称谓，面称时一般要去掉修饰成分，直接用近亲称谓。例如，面称"堂哥、堂姐"时，直接按近亲关系称"哥、姐"。

C 以宗亲称谓称呼外亲。比如，现代社会实行计划生育政策，有不少家庭只有一个孩子，这个孩子称自己的外祖父外祖母为"爷爷，奶奶"，如同称自己的祖父祖母，而不用本地固有的"舅爷爷，舅奶奶"称谓。对于没有家孙、家孙女的老人来说，人们把这些老人的外孙、外孙女在老人面前也习惯称作"孙子、孙女"。

但是有两种情况是必须遵守的：第一，不论什么情况，就是不能用"父亲、母亲"或其他与此同义的称谓来称呼父母以外的任何人。第二，对于母亲家族（即外亲）的舅舅辈分的亲属，绝不能与宗亲关系中的"爸爸"（相当于普通话的"叔叔"）称呼相混淆。这就是陇中片方言中常说的"舅舅家庄里没爸爸"。因为亲属称谓语的灵活运用以不能违背几千年形成的宗法关系为前提，而"宗"是不能乱的。

4. 同名异实，同实异名

由于隆德方言中亲属称谓语系统本身的复杂性，再加之强势方言对本地方言的影响，宁夏隆德方言的亲属称谓语常出现"同名异实"和"同实异名"现象。

以"爸爸"作为词例来说明"同名异实"现象。

爸爸：

A 五服关系之外与父亲同辈分的宗室男性（相当于普通话的"叔叔"）。

B 父亲的表兄表弟（相当于普通话的"表叔"）。

C 父亲的姨兄姨弟（相当于普通话的"姨表叔"）。

D 继父。

E 无亲属关系的长辈男性（相当于普通话的"叔叔"）。

F 新派话指父亲。

其中前五种为老派话称谓，最后一种为新派话称谓。经笔者调查，20世纪80年代后出生的人，称谓自己的父亲为"爸爸"，显而易见这是接受了强势方言影响的结果。但是新派话对于老派话的前五种意义并无新的称谓语出现（例如"叔叔"一词则很少使用）。这样在亲属称谓语系统当中，新派称谓与老派称谓叠加在一起，如果不是本地人，很难区别"爸爸"一词究竟指什么。

同样以"父亲"的称谓语为例，来说明"同实异名"现象。

①爹　②达　③爸爸

"爹"，用来指称父亲最早见于《广雅·释亲》，"爹，……父也。"实际用例始见于《梁书·始兴王憺传》："民为之歌曰：'始兴王，人之爹。赴人急，如水火，何时复来哺乳我？'"又《唐书·窦怀贞传》："怀贞纳韦后乳媪王氏为继妻，每谒奏，辄自署皇后阿爹。"有这种称谓的方言点是：北京、天津、济南、青岛、南京、郑州、武汉、成都、贵阳、昆明、银川、兰州、西宁、乌鲁木齐、平遥、上海、苏州、长沙、湘潭、福州、建瓯、海口。

"达"是"爹"字早期读音的白字，也有写作"大、答、丹"的。在书面上将"爹"字的早期白读音转写成"达"大约始见于明代，例如《金瓶梅》里多次出现这一写法。有这类称谓的方言点是：济南、郑州（回民）、西宁、乌鲁木齐、平遥、呼和浩特、温州。

"爸爸"是"爸"的叠音词。"爸"之称最早见于《广雅·释亲》："爸，父也。"又《玉篇·父部》："爸，父也。"又《集韵》："吴人呼父曰爸。""爸爸"之称见于清代小说《老残游记》。

在隆德方言中，老派话（大体以 20 世纪 60 年代出生的人为界）称父亲以"达"为主，"爹"称偶见。新派话以"爸爸"为主，很少使用"达"或"爹"。

本书不是隆德方言亲属称谓语的专题研究，限于篇幅，不会对本地亲属称谓语的历史来源以及与其他方言的横向关系作过多地探讨和比较。而是重点以图表的方式来反映该地亲属称谓语的系统和面貌，并通过描写，真实地反映本地方言和强势方言在亲属称谓系统中的演化竞争情形。

隆德方言宗亲关系基本上沿用了封建时代的丧服制度。即以"我"为中心，上推四世，下降四世，上下共九世。九世以外，对"我"来说，便算出了"五服"。五服之外，其亲属称谓不再受本系统的约束。举例来说，如果在五服之内，宗族内的长一辈男子（即父亲的同父兄弟、同祖父兄弟、同曾祖兄弟、同高祖兄弟），"我"只能称其为"达达"，称其配偶为"妈妈"。如果出此五服之外，父亲兄弟辈的同宗室男子，"我"只能称其为"爸爸"，称其配偶为"婶婶"。

三　亲属称谓语系统①

需要指出的是，隆德方言亲属称谓语系统非常复杂。同一个称谓对象，可以从我称谓，也可以从他称谓。从他称谓中，可以有多个出发点，因而造成了同一个对象，有多个不同的称谓语词，使本方言亲属称谓语呈现出多层次、多视角、多维度的特点。本节主要以"本人"作为出发点，以"从我"称谓为主，兼顾"从他"称谓，来描写隆德方言中比较重要的 10 个称谓语系统：1. 直系血亲关系；2. 兄弟姐妹及其子女关系；3. 父亲之兄弟姐妹及其子女关系；4. 祖父之兄弟姐妹及其子孙关系；5. 母亲之兄弟姐妹及其子女关系；6. 祖母之兄弟姐妹及其子孙关系；7. 丈夫及其血亲关系；8. 妻子及其血亲关系；9. 兄弟姐妹配偶之血亲关系；10. 子女配偶之血亲关系。

1. A 直系血亲关系见下图：

---

① 辈分称谓名称主要参考了《汉语亲属称谓研究》（胡士云著，商务印书馆，2007 年）。另外对胡著未涉及的⑨、⑩两个系统，笔者对其辈分称谓作了描述性处理。

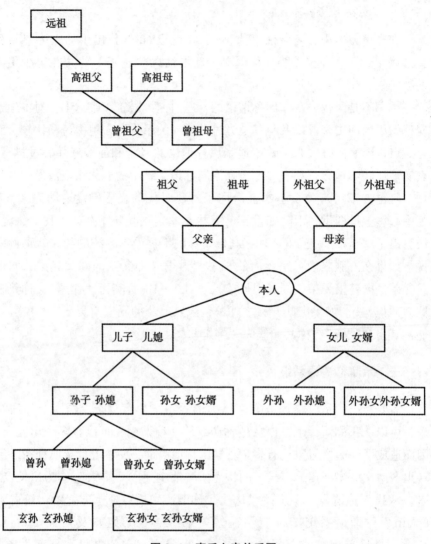

图 3-1 直系血亲关系图

B 直系血亲方言称谓见下表 3-5。

表 3-5   直系血亲方言称谓表

辈分	老派称谓	新派称谓	辈分（配偶）	老派称谓	新派称谓
+5 远祖	八十太爷			八十太太	
+4 高祖父	祖太爷	祖太爷	+4 高祖母	祖太太	祖太太
+3 曾祖父	太爷	太爷	+3 曾祖母	太太	太太
+2 祖父	爷爷	爷爷	+2 祖母	奶奶	奶奶
+2 外祖父	舅爷爷	舅爷爷	+2 外祖母	舅奶奶	舅奶奶

续表

辈分	老派称谓	新派称谓	辈分（配偶）	老派称谓	新派称谓
+1 继父	爸爸（面） 后达（背）	爸爸（面） 后爸爸（背）	+1 母亲		
+1 父亲			+1 继母	妈妈（面） 后娘（背）	妈妈（面） 后妈（背）
+1 父亲	达　爹	爸爸	+1 母亲	娘	妈
0 本人					
−1 儿子	后人　儿	儿子	−1 儿媳	媳妇子	媳妇子
−1 女儿	女孩儿	女儿	−1 女婿	女婿　从他	女婿　从他
−2 孙子	孙子	孙子	−2 孙媳	孙子媳妇儿	孙子媳妇儿
−2 孙女	孙子女孩儿	孙子女孩儿	−2 孙女婿	孙子女婿× 家娃　从他	孙子女婿 从他
−2 外孙	外孙子	外孙子	−2 外孙媳	外孙子媳妇儿	外孙子媳妇儿
−2 外孙女	外孙女儿	外孙女儿	−2 外孙女婿	外孙女婿	外孙女婿
−3 曾孙	重孙	重孙	−3 曾孙媳	重孙媳妇儿	重孙媳妇儿
−3 曾孙女	重孙女孩儿	重孙女孩儿	−3 曾孙女婿	重孙女婿	重孙女婿
−4 玄孙	末末孙	末末孙	−4 玄孙媳	末末孙媳妇儿	末末孙媳妇儿
−4 玄孙女	末末孙女孩儿	末末孙女孩儿	−4 玄孙女婿	末末孙女婿	末末孙女婿

2. A 兄弟姐妹及其子女关系见下图[①]：

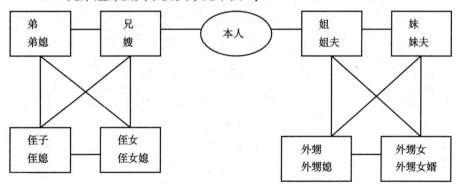

图 3-2　兄弟姐妹及其子女关系图

B 兄弟姐妹及其子女方言称谓见下表 3-6。

---

　　① 此处指同胞兄弟姐妹关系。同父异母或同母异父兄弟姐妹在隆德方言中则称隔山弟兄或隔山姊妹，其关系图及面称与同胞兄弟姐妹相同。

表3-6 兄弟姐妹及其子女方言称谓表

辈分	老派称谓	新派称谓	辈分（配偶）	老派称谓	新派称谓
0 兄	老哥 哥哥	哥哥	0 嫂	嫂子 新姐	嫂子
0 弟	兄弟	兄弟 弟弟	0 弟媳	弟妇子	弟妇子
0 姐	姐姐	姐姐	0 姐夫	姐夫 ×家哥	姐夫 ×家哥
0 妹	妹子	妹子 妹妹	0 妹夫	妹夫 从他	妹夫 从他
-1 侄子	侄儿	侄儿	-1 侄媳	侄儿媳妇子	侄儿媳妇子
-1 侄女	侄女	侄女	-1 侄女婿	侄儿女婿	侄儿女婿
-1 外甥	外甥	外甥	-1 外甥媳	外甥媳妇儿	外甥媳妇儿
-1 外甥女	外甥女儿	外甥女儿	-1 外甥女婿	外甥女婿	外甥女婿

3. A 父亲之兄弟姐妹及其子女关系见下图①：

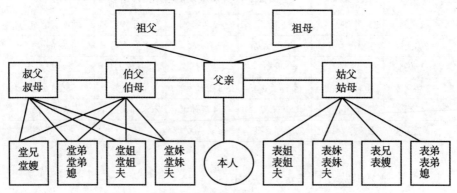

图3-3 父亲之兄弟姐妹及其子女关系图

B 父亲之兄弟姐妹及其子女方言称谓见下表3-7。

表3-7 父亲之兄弟姐妹及其子女方言称谓表

辈分	老派称谓	新派称谓	辈分（配偶）	老派称谓	新派称谓
+1 伯父	大爹 排行+达达（面） 叔老子（背）	大爹 排行+达达（面） 叔老子（背）	+1 伯母	大娘 排行+妈（面） 妈妈（背）	大娘 排行+妈（面） 妈妈（背）
+1 叔父	排行+达达（面） 叔老子（背）	排行+达达（面） 叔老子（背）	+1 叔母	排行+妈（面） 妈妈（背）	排行+妈（面） 妈妈（背）
+1 姑母	姑姑	姑姑	+1 姑父	姑父	姑父
0 堂兄	老哥（面） 堂老哥（背）	哥 堂哥	0 堂嫂	嫂子	嫂子
0 堂弟	兄弟（面） 堂兄弟（背）	兄弟（面） 堂兄弟（背）	0 堂弟媳	弟妇子（面） 堂弟妇子（背）	弟妇子（面） 堂弟妇子（背）

---

① 同祖父兄弟姐妹关系在隆德方言中称亲堂兄弟姊妹关系。

续表

辈分	老派称谓	新派称谓	辈分（配偶）	老派称谓	新派称谓
0 堂姐	姐姐（面）堂姐姐（背）	姐姐（面）堂姐姐（背）	0 堂姐夫	×家哥①（面）堂姐夫（背）	×家哥（面）堂姐夫（背）
0 堂妹	堂妹子	堂妹子　堂妹	0 堂妹夫	堂妹夫 从他	堂妹夫 从他
0 表兄	表兄　表哥	表兄　表哥	0 表嫂	表嫂 从他	表嫂　嫂子
0 表弟	表弟	表弟	0 表弟媳	表弟妇子	表弟妇子
0 表姐	表姐 从他	表姐　从他	0 表姐夫	表姐夫×家哥	表姐夫×家哥
0 表妹	表妹 从他	表妹 从他	0 表妹夫	表妹夫 从他	表妹夫 从他

4. A 祖父之兄弟姐妹及其子孙关系见下图：

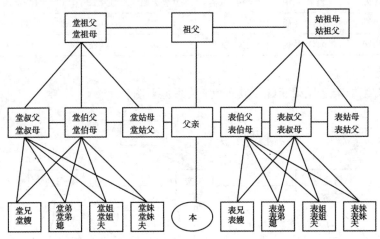

图 3-4　祖父之兄弟姐妹及其子孙关系图

B 祖父之兄弟姐妹及其子孙方言称谓见下表 3-8。

表 3-8　　　　　　　　　祖父之兄弟姐妹及其子孙方言称谓表

辈分	老派称谓	新派称谓	辈分（配偶）	老派称谓	新派称谓
+2 堂祖父	排行+爷爷	排行+爷爷	+2 堂祖母	排行+奶奶	排行+奶奶
+2 姑祖母	姑奶奶	姑奶奶	+2 姑祖父	姑爷	姑爷
+1 堂伯父	排行+达达	排行+达达	+1 堂伯母	妈妈	妈妈
+1 堂叔父	排行+达达	排行+达达	+1 堂叔母	妈妈	妈妈
+1 堂姑母	姑姑	姑姑	+1 堂姑父	姑父	姑父

① ×表姓氏，也有从他称谓的。

续表

辈分	老派称谓	新派称谓	辈分（配偶）	老派称谓	新派称谓
+1 表伯父	×家爸①	×家爸　叔	+1 表伯母	婶婶	婶婶
+1 表叔父	×家爸	×家爸　叔	+1 表叔母	婶婶	婶婶
+1 表姑母	姑姑	姑姑	+1 表姑父	姑父	姑父
0 堂兄	老哥	哥哥	0 堂嫂	嫂子	嫂子
0 堂弟	兄弟　从他②	兄弟	0 堂弟媳	弟妇子 从他	弟妇子 从他
0 堂姐	姐姐 从他	姐姐 从他	0 堂姐夫	姐夫×家哥	姐夫 哥
0 堂妹	妹子 从他	妹妹 从他	0 堂妹夫	从他	从他
0 表兄	表兄 表哥	表哥 哥哥	0 表嫂	表嫂　从他	表嫂 嫂子
0 表弟	表弟 从他	表弟 从他	0 表弟媳	表弟妇子从他	从他
0 表姐	表姐 姐姐	表姐 姐姐	0 表姐夫	姐夫×家哥	姐夫 哥
0 表妹	表妹 从他	表妹 从他	0 表妹夫	妹夫 从他	妹夫 从他

5. A 母亲之兄弟姐妹及其子女③关系见下图：

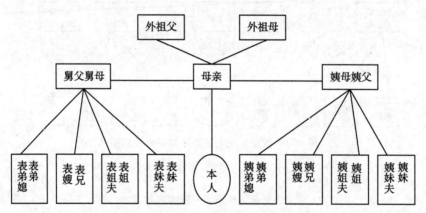

图 3-5　母亲之兄弟姐妹及其子女关系图

B 母亲之兄弟姐妹及其子女方言称谓见下表 3-9。

---

① ×表姓氏。有时面称为"爸爸"。

② 一般是从自己子女称谓。

③ "本人"与母亲兄弟之子女间的关系为表兄弟姊妹关系，与母亲姐妹之子女间的关系为姨兄弟姊妹关系。

表 3-9　　　　　　　　　　母亲之兄弟姐妹及其子女方言称谓表

辈分	老派称谓	新派称谓	辈分（配偶）	老派称谓	新派称谓
1 舅父	舅舅	舅舅	1 舅母	舅母 妗子	舅母
1 姨母	姨姨	姨姨	1 姨父	姨父	姨父
0 表弟	表弟	表弟	0 表弟媳	表弟妇子 从他	从他
0 表兄	表兄 表哥	表兄 表哥	0 表嫂	表嫂 从他	表嫂 从他
0 表姐	表姐 从他	表姐 从他	0 表姐夫	×家哥 从他	×家哥 从他
0 表妹	表妹 从他	表妹 从他	0 表妹夫	从他	从他
0 姨弟	姨弟 从他	姨弟 从他	0 姨弟媳	从他	从他
0 姨兄	姨兄 ×家哥	姨兄 哥	0 姨嫂	嫂子 从他	嫂子
0 姨姐	姨姐 姐姐	姨姐 姐姐	0 姨姐夫	姨姐夫×家哥	姐夫 ×家哥
0 姨妹	姨妹 从他	姨妹 从他	0 姨妹夫	姨妹夫 从他	姨妹夫 从他

6. A 祖母之兄弟姐妹及其子女关系见下图：

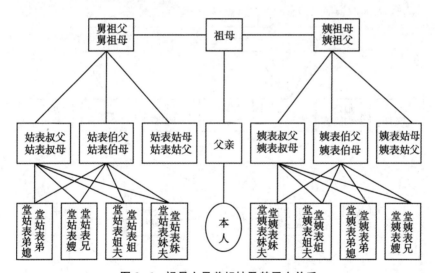

图 3-6　祖母之兄弟姐妹及其子女关系

B 祖母之兄弟姐妹及其子女方言称谓见下表 3-10。

表 3-10　　　　　　　　　　祖母之兄弟姐妹及其子女方言称谓表

辈分	老派称谓	新派称谓	辈分（配偶）	老派称谓	新派称谓
+2 舅祖父	舅爷爷	舅爷爷	+2 舅祖母	舅奶奶	舅奶奶

续表

辈分	老派称谓	新派称谓	辈分（配偶）	老派称谓	新派称谓
+2 姨祖母	姨奶奶	姨奶奶	+2 姨祖父	×家爷①	×家爷
+1 姑表叔父	舅爸 爸爸	舅爸 爸爸	+1 姑表叔母	婶婶	婶婶
+1 姑表伯父	舅爸 爸爸	舅爸 爸爸	+1 姑表伯母	婶婶	婶婶
+1 姑表姑母	姑姑	姑姑	+1 姑表姑父	姑父	姑父
+1 姨表叔父	爸爸 ×家爸	爸爸 ×家爸	+1 姨表叔母	婶婶	婶婶
+1 姨表伯父	爸爸 ×家爸	爸爸 ×家爸	+1 姨表伯母	婶婶	婶婶
+1 姨表姑母	姨姨	姨姨	+1 姨表姑父	姨父	姨父
0 堂姑表弟	表弟 从他	表弟 从他	0 堂姑表弟媳	从他	从他
0 堂姑表兄	表兄 从他	表兄 从他	0 堂姑表嫂	表嫂 从他	从他
0 堂姑表姐	表姐 姐姐 从他	表姐 姐姐 从他	0 堂姑表姐夫	姐夫 ×家哥	姐夫 ×家哥
0 堂姑表妹	表妹 从他	表妹 从他	0 堂姑表妹夫	从他	从他
0 堂姨表弟	姨弟 从他	姨弟 从他	0 堂姨表弟媳	从他	从他
0 堂姨表兄	姨兄 从他	姨兄 从他	0 堂姨表嫂	从他	从他
0 堂姨表妹	姨妹 从他	姨妹 从他	0 堂姨表妹夫	从他	从他
0 堂姨表姐	姨姐 从他	姐姐 从他	0 堂姨表姐夫	姐夫 ×家哥	姐夫 ×家哥

7. A 丈夫及其血亲关系见下图：

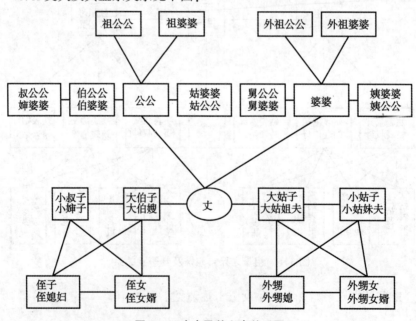

图 3-7　丈夫及其血亲关系图

---

① ×表姓氏。

B 丈夫及其血亲方言称谓见下表3–11。

表 3–11　　　　　　　　丈夫及其血亲方言称谓表

辈分	老派称谓	新派称谓	辈分（配偶）	老派称谓	新派称谓
+2 祖公公	从夫（面）① 婆家爷爷（背）	从夫（面） 婆家爷爷（背）	+2 祖婆婆	从夫（面） 婆家奶奶（背）	从夫（面） 婆家奶奶（背）
+2 外祖公公	从夫	从夫	+2 外祖婆婆	从夫	从夫
+1 公公	从夫（面称） 老公公（背称） 从他（面·背）	从夫（面称） 公公（背称） 从他（面·背）	+1 婆婆	从夫（面称） 老公婆（背称） 从他（面·背）	从夫（面称） 婆婆（背称） 从他（面·背）
+1 伯公公	从夫（面） 从他（面·背）	从夫（面） 从他（面·背）	+1 伯婆婆	从夫（面） 从他（面·背）	从夫（面） 从他（面·背）
+1 叔公公	从夫（面） 从他（背）	从夫（面） 从他（背）	+1 婶婆婆	从夫（面） 从他（背）	从夫（面） 从他（背）
+1 姑婆婆	从夫（面） 从他（面·背）	从夫（面） 从他（面·背）	+1 姑公公	从夫（面） 从他（面·背）	从夫（面） 从他（面·背）
+1 舅公公	从夫（面） 从他（面·背）	从夫（面） 从他（面·背）	+1 舅婆婆	从夫（面） 从他（面·背）	从夫（面） 从他（面·背）
+1 姨婆婆	从夫（面） 从他（面·背）	从夫（面） 从他（面·背）	+1 姨公公	从夫（面） 从他（面·背）	从夫（面） 从他（面·背）
0 大伯子	从夫（面） 丫伯子（背） 从他（面·背）	从夫（面） 丫伯子（背） 从他（背）	0 大伯嫂②	从夫（面） 婆家嫂子（背） 从他（面·背）	从夫（面） 婆家嫂子（背） 从他（面·背）
0 小叔子	从他（面·背） 婆家兄弟（背）	从他（面·背） 婆家兄弟（背）	0 小婶子	从他（面·背） 婆家弟妇子（背）	从他（面·背） 婆家弟妇子（背）
0 大姑子	从夫（面） 从他（面·背） 婆家姐姐（背）	从夫（面） 从他（面·背） 婆家姐姐（背）	0 大姑姐夫	从夫（面） 从他（面·背） 婆家姐夫（背）	从夫（面） 从他（面·背） 婆家姐夫（背）
0 小姑子	从他（面·背） 婆家妹子（背）	从他（面·背） 婆家妹子（背）	0 小姑妹夫	从他（面·背） 婆家妹夫（背）	从他（面·背） 婆家妹夫（背）
-1 侄子	侄儿 从他	侄儿 从他	-1 侄媳妇	侄儿媳妇子 从他	侄儿媳妇子 从他
-1 侄女	侄女 从他	侄女 从他	-1 侄女婿	侄儿女婿 从他	侄儿女婿 从他

---

① "从夫"称谓指称谓与丈夫称谓完全一致。"从他"称谓则与晚辈称谓一致，但称谓之前必须冠以晚辈的名字或指称晚辈的人称代词。因此，从夫称谓和从他称谓的用法有较大差别。例如，老派称谓"公公"为"达"，这是从夫称谓，前面不能冠以丈夫名字或指称丈夫的人称代词。也可从子女辈称谓公公为"××爷爷"或"你爷爷""他爷爷"，这里的××是晚辈名字，"你""他"代称自己的子女。

② 弟兄们妻子之间的关系在本方言中称为"先后"关系。

续表

辈分	老派称谓	新派称谓	辈分（配偶）	老派称谓	新派称谓
-1 外甥	外甥 从他	外甥 从他	-1 外甥媳	外甥媳妇儿 从他	外甥媳妇儿 从他
-1 外甥女	外甥女儿 从他	外甥女儿 从他	-1 外甥女婿	外甥女婿 从他	外甥女婿 从他

8. A 妻子及其血亲关系见下图：

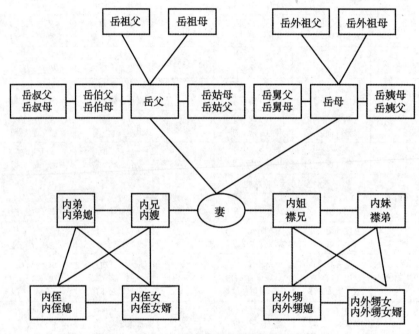

图 3-8　妻子及其血亲关系图

B 妻子及其血亲方言称谓见下表 3-12。

表 3-12　　　　　　　　妻子及其血亲方言称谓表

辈分	老派称谓	新派称谓	辈分（配偶）	老派称谓	新派称谓
+2 岳祖父	从妻①（面） 丈人爷爷（背）	从妻（面） 丈人爷爷（背）	+2 岳祖母	从妻（面） 丈人奶奶（背）	从妻（面） 丈人奶奶（背）
+2 岳外祖父	从妻	从妻	+2 岳外祖母	从妻	从妻

---

① "从妻"称谓指与妻子称谓完全一致，参看前文"从夫"注释。

续表

辈分	老派称谓	新派称谓	辈分（配偶）	老派称谓	新派称谓
+1 岳伯父	从妻（面） 排行+丈人（背）	从妻（面） 排行+丈人（背）	+1 岳伯母	从妻（面） 排行+丈母（背）	从妻（面） 排行+丈母（背）
+1 岳叔父	从妻（面） 排行+丈人（背）	从妻（面） 排行+丈人（背）	+1 岳叔母	从妻（面） 排行+丈母（背）	从妻（面） 排行+丈母（背）
+1 岳姑母	从妻	从妻	+1 岳姑父	从妻	从妻
+1 岳舅父	从妻	从妻	+1 岳舅母	从妻	从妻
+1 岳姨母	从妻	从妻	+1 岳姨父	从妻	从妻
0 内兄	从妻（面） 妻哥（背）	从妻（面） 妻哥（背） 大舅子（背）	0 内嫂	从妻（面） 妻嫂子（背） 从他（面·背）	从妻（面） 妻嫂子（背） 从他（面·背）
0 内弟	从妻（面） 妻兄弟（背）	从妻（面） 妻兄弟（背） 小舅子（背）	0 内弟媳	从妻（面） 妻弟妇子（背）	从妻（面） 妻弟妇子（背）
0 内姐	从妻（面） 妻姐姐（背）	从妻（面） 妻姐姐（背） 大姨子（背）	0 襟兄	从妻（面） 挑担（面·背）	从妻（面） 挑担（面·背）
0 内妹	从妻（面） 妻妹子（背）	从妻（面） 妻妹子（背） 小姨子（背）	0 襟弟	从妻（面） 挑担（面·背）	从妻（面） 挑担（面·背）
-1 内侄	女人娘家侄儿	女人娘家侄儿	1 内侄媳	女人娘家侄儿媳妇子	女人娘家侄儿媳妇子
-1 内侄女	女人娘家侄女	女人娘家侄女	-1 内侄女婿	女人娘家侄儿女婿	女人娘家侄儿女婿
-1 内外甥	女人外甥	女人外甥	-1 内外甥媳	女人外甥媳妇儿	女人外甥媳妇儿
-1 内外甥女	女人外甥女儿	女人外甥女儿	-1 内外甥女婿	女人外甥女婿	女人外甥女婿

9. A 兄弟姐妹配偶之血亲关系见下图：

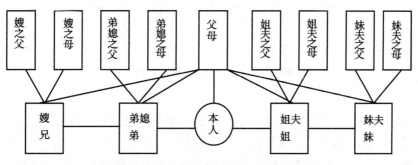

图 3-9 兄弟姐妹配偶之血亲关系图

B 兄弟姐妹配偶之亲属方言称谓见下表 3-13。

表 3-13　　　　　　　　兄弟姐妹配偶之亲属方言称谓表

辈分	老派称谓	新派称谓	辈分（配偶）	老派称谓	新派称谓
+1 嫂之父	姨父	姨父	+1 嫂之母	姨娘	姨娘
+1 弟媳之父	姨父	姨父	+1 弟媳之母	姨娘	姨娘
+1 姐夫之父	姨父	姨父	+1 姐夫之母	姨娘	姨娘
+1 妹夫之父	姨父	姨父	+1 妹夫之母	姨娘	姨娘

10. A 子女配偶之血亲关系见下图：

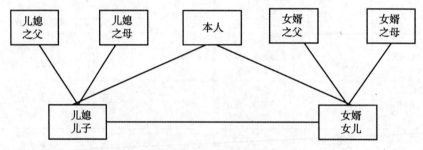

图 3-10　子女配偶之血亲关系图

B 子女配偶之亲属方言称谓见下表 3-14。

表 3-14　　　　　　　　子女配偶之亲属方言称谓表

辈分	老派称谓	新派称谓	辈分（配偶）	老派称谓	新派称谓
0 儿媳之父	（男）亲家 从他	亲家 从他	0 儿媳之母	（女）亲家 从他	亲家 从他
0 女婿之父	（男）亲家 从他	亲家 从他	0 女婿之母	（女）亲家 从他	亲家 从他

第五节　四字格词语

　　隆德方言中的四字格词语是本地区人们口头创造的固定短语，它们结构定型，意义凝练，运用灵活，带有浓郁的乡土气息和生活气息，丰富了本地区人民的口头表达，是隆德方言词语的重要组成部分。下面从结构、表义、语音等方面对隆德方言中的四字格词语进行总结。

一　四字格词语特点

1. 四字格词语的结构几乎包含了所有句法结构关系。它们的上位直接成分有的是由词根语素复合而成的，有的是由词根语素与虚语素组合而成的，有的是由词根语素与词缀组合而成的。情况非常复杂。这里举一些常见的结构格式。A 并列式（抓打挖掀）；B 定中式（马家队伍）；C 状中式（龙口夺食）；D 动宾式（大睁两眼）；E 主谓式（大狗巴屎）；F 中补式（冉粘五四）；G 紧缩式复句型（输打赢要）；H 主谓型+主谓型（眉干眼净、根深蔓长）；I 动宾型+动宾型（轻天破地、撵前段后、编科弄谎）；J 偏正型+偏正型（绿籽红瓤、慌脚乱手、流儿亡伍）；K 补充型+补充型（打扎合严）；L 派生型+派生型（公之匀之、宛儿圈儿）；M 重叠式 AABB（丝丝乎乎）；N 后加式（慢因合丝、黑揣什末）；O 中加式（躲介溜滑、正儿八经）；P 前加式（乌七怪眼、圪吃门棍）；Q 特殊型（可里麻察、嘎达麻希）。

2. 在语义上的一些特点。隆德方言中的四字格词语在表义上与一般的熟语不同，这些特殊的表义上的特点是与上述词语的结构方式紧密联系在一起的。它的意义往往不是其构成成分意义的简单相加，它的实际意义有的要透过字面意义去进一步深入理解。首先是表义的具体性。隆德方言中的四字格词语大都是用来形容人和物的状貌、声音色彩、表情、性格和动作的情态的，意义都很具体，能够精微地反映对象的特征。"可眉可眼"形容东西不多不少，无相应的普通话说法。"堆三囊四"形容东西堆放得到处都是，在方言中表义非常精确。有的词语与字面意思毫无关系，如"嘎达麻希""可里麻察"等词。表义上的第二个特征是适用对象和语境的特定性。表义的具体性决定了方言四字格的适用对象比较狭窄，运用环境有所限制。如"龙口夺食"，专指农历六七月份当地农民抢收粮食一事，因为在此麦收季节，当地农业易遭冰雹袭击，如不及时收割，往往会造成严重后果。这与一般成语"虎口夺食"的表义是有区别的。第三个特点是四字格词语大多带有强烈的感情色彩。隆德方言四字格词语流传在当地人民群众的口语中，表达了对人、物各个方面的评价，或褒或贬，或喜爱或厌恶，都直截了当，一点儿都不含糊。例"瞅红灭黑"这一词语，表达了对趋炎附势、落井下石之流的强烈憎恶。在所带感情色彩的四字格词语当中，表示贬义或含厌恶色彩的所占比重较大，这是方言四字格词语的突出特点。这就使大部分四字格词语只能用于表示不满或厌恶的语境，限制了其适用的范围。

3. 在语音上一个重要特点是口语性强。儿化（如"宛儿圈儿""马儿胡儿"）、轻声（如"挣死亡命"）、叠音（如"串串不兮""好木生生""豁豁牙牙"）、象声词（如"圪丁邦啷""呵里倒腾"）等手段的综合运用增强了其形象性和口语性，语音和谐，具有较强的感染力。这一点与书面性较强的成语形成了明显的对比。第二个特点是衬字较多。这些衬字大多没有实在意义，只起凑足音节的作用。衬字少则一个，多达三个。这些衬字有的没有任何意义，如"急流失哇""努劲嘎斯""栾介古董""怪米良江""血红圪郎"。有的有字面意义，但从四字格词语的整体来看，说不上它有什么具体的意义，只起一个凑足音节的作用，实际上也是衬字，如"可眉可眼"。

4. 出现频率高。这批四字格词语因其独特的构形、和谐的语音、简洁的语义、鲜明的色彩不但与现代汉语的成语形成了鲜明的对照，也与周围同属陇中片方言的其他市县形成了明显的对比，是构成隆德话特色的重要因素之一。根据观察，这些四字格词语在隆德话中异常活跃，为老百姓喜闻乐道，出现频率非常高。

二　四字格词语例释

本节所收词条共 290 个，全部是在田野调查中获得的。其中一些词语同时在周围一些市县流传，目前未见书面流行方式。先列词形，后注国际音标，再用普通话进行释义。在词形中，有的音节本字不明，往往采用同音字或音近字代替，有的音节有音无字，只好采用□符号代替。用国际音标注音时，调值采用阿拉伯数字书写，调值已经包含了变调音素在内，即调值是其实际读法。词条排列以音标符号对应的拉丁字母顺序为准。

1. 稀里胡鲁 $\varphi i^{21} li^{24} xu^{24} lu^2$：犹豫不决的样子。

2. 稀屎□达 $\varphi i^{21} s\eta^{53} pia^{44} ta^1$：多指牲畜或人便稀，次数多，但量不大。

3. 稀红□拉 $\varphi i^{21} xu\eta^{24} pia^{44} la^1$：稀疏的样子。也说成"□〔$pia^{44}$〕□〔$pia^{44}$〕不兮"。

4. 下话连天 $\varphi ia^{44} xua^{44} li\tilde{æ}^{24} t^h i\tilde{æ}^2$：向人恳求告饶。

5. 胁偏带势 $\varphi i\partial^{24} p^h i\tilde{æ}^2 tei^{44} \eta^{44}$：用势力威胁别人。

6. 挟天带地 ɕiə^{24}tʰiæ̃^{21}tei^{44}tʰi^{44}：作风霸道。

7. 血红圪郎 ɕiə^{21}xuŋ^{24}kə^{44}laŋ^{1}：血淋淋的样子。

8. 悻眉达眼 ɕiŋ^{21}mi^{44}ta^{44}niæ̃^{53}：指做事悖于情理，不计后果。

9. 悬立身子 ɕyæ̃^{24}li^{2}ʂəŋ^{21}tsʅ^{3}：突然摔倒的样子。

10. 斜里夯霸 ɕyə^{24}li^{2}xaŋ^{53}pa^{44}：指说话不讲道理，走路占地方，做事作风霸道。

11. 斜杀顺抹 ɕyə^{24}sa^{21}ʂuŋ^{44}mə^{53}：指人行为霸道。

12. 乏死拉塌 fa^{24}sʅ^{2}la^{44}tʰa^{44}：人或动物没有精神，感觉疲劳的样子。

13. 疯张末什 fəŋ^{21}tʂaŋ^{21}mə^{53}ʂʅ^{44}：慌慌张张的样子。

14. 浮皮潦草 fu^{24}pʰi^{24}liɔ^{53}tsʰɔ^{44}：做事敷衍塞责，极不认真。例：他做活~来，人人不愿意同他合作。

15. 一揽混之 i^{21}læ̃^{53}xuŋ^{44}tsʅ^{1}：不加区别。例：他~在骂人。

16. 一把连儿 i^{21}pa^{53}liæ̃r^{24}：总共、加起来。例：~算起来，家里过事花了两千块钱。

17. 遗屎合尿 i^{24}sʅ^{2}kə^{44}niɔ^{44}：①牲畜或人便稀，次数多，但量不大。②比喻做事丢三落四。

18. 一为两所 i^{21}vei^{24}liaŋ^{21}ʂɹə^{53}：一箭双雕。

19. 牙风支风 ia^{24}fər^{2}tsʅ^{24}fər^{2}：对别人讲的道理无异议。

21. 哑眉小心 ia^{21}miər^{24}siɔ^{53}siŋ^{213}：静悄悄的样子。

22. 噎人古抓 iə^{21}ʐ,ən^{24}ku^{44}tʂua^{1}：指吃东西噎住时的感觉。

23. 野头瓜拉 iə^{53}tʰəu^{3}kua^{44}la^{1}：多指女子长得个子太高，比例不协调，看起来不顺眼。

24. 油圪拉出 iəu^{24}kə^{44}la^{44}tʂʰu^{1}：指油料一类的东西。

25. 有理巴分 iəu^{21}li^{53}pa^{44}fəŋ^{44}：十分有理的样子。

26. 嘎达麻希 ka^{53}ta^{3}ma^{24}ɕi^{2}：比喻零乱而麻烦。

27. 干唇绊嘴 kæ̃^{21}ʂəŋ^{24}pæ̃^{44}tsuei^{53}：说话油嘴滑舌，不正经。

28. 干吃净落 kæ̃^{24}tʂʰʅ^{2}tsʰiŋ^{44}luər^{213}：没有任何投入而获得的收益。

29. 干红丝拉 kæ̃^{21}xuŋ^{24}sʅ^{44}la^{44}：多指苗木长得不苗壮。

30. 开板夜儿 kʰei^{21}pæ̃^{53}iər^{44}：当初。

31. 解带松腰 kei^{53}tei^{44}suŋ^{24}iɔ^{2}：采取措施暂时缓解一下，不解决根本

问题。

32. 隔山架岖 kei²¹sæ̃²¹tɕia⁴⁴va⁴⁴：也说成隔山夹岭，比喻有山水阻隔，路途远而交通不便。

33. 街头路尾 kei²¹tʰəu²⁴lu⁴⁴i⁵³：也说成"路头路尾"。指在街面上或路面上。

34. 狗不拉即 kəu⁵³pu³la⁴⁴tsi¹：说话、行为等流里流气，具有痞子作风。

35. 根深蔓长 kəŋ²⁴søŋ²¹væ̃⁴⁴tʂʰaŋ²⁴：指事情经过的根源或底细。

36. 古郎沓即 ku⁵³laŋ³tʰa⁴⁴tsi¹：冷冷清清。

37. 顾怜不得 ku⁴⁴liæ̃¹pu⁴⁴ti¹：自己照顾不了自己。

28. 古眉怪眼 ku⁵³mi³kuei⁴⁴niæ̃⁵³：外表很奇特或事情蹊跷。

39. 寡沟流水 kua⁵³kəur³liəu²⁴ʐuei⁵³：形容眼前情景凄凉。

40. 刮锅涮碗 kua²⁴kuər²¹³ʐuæ̃⁴⁴væ̃⁵³：吃饭吃得干干净净，一丝不剩。

41. 瓜眉失眼 kua²¹mi²⁴ʂʅ⁴⁴niæ̃¹：多讽刺那些智力低下，说话做事异想天开的人。

42. 光把连涮 kuaŋ²¹pa⁵³liæ̃²⁴ʐuæ̃⁴⁴：也说成"光把一二三"，精光，一点都不剩余。

43. 光边流水 kuaŋ⁴⁴piæ̃¹liəu²⁴ʐuei⁵³：做事不认真仔细。

44. 怪米良江 kuei⁴⁴mi¹liaŋ²⁴tɕiaŋ²：非常奇怪。

45. 怪眉怪眼 kuei⁴⁴mi¹kuei⁴⁴niæ̃⁵³：外表很奇特或事情蹊跷。

46. 怪眉势眼 kuei⁴⁴mi¹ʂʅ⁴⁴niæ̃⁵³：难看或奇怪的样子。

47. 空手察脚 kʰuŋ²¹søu⁵³tsʰa²⁴tɕyə²：赤手空拳。

48. 公之匀之 kuŋ³⁵tsʅ³yŋ³⁵tsʅ³：分配公平均匀。

49. 各儿四处 kər²¹³sʅ⁴⁴tʂʰu⁵³：处处，到处。

50. 圪里圪刀 kə²¹li²⁴kə⁴⁴tɔ¹：人与人之间有矛盾或隔阂。

51. 圪达连垂 kə²¹ta²⁴liæ̃⁴⁴tʂʰuei⁴⁴：东西很多。

52. 圪丁邦啷 kə²¹tiŋ⁴⁴paŋ⁴⁴laŋ⁴⁴：指身上带的东西零碎而烦琐。

53. 圪吃门棍 kə²⁴tʂʰu³məŋ⁴⁴kuŋ⁴⁴：指棍棒一类的东西横在眼前，使人行动不便。

54. 圪祸丝搅 kə²¹xuə⁴⁴sʅ²¹tɕiɔ⁵³：干扰。

55. 口合眼眯 kʰəu⁵³xə²⁴niæ̃⁵³mi⁴⁴：关于死亡的婉转说法。

56. 窟窿眼串 kʰu²¹luŋ³⁵niæ̃⁵³tʂʰuæ̃⁴⁴：多指面部破损严重，或墙体洞穴较多。

57. 哭天抹泪 kʰu²¹tiæ̃⁵³mə⁵³luei⁴⁴：形容流泪伤心的样子。

58. 可里麻察 kʰə²¹li²⁴ma²⁴tsʰa²：做事果断迅速。

59. 可眉可眼 kʰə⁵³mi³kə²¹niæ̃⁵³：不多不少的样子。

60. 烂眼窟出 læ̃⁴⁴niæ̃¹kʰu⁴⁴tʂʰu¹：指东西腐烂或破旧的样子。

61. 烂眼□斯 læ̃⁴⁴niæ̃¹pia⁴⁴sɻ¹：局面破烂、泥泞、零乱的样子。

62. 烂汤合水 læ̃⁴⁴tʰaŋ¹kə⁴⁴tʂuei⁵³：形容场面混乱或日子过得没有头绪。

63. 兰介百三 læ̃²⁴tɕiə³pei⁴⁴sæ̃⁴⁴：指局面或东西很多很乱。

64. 烂哇不早 læ̃⁴⁴va¹pu⁴⁴tsɔ¹：指东西不完整或破烂的样子。

65. 郎当播希 laŋ²⁴taŋ²¹pə⁵³ɕi³：乱七八糟的东西。

66. 老远悬地 lɔ²¹yæ̃⁵³ɕyæ̃²⁴tʰi²：距离较远的样子。例：他～就把我认出来了。

67. 老介棍末 lɔ⁵³tɕiə¹kuŋ⁴⁴mə⁴⁴：指人有了一定的年纪，做事情应该成熟慎重，不能随随便便。

68. 愣眉势眼 ləŋ⁵³mi³ʂɻ⁴⁴niæ̃⁵³：说话做事荒谬，违背情理而不计后果。

69. 冷声抬气 ləŋ⁵³ʂəŋ³tʰei²⁴tɕʰi⁴⁴：什么话都不说。

70. 愣哇不即 ləŋ⁵³va³pu⁴⁴tsi¹：做事说话悖于情理。

71. 立马悬地 li²¹ma⁵³ɕyæ̃²⁴tʰi⁴⁴：立即，马上。

72. 里天面地 li⁵³tʰiæ̃³miæ̃⁴⁴tʰi⁴⁴：满打满算。

73. 里出外进 li⁵³tʂʰu³vei⁴⁴tsiŋ⁴⁴：里里外外。

74. 历朝累代 li²⁴tʂʰɔ²⁴luei⁵³tei⁴⁴：朝朝代代。

75. 连明昼夜 liæ̃²⁴miŋ²tʂəu⁴⁴iə⁴⁴：夜以继日。

76. 两巴三样 liaŋ⁵³pa³sæ̃²¹iaŋ⁴⁴：因种类或样式多而不舒服。

77. 撩猫逗狗 liɔ²⁴mɔ²⁴təu⁴⁴kəu⁵³：故意逗弄、招惹。

78. 流儿亡伍 liəur²⁴vaŋ²⁴vu⁵³：地痞流氓。

79. 绿里花蓝 liəu²¹liər⁵³hua²¹læ̃²⁴：五颜六色光彩夺目的样子。

80. 绿籽红瓤 liəu²¹tsʅ⁵³xuŋ²⁴zʅaŋ²⁴：形容说话天花乱坠，吹牛不着边际。

81. 另巴另系 liŋ⁴⁴pa¹liŋ⁴⁴ɕi⁴⁴：区分得很清楚。

82. 翎膀辈手 liŋ²⁴paŋ²pei⁴⁴sou¹：指一个人有多种依靠力量。

83. 零山八洼 liŋ²⁴sæ̃²pa⁴⁴va⁴⁴：零零星星。

84. 零刀碎刮 liŋ²⁴tɔ²suei⁴⁴kua⁵³：形容对仇敌的无比憎恨，与"千刀万剐"同义。

85. 乱介古董 luæ̃⁴⁴tɕiə¹ku⁴⁴tuŋ⁴⁴：非常零乱的样子。

86. 栾介古董 lyæ̃²⁴tɕiə²ku⁴⁴tuŋ⁴⁴：说话表意不清楚。

87. 努劲嘎斯 lu⁵³tɕiŋ³ka⁴⁴sʅ¹：拼力气做事。

88. 漫因合丝 mæ̃⁴⁴iŋ¹kə⁴⁴sʅ⁴⁴：指疾病时好时坏。

89. 埋天怨地 mæ̃²⁴tʰiæ̃²¹yæ̃⁴⁴tʰi⁴⁴：怨天尤人。

90. 冒儿朴腾 mɔr⁴⁴pʰu⁴⁴tʰəŋ⁴⁴：十分莽撞的样子。

91. 毛连额水 mɔ²⁴liæ̃³xæ̃²¹ʂuei⁵³：脏兮兮的样子，也说成"鼻连涎水"。

92. 毛出圪团 mɔ²⁴tʂʰu²kə⁴⁴tʰuæ̃⁴⁴：把东西糅在一起，不舒展的样子。

93. 眉干眼净 mi²⁴kæ̃²¹niæ̃⁵³tsʰiŋ⁴⁴：材料用得精光。

94. 眯眼窟出 mi⁴⁴niæ̃¹kʰu⁴⁴tʂʰu⁴⁴：多指人不好好吃东西的样子。

95. 绵七不黑 miæ̃²⁴tsʰi³pu⁴⁴xei¹：食物蒸煮过头，口感不好。

96. 没风圪因 mə⁴⁴fəŋ²¹kə⁴⁴iŋ⁴⁴：没有任何事实根据。

97. 没理没拉 mə²¹li⁵³mə⁴⁴la¹：自感无趣的样子。

98. 没常四季 mə²¹tʂʰaŋ²⁴sʅ⁴⁴tɕi⁴⁴：一年四季处于同一种情况，没有间断。

99. 拿握载强 na²⁴və²tsei⁵³tɕʰiaŋ²⁴：做事很有把握，胸有成竹的样子。

100. 泥哇古入 ni²⁴va²ku⁴⁴zʅu⁴⁴：指人或东西沾满泥巴的样子。

101. 腻人古抓 ni⁴⁴zʅ·ən¹ku⁴⁴tʂua⁴⁴：多指东西油腻，不干净。

102. 眼泪怕朴 niæ̃⁵³lu³pʰa⁴⁴pʰu¹]：泪流不止的样子。

103. 眼目时下 niæ̃⁵³mu³sʅ²⁴ɕia⁴⁴：指迫在眉睫的形势。

104. 蔫头耷拉 niæ̃²¹tʰəu²⁴ta⁴⁴la¹：无精打采的样子。

105. 眼浅皮薄 niæ̃²¹tsʰiæ̃⁵³pʰi²⁴pʰə²⁴：目光短浅，为人鄙薄。

106. 撵前段后 niæ̃⁵³tsʰiæ̃³tuæ̃⁴⁴xəu⁴⁴：四处追赶或者形影不离的样子。

107. 牛吼天气 niəu²⁴xəu²tʰiæ̃²¹tɕʰi⁴⁴：指风声或叫喊声特别大。

108. 牛儿圪刀 niəur²⁴kə⁴⁴tɔ⁴⁴：多指小孩子闹情绪。

109. 拧筋连弦 niŋ²⁴tɕiŋ²¹vu⁵³ɕiæ̃³：指关系不和或做事不合情理。

110. 硬七圪帮 niŋ⁴⁴tsʰi²¹kə⁴⁴paŋ⁴⁴：指饭菜做得生硬，不合口味。

111. 硬碰石磕 niŋ⁴⁴pʰəŋ⁴⁴ʂɿ²⁴kʰə²¹³：条件不成熟，勉强做事。

112. 暗个溜溜 ŋæ̃⁴⁴kə¹liəu⁵³liəu³：突然。

113. 半老起身 pæ̃⁴⁴lɔ¹tɕʰi⁵³ʂəŋ³：指人行将步入老年，做事还不够稳重。

114. 包脓养疮 pɔ²¹luŋ²⁴iaŋ⁵³tʂʰuaŋ³：包庇祸患。

115. 北二南山 pei²¹ər⁴⁴næ̃²⁴sæ̃²：指方圆周围的地方。

116. 百屁不懂 pei²¹pʰɿ⁴⁴pu²¹tuŋ⁵³：啥也不知道。

117. 白词浪杠 pei²⁴tsʰɿ²laŋ⁴⁴kaŋ⁴⁴：呈现白色，使人不舒服。

118. 编科弄谎 piæ̃²⁴kʰuə³luŋ⁴⁴xuaŋ⁵³：指经常说假话。

119. 冰锅冷灶 piŋ³⁵kuə²¹ləŋ⁴⁴tsɔ⁴⁴：形容眼前情景凄凉。

120. 不觉圪已 pu⁴⁴tɕyæ̃²¹kə⁴⁴i⁴⁴：不知不觉，多指时间过得快。

121. 爬沟溜渠 pʰa²⁴kəu²liəu⁴⁴tɕʰy²⁴：投机钻营，善于奉承。

122. 病儿疾儿 pʰiər⁴⁴tsʰiər²⁴：经常患病。

123. □油圪衍 pʰia²¹iəu²⁴kə⁴⁴iæ̃¹：流质的东西盛得太满，快要流出的样子。

124. 铺头盖面 pʰu²¹tʰəu²⁴kei⁴⁴miæ̃⁴⁴：指声势浩大或财源滚滚。

125. 泼里泼仗 pʰə²¹li³pʰə²¹tʂaŋ⁴⁴：干活不怕苦和累。

126. 泼汤衍水 pʰə²¹tʰaŋ²⁴iæ̃⁴⁴ʂuei¹：流质的东西不断从器皿中溢出来。

127. 屁股三扬 pʰɿ⁴⁴ku¹sæ̃²¹iaŋ²⁴：为人做事太张扬。

128. 杀死彭腾 sa²¹sɿ⁵³pʰəŋ⁴⁴tʰəŋ⁴⁴：义同"杀死亡命"。

129. 杀死亡命 sa²¹sɿ⁵³vaŋ²⁴miŋ⁴⁴：做事不惜牺牲一切。

130. 山蛮野道 sæ̃²¹mæ̃²⁴iə⁵³tɔ⁴⁴：为人做事缺乏教养，粗野无礼。

131. 散披合叶 sã⁵³pʰei²¹xə²⁴iə²：指穿戴不整齐。

132. 三扑两砍 sã²⁴pʰu²¹liaŋ²¹kʰã⁵³：气势汹汹地做出武斗的样子。

133. 三折两头 sã²⁴tʂə³liaŋ⁵³tʰəu²⁴：经常。也说成"三折两儿"。

134. 生里圪巴 səŋ²¹li⁵³kə⁴⁴pa¹：陌生。

135. 生头熟哇 səŋ²¹tʰəu²⁴ʂu²⁴va³：指食物做得不太熟。

136. 搜儿倒腾 səu²¹ər²⁴tɔ⁴⁴tʰəŋ¹：四处搜寻。

137. 瘦劲巴斯 səu⁴⁴tɕiŋ¹pa⁴⁴sɿ⁴⁴：人体形消瘦但很有力气的样子。

138. 瘦死连件 səu⁴⁴sɿ¹liã²⁴tɕʰiã⁴⁴：非常消瘦、皮包骨头的样子。

139. 细眉圪眼 si⁴⁴mi¹kə⁴⁴niã¹：细小的样子。

140. 想儿法儿 siaŋ⁴⁴ər¹fa²⁴ər²：想尽各种办法。

141. 秀眉圪眼 siəu²⁴mi¹kə⁴⁴niã¹：指视力不好，眼睛怕光的样子。

142. 邪魔外道 siə²⁴mə²⁴vei²⁴tɔ⁴⁴：不正经的事情。

143. 心急没乱 siŋ²¹tɕi²⁴mə⁴⁴luã⁴⁴：寂寞，心慌。

144. 索里马垮 suə²¹li²⁴ma⁴⁴kʰua¹：衣着破损严重或果实累累的样子。

145. 松娃不黑 suŋ²¹va²⁴pu⁴⁴xei¹：形容绳索等捆绑不结实或衣着宽大而不合身。

146. 死狗流红 sɿ²¹kəu⁵³liəu²⁴xuŋ²⁴：指不学正道、蛮横无理的作风。

147. 死狗呵呵 sɿ²¹kəu⁵³xəu⁵³xəu³：形容无赖的样子。

148. 四路八下 sɿ⁴⁴lu⁴⁴pa²¹xa⁴⁴：处处，到处。

149. 死眉瞪眼 sɿ⁵³mi³təŋ⁴⁴niã⁵³：形容灯火不旺盛或精神低落。

150. 适模象样 sɿ²⁴mə²siaŋ⁴⁴iaŋ⁴⁴：像模像样。

151. 使性弄气 sɿ⁵³siŋ³luŋ⁴⁴tɕʰi⁴⁴：耍脾气，使性子。

152. 死声哇喝 sɿ⁵³ʂəŋ³va⁴⁴xə¹：形容大声哭叫。

153. 死人滥拽 sɿ⁵³zəŋ³lã⁴⁴tʂʰuei⁴⁴：非常沉重的样子。

154. 深坑老窖 ʂəŋ²⁴kʰəŋ²¹lɔ⁵³tɕiɔ³：地面凹凸不平的样子。

155. 折腰马垮 ʂə²⁴iɔ²¹ma⁴⁴kʰua¹：腰腿有病，走起路来蹒跚不稳的样子。

156. 十达五儿 ʂʅ²⁴ta²vur⁵³：偶尔，也说成"十儿五儿"。

157. 十泼九泪 ʂʅ²⁴pʰər³tɕiəu⁵³luei⁴⁴：形容伤心时泪流得多。

158. 失急慌忙 ʂʅ²¹tɕi²⁴xuaŋ²¹maŋ²⁴：慌慌张张的样子。

159. 蜇人圪即 ʂʅ²⁴zˌən²kə⁴⁴tsi¹：疼痛钻心或酸涩难挨的样子。

160. 束手缚脚 ʂu²⁴ʂəu⁵³fə²⁴tɕyə²：比喻做事顾忌多，放不开手脚。

161. 耍打流失 ʂua⁵³ta³liəu²⁴ʂʅ²：做事敷衍塞责，不负责任、随随便便。

162. 水行磨转 ʂuei⁵³ɕiŋ³mə⁴⁴tʂæ̃⁴⁴：事情照常运转。

163. 水郎沓即 ʂuei⁵³laŋ³tʰa⁴⁴tsi¹：湿漉漉的样子。

164. 唇眉达眼 ʂuŋ²⁴mi²ta⁴⁴niæ̃¹：没有羞耻的样子。

165. 唇眼划皮 ʂuŋ²⁴niæ̃⁵³hua⁴⁴pʰi²⁴：没有羞耻的样子。

166. 大言不惭 ta⁴⁴ⁱiæ̃²⁴pu²¹tsʰæ̃⁵³：说大话而毫不感到难为情。

167. 大狗巴屎 ta⁴⁴kəu¹pa²¹sʅ⁵³：大大咧咧的样子。

168. 大睁两眼 ta⁴⁴tsəŋ¹liaŋ²¹niæ̃⁵³：明摆着的事实。

169. 打扎合严 ta⁵³tsa³xə²⁴niæ̃²⁴：总共，加起来。

170. 打捶泡浆 tɕ⁵³tʂʰuei²⁴pʰɔ⁴⁴tsiaŋ⁴⁴：打架斗殴。

171. 蛋蛋哇块 tæ̃⁴⁴tæ̃¹va⁴⁴kʰuei¹：指表面不平整，有块状物。

172. 挡脚拉手 taŋ⁴⁴tɕyə¹la⁴⁴ʂəu⁵³：碍手碍脚。

173. 刀棱马垮 tɔ²¹nəŋ²⁴ma⁵³kua³：走路或睡觉的姿势不稳当。

174. 刀刀见血 tɔ²⁴tɔr²¹tɕiæ̃⁴⁴ɕiə²¹³：斤斤计较的样子。

175. 得故意之 tei²¹ku⁴⁴i⁴⁴tsʅ¹：故意，蓄意，也说成"利故意之"。

176. 灯尽火灭 təŋ²¹tsʰiŋ⁴⁴xuə⁵³miə³：原指油灯枯竭。比喻灰飞烟灭。

177. 滴溜眼转 ti²¹liəur²⁴niæ̃⁵³tʂuæ̃⁴⁴：机灵过度。常含贬义。

178. 滴里叨唠 ti²¹li²⁴tɔ²⁴lɔ²：①人与人之间有矛盾或隔阂。②暗中发牢骚。

179. 底底不挪 ti⁵³tiər³pu²¹luə²⁴：马上要求兑现某事。

180. 掂劲没量 tiæ̃²⁴tɕiŋ²mə²¹liaŋ⁴⁴：自不量力。

181. 吊吊不分 tiɔ⁴⁴tiɔ⁴⁴pu⁴⁴ɕi¹：指次数少而没有规律。

182. 刁飞野诈 tiɔ²⁴fei²iə⁵³tsa⁴⁴：为人欺诒狡诈。

183. 刁吃抢喝 tiɔ²⁴tʂʰˌʅ²tsʰiaŋ⁵³xə²¹³：在食物面前相互争抢，不知礼让。

184. 跌死绊活 tiə²¹sʅ⁵³pæ̃⁴⁴xuə²⁴：决心很大，不惜牺牲一切。

185. 跌脚绊手 tiə²⁴tɕyə²pæ̃⁴⁴ʂəu⁵³：因痛苦、沮丧等原因捶胸顿足。

186. 爹里世瓦 tiə⁵³li³ ʂɿ⁴⁴va⁵³：指小孩子因挑食等原因而不好好吃饭。

187. 堆三囊四 tuei²⁴sæ̃²naŋ⁵³sɿ⁴⁴：形容东西堆得很多，摆放不整齐。

188. 躲介溜滑 tuə⁵³tɕiə³liəu⁴⁴xua²⁴：故意躲避。

189. 淘气圪娘 tʰɔ²⁴tɕʰi⁴⁴kə⁴⁴niaŋ¹：指和人闹别扭。

190. 抬三祸四 tʰei²⁴sæ̃²xuə⁴⁴sɿ⁴⁴：搬弄是非，制造矛盾。

191. 头风头水 tʰəu²⁴fəŋ²tʰəu²⁴ʂuei⁵³：指第一次见面或接触。

192. 秃舌□老 tʰu²¹ʂə²⁴pia⁴⁴lɔ¹：也说成"秃舌巴老"，多指小孩年龄太小，说话吐字不清。

193. 拖眉黏眼 tʰuə²¹mi²⁴zɿæ̃²⁴niæ̃⁵³]：天气等状况时好时坏的样子。

194. 拖头不断 tʰuə²⁴tʰəu²⁴pu²¹tʰuæ̃：连绵不断。

195. 急流什哇 tɕi²⁴liəu²ʂɿ⁴⁴va¹：非常着急的样子。

196. 几加气儿 tɕi⁵³tɕia²¹tɕʰiər⁴⁴：几方面的原因造成某种结果。

197. 揭天害地 tɕiə²⁴tʰiæ̃²¹xei⁴⁴tʰi⁴⁴：折腾得鸡犬不宁，不得安生。

198. 九子十壳 tɕiəu²¹tsɿ⁵³ʂɿ²⁴kʰə²：万不得已。

199. 经不溜溜 tɕiŋ²¹pu²⁴liəu⁴⁴liəu¹：经常，频繁。

200. 惊丝圪道 tɕiŋ²⁴sɿ²¹kə⁴⁴tɔ⁴⁴：故意找茬闹事。

201. 倔里圪巴 tɕyə⁵³li³kə⁴⁴pa¹：待人态度生硬，令人反感。

202. 起根发苗 tɕʰi⁵³kəŋ³fa²¹miɔ²⁴：事情的起源。

203. 欺凇怕很 tɕʰi²⁴suŋ²⁴pa⁴⁴xəŋ⁵³：欺软怕硬。

204. 起土三尺 tɕʰi²¹tʰu⁵³sæ̃²⁴tʂʰɿ²¹³：做事声势浩大。

205. 气红毛爹 tɕʰi⁴⁴xuŋ⁴⁴mɔ⁴⁴tsa⁴⁴：气喘吁吁的样子。

206. 强筋巴老 tɕʰiaŋ⁴⁴tɕiŋ¹pa⁴⁴lɔ¹：性格执拗，不知变通。

207. 撬劲巴老 tɕiɔ⁴⁴tɕiŋ¹pa⁴⁴lɔ¹：木材或家具因潮湿等原因变形弯曲。

208. 挈脚爹手 tɕʰiə²⁴tɕyə²¹tsa⁴⁴ʂəu⁵³：动手动脚做出唬人的样子。

209. 轻天破地 tɕʰiŋ²¹tʰiæ̃³⁵pʰə⁵³tʰi³：非常高兴。

210. 全匡浪之 tɕʰyæ̃²⁴kʰuaŋ²laŋ⁴⁴tsɿ¹：全部，所有。

211. 缺气拉拉 tɕʰyə⁵³tɕʰi⁴⁴la¹la¹：可怜巴巴，不自信。

212. 爹憋舞势 tsa⁴⁴piə²¹vu⁵³ʂɿ⁴⁴：张牙舞爪。

213. 扎里黑娃 tsa²¹li²⁴xei²¹va³：手感粗糙或刺人。也说成"扎里不黑"。

214. 贼里窟出 tsei^{24}li^{2}kʰu^{44}tʂʰu^1：因干不正当事而露出惊疑的神色。也说成"贼眉鼠眼"。

215. 侧能马垮 tsei^{21}nəŋ^{24}ma^{44}kʰua^{44}：走姿、坐姿或睡姿不端正。

216. 栽筋奄头 tsei^{24}tɕiŋ^{2}ta^{44}tʰəu^{24}：走路摇摇晃晃、快要跌倒的样子。

217. 争眉失眼 tsəŋ^{21}mi^{24}ʂʅ^{44}niæ^1：说话做事荒谬，违背情理而不计后果。

218. 挣死亡命 tsəŋ^{44}sʅ^{1}vaŋ^{24}miŋ^{44}：做事非常努力、卖力气。

219. 争等如何 tsəŋ^{21}təŋ^{53}z̩u^{24}xə^{24}：诸如此类。

220. 争长竞短 tsəŋ^{21}tʂʰaŋ^{24}tɕiŋ^{44}tuæ̃^{53}：是非长短，也说成"扎长竞短"。

221. 皱里圪抽 tsəu^{44}li^{1}kə^{44}tʂʰu^{44}：皱皱巴巴的样子。

222. 走途末路 tsəu^{53}tʰu^{3}mə^{21}lur^{44}：边走路边做事的样子。

223. 唧流怪声 tsi^{44}liəu^{1}kuei^{44}ʂəŋ^1：因受到惊吓而突然发出怪叫声。

224. 挤密日月 tsi^{44}mi^{1}z̩^{44}yə^1：指按日期精打细算，没有回旋的余地。

225. 挤死呵囊 tsi^{21}sʅ^{53}xə^{44}naŋ^{44}：十分拥挤的样子。

226. 浆汤末水 tsiaŋ^{21}taŋ^{24}mə^{44}ʂuei^1：唠叨不止，尽说一些无用的话。

227. 尽死没量 tsiŋ^{53}sʅ^{3}mə^{21}liaŋ^{44}：尽最大的限度做事情。

228. 精脚亮片 tsiŋ^{24}tɕyə^{2}liaŋ^{44}pʰiæ̃^{53}：双脚赤裸。

229. 精沟亮弦 tsiŋ^{24}kəu^{21}liaŋ^{44}ɕiæ^{24}：赤裸下身。

230. 撮里圪巴 tsuə^{21}li^{3}kə^{44}pa^1：味儿酸涩。也说成"撮不拉即"。

231. 指窗骂门 tsʅ^{53}tʂʰuaŋ^{3}ma^{44}məŋ^{24}：与"指桑骂槐"意义相同，指着窗户，骂的却是门。

232. 叉儿磕儿 tsʰar^{44}kʰər^{24}：指有意要套问一些曲折隐晦的事情。

233. 叉边合拉 tsʰa^{53}piæ^{21}xə^{24}la^2：多指女子叉着双腿，动作不雅。

234. 柴迷草胡 tsʰei^{24}mi^{24}tsʰɔ^{53}xu^{24}：指柴草等杂物混杂在里面，不干净。

235. 瞅红灭黑 tsʰəu^{53}xuŋ^{24}miə^{24}xei^{213}：比喻趋炎附势、落井下石。

236. 千辈亡日 tsʰiæ^{21}pei^{44}vaŋ^{24}z̩^{2}：骂人很凶的样子。

237. 千嫁万汉 tsʰiæ^{21}tɕia^{44}væ^{44}xæ^{44}：对妇女辱骂。

238. 情脚愿手 tsʰiŋ^{24}tɕyər^{213}yæ^{44}ʂəu^{53}：甘愿、情愿。

239. 清汤寡水 tsʰiŋ²¹tʰaŋ²⁴kua⁴⁴ʂuei¹：形容饭菜等汤多料少。

240. 清汤颗子 tsʰiŋ²⁴tʰaŋ²kʰuə⁵³tsɿ²：完完全全。

241. 粗唇哇老 tsʰu²¹ʂuŋ²⁴va⁴⁴lɔ¹：皮肤粗糙。

242. 胀死拉夸 tʂaŋ⁴⁴sɿ¹laŋ⁴⁴kʰua⁴⁴：吃东西吃得太撑。

243. 张眉达眼 tʂaŋ²⁴mi²ta⁴⁴niæ¹：反应迟钝。

244. 长丝烂杆 tʂʰaŋ²⁴sɿ¹læ⁴⁴kæ⁵³：东西长短不一的样子。

245. 臭郎不即 tʂʰəu⁴⁴laŋ¹pu⁴⁴tsi¹：待人处事不热情，态度冷淡。

246. 吃心连命 tʂʰɿ²⁴siŋ²liæ²⁴miŋ⁴⁴：抚养婴幼儿担惊受怕的样子。

247. 着急八忙 tʂʰə²⁴tɕi²⁴pa²¹maŋ²⁴：紧急情况下。

248. 抓打挖掀 tʂua²¹ta⁵³va²¹ɕiæ²⁴：指小孩子因无聊而乱摸乱动的样子。

249. 肿脸圪朋 tʂuŋ⁵³niæ³kʰəŋ⁴⁴pʰəŋ¹：指脸面肿胀的样子。

250. 闯祸百端 tʂʰuaŋ⁵³xuə⁴⁴pei⁴⁴tuæ⁴⁴：不断闯祸。

251. 锤锤不跌 tʂʰuei²⁴tʂʰuei²⁴pu⁴⁴tiə²¹³：雷打不动的样子。

252. 重沓么斯 tʂʰuŋ²⁴tʰa²məⁿ⁴⁴sɿ⁴⁴：说话重复唠叨。

253. 重重叨鬼 tʂʰuŋ²⁴tʂʰuŋ²tɔ⁴⁴kuei¹：说话没有头绪，反复啰唆，惹人生厌。

254. 挖脓不唧 va⁴⁴luŋ²⁴pu⁴⁴tsi¹：与泥水之类的东西接触，显得脏兮兮的样子。

255. 瓦乌世老 va⁴⁴vu¹ʂɿ⁴⁴lɔ⁴⁴：形容漆黑一团。

256. 宛儿圈儿 vær⁴⁴tɕʰyær²⁴：说话或走路绕弯子。

257. 王光不招 vaŋ²⁴kuaŋ²¹³pu⁴⁴tʂɔ²¹³：多指小孩不理睬大人的吩咐。

258. 歪家圪斗 vei²¹tɕia²⁴kə⁴⁴təu⁴⁴：形容木料等弯曲得厉害。

259. 温齐古抓 vəŋ²¹tsʰi²⁴ku⁴⁴tʂua¹：胃肠受凉，感到不舒服。

260. 无力打采 vu²⁴li²ta²¹tsʰei⁵³：疲劳过度，没有一点精神。

261. 五麻六道 vu⁵³mə³liəu²¹tɔ⁴⁴：乱七八糟。

262. 无所不止 vu²⁴ʂuə⁵³pu²¹tsɿ⁵³：各种稀罕的样品都有。

263. 五大三粗 vu⁵³ta⁴⁴sæ²⁴tsʰu²¹³：形容人体格健壮魁梧。

264. 乌七怪眼 vu²⁴tsʰi²kuei⁴⁴niæ⁵³：多指模样儿非常奇怪或世上罕有。

265. 窝里窝佬 və²¹li²⁴və⁴⁴lɔ¹：胆小怕事，不擅交际。

266. 瞎眯失眼 xa²¹mi²⁴ʂ̩⁴⁴niæ¹：指没看清楚或没看见（贬义）。

267. 汗泼流水 xæ⁴⁴pʰər¹liəu²⁴ɕuei⁵³：汗流浃背的样子。

268. 颔水不郎 xæ²¹ɕuei⁵³pu⁴⁴laŋ¹：涎水流溢的样子。

269. 好木生生 xɔ⁵³mu³səŋ²⁴səŋ²：无缘无故。也说成"好木无故"。

270. 黑天抹地 xei²¹tʰiæ³mə⁵³tʰi⁴⁴：黑暗中。

271. 黑揣什末 xei²¹tʂʰuei⁵³ʂ̩⁴⁴mə¹：黑灯瞎火。

272. 黑麻乌老 xei²¹ma²⁴vu⁴⁴lɔ¹：指人脸面很脏，不干净。

273. 黑眉涂眼 xei²¹mi²⁴tʰu⁴⁴niæ⁵³：表面乌黑的样子。

274. 黑打糊涂 xei²¹ta⁵³xu²⁴tu²：做事不清楚、不明白，使自己或他人摸不着头脑。

275. 黑黑不明 xei²¹xei⁵³pu²¹miŋ²⁴：不明不白。

276. 囫囵哇块 xu²⁴luŋ²va⁴⁴kʰuei⁵³：指吃东西来不及嚼碎。

277. 胡吃白赖 xu²⁴tʂʰʅ²¹pei²⁴lei⁴⁴：浑水摸鱼贪图便宜。

278. 胡吹冒料 xu²⁴tʂʰuei²¹mɔ⁴⁴liɔ⁴⁴：说大话，吹牛。

279. 黄死烂水 xuaŋ²⁴sʅ²læ⁴⁴ɕuei¹：面黄肌瘦。

280. 慌脚乱手 xuaŋ²⁴tɕyæ²luæ⁴⁴ʂəu⁵³：做事慌张，义同"手忙脚乱"。

281. 灰火不黏 xuei²¹xuə⁵³pu²¹ʐæ²⁴：互相没有任何关系。

282. 宏吃大喝 xuŋ²⁴tʂʰʅ²¹ta⁴⁴xə²¹³：指日子好过，丰衣足食。

283. 昏头拉斯 xuŋ²⁴tʰəu²la⁴⁴sʅ⁴⁴：昏昏沉沉的样子。

284. 活捉欠拿 xuə²⁴tʂuə²tɕʰiæ⁴⁴na²⁴：做事容易，不费吹灰之力。

285. 呵里大阵 xə²¹li²⁴ta⁴⁴tʂəŋ⁴⁴：人数特别多的样子。

286. 呵里倒腾 xə²¹li²⁴tɔ⁴⁴tʰɔ¹：做事果断迅速。

287. 喝天哇地 xə⁵³tʰiæ³va⁴⁴tʰi¹：说话声音特别大，盛气凌人。

288. 黏粘五四 ʐæ²⁴niæ²vu⁵³sʅ⁴⁴：非常执着，不肯放弃（常含贬义）。

289. 柔劲巴斯 ʐəu²⁴tɕiŋ³pa⁴⁴sʅ⁴⁴：食物做得不好，吃起来柔软而不易断裂。

290. 软筋踏斯 ʐuæ⁵³tɕiŋ³tʰa⁴⁴sʅ⁴⁴：没有力量。

第六节　阿拉伯语、波斯语借词

隆德县内有回族人口约 2 万人。这些回族人口主要集中居住在县境西北部的杨河乡和张程乡。其他乡镇也零星居住着一些回族人口。因工作、经商和供给孩子上学等方面的原因，隆德县城也生活着部分回族群众。这些回族同胞在使用当地汉语方言的同时，与汉族所使用的方言最大的区别在于保留了一部分阿拉伯语和波斯语借词。这部分借词有宗教、礼俗用语，也有一部分日常用语。根据回族学者杨占武的研究（2002 年），波斯语主要用于宗教和礼俗场所，阿拉伯语主要用于日常生活中。需要说明的是，这些借词同样流传在宁夏乃至西北地区的回族社区中。这部分借词汉族人在族内交往中不用，但在回汉族际交往中，汉族人能听懂或偶尔使用。

为方便对照和查阅，每条借词同时列出汉文、方言音标、阿拉伯文、拉丁文词形，最后释义。无论是汉文还是隆德方言注音，都不能准确记录这些借词的实际读音。准确读音当以阿拉伯文和拉丁文为准。本节内容中，阿拉伯文由宁夏固原一中回族老师马保云先生和回族大学生穆瑞祥帮助录入。拉丁文词形由河北大学国际教育学院毛里塔尼亚籍留学生 Bneijeck Mohamedou 帮助录入。词语排列按照拉丁文词形字母顺序为准。

一　阿拉伯语借词

1. 阿各里 ［$a^{21}kə^{24}li^2$］（العقل）［akle］：才智、心眼儿。

2. 尔林 ［$ər^{24}lin^3$］（العلم）［alilm］：科学家、学者。回族用以指称宗教学识渊博之人，中国穆斯林称"阿訇"为"阿林"。

3. 哈里发 ［$xa^{44}li^1fa^1$］（الخليفة）［alkhalifa］：原意为继承人。有些门宦的教众也称其传教人为"哈里发"。

4. 安拉 ［$ŋæ^{24}la^2$］（الله）［allah］：是伊斯兰教信奉的唯一的神，被视为创造宇宙万物的万能主宰，亦称真主。

5. 穆斯林 ［$mu^{44}sʅ^1lin^{24}$］（المسلم）［almuslim］：意为"顺从者"。专指顺从真主的旨意、能履行五功的人，是伊斯兰教信徒的通称。

6. 尔麦力 ［$ər^{21}mei^{44}li^1$］（عمل الصالحات）［amal salihas］：意为行为、举动、功修、善行。穆斯林把为了纪念亡人诵经的场面叫"尔麦里"或"过尔麦里"。

7. 舍希兹 ［$ʂɤ^{53}çi^3tsʅ^3$］（الشهيد）［chahid］：意为殉教者，烈士。

8. 都哇［tu²¹va²⁴］8l 3(1الدعاء) 9[douа]：意为祈祷、祈求。

9. 尔德［ər²⁴ti²］（عيد）［ead］：回族节日名称。

10. 古尔邦［kur⁵³paŋ²⁴］（عيد الأضحى）［ead el addha］：本义为"献牲"。后作回族节日名称。古尔邦节也称宰牲节（伊历太阴年十二月十日），每逢这天，穆斯林们沐浴礼拜，有经济能力的则宰牛羊等待客和献祭馈赠。

11. 顿亚［tuŋ⁵³ia³］（الدنيا）［edoua］：原意为"最近的"，也叫"今世"，又指人类目前生存的世界。

12. 衣扎布［i²¹tʂa²⁴pu²］（إيجاب）［ejab］：本义和"征询"。穆斯林把婚礼前阿訇当众询问男女双方是否同意结婚，并要求答应的问辞称为"念义扎布"。

13. 尼卡哈［ni²¹kʰa²⁴xa²］（النكاح）［enikah］：意为婚配。回民举行婚礼时，阿訇给新郎和新娘宣读主婚词叫"念尼卡哈"。

14. 白拉提［pei²¹za²⁴tʰi²］（البراءة）［elbara］：意为赦免，即伊斯兰教教历八月十五日以前，穆斯林向真主祷告求饶，以求得真主赦免自己全年的"罪过"，俗称"转白拉提"。

15. 哈迪斯［xa⁴⁴ti¹sʅ¹］（الحديث）［elhadiss］：意为言语。是伊斯兰教对穆罕默德的言行及其弟子言行的专称。

16. 哈志［xa²⁴tʂʅ²］（الحاج）［elhaj］：意为朝觐巡游圣地麦加等地的形式。也指到麦加朝觐过的人。

17. 虎图白［xu⁵³tʰu³pei³］（الخطبة）［elkhousba］：意为"演讲"，即伊斯兰教长或专职人员在主麻和宗教节日里用阿拉伯语所作的宣讲教义的演讲。

18. 古兰［ku⁵³læ̃²⁴］（القرآن）［el quran］：意为"诵读"，也指伊斯兰教最高经典《古兰经》。

19. 塞拜卜［sei²¹pei²⁴pu²］（السبب）［elsabab］：意为机遇、机缘、原因。

20. 色瓦布［sei²¹va²⁴pu²］（الثواب）［elshoube］：感谢、报酬、回赏。

21. 讨白［tʰɔ⁵³pei³］（توب）［elsoube］：意为忏悔。伊斯兰教主张，穆斯林有了过错，必须真诚地向安拉悔过。

22. 伊玛尼 ［i⁵³ma²⁴ni²］（الإيمان）［eman］：意为信仰。伊斯兰教主张信安拉、信天仙、信经典、信先知、信前定、信后世。

23. 泰各瓦 ［tʰei⁴⁴kə¹va²⁴］（التقوى）［esaghwa］：意为虔诚。

24. 太土卧儿 ［tʰei⁴⁴tʰu¹vər¹］（تطوّع）［esasawou］：意为副功拜，即除了五番拜之外的拜功和善举的统称。

25. 太斯逼黑 ［tʰei⁵³sʅ¹pi²⁴xei²］（التسبحة）［esassbih］：本为赞颂真主之意。中国穆斯林称"念珠"为"太斯逼黑"。

26. 法依代 ［fa⁵³i³tei³］（فائدة）［fayida］：好处、利益。

27. 尕勒布 ［ka⁵³lei³pu³］（قلب）［ghalb］：心脏。

28. 乌苏里 ［vu²⁴su²li²］（غسل）［ghassil］：大净。

29. 穆热卧提 ［mu⁴⁴zʅə¹və⁴⁴tʰi¹］（مروة , هدية）［hadiya］：礼物。

30. 侯坤 ［xəur⁴⁴kHuŋ¹］（الحكم）［hakam］：指伊斯兰教所规定的教法、规则。

31. 哈俩里 ［xə²¹lia²⁴li²］（حلال）［halall］：伊斯兰教规定为正当的、合法的事。穆斯林也用此语来称呼自己的妻子。

32. 哈拉姆 ［xə²¹zʅa²⁴mu²］（حرا）［haran］：伊斯兰教认为不合教法规定的、所禁止的言语、行为、食物。

33. 哈儿足 ［xar⁴⁴tsu¹］（حيض）［hayd］：意为月经。

34. 伊玛目 ［i²¹ma²⁴mu³］（إمام）［imam］：清真寺的领拜人、族长或阿訇。

35. 多灾海 ［tuə⁵³tsei⁴⁴xei¹］（جهنّم）［jahama］：意为地狱、火狱。为伊斯兰教实施惩罚的处所。

36. 准拜 ［tʂun⁵³pei³］（جلباب）［jalaiya］：礼拜用的长衫。

37. 哲那孜 ［tʂə²¹na⁵³tsʅ³］（جنّاز）［janard］：殡礼。在埋葬亡人前，由一个率领，集体向真主为亡人进行祈祷的仪式叫"站哲那孜"。

38. 克尔白 ［kʰər⁵³pei³］（الكعبة）［kaba］：即天房。是麦加圣寺内的一座方形石殿的名称，为穆斯林朝拜中心，无论哪里的穆斯林做礼拜时，全都朝着"克尔白"。

39. 卡菲日 ［kʰa⁵³fei³zʅ³］（كافر）［kafir］：意为异教徒。

40. 亥贴 ［xei²⁴tʰi²］ （**ختم القرآن**） ［khasm el quran］：指《古兰经》的选读本。

41. 狠贼日 ［xəŋ⁴⁴tsei¹zʅ¹］ （**خنزير**） ［khinzir］：猪，也是穆斯林对讨厌的、憎恨的、不喜欢的人所用的咒骂语。

42. 卡凡 ［kʰa²¹fæ²⁴］ （**الكفن**） ［kifne］：裹尸布。通称"穿布"。一般只使用白棉布。

43. 拱北 ［kuŋ⁵³pei³］ （**القبّة**） ［koubaa］：穹拱圆顶建筑物，西北穆斯林把有名望人的坟墓称"拱北"。

44. 麦克鲁哈 ［mei²⁴kʰə²lu²⁴xa²］ （**مكروه**） ［makrouh］：意为可憎、可恶、被讨厌的。

45. 毛提 ［mɔ⁵³tʰi³］ （**الموت**） ［mawse］：死亡。

46. 埋体 ［mei⁵³tʰi³］ （**الميت**） ［mayiss］：亡人、死者，引申为尸体。

47. 乌巴力 ［vu²¹pa²⁴li²］ （**مسكين,فقير**） ［misskin faghir］：可怜。

48. 尼尔麦提 ［niər²⁴mei⁴⁴tʰi²］ （**النعمة**） ［nema］：粮食、食物。

49. 塔布提 ［tʰa²¹pu⁴⁴tʰi²⁴］ （**تابوت**） ［sabouss］：抬送亡人用的灵床或埋体匣子，平时放于清真寺。

50. 乜贴 ［niə⁵³tʰiə³］ （**الصدقة,الهبة**） ［sadagha］：意为施舍。

51. 苏勒 ［su²⁴zʅ²］ （**السورة**） ［soura］：意为"章"，是《古兰经》各章的专称。一章为一个"苏勒"。

52. 索尔 ［suər⁵³］ （**السور**） ［soura］：意为经文。

53. 满拉 ［mæ̃⁵³la³］ （**طالب العلم فى المسجد**） ［talibou al ilm vi almasjid］：即穆特尔里清真寺里念经的学生。

54. 色俩目 ［sə²¹lia²⁴mu²］ （**وعليكم السلام!**） ［wa aleikoum essalam］ 答 **السلام عليكم!** ［essalam aleikoum］ 问）：祝安词。回民见面互道色俩目，表示相互问好。

55. 卧儿兹 ［vər⁵³tsʅ³］ （**الوعظ الديني**） ［waaz dini］：意为劝诫、忠告。伊斯兰宗教人员在聚礼日向穆斯林宣讲教义叫"讲卧儿兹"或"说卧儿兹"。

56. 瓦知卜 ［va⁵³tʂʅ³pu³］（**واجب**）［wajibe］：意为当然拜。

57. 呀兰毕 ［ia²¹z̧æ̃⁵³pi²］（**يا ربي**）［ya rabi］：意为"我的造物主啊!"是穆斯林悲伤呼吁时发出的祈祷语。

58. 耶给尼 ［iə²¹kei⁴⁴ni¹］（**اليقين**）［yakine］：意为信念、主见。

59. 耶梯目 ［iə²¹tʰi²⁴mu²］（**اليتيم**）［yasim］：意为孤儿。

60. 主麻 ［tʂu⁵³ma³］（**يوم الجمعة**）［yawmeljouma］：星期五，穆斯林的聚礼日。

二　波斯语借词

1. 胡达 ［xu²¹ta²⁴］（**الله**）［allah］：是回族穆斯林对真主的波斯语称谓。

2. 多斯提 ［tuə⁵³sʅ³tʰi³］（**أخ فى الدين**）［akh vi elislam］：朋友。是穆斯林对兄弟和教友的爱称。复数形式为"多斯提尼"，意指朋友们。

3. 别马勒 ［piə²⁴ma²⁴z̧ʅ²］（**بيمار**）［bimar］：不舒服，有点病痛。

4. 鼠迷 ［tʂʰu⁵³mi²⁴］（**الشؤم**）［chawoum］：意为不幸，不吉利。

5. 依不利斯 ［i²⁴pu²¹li⁴⁴sʅ¹］（**ابليس**）［ebliss］：古希伯来语，魔鬼。穆斯林也用作对心底不纯、图谋不轨、阴险狡猾者的卑称。阿拉伯语叫"筛塔尼"，波斯语也叫"迭屋"。

6. 阿布代斯 ［a²⁴pu²tei⁴⁴sʅ¹］（**وضوء**）［edoua］：意为小净，与大净相对。即礼拜时依次冲洗排泄器官、手、脸、肘、口、鼻、脚等。

7. 堵什蛮 ［tu⁵³sʅ³mæ̃³］（**عدو**）［adouw］：敌人、对头。是穆斯林对异教徒的憎称。

8. 邦克 ［paŋ²⁴kʰə²］（**الإيذان**）［eladane］：意为"召唤、提醒"。清真寺的宣礼员高声招喊教众来做礼拜，其辞主要以赞词和唤礼词为主。

9. 阿斯玛尼 ［a²⁴sʅ²mar⁵³ni³］（**السماء**）［essama］：意为天、天空、宇宙。

10. 法日作 ［fæ̃⁵³z̧ʅ³tsuə³］（**فرض**）［fard］：意为主命的、主命拜。

11. 乌苏 ［vu²⁴su²］（**غصّة**）［gassa］：意为烦恼，心烦意乱。

12. 胡失怒提 ［xu²⁴sʅ²nu²⁴tʰi²⁴］（**خشنوده**）［kashounti］：意为希望取

得长辈对自己言行的喜欢、宽容和谅解。

13. 买斯志兹［mei⁵³sʅ³tʂʅ⁴⁴tsʅ³］（**المسجد**）［masjid］：阿语，意为叩头处。中国穆斯林称作"清真寺"。

14. 撇什尼［pʰiə⁵³ʂʅ¹ni¹］（**صلاة الظهر**）［salas douhri］：晌礼，即午后一点至三点钟之间的礼拜。阿语称"祖核勒"。

15. 胡夫坦［xuə⁵³fu³tʰæ̃³］（**صلاة العشاء**）［salas el icha］：宵礼，又称"夜间拜"，即晚霞消失至黎明前的礼拜。阿语称"尔沙义"。

16. 沙目［ʂa²⁴mu²］（**صلاة المغرب**）［salass fajri］：意为昏礼，即日落后至晚霞消失前的礼拜。阿语称"迈额勒白"。

17. 邦卜达［paŋ⁵³pu³ta³］（**صلاة الفجر**）［salas maghrib］：晨礼，即黎明至日出前的礼拜。阿语称"法只力"。

18. 乃麻孜［nei²¹ma²⁴tsʅ²］（**الصلاة , نماز**）［salass nimar］：礼拜，是伊斯兰教的五功之一。

19. 叶客闪白［iə²⁴kʰə²ʂæ̃³pei²⁴］（**يوم الأحد**）［yamu alahad］：星期日。

20. 杜闪白［tu⁵³ʂæ̃⁵³pei²⁴］（**يوم الاثنين**）［yaw mou el issneine］：星期一。

21. 斜闪白［çiə²⁴ʂæ̃⁵³pei²⁴］（**يوم الثلاثاء**）［yaw mou salasan］：星期二。

22. 彻哈特闪白［tʂʰə²¹xa²⁴tʰə²ʂæ̃⁵³pei²⁴］：（**يوم الأربعاء**）［yamu alarbu a］：星期三。

23. 盼只闪白［pʰæ̃⁴⁴tʂʅ¹ʂæ̃⁵³pei²⁴］（**يوم الخميس**）［yamu alkamiss］：星期四。

24. 闪白［ʂæ̃⁵³pei³］（**يوم السبت**）［yamu sebte］：星期六。

第四章

语　法

第一节　构词

隆德话与普通话相比，在构词法方面有许多相同之处，如用词根复合法构成新词："善良（联合型）、热心（偏正型）、人口（中补型）、司机（动宾型）、月亮（主谓型）"等。隆德话构词法的特点主要表现在附加法和重叠法上，这方面名词的结构特点尤为突出。

一　名词的附缀和重叠

（一）名词的附缀

1. 名词的后缀

（1）后缀"子"

隆德话里，"子"缀的能产性和"子"缀名词的使用远远超过了普通话，结构也很有特点。"子"缀词从结构上可分为以下几类：

"A 子"式

料子_{不稳重的人}	韶子_{莽撞的人}	海子_{大湖}	冷子_{冰雹}	瓜子_{傻瓜}
操子_{不讲方言的人}	汉子_{个子}	对子_{对联}	里子	面子
马子_{情妇}	冠子_{鸡冠}			

"AA 子"式

水水子	汤汤子	树树子	苗苗子	旗旗子
房房子	盖盖子	楼楼子	桌桌子	凳凳子
坐坐子	头头子	草草子	轮轮子	壶壶子
刀刀子				

"AB 子"式

隔壁子_{邻居}	对门子_{对面邻居}	麦穗子	野狐子	崖狼子
嘴巴子	翎膀子	煤烟子	干粮子	二杆子
麦茬子	树林子	顶针子	牵舌子	丫伯子
蒜苗子	韭蕻子	背锅子	折腰子	没耳子
抢集子	钩捞子	七寸子_{—种类似壁虎的毒虫}		小姨子
小舅子	老婆子	地釉子	急猴子	蝇刷子
精沟子	暖锅子	辣角子	车轮子	火钳子
肉皮子	葱秧子	树栽子	树叶子	跳兔子
手梢子	精沟子	狗母子	锅煤子	二尾子
鞋楦子	料片子	冰溜子	街溜子	琴兰子_{人名}

爱年子_{人名}

在"A 子"式中，有的 A 是名词性语素，但加"子"缀后与原来的语素能够区别意义（例如"海子""冠子"）。有的 A 是动词性或形容词性语素，加"子"缀后改变了词性（例如"料子""冷子"）。"AA 子"结构在语法上具有表小义（量小或体积小、面积小）。"AB 子"结构有较强的构词能力。在"AB 子"名词里，有的 AB 是自由语素，可以独立成词，从而形成一组组子缀和非子缀等义词（例如"隔壁子""麦穗子""野狐子"），子缀词与非子缀词相比，口语语体色彩更强。有的双音节名词性语素附加子缀，起区别意义的作用。例如"七寸子"是一种毒虫，"七寸"表示长度；"小姨子"指妻妹，"小姨"指母亲的妹妹，"老婆子"指年老的妇女，"老婆"指妻子。在隆德话中，几乎所有的人名都可以附加子缀。

（2）后缀"儿"

"儿"缀名词，快读为儿化词（参看语音章节），慢读为儿尾词。一个词的儿化、儿尾读法并没有截然界限。结构上，"儿"缀词可以分为以下几类，其中，"AA 儿"式在语法上也有表小功能，这一点与"AA 子"的语法意义相当，但"AA 儿"与"AA 子"相比，略带喜爱色彩。

"A 儿"式

画儿	头儿	梨儿	兔儿	鸡儿	猫儿

"AB 儿"式

线杆儿	樊笼儿	帽角儿	几甲儿	香炉儿	板凳儿
铁勺儿	花园儿	阴凉儿	木渣儿	心眼儿	

"AA 儿"式

水水儿	豆豆儿	角角儿	尾尾儿	桌桌儿	缸缸儿
面面儿	沫沫儿	碗碗儿	布布儿	头头儿	帘帘儿
柜柜儿	纸纸儿	绳绳儿	旗旗儿	树树儿	亮亮儿

尖尖儿（尖锐物的顶端）

（3）后缀"头"

在以下各类"头"缀名词当中，前两类的用法跟普通话基本相同，最后一类比较特殊，具有较强的能产生。其语法意义是表示动词性语素所具有的价值。常常作"有/没有"一类词的宾语。例如"没吃头"其语法意义是没有吃的价值或不值得去吃。"有活头"其语法意义是活着有价值或值得活下去。

名词性语素+头：　砖头　　木头　　斧头　　东头　　前头　　后头
形容词性语素+头：热头　　高头　　老头　　甜头　　苦头
动词性语素+头：　吃头　　说头　　看头　　活头　　走头　　想头

（4）后缀"佷"

"佷"只能出现在形容词性语素后，表示具有这种品性的人，同时表达鄙视及憎嫌之感情。

| 瞎佷 | 坏佷 | 楞佷 | 张佷 | 能佷 | 细佷 | 孬佷 |
| 强佷 | 超佷 | 悖佷 | 死佷 | 懒佷 | 野佷 | 瓜佷 |

（5）后缀"娃子（娃儿）"

"娃子（娃儿）"是语义正在泛化的后缀，表示动物幼崽，带喜爱色彩，常表示家养动物的幼崽。

鸡娃子　鸭娃子　鹅娃子　猪娃子　狗娃子　驴娃子　兔娃子

（6）后缀"儿子"

"儿子"也是语义正在泛化的后缀，常表示野生动物的幼崽，带憎嫌色彩。

狼儿子　老虎儿子　长虫儿子　雀儿子　老鼠儿子　野狐儿子

2. 名词的前缀

（1）前缀"老"

在隆德方言中，前缀"老"用得较普遍，其中有些用法与普通话相同。它有下列几种用法。

用在排行前：老大　　老二　　老三　　老碎（排行最小者）

用在名词性语素前：老鸦　　老鼠　　老师　　老乡

用在姓氏前：老张　　老范　　老江　　老杨　老王

用在亲属称谓语前：老达达　老娘娘　　老爸爸（叔叔）　老婶婶
老哥　老嫂子　老姐姐　老妹子　老弟

在以上用法当中，最后一种用法比较特殊。亲属称谓语前附缀"老"在隆德方言中表示亲切和敬重。

（2）前缀"二"

隆德方言中，前缀"二"是较为特殊的前缀，其语法意义为对所指称的人含有鄙薄之情。

二人（轻狂的人）　二杆子　二流子　　二货　　二愣子　二馊

（二）名词复数的附缀

普通话部分指人的名词（或代词）在表示复数时，可加后缀"们"，如"朋友们""你们"。隆德方言在表示复数概念时与普通话有一定的差异："们"作为复数后缀在老派话中不用；个别复数后缀不限于指人名词，还可以指物名词。此外，还有表达复数概念的前缀。

1. 后缀"务 vu^{44}"

"务"作为复数名词的后缀，只用于少数几个亲属称谓语。如：

弟兄务　　姊妹务　　先后务（妯娌们）

2. 后缀"都 $təu^0$"

复数后缀"都"既可以用于指人名词，还可以用于指物名词。

女人都	男人都	娃娃都	大汉都	老汉都
婶婶都	邻居都	贼娃子都	麦客子都	
碗都	筷子都	衣裳都	树都	草都　　鞋都

3. 前缀"以圪 $i^{53}kə^3$"

以圪男人　　以圪女人　　　以圪老师　　　以圪娃娃伙儿
以圪年轻人　以圪老汉　　以圪老婆子（老年妇女们）
以圪贩子　　以圪叫花子

"以圪"为同音字，本字待考。"以圪"只能用在表示人的名词前。例：

以圪男人耕地，以圪女人做针线活。

庄里以圪年轻人到城里打工去了。

(三) 名词的重叠

1. "AA" 式

水水　　草草　　帘帘　　纸纸　　花花　　钉钉　　盖盖　　　碗碗　　筒筒

碟碟　　铃铃　　树树　　手手　　腿腿　　角角　　眼眼　　　洞洞　　叶叶

杆杆　　边边　　帽帽　　钉钉　　卡卡 (狭窄的地方)　　　豁豁　　缝缝

房房　　楼楼

隆德方言当中,有的语素 A 重叠以后,在语法上泛指小的意义 (量小、体积小、面积小)。例如"水水"与"水"相比,可能指几滴水或少量水。"草草"与"草"相比,可能指几株草或低矮的草。这些 AA 重叠式名词,同时可以附加子缀或儿尾。

2. "AAB" 式

罐罐茶　　窝窝茶　　盒盒饭　　丸丸药　　毛毛雨　　苦苦菜

面面药　　独独蒜　　格格布　　卷卷纸　　嘣嘣车

以上"AAB"式名词当中,语素 A 有的表盛具,有的表性状,起描写作用。

3. "ABB" 式

里面面　　后面面　　左面面　　右面面　　左边边　　右边边

下面面　　上面面　　外头头　　喝头头 (最里面或最深处)　　　前头头　　后头头　　中间间　　底下下

以上为 ABB 式方位名词的重叠式,其语法意义为方位名词所表处所的极点。例如"后头头"表示"最后端"。

4. "AABB" 式

里里外外　　前前后后　　上上下下　　花花草草　　针针线线

包包裹裹　　零零碎碎　　纸纸张张　　棍棍杖杖　　疙疙瘩瘩

以上为 AB 式名词的重叠式,其语法意义为 AB 具有周遍性和无例外性。

二　两种结构的形容词

(一) ABB 式形容词

隆德方言此类构词法有较强的能产性,有表示性状程度加深的功能,一些词也可以表示不适、不快等贬义色彩。常见词如:

肿楞楞　　胀红红　　咬粟粟　　乏踏踏　　怪辣辣　　秃厥厥

冰哇哇　　热愣愣　　黑愣愣　　旧约约　　耀红红

钱辣辣儿　气囊囊儿　黑乌乌儿　圪能能儿　高入入儿　干焐焐儿

稠出出儿　干党党儿　干巴巴儿　定巴巴儿

（二）使感结构形容词

这类形容词是由一个动词或形容词性语素加上"人"构成，该动词或形容词为使动用法，含有使人感到某种不适或不快的语法意义。这种结构广泛存在于中原官话陇中片、秦陇片和关中片当中，其中的"人"读轻声。在句法上，此类形容词可以充当谓语，可带程度补语，也可带状语。常用词有：

挣人　潮人　　重人　噎人　急人　磨人　腻人　压人　垫人

辣人　气人　　恨人　夹人　按人　攉人　咬人　辱人　捂人

坠人　饿人　　焐人　闷人　扣人　扎人　哼人　懔人　秋人

渗人　勒人　　拘人　磣人　耀人　憋人　胀人　追人　熏人

旦人　颇练人　燎辣人

第二节　代词

隆德方言的代词也有人称代词、指示代词和疑问代词三类。由于普通话的影响，新派话代词已出现与普通话靠拢的趋向。下面主要描写老派话的代词系统。

一　人称代词

隆德方言的第一、第二、第三人称代词见表4-1。

表4-1　　　　　　　　　　　隆德方言人称代词表

	单　数	复　数
第一人称	我 ŋə⁵³　　曹 tsʰɔ²⁴	我都 ŋə⁵³təu³　　曹都 tsʰɔ²⁴təu²
第二人称	你 ni⁵³	你都 ni⁵³təu³
第三人称	他（她）tʰa⁵³-tʰa²¹³ 涅 niə²⁴　　伟 vei⁵³	他都（她都）tʰa⁵³təu³-tʰa²⁴təu² 涅都 niə²⁴təu²　　伟都 vei⁵³təu³
反身代词	各人家 kə²¹ʐ̩ən²⁴tɕiə²	各家 kə²⁴tɕiə²
旁指代词	别谁 pʰiə²⁴ʂuei²	旁人 pʰaŋ²⁴ʐ̩ən²

下面讨论两组代词以及复数标记"都"的用法。

(一)"曹""涅""伟"的用法。

这三个词是隆德方言中常见的人称代词,"曹"主要用于第一人称单数,在语气上比"我"显得谦逊、委婉。例:

> 曹把日子没过好,怨不得旁人。
> 曹一顿饭吃了两个馒头。
> 曹是个穷人,不指望买汽车了。

"曹"有时也偶然用于复数,相当于普通话中的"咱们",包括说话人和听话人双方。例:

> 曹这么做不对,亲戚有意见呢。
> 曹走,叫他睡着去。
> 曹搭伙做活人轻松。

"涅"常带羡慕、赞扬的语气,其语法意义相当于普通话的"人家"。应与关中方言人称代词"伢"为同源词(邢向东、蔡文婷,2010;孙立新,2010),属"人家"一词的合音词。例:

> 涅找下来对象是个干部,曹找下来对象是个庄稼汉,曹比不上人。
> 涅一个月挣五,六千元,曹一个月才挣下人来一千元。
> 涅把重点大学考上了,他才考了个中专。
> 你是个啥东西,还想比涅?

"伟"与关中方言人称代词"咻"(邢向东、蔡文婷,2010;孙立新,2010)为同源词。但语法意义和使用范围略有不同。"伟"在表达中无尊重色彩,因此对长者、尊者可以用"他"来指称,但不能用"伟"来指称。对于说话者"我"来说,第二人称代词"你"所指对象一定要出现在语境中,第三人称代词"他"可以在语境中出现,也可以不出现。但第三人称代词"伟"所指对象一定不会出现在语境中。因此,"你"

"他""伟"各自出现的语境基本处于互补分布状态。在句法功能上，可以充当主语、宾语、定语。例：

> 张三呢？伟开会去了。
> 你问伟去，这事我不知道。
> 伟来脾气不小。

另外，"伟"也可以作指示代词，代物，作主语、宾语。

(二)"各家""各人家"

"各家""各人家"与单数人称代词、复数人称代词组成反身代词。例：

> 我各家做饭各家吃 我自己做饭自己来吃。
> 他都各人家挣钱把房修成了，没有花亲戚一
> 分钱 他们自己挣钱盖好了房子，没有花亲戚一分钱。

近年来，新派话已出现了"自己""我自己""我们自己"等类似的说法，因而与老派话中的"各家（各人家）""我各家（我各人家）""我都各家（我都各人家）"等类似说法相并行。

(三)代词的复数标记"都"

隆德方言人称代词后加词尾"都"表示复数。"我都"和"曹都"用法有区别，"曹都"包括说话人和听话人双方，称为包括式用法。"我都"只包括说话人一方的群体，排除听话人群体，称为排除式用法。例：

> 曹都 包括听话人一方 打麻将，他都打扑克。
> 我都 不包括听话人一方 打麻将，你都打扑克。

普通话中表复数的人称代词"我们""你们""他们"在隆德老派话中不出现。近年来，新派话中已有此说法。由于类推作用，在新派话中也出现了"曹们""涅们"新老杂配这样的说法。反映了隆德方言人称代词复数形式的过渡现象。

二　指示代词

隆德方言指示代词见表 4-2。

表 4-2　　　　　　　　　　隆德方言指示代词表

	近指	远指
名物	这 tʂə⁵³	兀 vu⁴⁴　　伟 vei⁵³
处所	这达 tʂʅ⁴⁴ta¹　这达达儿 tʂʅ⁴⁴ta²¹tar³ 这里 tʂʅ⁴⁴ni¹　这里里 tʂʅ⁴⁴ni²¹ni³ 达儿 tar²⁴	兀达 vu⁴⁴ta¹　兀达达儿 vu⁴⁴ta²¹tar³ 兀里 vu⁴⁴ni¹　兀里里 vu⁴⁴ni²¹ni³
时间	这时间 tʂʅ⁴⁴sʅ¹tɕiə¹ 这会子 tʂʅ⁴⁴xuei¹tsʅ¹ 这会儿 tʂʅ⁴⁴xuər¹ 这么会儿 tʂʅ⁴⁴mə¹xuər¹ 这个时间 tʂʅ⁴⁴kə¹sʅ²⁴tɕiə² 这一向 tʂə⁵³i²¹ɕiaŋ⁴⁴	兀时间 vu⁴⁴sʅ¹tɕiə¹ 伟时间 vei⁵³xuei¹tsʅ¹ 兀会儿 vu⁴⁴xuər¹ 兀么会儿 vu⁴⁴mə¹xuər¹ 伟个时间 vei⁵³kə¹sʅ²⁴tɕiə² 么个时间 mə⁵³kə¹sʅ²⁴tɕiə² 伟一向 vei⁵³i²¹ɕiaŋ⁴⁴
数量	这些 tʂʅ⁴⁴siə¹ 这么多 tʂʅ⁴⁴mə¹tuə²¹³	伟些 vei⁵³siə³ 兀么多 vu⁵⁵mə¹tuə²¹³
性状 方式	这么 tʂʅ⁴⁴mə¹ 这么个 tʂʅ⁴⁴mə¹kə¹	兀么 vu⁴⁴mə¹ 兀么个 vu⁴⁴mə¹kə¹

隆德方言指示代词有以下特点:

1. 隆德方言指示代词系统近指、远指两分。"这"和以"这"为词根的一系列指示代词表示近指。"伟(兀)"和以"伟(兀)"为词根的一系列指示代词表示远指。

2. "伟"和"兀"都表示远指,但用法有一定的区别。在指代名物时用"伟"而不用"兀"。在指代处所、性状方式时,用"兀"而不用"伟",在指代时间、数量时可用"伟"可用"兀"。例:

　　伟人是个好人。　　　　伟棵树有些年成了。
　　兀达堆了些沙子。　　　兀么红来颜色还没见过。
　　伟时间热头还没出来。　兀时间热头还没出来。

3. "这里""兀里"和"这达""兀达"用法有区别。"这里""兀里"除了表示这个地点、那个地点的意义以外,还可以表示在这间房子里、那间房子里。"这达""兀达"只能表示在这个地点,那个地点,不能表示房间里头。例：

这里暖和着呢，兀里冷得很_{这间房子里暖和,那间房子里很冷。}

这达能晒上热头，兀达晒不上_{这里能晒上太阳,那里晒不上太阳。}

4. 表处所的指示代词可用"ABB"式重叠，强调距离的极近或极远。例如，"这达达"表示距离说话者最近的地方。"兀达达"表示距离说话者最远的地方。

5. 表示性状方式的指示代词"这么""兀么"和"这么个""兀么个"用法有同有异。相同之处是都可作动词性中心语的状语，例：

这么/这么个做对，兀么/兀么个做不对。

不同之处是，"这么""兀么"可以作形容词性中心语的状语，不能作名词性中心语的定语。"这么个""兀么个"可以作名词性中心语的定语，不能作形容词性中心语的状语。例：

热头这么红。＊热头这么个红。热头兀么红。＊热头兀么个红。

这么个颜色。＊这么颜色。　　兀么个颜色。＊兀么颜色。

三　疑问代词

隆德方言的疑问代词见表4-3。

表4-3　　　　　　　　隆德方言疑问代词表

人	谁 ɕuei²⁴　　谁都 ɕuei²⁴təu²　　　啥人 sa⁴⁴zən¹
	丫（一）个 ia²¹kə³　　丫些 ia²¹siə³　　丫么些 ia²¹mə²⁴siə²
事物	啥 sa⁴⁴　　丫（一）个 ia²¹kə³　　丫些 ia²¹siə³　　丫么些 ia²¹mə²⁴siə²
处所	丫达 ia²¹ta²⁴　　啥地方 sa⁴⁴ti⁴⁴faŋ¹
时间	几时 tɕi⁵³ʂʅ²⁴　　多会儿 tuə²⁴xuər²　　啥时间 sa⁴⁴ʂʅ²⁴tɕiə²
数量	多少 tuə²⁴ʂəu⁵³　　几 tɕi⁵³
	多 tuə²¹³、多么 tuə²⁴mə²（长、高、久、重、厚等）
性状方式	□tsuə²¹³　　　　咋 tsa²⁴
	咋（自）么 tsa²⁴mə²（tsʅ⁴⁴mə¹）　　咋（自）么个 tsa²⁴mə²kə²（tsʅ⁴⁴mə¹kə¹）
	咋（自）么样 tsa²⁴mə²iaŋ⁴⁴（tsʅ⁴⁴mə¹iaŋ⁴⁴）
	咋（自）么家 tsa²⁴mə²tɕia²⁴（tsʅ⁴⁴mə¹tɕia²⁴）
原因	因啥 iŋ²¹sa⁴⁴　　为啥 vei⁴⁴sa⁴⁴　　因为啥 iŋ²¹vei⁴⁴sa⁴⁴　　为啥来 vei⁴⁴sa⁴⁴lei¹

隆德方言疑问代词有如下特点：

1. "谁"（指代人）、"啥"（指代物）、"咋"（指代性状方式）、"丫"（哪）等作为词根语素，可以构成多种形式的疑问代词。例：

　　　大路上谁都来了？　　　啥人把花折了？
　　　咋做都做不好。　　　　丫个好些？

2. 表示数量的疑问代词"多少"在实际运用中可以省略为"多"。例：

　　　你这菜多少钱？ = 你这菜多钱？

3. 表数量时，"多少"表示基数，"几"既可表示序数，也可表示基数。例：

　　　你是老几？（序数）　你几时回来？（序数）　这东西值几个钱？（基数）

4. 与普通话一样，隆德方言疑问代词有时不表疑问，只表示任指，表示任何人或任何事物，说明在所说的范围内没有例外。例：

　　　谁都爱听好话。（谁＝任何人）
　　　他是个好人，心好，啥都好。（啥＝任何方面）
　　　他啥时候都忘不了你。（啥时候＝任何时候）
　　　这房子旁人给多少钱都不能卖出去。（多少钱＝任何价钱）
　　　这事咋么个办都能行。（咋么个＝用任何方式）

5. 隆德方言疑问代词有时也有表示虚指的用法，指代不能肯定的人或事物，包括不知道、说不出或不想说出的。例：

　　　谁好像说过这样的话。（谁＝某个人）
　　　我好像在丫达见过他。（丫达＝某个地方）

　　东西放着啥地方了他记不起来了。(啥地方＝某个地方)

　　6. 疑问代词和人称代词、指示代词可以连在一起使用，多表示虚指。例：

　　　　伟谁做下来事伟谁心里明白。(伟谁＝谁＝某个人)
　　　　他谁能考上大学，他谁就把这些钱花了。(他谁＝谁＝某个人)
　　　　你谁先做完活就你谁就先歇缓。(你谁＝谁＝某个人)
　　　　涅伟谁说过这么个话。(涅伟谁＝某个人)

第三节　副　词

　　本节讨论隆德方言的程度、范围、时间频率、情态语气、否定五类副词。

一　程度副词

1. 表示程度高

　　隆德方言有一些表示程度高的副词，一般作动词、形容词的状语或补语。个别程度副词（如"最"）也可以作方位名词的状语。这些副词既可以表示积极意义，也可以表示消极意义。常见的有：

　　很 xəŋ⁵³：常作形容词性中心语的补语。但其用法与普通话稍有差别，中心语与补语之间可以不用结构助词"得"连接。如：

　　　　歌子好听得很。　　　　　　地里洋芋大得很。

以上句子也可以说成：

　　　　歌子好听很。　　　　　　　地里洋芋大很。

　　值得注意的是，除了与否定副词"不"搭配作动词性中心语的状语外，"很"在隆德方言老派话中不直接作状语。普通话"很红""很愿意"等状中结构，在隆德话中习惯说成"红很""愿意很"等中补结构。如：

> 他平时很不抽烟_{他平时不大抽烟。}　　他现在很不上班_{他现在不经常上班。}
> 太阳红很。　　　　　　　　＊太阳很红。
> 他愿意上班很。　　　　　　＊他很愿意上班。

能加 nəŋ⁴⁴tɕia¹：用在动词或形容词前作状语，语义相当于普通话的"格外"一词，常用于祈使句中。如：

> 路滑很，走路能加小心着！　　起床能加起早些！要不然就错过了班车！

过 kuə⁴⁴：用在动词或形容词前作状语，语义相当于普通话的"太"一词，但只表示负面意义。如：

> 个子过高了买不上衣裳。　　　过有钱了招人眼红。

罢外呢 pa⁴⁴vei⁴⁴ni¹：用在动词或形容词前作状语，语义相当于普通话的"格外"一词，常用于陈述句中。如：

> 他罢外呢照顾我，我得记着涅的情。　　过节来日子里，娃娃罢外里高兴。

最 tsuei⁴⁴：其意义和用法与普通话基本相同。如：

> 最大来娃娃才十岁。　　　　最边上房子没住人。

相当 siaŋ²⁴taŋ²：用在动词或形容词前作状语，相当于普通话的"格外"。如：

> 他为人相当不错。　　　　　她唱歌唱得相当好。

太 t^{h}ei^{53}：意义和用法与普通话基本相同。如：

鞋带太紧了。　　　　　　　　　太不讲道理了！

极 tɕi^{24}：可以作形容词性中心语的状语或补语，这一点与普通话相同。在隆德方言中"极"还可以作动词性中心语的补语。如：

远处有一座极高来山。　　　张三把人气极了_{张三使人极端气愤。}
山路把人走极了_{走山路走得太累了}！　　　一碗饭把人吃极了_{一碗饭好不容易吃完}！

楞 ləŋ^{53}：常作中心语的状语。如：

他害了一种怪病，楞喝楞尿。　　他楞跑了一阵子，出了一身汗。

扎 tsa^{213}：常作补语。如：

心里美扎了_{心里感到美极了。}　　　　　调动工作来事把人跑扎了_{调动工作的事情跑路太多。}

死 sʅ^{53}：位于动词、形容词后作补语，含有夸张的意味。如：

把人高兴死了！　　　　　山路简直把人走死了！

疯 fəŋ^{213}：位于动词、形容词后作补语，含有夸张的意味。如：

伤口把人疼疯了。　　　　天一下雨，粮食长疯了。

零干 liŋ^{24}kæ̃^{2}：位于动词、形容词后作补语。所强调的意义多为负面。如：

天旱零干了_{天干旱得厉害。}　　　　　血把人淌零干了_{人体流血过多。}

差大 $ts^ha^{24}ta^{44}$：位于形容词后作补语，中间要用结构助词"得"连接。如：

天冷得差大。　　　　　　菜嫩得差大。

劲大 $t\varphi iŋ^{44}ta^{44}$：位于动词、形容词后作补语，强调事物的性质或状态在程度上过头，中间要用结构助词"得"连接。如：

时间快得劲大，一转眼三年过去了。　　风大得劲大，连树都吹倒了。

2. 表示程度低

隆德方言当中，常见的表示程度低的副词有"有点儿""稍""稍微""不大""差不多""差点儿""有些""些微""些许"等，这些词语的意义和用法与普通话相同。比较特殊的一个词是"轻末 $t\varphi^hiŋ^{24}mə^{213}$"，用在动词、形容词前作状语，其意义相当于普通话中的"稍微"。如：

轻末缓呵就走。　天轻末冷呵儿要加衣裳。　水轻末烫呵儿不要紧。

二　范围副词

1. 表示范围大

很死 $xəŋ^{21}ʂʅ^{53}$：用在动词前，义为"最多不过"。如：

他一个月很死挣上三千块钱。　　　一亩地很死打上六百斤粮食。

2. 表示范围小

光 kuaŋ²¹³：用在动词、形容词或名词性词语前作状语，义为"只""只有""仅仅"等词语。如：

他光爱听好话。　　　　　家里光他连娃娃两个人。
对人，光实诚不行，有时还要耍心眼儿。

单另 tæ̃²¹liŋ⁴⁴：即"单独另外"，用在动词前作状语，表示单独做某件事。如：

他单另做活着呢。　　　　我的账单另记着呢。

3. 表示总括

满共 mæ̃²⁴kuŋ⁴⁴：用于表示总括，但偏于表达主观小量义。相类似的词语还有"带共 tei⁴⁴kuŋ⁴⁴""共总里 kuŋ⁴⁴tsuŋ⁵³ni³"（也说成"总共里"）"统共 tʰuŋ⁵³kuŋ⁴⁴"等。如：

教室里满共有二十张桌子。　　满共买了三丈布。
教室里带共有二十张桌子。　　带共买了三丈布
教室里共总里有二十张桌子。　总共里买了三丈布。

净 tsʰiŋ⁴⁴：表示全部范围内没有例外，有憎嫌的意味。如：

净是他来不对 全是他的错。　　净给娃娃惯下来毛病。

三　时间、频率副词

1. 表示时间

臧 tsaŋ⁵³：用在动词、形容词前，义为"现在""马上"。如：

臧走。　　臧翻山恰 马上要翻山了。　　天臧热了。　　热头臧

红了。

发 fa²¹³：用在动词或形容词前，义为"快要"。如：

节日发到恰。　学校发放假了。　　病发好恰。　天发亮恰。

才刚 tsʰei²⁴tɕiaŋ²¹³：用在已然的动词前，义为"刚刚"。类似的词语还有"刚 tɕiaŋ²¹³""刚刚儿 tɕiaŋ²¹tɕiãr²⁴"。如：

他才刚走。你还能赶上他。　　他才刚睡下。
他刚走。你还能赶上他。　　　他刚睡下。
他刚刚儿走。你还能赶上他。　他刚刚儿睡下。

应说明的是，"才刚""刚""刚刚儿"中的"刚"读 tɕiaŋ 应是 kaŋ 腭化之后所致，这种现象在中原官话、西南官话中较为普遍。

圪加 kə²¹tɕia²⁴：该词本字不明。用在已然的动词、形容词前，义为"已经"。如：

他圪加睡了。　　雨圪加住了。
天圪加亮了。　　夜圪加长了。

跟沟子 kəŋ²⁴kəu²¹tsʅ³：用在动词前，义为"随即"，该词在隆德及其周边方言中使用频率较高，也说成"赶沟子 kãᵉ⁵³kəu²¹tsʅ³"。如：

他刚把钱从银行取出来，贼娃子跟沟子偷着去了。
张家来两个高中生跟沟子考上大学了。

永辈子 yŋ⁵³pei⁴⁴tsʅ¹：用在动词前，义为"永远"，主观上夸张、强调。如：

他借了人家的钱永辈子不还。　　永辈子没见他人来。

只管 tsʅ²⁴ ku æ̃²：用在动词前，义为"老是"或"总是"，含贬义。如：

　　他只管耍赌博，两口子最后就分手了。
　　他只管磨磨蹭蹭，结果把车耽搁了。

2. 表示频率

转磨儿 tʂuæ̃⁴⁴mər⁴⁴：用在动词前，义为在较短的时间内重复做某事或反复发生某事。如：

　　茶喝多了转磨儿尿尿。　　　　他寻活来时间转磨儿就缓下了。

广 kuaŋ⁵³：用在动词前，义为"经常""常常"。如：

　　他广到城里去。这个庄里广出贼娃子。

一老 i²¹lɔ⁵³：用在动词或形容词前，义为"经常""常常""老是"。多表达憎嫌意义。如：

　　他一老跋下两只子烂鞋。　　张三腰里一老绑下一根草绳。
　　天一老阴着呢。　　　　　　灯一老亮着呢。

可 kʰə⁴⁴：用在动词前，义为"又"，多表示憎嫌等负面意义。例：

　　他可吃大烟开了。　　　　他从监狱里出来可偷人去了。
　　河里水可干了。　　　　　老天爷可旱了。

丫达间 ia²¹ta²⁴tɕiæ̃²：用在动词前，义为"偶尔"。例：

　　他丫达间喝一回酒。　　　他丫达间进一回城。

四 情态、语气副词

隆德方言中情态、语气副词非常丰富。常见的有以下一些：

按巧 ŋæ⁴⁴tɕʰiɔ⁵³：用在动词、形容词前，义同"正好""刚好"。类似的词语还有"碰巧""正巧"。如：

> 他高中毕业来时间，按巧赶上了"文化大革命"。
> 他按巧坐上了出事来一趟班车。

暗猛处 ŋæ⁴⁴məŋ¹tʂʰu¹：用在动词前，表示动作行为出人意料，义同"忽然"。如：

> 他正梦睡梦着呢，暗猛处着人叫醒了。　　他暗猛处晕倒了。

生 səŋ²¹³：表示与对方的意志相违拗，执意做某事，也说成"生生 səŋ²¹səŋ³""偏 piæ²¹³""偏偏 piæ²¹piæ³"等。如：

> 叫他东，他生要西。　　大家都坐车去，他生要骑自行车。

硬 niŋ⁴⁴：用在动词前，表示态度坚决或执拗，也说成"硬是"。如：

> 他硬不走叫我给硬叫走了。　　老汉害了病硬不上医院把儿女坑住了。

蛮 mæ̃²⁴：用在动词前，表示动作行为没有节制或不符合常理，含负面意义。如：

> 他蛮吃蛮喝，结果得了胃病。　　他蛮弄着呢，啥生意也没做成。

打猛子 ta²¹məŋ⁵³tsɿ³：用在动词前，表示动作行为在突然间发生。如：

打猛子看，我认不出来是他。　　他打猛子进门来，把我吓给了一圪尺。

晃晃儿 xuaŋ⁴⁴xuãr⁴⁴：用在动词前，表示动作轻而慢。常出现在祈使句中，含有劝告或告诫的意义。如：

把书给我晃晃放下！　　　　　　我来东西着晃晃儿有着！

彻展 tʂʰə²¹tʂæ̃⁵³：用在动词前，表示动作行为不受拘束和限制。如：

星期天他彻展睡了一觉。　　　　她在商场里彻展花了一回钱。

冒 mɔ⁴⁴：用在动词前，表示动作行为无根据、无目的、无计划。如：

他把东西扔了冒寻着呢。　　　　他冒说着呢还真格给说准了。

差乎 tsʰa²¹xu⁵³：用在动词前，义为差一点儿，带有庆幸口气。类似的词语还有 "一乎 i²¹xu⁵³" "险乎 ɕiæ̃²¹xu⁵³" "一乎乎儿 i²¹xu⁵³xur³" 等。如：

他差乎耍了个麻达。　　　　　　他差乎着贼娃子把钱偷着去了。

真格 tʂəŋ²¹kə³：用在动词、形容词前，表示断定的语气。如：

天真格下雨开了。　　　　　　　这个洋芋真格大。

十有八九 ʂʅ²⁴iəu⁵³pa²¹tɕiəu⁵³：用在动词前，表示推测语气，意为动作行为的可能性较高。如：

他十有八九不在单位。　　　　　他十有八九是个当兵的。

白不作 pei²⁴pu²¹tsuə²⁴：用在动词前，表示推测语气，意为动作行为的可能性不大。如：

天白不作下雨。　　　　　时间还早着呢，白不作迟到。

害怕 xei⁴⁴pʰa¹：用在动词、形容词前，表示推测语气，语义相当于普通话中的"大概""恐怕"等副词，也说成"怕"。如：

他这会子不来，害怕是把车耽搁了。
他害怕加班着呢，这个星期天回不成家了。

么是 ma⁴⁴sɿ⁴⁴：用在动词、形容词前表示或然的语气，对动作行为、性质状态不肯定。如：

这布花花儿么是多了，换一个商店再买。
他么是害病了，到现在还不见做活。

世上 ʂɿ⁴⁴ʂaŋ¹：该词本字不明，常用在否定副词前，表示特别强调的语气。相当于普通话的"绝对"，但"绝对"可以用在肯定句中。如：

他世上不做对不起人的事（他绝对不做对不起别人的事）。
世上没有这回事（绝对没有这回事）。
他绝对是个好人（＊他世上是个好人）。
绝对有这回事（＊世上有这回事）。

五　否定副词

不了 pu²¹liəu²⁴：用在动词前表示否定意义，相当于普通话的"别""不要"等词语。如：

你不了笑话我。　　　　上班不了迟到了。

第四节　介词、助词、语气词

一　介词

连 liæ^{24}：

1. 引出动作的对象，语义相当于普通话的"向、对"。如：

你连法院告 <small>你向法院提起诉讼。</small>

这事情你连他说，你连我白说<small>这事情你对他说才有用,你对我说没有用。</small>
2. 引出协同、共同对象。相当于普通话中的"与、同"如：

我想连他好，他可不想连我好。　　　我连他不说话。

3. 引出比较、比拟的对象，相当于普通话的"跟、象"等介词。如：

女孩儿长得连她妈一模一样。　　　脸连（个）脚腰一样。

赶 kæ̃^{53}：

1. 引出比较的对象，相当于"比"。如：

我哥赶我大三岁。　　　　　我同学高考分数赶我低了二十分。

2. 引出动作发生的时间点，相当于普通话的"到……的时候"。如：

学生娃娃赶腊月八放寒假了。　　麦客子赶五月五下陕西去了。

着 tʂə^{0}：

1. 引出动作行为的施事者，表示被动意义，相当于介词"被"。如：

　　　钱着贼娃子偷光了。　　　　　　　房子着火烧了。

　　2. 引出动作行为的受事者，表示使役意义，相当于普通话的"叫、让"。如：

　　　我着他走呢他偏不走。　　　　　　　你着我缓呵子了再做活。

央 iaŋ²¹³：引出动作行为的方向，相当于介词"往"。如：

　　　你央中间坐。　　　　　　　　　　　你央天上看。

架 tɕia⁴⁴：引出动作行为的方向，相当于介词"朝"。如：

　　　架腿子踢了一脚。　　　　　　　　　架房上扔了一个石头。

按 ŋæ̃⁵³：本字不明，引出动作行为的时间点。相当于"到……的时候"。如：

　　　你按早晨九点来取钱，银行里肯定有人上班。　　按天黑活就做完了。

投到 tʰəu²⁴ tɔ⁴⁴：引出动作行为的时间点，也说成"投"，相当于"到……的时候"，多表遗憾义。如：

　　　投到你睡醒些，涅都把活早做完了。　　投到送着医院里，病汉早没气了！

二　助词

（一）结构助词

来 lei⁰：本字不明，在其他方言研究论著中，也有写作"里""哩""唻"的。

1. 位于名词性中心语之前，为定语的标志，相当于普通话的结构助词"的"。也可以省略，如：

> 我来衣裳烂了。(我衣裳烂了。)　　陕北来枣儿甜得很！(陕北枣儿甜得很！)

2. 可构成"来"字短语，相当于普通话的"的"字短语。如：

> 大来$_{大的}$在家务农着呢，碎来$_{小的}$考上大学了。
> (问) 这是谁来衣裳?　　(答) 我来。
> 今儿没做来。　　伟几个长头发没一个好来。

3. 位于谓词性词语之前，为状语标志。相当于普通话的结构助词"地"。如：

> 张三在兀达慢慢来走着呢。　　这一件衣裳怪辣辣来红。

需要说明的是，隆德方言中，中心语和补语之间只出现结构助词"得 ti"而不用"来"。如：

> 走得太快了！　　　　　　　热得头上直冒汗。

(二) 动态助词

普通话的动态助词"着、了、过"在隆德方言中也使用，"着"有些特殊用法。另外隆德方言还有一些特殊的动态助词。

着 tʂə[0]："着"的用法比普通话宽泛，主要有下列特殊用法。

1. 表示动作、情状的实现。如：

> 他说着八点钟起床，到时候还是没有起。　　他从房子里跑着出来。

以上例句，在普通话中要相应地说成：

他说了八点钟起床，到时候还是没有起。　　他从房子里跑了出来。

2. 用在动宾、动补结构后表事态，同时句末要加语气词"呢"。如：

他正说话着呢。　　　　　　他从房子里跑出来着呢。

以上例句在普通话中要相应地说成：

他正说着话。　　　　　　他从房子里跑了出来。

3. 用在动词性词语后，组成"V+着""VO+着"等结构形式，"着"除了表示持续义之外，还兼表让动作行为状态持续下去的祈使语气。如：

你吃着，喝着，不了闲着。　　你放着！我来收拾。
你都吃饭着！我先走了。　　　叫娃娃写作业着，你来喝茶。

来 lei^0：用在动词后，表示动作行为先前发生过，相当于普通话的"过"，但"来 lei^0"后不能出现宾语。因处在句末，同时兼表陈述语气。如：

水我喝来，你不了再倒了！　　北京我去来，繁华得很！

去来 $tc^hi^0lei^0$：用在动词性词语后，表示动作行为先前发生过，可以用在句末，也可以用在句中。如：

这个话他前儿个给说去来。　　吃饭去来把舌头咬了。

恰 tc^hia^0：本字不详，有人认为是"去呀"的合音词。用在动词性或形容性词语后，表示动作行为将要发生、某种性状将要实现。

娃娃明年考大学恰。　　　　天热恰。

得 ti⁰：用在动词或形容词后，表示动作行为即将发生、某种状况即将出现。如：

亲戚来得了 _{亲戚马上要到}！　　　　天黑得了 _{天马上要变黑}！

三　语气词

一个 i⁰kə⁰：本字不详，用于判断句末，一般与"是"相呼应。

1. 用于肯定判断句末尾，表示判断、肯定语气。如：

老舍是这本书来作者一个。　　　这一群是鸡儿一个，伟一群是鸭子一个。

伟年轻人是二杆子一个。　　　　这个料是棉布一个。

地里全是菜一个。　　　　　　　锅里全是水一个。

2. 用在疑问判断句末，表示疑问语气。如：

谁一个?　　　　　　这是啥东西一个?

些 siə⁰：

1. 表示愿望类虚拟语气。用于假设分句末，义为"如果……的话"，带有遗憾的语气。如：

老早儿上医院些，他还能多活几年。

我把钱存下些，这时间早把楼买上了。

早知道他不来些，曹都就不等他了。

天不下雨些，我老早儿到城里了。

2. 用在句首时间状语从句末，标记状语从句在时间点上与主句所发生事件的时间点前后顺序违反了说话人的主观愿望，表示失望、遗憾等语气。如：

投到我大学毕业来时候些，国家不包分配了。（语义焦点：国家不包分配的政策实行得太早。）

等我到车站些，班车已经发了。（语义焦点：班车走得太早了。）

上述例句中的主从句位置也可以互换，互换位置以后，事件发生的先后顺序并未改变，但说话人埋怨、失望的语义焦点有了转移。如：

投到国家不包分配了些，我从大学毕业了。（语义焦点：我运气不佳，毕业时赶上国家不包分配的政策。）

等班车已经发了些，我才到车站。（语义焦点：我来到太迟了。）

咿 sa^0：

1. 用在动词性词语之后，表示祈使语气，带有商量、请求的口吻，其语气比不使用"咿"要委婉、客气得多。如果不用"咿"，该祈使句带有命令甚至威胁的口吻。如：

走咿！（走咿！=请走吧！比较：走！）

你来咿！（你来咿！=请你来吧！比较：你来！）

不了吵了咿！（不了吵了咿！=请不要吵了！比较：不了吵了！=别吵！）

不了迟到咿！（不了迟到咿！=请不要迟到！比较：不了迟到！=不要迟到！）

2. 用在特指疑问句末，使疑问语气变得舒缓。如：

这是啥咿？　　　　　你咋做着呢咿？

啦 la^0

用在简说的特指疑问句末，可以询问"哪里""什么""怎么样""多少""谁"等一类问题。如：

老李走北京去了，老张啦？（老张去了哪里？）

　　老李是处长，老张啦？（老张什么职务？）

　　老李人品很好，老张啦？（老张人品怎么样？）

　　老李体重是 70 公斤，老张啦？（老张体重是多少公斤？）

　　小个子是老李，高个子啦？（高个子是谁？）

着 tʂə⁰：

　　1. 用在动词性词语后，组成"V+着""VO+着"等形式，"着"除了表示动作行为持续态之外，还兼表让动作行为状态持续下去的祈使语气。如：

　　你吃着，喝着，不了闲着。　　　你放着！我来收拾。

　　你都吃饭着！我先走了。　　　叫娃娃写作业着，

你来喝茶。

　　2. 用在动词性词语后，表示祈使语气，组成"V+补语+了+着""V+了+着"等结构形式，兼作先行体的标志，即表示两个动作需要先发生一个。如果有宾语，宾语处在"了"之前。如：

　　先不要买药，等医生看过了着。　　等一阵子做活，睡好了着。

　　不了心急，雨住了着。　　　　　走路去还不行，等腿好了着。

　　不要急走，吃过饭了着。　　　　这东西商店里买去还没有，

等开集了着。

　　3. 用在祈使句末，表示提示、警示、威胁等意义，句首往往要加"看、注意、小心、防"等词语。如：

　　把缰绳拴牢，看狗挣脱跑了着！

　　肚子拉稀的话，小心脱水了着！

　　喝上酒开车，警察不罚款了着！

　　4. 用在疑问句末，加强探询、追问、质疑等语气。如

这个人是个谁着？（强化探询语气）

他要做啥呢着？（强化追问语气）

你刚刚儿走丫达去了着？（强化追问语气）

你这么个做能行吗着？（强化质疑语气）

嘛 ma^0：

1. 用在祈使句末，表示强调。如：

你到家里来嘛，明儿我在家里闲着呢。

你当着面说嘛，为啥把话不说着明处？

2. 用在特指疑问句末，表示责怪、质问、反问等语气，含有质责、不满的感情色彩，疑问度降低，有的句子属无疑而问。如：

他算球个老几嘛？　　　　这事情叫人乍弄呢嘛？

3. 用在陈述句的主语后表提顿语气，兼表话题语义转折，有"至于说到"的意思。如：

伟个年轻人人品不行；长相嘛，还算可以。

这家子男人能下苦；女人嘛，一天光知道打麻将。

另外，普通话中最基本的六个语气词"的、了、呢、吧、啊、吗"，除了"吧"以外其余五个在隆德话中也常出现，其用法与普通话差别不大。

第五节　动词的体貌

动词的体貌一直是汉语语法学界讨论的热点。关于体貌的概念和界说，学术界还存在分歧。邢向东《陕北晋语语法比较研究》（2006）将陕北晋语的体貌范畴"首先分为'体''貌'两大类，'体'反映动作、事件在一定时间进程中的状态，着重在对事件的构成方式的客观观察；

'貌'在对事件的构成方式进行观察的同时，还包含着事件主体或说话人的主观意愿和情绪"。本书关于体貌系统的定义和层级，基本上依据邢向东（2006）的观点。下面分类讨论。

一 实现体

实现体指动作行为已经发生或状态已经实现。隆德方言表达实现体的标记有"了 $liəu^0$""着""上 $ʂaŋ^0$/下 xa^0"以及"罢"。

"了"表达形式具体包括以下一些句式：

1. V（补语）+了+（定语）O："了"位于动词（或动词性短语）和宾语之间，相当于普通话中"了$_1$"的作用，句中谓语可以是已然，也可以是未然。如：

> 我在集上买了些菜。　　　　过几年攒了钱再买房子也不迟。
> 吃罢了饭再做活。　　　　　下罢了雨再种菜。

2. 把+O+V+了：介词"把"将动作的受事前置，"了"既是动作行为完成的标记（相当于"了$_1$"的作用），也兼表陈述、祈使（相当于普通话的"了$_2$"的作用）。如：

> 我把饭吃了（兼表陈述语气）。　　你把门关了（兼表祈使语气）。

3. V+了+（补语）：完成体标记"了"可以后加表动量或时量意义的补语。如：

> 他考博士考了三次（动量）。　　我试了半天还是不行（时量）。

4. V+了+一 V："一 V"其语法功能相当于表动量的补语，如：

> 我缓了一缓，觉着劲来了。　　我想了一想，还是没想出来。

5. V$_1$+了（宾语）+V$_2$：在连动句中，"了"位于前一动词后或动宾之间：

他吃了饭上班去了。　　　　　　我睡了一觉就起来了。

"上 ʂaŋ⁰/下 xa⁰" 的用法：

1. 可以附加在动词之后表示动作已经完成。如：

三个儿媳妇都说上（下）了。　　饭已经做上（下）了。
攒下（上）钱就该买房子了。　　开水已经烧下（上）了。

以上例子，完成体标记"上 ʂaŋ⁰/下 xa⁰"可以自由互换而不影响意思的表达。但在一些习惯性说法中，"上 ʂaŋ⁰/下 xa⁰"不能自由互换，否则说法不成立。如：

蔓上长下个大瓜。　　　　　　*蔓上长上个大瓜。
母羊下下个公羊羔子。　　　　*母羊下上个公羊羔子。

2. "上 ʂaŋ⁰/下 xa⁰" 表示状态已经实现。如：

我买家具还短下些钱。　　　　他两个好上以后准备结婚着呢。

3. 有一种比较句，也可以用"上 ʂaŋ⁰/下 xa⁰"放在形容词后头，表示比较的结果。如：

他比我强下十倍。　　　　　　他比我大下（上）三岁。

"着 tʂə⁰"表实现体的用法：隆德方言当中，"着"可以表示动作、情状的实现，有的可用"了"替换。如：

他说着/了要进城呢。　　　　他已经答应着/了给我借钱呢。

鸡儿飞着/了上去了。　　　　　把东西拿着来了。

二　经历体

隆德方言中经历体的标记词是"过 $kuə^0$"。用"过"作为经历体标记，和普通话基本相同。"过"附着在动词、形容词之后，表示曾经发生过这样的动作或者曾经具有过这样的性状。可以带宾语，也可以不带宾语，还可以加表示时间、动量的补语。如：

他当过兵，扛过枪，上过战场。　　　前几天冷过一阵子。

普通话的"过"还可以表示完成体。如：

我吃过饭了。　　　　　　　　我已经见过朋友了。

这一类句子，隆德老派话都习惯说成：

我吃了饭了。　　　　　　　　我见了朋友了。

也就是说，隆德话的"过"只能表示经历体。

三　持续体

持续体是指动作行为、状态的持续或事件的进行。隆德方言表持续体的手段，主要使用助词"着"。

1. "着"陈述句中的用法：可以兼用时间副词"在、正在"等。与北京话不同的是，语序上，在完整的句子中，当动词带宾语时，北京话的"着"位于动词和宾语之间，隆德方言的"着"则放在宾语后头，这一特殊语序广泛存在于山西和西北地区（2006，邢向东）。句末或句子中间的停顿处一定要同时使用语气词"呢"，否则在当地人听来，要么句子不成立，要么是普通话的说法。如：

他正唱歌儿着呢。　　　　　　他正唱着歌儿（普通话说法）。

娃娃刚刚儿尿着呢。　　　　＊娃娃刚刚儿尿着（不成立）。

热头正红着呢。　　　　　　太阳正红着（普通话说法）。

他说着呢笑着呢。　　　　　他说着，笑着（普通话说法）。

炕还热着呢。　　　　　　　炕还热着（普通话说法）。

2. "着"在祈使句中的用法：用在动词性词语后，组成"V+着" "VO+着"等结构形式，"着"除了表示动作行为持续状态的语法意义之外，还兼表让这种动作行为、状态持续下去的祈使语气。如：

他吃着，喝着，不了闲着（让他吃着，喝着，别闲着）。

你放着，我收拾（请放着别动，我来收拾）。

你都吃饭着！我先走了（请你们继续吃饭，我先走了）。

叫娃娃写作业着，他来喝茶。＊叫娃娃正在写作业着，他来喝茶。

四　起始体

起始体表示某种动作开始进行，某种性状开始出现。隆德方言的起始体常用"开 k^hei^0、脱 $t^hu\partial^0$、起来 $t\mathcal{c}^hi\partial^0lei^0$"等词语作标记，表达方式有以下几种。

1. V/A+开+了：用"开"起始体标记在隆德话里比较普遍。如果动词后带宾语，"开"的位置既可以处在动宾短语的中间，构成"V+开+宾语+了"形式，也可以处于动宾短语之后，构成"V+宾语+开+了"形式。如：

雀儿子飞开了。　　　　天气热开了。

下开雨了。　　　　　　这娃娃人没长大呢，就学着偷开人了。

唱戏开了，赶紧看走！　学生吃饭开了，时间不早了。

2. V+脱+了："脱"作起始体标记在隆德话里用得较少。"脱"只能在动词后使用，不能在形容词后使用。用"脱"作起始体标志，动词后不能带宾语。如：

　　　这几个娃娃走着走着就跑脱了。　　　几个老汉买了两瓶酒喝脱了。

　　一般来说，"脱"可以用"开"替换，但"开"不一定能用"脱"替换。例如以上句子可以说成：

　　　这几个娃娃走着走着就跑开了。　　　几个老汉买了两瓶酒喝开了。

　　但以下句子不能成立：

　　　*天气热脱了。
　　　*这娃娃人没长大呢，就学着偷脱人了。　　*下脱雨了。
　　　*学生吃饭脱了，时间不早了！　　　　　*唱戏脱了，赶紧看走！

　　3. V/A+着+起来+了：用"起来"表起始体，在隆德话里用得较少。使用时动词后要附动态助词"着"，并且，动词不能带宾语。如：

　　　两个说着说着就嚷着起来了。　　　火着 tʂʰə²⁴ 着 tʂə⁰ 起来了。
　　　伤口肿着起来了。　　　　　　　天热着起来了。

五　先行体

　　先行体指甲动作、行为发生或甲状态实现之前必须要先发生乙动作、行为或实现乙状态。从逻辑上讲，甲的实现是以乙的实现作为条件的。从结构上讲，先行体一般都会以两个分句或两个独立分句的形式出现。普通话中先行概念的表达方式有两种，一是用副词"再"组成紧缩复句，如：工作干好了再评先进；二是在表示先行动作分句的末尾用副词"再说"，如：这杯酒喝了再说。

　　隆德方言中先行体的标记是"着 tʂə⁰"。在动作或状态之后加表示完成的"了"。可以附加先行体标记的只能是乙动作或乙状态。甲动作或甲状态的表达方式无须任何标记。表示甲动作或甲状态的动词之前也可以加"等、等一回儿、回头"等词语。具体有以下一些格式。

1. V/A+了+着，如：

买房子得花钱，等儿子毕业了着。　　　先不了做活了，病好了着。

2. V+了+宾+了+着，如：

种菜的话，等下了雨了着。　　　亲戚要回去，等吃了饭了着。

3. V+补+了+着，如：

这事情不能太急，等领导研究好了着。　你想吃苹果，等果子熟好了着。

应当注意的是，具有上述特点的句式并不都是表示先行体的意义，有时只表示提示、警示、威胁等意义，与先行体没有关系。这时句首往往可以加"看、注意、小心、防"等词语。如：

把缰绳拴牢，小心狗跑了着！　　　肚子拉稀的话，小心脱水了着！

六　先事体

先事时表示句子所陈述或询问的事件发生在某一参照时间以前，表达"曾经"的语法意义。在普通话中，该意义要用时间副词"曾经"和动态助词"过"来表达。在隆德话中，较少使用动态助词"过"，大多在句末使用助词"来、去来"作为先事体标记。应当注意的是，"来、去来"作为先事体标记，只能用在肯定句中。如：

这话他前儿说来。　　　　　　　*这话他前儿没说来。

上个月我还见你爷爷来。　　　　*上个月我没见你爷爷来。

他家早先是个富汉来，后头吃片烟吃穷了。

——这一向做啥去来（问）？　　　——下苦去来（答）。

七　将然体

将然体表示动作行为、状态将要发生或实现。普通话中将然体意义一般用"将要、将、要、快要"等词语表达。隆德方言的将然体有以下几种表达式。

1. 发+V/A+了，"发"读音为 fa²¹³，为时间副词，其意义相当于普通话的"将要、将、要、快要、快"。如：

学校发放假了。　　　　　　汽车发到了。

2. V/A+恰，"恰"读音为 $t\varphi^h ia^0$，只能后附于句末。如：

——做啥恰（问）？　　——走集上恰（答）。

以上两种表达式也可以用于一个句子里，构成"发+V/A+恰"。如：

学校发放假恰。　　　　天气发冷恰。

3. V（+宾语）/A+得了，"得了 $ti^0 li\partial u^0$"附在动词或形容词后，表示动作行为应当发生而且马上要发生、某种状况应当出现而且马上要出现，具有一定的主观意愿性。动词后如有宾语，"得了 $ti^0 li\partial u^0$"要附在动宾短语后。如：

走得了。　　　　　　天黑得了。

吃饭得了。　　　　　　放暑假得了。

八　连续体

连续体通常用来表示一个相同的动作连续发生，普通话常用"V 着 V 着……"结构来表达。隆德方言则用"V 呢 V 呢……"结构和"V——VVV，一直 V 到……"结构来表达连续体概念。这两种表达式在语义上是有区别的。

1. V 呢 V 呢……：该表达式的语法意义是，一个连续发生的动作发展到中途出现了新情况，由于新情况的出现，原来的动作被迫中断，其语义相当于普通话中的"V 着 V 着……"结构式。如：

> 两个人说呢说呢就骂开了。　　　　　这个娃娃哭呢哭呢就笑开了。
>
> 防着呢防着呢还是着狗咬了一口。　　走呢走呢就晕倒了。

2. V——VVV，一直 V 着……：该表达式的语法意义是，一个连续发生的动作一直持续下去，中间没有间断。V 只限定于单音节动词，第一个音节的韵母时长要加长。如：

> 睡——睡睡睡，他一直睡着热头落山了。
> 写——写写写，娃娃作业一直写着十二点了。
> 刮——刮刮刮，风一直刮着天亮。
> 淌——淌淌淌，血一直把人淌干了。

九　尝试体

尝试体表示动作的幅度小、时间短或尝试的意义，隆德话多用"呵子 $k^{h}\mathrm{ə}^{0}\mathrm{ts}\mathrm{ʅ}^{0}$"或"呵儿 $k^{h}\mathrm{ər}^{0}$"来表示，也可以用"V 一 V"式来表示。如：

> 做呵子再缓。　　　　　　　　你想呵子，还有啥法子。
> 睡呵子，人乏得不行了。　　　动呵子，蹲得腰痛得不行了。

以上句子都可以说成：

做一做再缓。　　　　　　你想一想，还有啥法子。

睡一睡，人乏得不行了。　动一动，蹲得腰痛得不行了。

但是，在隆德话中不用动词的重叠式表示尝试体，以下句子不成立：

*做做再缓。　　　　　　*你想想，还有啥法子。

*睡睡，人乏得不行了。　*动动，蹲得腰痛得不行了。

第六节　句式结构

一　"把"字句

在普通话中，"把"字句是用"把"提前及物动词的受事宾语组成介词短语作状语的句子。隆德话中的"把"字句和普通话中的"把"字句用法不尽相同。

1. 动词可以单独出现，尤其是能出现单音节"光杆"动词，这时"把"字句往往表示劝告、要求等语义。如：

你把你的饭吃！　　　　　他把他的觉睡！

2. "把"的宾语在意念上可以是无定的。如：

街上把一个人死了。　　　把两个雀儿飞着走了。

3. 谓语动词可以没有处置性，就是说动词对受事可以没有积极影响。不及物动词、能愿动词、判断动词和"有、没有"等也能做谓语动词。如：

伤口把他疼得！　　　　　我把他名字知道了。

把你能得！　　　　　　　　把他是个啥东西！

我把调动的事有了门路。　　他把我没办法。

4. 否定词可以放在"把"字短语后，谓语动词前。如：

娃娃把作业没做完。　　　　把钱不了给我。

5. 引进谓词施事，表致使或强调。如：

这顿饭把我吃得太饱了。　　这两天把人忙得不行了。

6. "把"字短语可以单独成句，多为晋语。如：

把他瞎货！　　　　　　　　把他个混蛋！

二　"给"类三价动词句

动词的"配价"概念最早是由法国语言学家 Lucien　Tesnière 提出的。他认为，一个动词能支配几种不同性质的名词性词语，就是几价动词。如果一个动词能支配三种性质的名词性词语，就是三价动词（陆俭明．沈阳，2004）。普通话中的"给"类双宾动词是典型的三价动词，但是在隆德话里，三价动词后不能出现双宾语，普通话中的间接宾语在隆德话中要用介词"给"等提前。有的句子三价动词后也可以不出现直接宾语，与事成分和受事成分分别要用不同的介词短语提到动词的前面。试比较以下句子：

表 4-4　　　　　　　　　　隆德方言三价动词句式表

普通话说法	隆德话说法 A	隆德话说法 B
伯父给我两本书。	伯父给我给了两本书。	伯父把两本书给我给了。
你给了我 很多帮助。	你给我给了很多帮助。	
我借他 十块钱。 （向他借或借给他）	我连他借了十块钱。 我给他借了十块钱。	我把十块钱给他借给了。
王老师教过我们 语文。	王老师给我都教过语文。	

续表

普通话说法	隆德话说法 A	隆德话说法 B
他告诉我 今天停电。	他给我通知今天停电。	
他请教老师 两个问题。	他向老师请教了两个问题。	
我问他 哪个办法好。	我向他问哪个办法好。	
教育局给我校 两个英语教师。	教育局给我校给了 两个英语教师。	教育局把两个英语教师给我校给给了。
大家叫她 祥林嫂。	大家把她叫祥林嫂。	

三　选择问句

选择问句是用复句的结构提出不止一种看法供对方选择，普通话用"是、还是"连接分句，常用语气词"呢、啊"，不能用"吗"。隆德话必须用"吗"来连接分句，构成"X 吗 Y"句式，"是、还是"可以出现，也可以不出现。语气词"呢"可用可不用。试比较以下句子：

表 4-4　　　　　　　　　**隆德方言选择问句常用句式表**

普通话说法	隆德话说法 A	隆德话说法 B
打篮球，还是打排球？	打篮球吗打排球？	打篮球呢吗打排球呢？
是光我一个呢，还是另有别人？	光我一个吗还有旁人？	光我一个吗还有旁人呢？
简单地说，还是详细地说？	简单来说吗详细来说？	简单来说呢吗还是详细来说呢？
明天你去呀我去？	明儿你去吗我去？	明儿你去呢吗还是我去呢？

四　正反问句

（一）隆德话中，正反问句的常用句式由单句谓语中的肯定形式和否定形式并列的格式构成。粗分为三种疑问格式：1. V 吗不 V（来吗不来），2. V 吗不（来吗不），省去后一谓词，3. 附加问，先把一个陈述句说出，再后加"就是吗不是、能行吗不行、好吗不好、对吗不对"一类问话格式。与普通话相比，隆德话必须用"吗"来连接肯定和否定两个并列的分句。正反问句句末不能带语气词"呢"。试比较以下句子：

表 4-5 　　　　　　　　　　　隆德方言正反问句常用句式表

普通话说法		隆德话说法	
V 不 V	这个人老实不老实？	V 吗不 V	这个人老实吗不老实？
	你是不是哪儿不舒服了？		你是丫达不舒服了吗不是？
	你愿意不愿意去？		你愿意去吗不愿意去？
	客人吃不吃晚饭呢？		客人吃黑饭呢吗不吃？
V 不	明天他来不？	V 吗不	明天他来吗不？
	你见过长城不？		你见过长城吗没有？
	他的病好了不？		他来病好了吗没有？
附加问	他当过 30 年中学教师，是不是？	附加问	他当过 30 年中学教师，就是吗不是？
	这个问题这么解决，对不对？		这个问题这么解决，对吗不对？
	她穿这件衣服参加演出，好不好？		她穿这件衣服参加演出，好吗不好？

　　（二）隆德话当中，正反问句还可以由单句谓语中的否定形式和肯定形式并列的格式构成。粗分为两种疑问格式：1. 不 V 吗 V 呢（不来吗来呢），正反问句句末可以带语气词"呢"。2. 附加问，先把一个陈述句说出，再后加"不是吗就是、不行吗能行、不好吗好、不对吗对"一类问话格式。否定形式在前、肯定形式在后的正反问格式在普通话中不出现。例：

这个人不老实吗老实着呢？　　　你不愿意去吗愿意着呢？
客人不吃黑饭吗吃呢？　　　　　明儿他不来吗来呢？
你没见过长城吗见过？　　　　　这个人好像是他家亲戚，不
是吗就是？

　　上述三（选择问句）、四（正反问句）两类句式实际可以归为"X 吗 Y"一类句式。据张安生（2006，325）研究，"X 吗 Y"句式在结构上可以看作两个是非问句的合并和紧缩；而合并是非问句并配合使用连词、语气词构成选择问句是汉语乃至汉藏语系的重要语法特点。"X 吗 Y"句式源于金元系白话选择性问句"X+M+Y"句式。这种句式最有代表性的作品有《董西厢》《元典章》、元杂剧、《老乞大》《朴通事》等。关于"X 吗 Y"句式中疑问语气词"吗"的来源，张安生（2006，326）认为，由金元时期的"X 那 Y"句式演变为今西北方言的"X 吗 Y"句式，其间经

历过"吗"对"那"的替换。文献资料证明,这种替换肇端于《老乞大》《朴通事》成书的元明时期。

隆德方言中的"X 吗 Y"句式在西北汉语方言中有大面积分布,据张安生（2006，324）统计,除了宁夏同心话以外,这种句式在以下各点中都出现过：

西安话：你夜里去来吗没去?

陕西商县：是大字吗是太字?

陕西华县：不吃吗吃呢?

兰州话：走哩吗缓哩?

甘肃临夏：吃个啥哩? 牛肉面吗卤面?

西宁话：傢说银川好吗兰州好?

乌鲁木齐：你大哩吗我大?

银川话：娃醒了吗是睡着哩?

宁夏固原：去年冷吗不冷?

五 "着"字被动句

"着"是隆德方言中最重要的构成被动句的标记。"着"字被动句是指在核心动词前面,用介词"着"引出施事表示被动的主谓句。如：

树叶着风吹跑了。　　　　　衣裳着雨浇湿了。

水着热头儿晒干了。　　　　杯子着我打碎了。

在普通话中,被动标记"被"既可以引出施事组成"被"字介词短语出现在动词前表示被动,也可以直接用在动词前表示被动。隆德话中的介词"着"只能引出施事构成介词短语,不能直接用在动词前表示被动。如以下句子都不成立：

＊树叶着吹跑了。　　　　　＊衣裳着浇湿了。

＊水着晒干了。　　　　　　＊杯子着打碎了。

隆德方言中"着"的被动用法在近代汉语文献中（有的文献也写作"著",为行文方便,本文统一记作"着"）由来已久。较早发现"着"

的被动用法的是张相（1955，298），他列举了宋代诗词中的一些用例证明"着"有"被""受"义，其后袁宾（1990，260；1992，245）又发现了"着"在唐宋禅宗文献里表被动的一些用例。吴福祥（1996，189）发现"着"在宋元文献里可以用作被动介词，并认为其被动介词用法来自于其作动词时的"遭受"义。冯春田（2000，609）认为"着"字表被动大约始于宋代，元明时期用例罕见，清代用例较多，并认为其被动义来源于其使役用法。郑宏（2006）较详细地描写了"着"字句的发展与演变，资料较以前学者多有充实之处，并且认为"着"表被动的语义基础是其作动词时的"遭受"义，但其大量使用却是源自"着"的使役用法。田春来（2009）在以上研究的基础上，详细考察了"着"字被动句在文献中的句法特点及历史来源，他认为，"着"字被动句的萌芽可以上溯到魏晋六朝，宋元时代逐渐发展成熟。"着"表被动最初来源于"遭受"义动词"着"的虚化，近代汉语后期的部分"着"字被动句也可能来自于同形的"着"字使役句。

　　隆德方言中"着"字被动句句式在现代汉语方言中大面积存在。据李蓝（2006）研究，现代汉语"着"字句主要分布在西南官话区（湖北、四川、重庆、云南、贵州），湘语区（湖南），赣语区（江西），闽语区（海南、福建），胶辽官话区（山东），兰银官话区（宁夏）等方言区。经笔者实地调查发现，这种句式在隆德及其周边的平凉、天水等中原官话区也同样存在。

　　除了"着"字以外，隆德方言中还有"让""教/叫"等被动标记，但使用频率较低。普通话中的介词"被"还未出现在隆德本地话中。

六　"着"字使役句

　　使役句式是兼语句式的一种，它的第一个动词是"使（令）""教（叫）""让"之类表示"使役"意义的动词。概括地说，使役句式是表示"S（主语）使（令）NVP（或AP）"的语法意义，即由S（或在形式上不出现）使N（或在形式上不出现）发出某种动作行为或呈现某种状态。"着"是隆德方言中最重要的使役句标记。根据隆德方言实际情况可以分为三类。

　　1. 表示具体使役的"着"字句。如：

老师着学生写作业着呢。　　　今儿着（他）跟集去，明儿着（他）种田去。

2. 表示抽象使役的"着"字句。如：

这事情最好着他知道。　　　这事情着人高兴了几天。

3. 表示被动义的"着"字使役句。如：

衣裳着水湿了。　　　　　　他到处小便，着人骂了些难听的话。

"着"字使役句句式大约始见于唐代，宋元以后、特别是明清时期的通俗文献里，用例比较普遍。冯春田（2000，627）在研究了近代汉语的"着"字使役句句式后认为，在这三类句式当中，第一类使役句句式最为常见，出现的时间也较早。

除了"着"字使役句句式以外，隆德方言新派话也开始用"叫/教""让"作使役句标记，但使用频率不高。

第五章

语　料

第一节　同音字汇

一　说明

1. 本表根据中国社会科学院语言研究所编《方言调查字表》（修订本）调查所得。隆德方言不用或罕用的字不收录。方言中有音无字或本字不明的字用□代替。调查记音以隆德（温堡点）老派话为准。有异读的字用字下加线的方法来进行区别。字下加"－"表示白读，"＝"表示文读，"…"表示又读或俗读。一些边缘化的音节（主要是拟声词、呼唤应答等音节）不收录。但这些音节有可能在分类词汇语料中出现。

2. 本字表先按韵母顺序排列，同韵母的字按声母顺序排列，同声韵的字按阴阳上去声调顺序排列。同声韵调的字以《方言调查字表》中出现的先后次序为顺序。字表中不出现而隆德方言中常用的字排在《字表》收字的后面。

3. 异读字分几种情况，有的是文白异读，有的是古音的残留，有的是由类推产生的新的读音，有的可能与语流音变固化形成的读音有关，也有的可能与误读有关，情况比较复杂。

韵母排列顺序：

ɿ ʅ ɚr i u y a ia ua ə iə uə yə ɔ iɔ

ei uei əu iəu æ iæ uæ yæ əŋ iŋ uŋ yŋ aŋ iaŋ uaŋ

声母排列顺序：

p pʰ m f v t tʰ n l k kʰ ŋ

x tɕ tɕʰ ɕ tʂ tʂʰ ʂ ʐ ts tsʰ s ø

声调排列顺序：

阴平［213］　　阳平［24］　　上声［53］　　去声［44］

二　同音字

ɿ

pʰɿ²¹³尿_{女阴}

pʰɿ⁴⁴屁

tsɿ²¹³资姿咨梓淄_{黑淄泥}支枝肢只_{只有}脂
旨辎_{辎重}滓厕_{茅厕}之芝支

tsɿ⁵³紫子籽仔纸指至止趾址

tsɿ⁴⁴姊自字痔志誌痣□_{用油浸润锅。}

tsʰɿ²¹³差_{参差}

tsʰɿ²⁴雌瓷_{瓷器}慈磁_{磁石}兹滋赐辞词祠池_{龙王池(地名)，鱼池(地名)}迟

tsʰɿ⁵³此次疵_{吹毛求疵}齿

tsʰɿ⁴⁴刺伺翅

sɿ²¹³斯撕私司丝思嗣饲师狮施尸诗

sɿ²⁴赐辞兹滋匙_{钥匙}时

sɿ⁵³死使史驶屎

sɿ⁴⁴四肆似祀_{祭祀}巳_{辰巳}寺士仕柿俟事是氏示视嗜始试市

ʅ

tʂʅ²¹³知蜘执汁质织职

tʂʅ²⁴置直值秩殖_{生殖}植_{植物}掷

tʂʅ⁴⁴滞制治智致雉_{雉鸡}稚_{幼稚}治炙这

tʂʰʅ²¹³持饬式尺吃（喫）

tʂʰʅ²⁴池迟痴直值赤侄

tʂʰʅ⁵³驰耻侈_{奢侈}斥

ʂʅ²¹³湿失室识饰适释

ʂʅ²⁴十什_{什物}拾_{拾起来}实食蚀殖_{骨殖}植_{木植}石

ʂ⁴⁴世势誓逝

ʐ̩²¹³日

ər

ər²⁴儿而

ər⁵³尔耳饵□_扔

ər⁴⁴二

i

pi²¹³陛_{陛下}菎_{菎麻}碑卑婢鄙笔必弼碧璧壁

pi⁵³比彼俾秕_{秕谷}

pi⁴⁴蔽敝弊币毙闭算_{算子}鐾_{鐾刀}布被_{被子}被_{被打}备箄

pʰi²¹³批

pʰi²⁴胚_{胚胎}坯_{土坯}皮疲脾琵_{琵琶}枇_{枇杷}鼻

pʰi⁵³披避庇痹_{麻痹}匹_{一匹马}僻劈

mi²¹³密蜜

mi²⁴迷糜_{糜谷}弥篗_{竹篗}靡眉

mi⁵³米觅

mi⁴⁴谜

ti²¹³低滴嫡

ti²⁴的目的敌狄

ti⁵³底抵

ti⁴⁴地弟第递帝逮

tʰi²¹³梯踢

tʰi²⁴堤提蹄啼屉_{抽屉}笛

tʰi⁵³体

tʰi⁴⁴地弟第递替涕剃剔

ni²¹³逆_{逆风}溺_{溺死}

ni²⁴泥尼倪疑拟

ni⁵³你

ni⁴⁴泥_{泥匕}腻

li²¹³荔荔支丽_{美丽}立笠粒栗历

li²⁴离_{离别}篱璃玻璃梨犁黎狸

li⁵³礼李里理鱼鲤

li⁴⁴离_{离开半寸}利痢例厉励吏

tɕi²¹³饥_{饥饿}肌几_{茶几}鸡稽基机讥饥饥荒级给供给辑_{编辑}吉寂击激

tɕi²⁴急及

tɕi⁵³己几_{几乎}几_{几个}泣

tɕi⁴⁴寄技妓冀计继系_{系鞋带}髻纪记忌既季屐_{木屐}

tɕʰi²¹³欺乞期_{时期}

tɕʰi²⁴企奇骑岐祁鳍畦杞其棋旗岂祈

tɕʰi⁵³弃启契_{契约}起

tɕʰi⁴⁴技器气汽去

ɕi²¹³玺徙牺溪奚兮嬉熙希稀吸

ɕi²⁴□_{~不容易}

ɕi⁵³喜袭

ɕi⁴⁴戏系

tsi²¹³积迹脊籍藉_{狼藉}绩

tsi²⁴集

tsi⁵³挤

tsi⁴⁴祭际济剂_{剂量}

tsʰi²¹³缉_{缉鞋口}七漆膝

tsʰi²⁴妻齐脐集疾

tsʰi⁴⁴砌剂_{面剂子}戚

si²¹³西栖犀习悉惜昔夕锡析

si²⁴席□_{表方向介词}

si⁵³洗

si⁴⁴细婿_{女婿}

i²¹³艺缢衣依揖作揖乙一逸益

i²⁴宜谊倚移伊夷姨姨疑肆_{肆业}医矣异沂_{沂蒙山}毅亦译疫役

i⁵³蚁椅已以尾

i⁴⁴仪义议易_{难易}刘缢瞖_{目瞖}意逆_{忤逆贼}易_{交易}益

u

pu^{213}不卜

pu^{53}补捕堡

pu^{44}布佈怖$_{恐怖}$

p^hu^{213}铺$_{铺设}$扑仆$_{倒卜}$萝卜

p^hu^{24}蒲菩$_{菩萨}$仆瀑$_{瀑下来}$鹁$_{鹁鸽}$

p^hu^{53}谱普浦捕埠$_{商埠}$瀑$_{瀑布}$

p^hu^{44}脯$_{胸脯}$部簿铺$_{店铺}$步

mu^{213}木目穆

mu^{24}谋

mu^{53}模模子某亩牡母拇

mu^{44}暮慕墓募牧幕

fu^{213}夫肤麸$_{麦麸子}$复$_{复兴}$福幅蝠$_{蝙蝠}$腹覆$_{覆灭}$复$_{复原}$辐$_{车辐条}$

fu^{24}敷俘俘虏孵$_{孵小鸡}$符$_{咒符}$扶芙$_{芙蓉}$傅浮服伏栿$_{梁}$

fu^{53}府腑俯甫斧抚符$_{符号}$釜腐辅付赋赴讣附否妇负阜

fu^{44}父富副

vu^{213}乌污屋

vu^{24}吴蜈$_{蜈蚣}$吾梧$_{梧桐}$无巫

vu^{53}五伍午诬武舞侮鹉$_{鹦鹉}$

vu^{44}误悟恶$_{可恶}$务雾勿

tu^{213}笃督

tu^{24}都独读牍

tu^{53}堵赌肚$_{猪肚}$妒

tu^{44}度渡镀

t^hu^{213}秃

t^hu^{24}徒屠途涂图突独犊$_{牛犊子}$毒

t^hu^{53}土吐吐痰吐呕吐

t^hu^{44}杜肚$_{腹肚}$兔度

lu^{213}鹿禄陆录辘碌

lu^{24}庐炉芦芦苇房庐$_{庐山}$楼搂$_{搂取}$耧$_{农具}$轳篓搂$_{抱}$

lu⁵³努鲁橹卤稆（穚）_{野生}陋

lu⁴⁴路赂露鹭_{鹭鸶}漏

ku²¹³姑孤箍骨_{骨头}谷_{谷子}谷_{山谷}

ku⁵³古估_{估计}牯股鼓

ku⁴⁴故固锢雇

kʰu²¹³窟_{窟窿}哭

kʰu⁵³枯苦酷

kʰu⁴⁴库裤

xu²¹³呼忽唬

xu²⁴胡湖糊_{糨糊}狐壶乎葫_{葫芦}胡_{胡子}核_{杏核子}斛圐_{圐圙}

xu⁵³虎浒_{水浒}

xu⁴⁴互护沪户瓠_{瓠子}糊_{面糊糊}

tʂu²¹³猪诸诛蛛株朱硃珠竹筑祝烛嘱触帚

tʂu²⁴铸逐

tʂu⁵³煮拄_{拄拐杖}主

tʂu⁴⁴著箸助柱驻註住注蛀

tʂʰu²¹³初出抽畜_{畜生}

tʂʰu²⁴除储锄厨刍轴

tʂʰu⁵³褚楚础_{柱下石}舒处_{相处}杵处_{处所}鼠拄_{拄拐杖}碡

tʂʰu⁴⁴住

ʂu²¹³梳_{梳头}疏_{疏远}蔬疏_{注疏}书枢输殊输_{运输}术_{白术}秫淑叔束

ʂu²⁴熟_{煮熟，熟悉}赎属

ʂu⁵³舒暑鼠庶恕署_{专署}薯_{红薯}数_{动词}竖戍蜀

ʂu⁴⁴数_{名词}树术述

ʐu²¹³入辱褥

ʐu²⁴如儒臑_{体无力}榆_{榆树}

ʐu⁵³汝乳擩_{手擩进去}辱

ʐu⁴⁴□_{铡草时的一道工序}

tsu²¹³租足

tsu²⁴卒兵卒族

tsu⁵³租祖组阻诅

tsu⁴⁴做

tsʰu²¹³粗猝_{仓促}促

tsʰu²⁴□_{偷看}

tsʰu⁴⁴醋

su²¹³苏酥速

su²⁴□_{不~故}

su⁵³粟□_{食物酥脆易散}

su⁴⁴素诉塑_{塑像}嗉_{鸟嗉子}

y

ny⁵³女

ly²¹³捋_{捋袖}律率_{速率}

ly²⁴驴

ly⁵³吕旅虑滤缕_{丝缕}屡

tɕy²¹³租居车_{车马炮}拘驹矩_{规矩}橘菊掬_{一掬,一捧}

tɕy⁵³举

tɕy⁴⁴巨拒距据锯_{锯子}聚俱句具惧剧_{剧烈}剧_{戏剧}

tɕʰy²¹³蛆趋区_{区域}驱屈麹_{酒麹}曲_{曲折,歌曲}

tɕʰy²⁴渠瞿局

tɕʰy⁵³去取娶

tɕʰy⁴⁴趣

ɕy²¹³墟虚嘘_{吹嘘}须须_{胡须}需恤肃宿畜_{畜牧}蓄_{储蓄}粟

ɕy²⁴徐俗续

ɕy⁵³许毁_{毁牙}

ɕy⁴⁴素_{素平}序叙绪絮讳戌续

y²¹³淤裕玉狱欲浴

y²⁴鱼渔於_{於此}余馀舁愚虞于盂榆

y⁵³语雨苇_{苇子}

y⁴⁴御与_{给与}誉_{荣誉}预豫娱遇寓吁迁逾愉宇禹羽愈病愈芋喻魏_{魏李村,沙塘乡村名}

尉蔚渭慰猬域郁育玉欲浴

a

pa²¹³巴芭疤八

pa²⁴爸

pa⁵³把（把握,把守,一把）靶

pa⁴⁴霸把（把柄）坝堤罢

pʰa²¹³□（丝织品、布料等不细密、不牢固）

pʰa²⁴钯（钯子）爬琶杷拔耙（耙子）

pʰa⁵³□（~皮,做事不认真）

pʰa⁴⁴怕罢

ma²¹³抹（抹布）妈

ma²⁴麻蟆

ma⁵³马码（码子）

ma⁴⁴骂

fa²¹³法（方法,法子）发（头发）发（发展）

fa²⁴乏伐筏罚

va²¹³挖袜蛙

va²⁴娃

va⁵³瓦□（迅速跑掉）□（用器物舀取）

va⁴⁴瓦（动词）凹（山坡）□（大口吃东西）娲（女娲补天）

ta²¹³搭耷

ta²⁴答达瘩靼妲（妲己）

ta⁵³打

ta⁴⁴大

tʰa²¹³他塔榻塌獭拓（拓本）

tʰa²⁴踏沓（一沓纸）

tʰa⁵³他

na²¹³纳娜

na²⁴拿

na⁵³哪那捺

la²¹³拉腊蜡辣垃

la^{53}喇

la^{44}落_{落后}

ka^{24}□_{枪毙}哥_{大拇哥儿}

ka^{53}嘎尬尕

kʰa^{53}卡_{卡车}咖喀_{喀什}

xa^{213}瞎

xa^{53}哈_{哈密}

xa^{44}下_{底下}吓_{吓一跳}吓_{恐吓}

tʂa^{213}□_{用力将绳子等拉断}

ʂa^{24}□_{舒服的样子}

ʂa^{53}傻

tsa^{213}查_{山楂}渣扎_{用针扎}眨

tsa^{24}杂砸炸_{用油炸}

tsa^{53}□_{用刀斧等用力垂直砍}□_{颗粒粗大}

tsa^{44}诈榨炸_{炸弹}奓_{竖起}闸_{车闸}

tsʰa^{213}叉杈_{木杈}差_{差别,差不多}插擦

tsʰa^{24}茶苲查_{调查}闸（牐）炸（煠）_{用油炸}铡察

tsʰa^{53}叉_{双腿叉开}

tsʰa^{44}搽（涂）岔诧

sa^{213}沙纱撒_{撒手}杀萨

sa^{53}洒厦_{大厦}

sa^{44}啥□_{筛孔较粗}

a^{213}阿

ia

pia^{213}□_{粘贴片状东西}

pia^{44}□_{栽赃诬陷}

pʰia^{213}□_{~衍衍}

pʰia^{53}□_{子,一种底大口小的铜器}

nia^{213}押

nia^{24}娘_{母亲}

nia⁴⁴压

lia²⁴俩_{俩伍}

tɕia²¹³家加痂嘉家_{家具}稼佳夹袂_{袂衣}甲胛_{肩胛}挟_{歇菜}

tɕia⁵³假_{真假}假_{放假}贾

tɕia⁴⁴架驾嫁价

tɕʰia²¹³掐

tɕʰia⁵³恰洽卡_{发卡}

tɕʰia⁴⁴□_{节省并隐藏}

ɕia²⁴虾霞瑕遐匣辖

ɕia⁴⁴下_{下降}夏厦_{厦门}

ia²¹³鸦丫_{丫头}鸭押

ia²⁴牙芽衙伢涯_{天涯}崖_{悬崖}

ia⁵³哑雅也_{也是}野_{野雀}

ia⁴⁴亚压

ua

kua²¹³瓜刮_{刀刮}

kua⁵³寡刮_{刮风}

kua⁴⁴挂卦

kʰua²¹³夸

kʰua⁵³侉垮

kʰua⁴⁴跨

xua²¹³花华_{中华}

xua²⁴铧划_{划船}滑猾

xua⁵³哗_{拟声词}

xua⁴⁴划化华_{华山}桦_{桦树}画话

tʂua²¹³抓

tʂua²⁴□_{机灵}

tʂua⁵³爪_{爪子}

tʂʰua²¹³□_{食品酥脆可口}

tʂʰua²⁴□_{用水反复冲}

tʂʰua⁵³ □_{猛烈用力将皮剥掉}

tʂʰua⁴⁴ □_{故意落后}

ʂua²¹³刷

ʂua⁵³耍

ʐua²⁴挼_{反复揉搓}

ə

pə²¹³<u>波</u> 菠_{菠菜}玻_{玻璃}拨<u>剥</u>驳<u>卜</u>_{卜卦}

pə²⁴博泊_{梁山泊}搏

pə⁵³跛簸播_{播种}

pə⁴⁴薄_{薄荷}□_{骄傲}播_{广播}

pʰə²¹³<u>波</u> 坡泼帛

pʰə²⁴婆勃馞_{面馞}薄_{薄厚}泊脖铂_{金铂纸}

pʰə⁵³朴_{朴素}

pʰə⁴⁴破

mə²¹³末沫没_{沉没}

mə²⁴魔磨_{磨刀}摩馍模_{模范}摹

mə⁵³抹_{抹泥}莫膜摸寞陌

mə⁴⁴磨_{磨面}耱

fə²⁴佛_{仿佛}佛_{佛教}缚

və²¹³倭踒_{踒了胸}窝物握挝沃涡斡捼

və⁴⁴卧蜗

kə²¹³哥戈歌合_{合群}蛤_{蛤蜊}鸽割葛各阁搁胳<u>觉</u>角

kə²⁴哥

kə⁵³□_{折算}

kə⁴⁴个_{个人}

kʰə²¹³咳_{咳嗽}磕渴搕_击壳咳搉_{商搉}

kʰə⁵³可

kʰə⁴⁴苛

ŋə²¹³恶_{善恶}遏

ŋə²⁴蛾鹅俄讹鄂 峨娥锷噩阿_{阿胶}

ŋə⁵³我扼谔厄

ŋə⁴⁴饿

xə²¹³喝_喝酒 喝_吆喝 郝_姓 赫

xə²⁴河何荷_荷花 荷_薄荷 合_合作 盒鹤涸

xə⁵³喝_吆喝

xə⁴⁴贺荷_负荷 褐

tʂə²¹³遮者折_折叠 褶_褶子 着_着衣 酌绰谪

tʂə²⁴浙

tʂə⁵³折_折断 这

tʂə⁴⁴蔗蛰_惊蛰 哲

tʂʰə²¹³车彻焯_焯菜

tʂʰə²⁴着_睡着

tʂʰə⁵³扯撤

tʂʰə⁴⁴□_不正

ʂə²¹³奢赊设摄涉

ʂə²⁴蛇佘舌折_弄折了 勺_勺子 芍_芍药花

ʂə⁵³舍_舍去

ʂə⁴⁴社射麝舍_宿舍

ʐə²¹³热若弱

ʐə⁵³惹

iə

piə²¹³鳖憋

piə²⁴别_区别 别_离别

piə⁵³□_~肚儿

piə⁴⁴□_豆子进了 □_逃走

pʰiə²¹³撇_将浮在液体表面的杂质除去 □_扬言,吹牛

pʰiə²⁴别_撅起来

pʰiə⁵³□_扔掉

pʰiə⁴⁴□_碍于某事

miə²¹³灭

miə⁵³蔑

miə⁴⁴□~希

tiə²¹³跌

tiə²⁴爹蝶谍咥_{吃东西的粗俗语}

tiə⁵³□_{坡度突然变陡}

tiə⁴⁴□_{偶尔看一眼}

tʰiə²¹³帖请帖贴铁

tʰiə²⁴叠碟

tʰiə⁴⁴□_{挺胸抬头、趾高气扬的样子}

niə²¹³聂镊蹑业孽捏□_{木朽}

niə²⁴□_{精神不振的样子}□_{人家的合音}

niə⁵³乜

liə²¹³猎列烈裂

liə⁴⁴趔

tɕiə²¹³皆阶秸揭结洁

tɕiə²⁴杰

tɕiə⁵³<u>解</u>_{讲解,解开}劫

tɕiə⁴⁴介界<u>芥</u>疥届戒械

tɕʰiə²¹³怯

tɕʰiə²⁴茄

tɕʰiə⁵³<u>起</u>

tɕʰiə⁴⁴□_{□实,骄傲的样子}

ɕiə²¹³歇蝎血

ɕiə²⁴谐<u>鞋</u>胁协穴

ɕiə⁵³解_姓蟹邂

ɕiə⁴⁴懈

tsiə²¹³接节

tsiə²⁴<u>截捷</u>

tsiə⁵³姐

tsiə⁴⁴借<u>藉</u>_{藉故}

tsʰiə²¹³妾切

tsʰiə²⁴<u>捷</u>_{捷路}截

tsʰiə^{53} 且

tsʰiə^{44} 笡_斜 藉_{藉故}

siə^{213} 些薛屑楔_{楔子}

siə^{24} 邪斜

siə^{53} 写

siə^{44} 泻卸谢泄_{泄露}

iə^{213} 叶页噎液腋

iə^{24} 耶爷

iə^{53} 也_{者也} 野

iə^{44} 夜

uə

tuə^{213} 多 掇_{拾掇} 掇_{掂掇}

tuə^{24} 铎踱夺_{定夺}

tuə^{53} 朵躲

tuə^{44} 惰剁

tʰuə^{213} 拖脱託托煺_{把包子煺煺}

tʰuə^{24} 驮_{驮起来} 夺

tʰuə^{53} 妥椭_{椭圆}

tʰuə^{44} 驼舵驮_{驮子} 唾_{唾沫}

luə^{213} 落烙骆洛络乐

luə^{24} 挪罗锣箩啰_{啰唆} 骡螺_{海螺}

luə^{53} 裸_{裸体}

luə^{44} 糯_{糯米} 摞_{摞起来} 诺骆

kuə^{213} 锅郭

kuə^{53} 果裹餜

kuə^{44} 过

kʰuə^{213} 科棵括_{包括} 阔廓扩_{扩充} □_{谎言}

kʰuə^{53} 颗_{一颗珠}

kʰuə^{44} 课骒_{母马}

xuə^{213} 豁_{豁口} 劙_{用刀劙开} 霍

xuə²⁴和_和气_禾活

xuə⁵³火伙

xuə⁴⁴祸货和_和面_藿_藿香_

tʂuə²¹³桌捉

tʂuə²⁴拙卓琢啄涿浊镯_镯子_浞

tʂʰuə²¹³戳绰

tʂʰuə⁵³龊醒_醒_

ʂuə²¹³说_说话_

ʂuə²⁴缩朔烁

ʂuə⁵³硕所

tsuə²¹³撮_一撮米_作_工作_做

tsuə⁵³作_作弄_

tsuə⁴⁴左佐坐座

tsʰuə²¹³搓

tsʰuə²⁴矬_矮_凿昨嚼

tsʰuə⁵³措_措置_挫

tsʰuə⁴⁴坐座错_错杂_错_错误_

suə²¹³蓑梭_织布梭_唆_啰唆_莎_莎草_索_绳索_

suə²⁴缩

suə⁵³锁琐

yə

lyə²¹³劣略掠

lyə⁵³□_用刀子猛割_

tɕyə²¹³脚觉_知觉_角饺（角）_水饺子_

tɕyə²⁴决诀绝掘爵

tɕyə⁵³噘_脾气噘_倔_倔强_撅_猛然折断_

tɕyə⁴⁴噘_噘嘴_

tɕʰyə²¹³缺雀鹊却确

tɕʰyə²⁴绝橛_木橛_

tɕʰyə⁵³□_看_

tɕʰyə⁴⁴□_{小孩瘦弱}

ɕyə²¹³雪削

ɕyə²⁴学

ɕyə⁵³□_{斥责}

ɕyə⁴⁴□_{蛮不讲理}

yə²¹³悦阅月越曰粤虐约药钥钥匙岳乐_{音乐}

ɔ

pɔ²¹³包剥

pɔ⁵³褒保堡宝饱

pɔ⁴⁴抱胞报暴菢_{菢小鸡儿}豹爆鉋_{鉋床}

pʰɔ²¹³□_{萝卜失去水分变得虚软}

pʰɔ²⁴袍泡抛刨_{刨地}麢剖

pʰɔ⁵³跑

pʰɔ⁴⁴胞_{同胞}鲍_姓炮_{枪炮}泡_{泡在水里}鉋雹

mɔ²¹³□_{猜测}

mɔ²⁴毛茅猫锚矛_{矛盾}

mɔ⁵³卯牡

mɔ⁴⁴冒帽貌茂贸

tɔ²¹³刀叨_{唠叨}

tɔ²⁴□_{讨价还价}

tɔ⁵³祷岛倒_{打倒}导捣

tɔ⁴⁴道到倒盗

tʰɔ²¹³掏涛

tʰɔ²⁴桃逃淘_{淘米}陶萄

tʰɔ⁵³滔讨稻

tʰɔ⁴⁴道套

nɔ⁵³脑恼

nɔ⁴⁴闹

lɔ²⁴劳捞牢唠_{唠叨}

lɔ⁵³老

lɔ^{44}涝_{旱涝}闹

kɔ^{213}高羔

kɔ^{53}膏糕稿

kɔ^{44}告膏_{膏油}

kʰɔ^{213}□_{接触上}

kʰɔ^{53}考烤犒

kʰɔ^{44}靠

ŋɔ^{213}□_{忍耐,等待}

ŋɔ^{24}熬

ŋɔ^{53}袄

ŋɔ^{44}傲鏊_{烙饼用具}懊_{懊悔}

xɔ^{213}蒿蓬蒿薅_{除田草}郝_姓

xɔ^{24}豪壕毫号_{号哭}

xɔ^{53}好_{好坏}

xɔ^{44}浩好_{喜好}耗号_{号数}

tʂɔ^{213}朝_{今朝}召昭招沼_{沼气}

tʂɔ^{44}赵兆

tʂʰɔ^{213}超

tʂʰɔ^{24}朝_{朝代}潮

tʂʰɔ^{53}麨

tʂʰɔ^{44}赵

ʂɔ^{213}烧

ʂɔ^{24}韶_{韶关}绍

ʂɔ^{53}少

ʂɔ^{44}少_{少年}邵

ʐɔ^{24}挠饶

ʐɔ^{53}扰绕_{围绕}绕_{绕线}

ʐɔ^{44}□_{斜着眼睛看}耀_{照耀}

tsɔ^{213}遭糟蚤骚搔

tsɔ^{53}早枣澡爪_{爪子}找

tsɔ^{44}皂造_{建造}灶燥躁罩笊

tsʰɔ²¹³操_{操作}抄_{抄写}巢剿_{剿匪}

tsʰɔ²⁴曹槽_{马槽}

tsʰɔ⁵³草騲 钞炒吵

tsʰɔ⁴⁴皂_{皂角,药品}躁糙_{粗糙}燥

sɔ²¹³骚搔臊_{臊气}梢_{树梢}捎_{捎带}

sɔ²⁴□_{指挥狗发起攻击}

sɔ⁵³扫_{扫地}嫂稍

sɔ⁴⁴扫_{扫帚}燥_{干燥}

iɔ

piɔ²¹³膘标彪

piɔ⁵³表

pʰiɔ²¹³飘鳔

pʰiɔ²⁴瓢嫖_{嫖赌}

pʰiɔ⁵³漂_{漂亮}

pʰiɔ⁴⁴漂_{漂白}票_{车票}

miɔ²⁴苗描瞄矛_{矛子}

miɔ⁵³藐渺秒

miɔ⁴⁴庙妙

tiɔ²¹³刁貂雕

tiɔ⁴⁴钓吊掉调_{音调}调_{调动}

tʰiɔ²¹³挑_{挑选}

tʰiɔ²⁴条调_{调和}跳藋_{灰藋}

tʰiɔ⁵³挑_{挑起矛盾}

tʰiɔ⁴⁴粜掉

niɔ⁵³咬鸟

niɔ⁴⁴尿

liɔ²⁴燎疗聊辽撩寥了_{了望}

liɔ⁵³燎_{火燎眉毛}了_{了结}

liɔ⁴⁴料尥廖_姓

tɕiɔ²¹³交郊胶教_{教书}剿_{剿匪}浇缴_{上缴}

tɕiɔ⁵³ 绞狡铰饺（角）饺子 搅骄娇矫娇情 侥侥幸

tɕiɔ⁴⁴ 教教育 校校对 较酵窖觉睡觉 叫

tɕʰiɔ²¹³ 敲

tɕʰiɔ²⁴ 乔侨桥荞

tɕʰiɔ⁵³ 巧

tɕʰiɔ⁴⁴ 锹轿窍撬

ɕiɔ²¹³ 枵枵薄 嚣

ɕiɔ²⁴ 淆

ɕiɔ⁵³ 晓

ɕiɔ⁴⁴ 孝效校学校 校上校

tsiɔ²¹³ 焦蕉芭蕉,香蕉 椒

tsiɔ⁵³ 剿剿杀 □□令

tsiɔ⁴⁴ 醮做醮

tsʰiɔ²¹³ 缫缫边 悄静悄悄

tsʰiɔ²⁴ 樵瞧

tsʰiɔ⁵³ 雀麻雀 鹊喜鹊

tsʰiɔ⁴⁴ 俏□道路泥泞

siɔ²¹³ 消宵霄硝销萧箫

siɔ⁵³ 小

siɔ⁴⁴ 笑

iɔ²¹³ 妖邀腰要要求 么么二三 吆吆喝 杳杳无音信

iɔ²⁴ 摇谣窑姚尧

iɔ⁵³ 舀舀水

iɔ⁴⁴ 鞘鞋鞘 要重要 耀鹞鹞子 跃

ei

pei²¹³ 背背负 悲北百柏伯掰用手掰开

pei²⁴ 白

pei⁵³ 摆稗

pei⁴⁴ 贝拜败辈背后背 背背诵 焙焙干

pʰei²¹³ 杯披迫拍

p^{h}ei^{24}排牌培陪赔

p^{h}ei^{53}沛派佩魄

p^{h}ei^{44}败倍配

mei^{213}墨默麦脉

mei^{24}埋梅枚媒煤

mei^{53}每美

mei^{44}买卖迈妹昧媚寐

fei^{213}非飞妃翡_{翡翠}

fei^{24}肥

fei^{53}吠匪

fei^{44}废肺费_{费用}

vei^{213}桅_{船桅杆}煨歪危微威伟苇_{芦苇}纬

vei^{24}为_{作为}维惟唯违围

vei^{53}伪萎_{萎缩}委尾伟

vei^{44}卫外为_{为什么}位未味畏慰尉蔚渭胃谓魏猬

tei^{213}呆得德

tei^{53}怠殆歹

tei^{44}待戴贷代袋带大_{大夫；大黄，药名}逮

t^{h}ei^{213}胎特

t^{h}ei^{24}台_{台湾}苔舌苔抬

t^{h}ei^{53}态太_{太好}

t^{h}ei^{44}太泰

nei^{53}奶乃

nei^{44}耐奈

lei^{213}肋勒

lei^{24}来

lei^{44}赖癞

kei^{213}该芥_{芸芥}街格革隔

kei^{53}改解_{解开}

kei^{44}盖丐_{乞丐}

k^{h}ei^{213}开刻_{时刻}刻_{用刀刻}克客

kʰei⁵³凯概溉慨_{慷慨}揩楷

ŋei²¹³哀埃_{尘埃}挨_{挨近}额

ŋei²⁴崖_{悬崖}挨_{挨打}癌

ŋei⁵³碍蔼_{和蔼}矮隘扼

ŋei⁴⁴艾爱

xei²¹³黑赫核_{审核}核_{核心}

xei²⁴孩

xei⁵³海亥骇_{惊骇}

xei⁴⁴害

tsei²¹³灾栽斋则宅窄摘

tsei²⁴贼泽择_{选择}责

tsei⁵³宰载_{年载}载_{载重}载_{满载}

tsei⁴⁴在 再债塞_{塞子川}

tsʰei²¹³钗差_{出差}侧测拆策册

tsʰei²⁴才材财裁豺柴贼_{打劫贼}

tsʰei⁵³猜彩采睬

tsʰei⁴⁴在_{自在}菜蔡塞

sei²¹³腮鳃涩瑟虱色啬

sei⁵³筛_{筛子}

sei⁴⁴赛晒

uei

tuei²¹³堆

tuei⁴⁴对碓队兑

tʰuei²¹³推

tʰuei⁵³腿

tʰuei⁴⁴退蜕_{蛇蜕皮}褪

luei⁵³儡傀偭 累_{累积}累_{连累}垒类

luei⁴⁴内累_{极困}泪

kuei²¹³乖规龟轨归国虢_{虢镇}

kuei⁵³拐诡鬼

kuei⁴⁴怪鳜₍鳜鱼₎圭闺桂癸贵

kʰuei²¹³盔魁傀₍傀儡₎规亏窥

kʰuei²⁴蒯奎逵葵

kʰuei⁵³块会₍会计₎溃愧

kʰuei⁴⁴刽快筷跪柜

xuei²¹³恢灰麾挥辉徽

xuei²⁴回茴₍茴香₎怀槐淮或惑获

xuei⁵³悔晦秽毁

xuei⁴⁴桧贿汇会₍开会₎会₍会不会₎绘坏惠慧讳

tʂuei²¹³追锥

tʂuei⁵³□~实,身体结实的样子

tʂuei⁴⁴拽₍拉₎缀赘

tʂʰuei²¹³吹炊

tʂʰuei²⁴垂槌锤

tʂʰuei⁵³揣₍揣度₎

tʂʰuei⁴⁴坠

ʂuei²¹³衰摔

ʂuei²⁴谁

ʂuei⁵³水摔

ʂuei⁴⁴税睡瑞帅

ʐuei⁴⁴芮锐瑞蕊

tsuei⁵³嘴

tsuei⁴⁴罪最岁醉

tsʰuei²¹³催崔₍姓₎

tsʰuei²⁴脆₍食物脆₎

tsʰuei⁴⁴脆₍干脆₎翠粹₍纯粹₎

suei²¹³虽绥

suei²⁴随髓遂隧₍隧道₎

suei⁵³髓

suei⁴⁴碎岁穗

əu

təu²¹³ 都 _{都是}

təu⁵³ 兜陡斗 _{一斗粮}

təu⁴⁴ 斗 _{斗争} 豆逗

tʰəu²¹³ 偷

tʰəu²⁴ 头投

tʰəu⁵³ 抖

tʰəu⁴⁴ 透

nəu²⁴ 奴

nəu⁴⁴ 怒

kəu²¹³ 勾钩沟

kəu⁵³ 狗苟

kəu⁴⁴ 够 _{往上够} 够构购

kʰəu²¹³ 抠

kʰəu²⁴ □ _{罩住}

kʰəu⁵³ 口

kʰəu⁴⁴ 叩扣 _{扣住} 寇

ŋəu²¹³ 欧瓯

ŋəu⁵³ 藕偶 _{配偶} 偶 _{偶然} 呕 _{呕吐} 殴怄 _{怄气}

ŋəu⁴⁴ 沤 _{沤麻}

xəu²¹³ □ _{发怒}

xəu²⁴ 侯喉猴瘊瘊子

xəu⁵³ 吼

xəu⁴⁴ 后 _{前后} 厚后 _{太后} 候

tʂəu²¹³ 周舟州洲帚

tʂəu⁵³ 肘宙

tʂəu⁴⁴ 纣 _{纣王} 昼咒

tʂʰəu²¹³ 抽

tʂʰəu²⁴ 绸稠筹仇酬

tʂʰəu⁵³ 丑 _{地支} 丑 _{丑陋}

tʂʰəu⁴⁴纠_{纠棍儿}臭_{香臭}

ʂəu²¹³收

ʂəu²⁴仇

ʂəu⁵³手首守

ʂəu⁴⁴受兽寿授售

ʐ̩əu²⁴柔揉糅

ʐ̩əu⁵³蹂_{蹂踏}

ʐ̩əu⁴⁴肉

tsəu²¹³邹

tsəu⁵³走

tsəu⁴⁴奏皱绉骤

tsʰəu²¹³搊_{搊起来}

tsʰəu²⁴愁

tsʰəu⁵³瞅

tsʰəu⁴⁴凑

səu²¹³搜飕搜_{搜集}

səu⁵³□_{虫~}

səu⁴⁴瘦嗽_{咳嗽}

iəu

miəu⁵³谬

tiəu²¹³丢

tiəu⁵³□_{不负责任地说话}

niəu⁵³纽扭妞

liəu²¹³六绿

liəu²⁴流刘留榴_{石榴}硫_{硫黄}琉_{琉璃}

liəu⁵³柳

liəu⁴⁴溜馏瘤鎏

tɕiəu²¹³鸠阄_{拈阄}纠_{纠缠}纠_{纠正}

tɕiəu²⁴□_{关门}□_{喂牲口}□_{牲畜配种}

tɕiəu⁵³九久韭灸_{针灸}

tɕiəu⁴⁴臼舅咎救究柩

tɕʰiəu²¹³丘仇₍姓₎邱酋蚯

tɕʰiəu²⁴囚求球裘

tɕʰiəu⁴⁴旧枢

ɕiəu²¹³休

ɕiəu⁵³朽嗅₍用鼻子闻₎□₍投篮₎

ɕiəu⁴⁴□₍~实₎

tsiəu²¹³揪₍一把揪住₎

tsiəu⁵³酒

tsiəu⁴⁴就₍成就₎

tsʰiəu²¹³秋₍秋天₎秋₍秋千₎

tsʰiəu⁴⁴就₍就算₎

siəu²¹³修羞

siəu²⁴□₍因光线刺激等睁不开眼睛₎

siəu⁴⁴秀宿₍星宿₎锈₍铁锈₎袖

iəu²¹³忧优幽

iəu²⁴尤邮由油游犹悠₍悠悠₎

iəu⁵³有酉

iəu⁴⁴友莠诱又右佑柚鼬₍黄鼬₎釉幼

æ̃

pæ̃²¹³班斑颁扳般搬瘢

pæ̃⁵³板版

pæ̃⁴⁴瓣办 半绊

pʰæ̃²¹³攀潘

pʰæ̃²⁴盘磐畔

pʰæ̃⁵³□₍用锄头松土₎

pʰæ̃⁴⁴扮盼办 伴拌 判叛

mæ̃²¹³□₍~~子,小碗₎

mæ̃²⁴蛮瞒馒₍馒头₎□₍小孩子或小动物撒娇₎

mæ̃⁵³满

mæ̃^{44}慢漫幔

fæ̃^{213}藩翻番$_{几番}$

fæ̃^{24}凡帆烦繁矾

fæ̃^{53}反返

fæ̃^{44}范犯泛贩饭

væ̃^{213}豌$_{豌豆}$剜弯湾

væ̃^{24}完丸肉丸顽$_{顽固}$

væ̃^{53}皖$_{安徽}$碗晚挽婉绾$_{绾绳套}$宛

væ̃^{44}玩$_{游玩}$腕万蔓

tæ̃^{213}担$_{担任}$丹单$_{单独}$

tæ̃^{53}胆掸$_{鸡毛掸子}$诞

tæ̃^{44}淡担$_{扁担}$旦但弹$_{子弹}$蛋　氮$_{氮肥}$石$_{石粮}$

tʰæ̃^{213}贪滩摊瘫

tʰæ̃^{24}潭谭痰檀坛弹$_{弹琴}$

tʰæ̃^{53}毯坦

tʰæ̃^{44}探坍$_{坍塌}$谈淡炭叹但蛋

næ̃^{24}南男难$_{难易}$

næ̃^{44}难$_{患难}$

læ̃^{24}蓝篮兰拦栏

læ̃^{53}览揽榄$_{橄榄}$缆懒

læ̃^{44}滥烂

kæ̃^{213}甘柑肝竿$_{竹竿}$干$_{干湿}$

kæ̃^{53}感敢橄杆秆$_{稻秆}$擀$_{擀面}$赶

kæ̃^{44}尴尬$_{尴尬}$干$_{能干}$

kʰæ̃^{213}堪龛勘$_{勘探}$看$_{看守}$刊

kʰæ̃^{53}坎砍

kʰæ̃^{44}看$_{看见}$

ŋæ̃²¹³ 庵安鞍

ŋæ̃²⁴ 浂（水开）

ŋæ̃⁵³ 垵（庵坑）揞（揞住）

ŋæ̃⁴⁴ 岸按案暗

xæ̃²¹³ 憨（憨厚）

xæ̃²⁴ 含函寒韩咸（咸阳）还（还有）

xæ̃⁵³ 撼憾喊罕翰

xæ̃⁴⁴ 酣鼾（睡时鼾声）旱汉汗焊（电焊）

tʂæ̃²¹³ 沾粘（粘贴）瞻占（占卜）毡

tʂæ̃⁵³ 展

tʂæ̃⁴⁴ 占（占有）战颤绽

tʂʰæ̃²⁴ 缠蝉禅（禅宗）

tʂʰæ̃⁵³ □（纠缠）

tʂʰæ̃⁴⁴ □（努力做事）

ʂæ̃²¹³ 羶搧

ʂæ̃²⁴ 蟾（蟾酥）单（姓）禅（禅让）

ʂæ̃⁵³ 陕（陕西）闪

ʂæ̃⁴⁴ 善扇膳

ʐæ̃²⁴ 黏（黏米,黏起来）冉

ʐæ̃⁵³ 染

ʐæ̃⁴⁴ □（滚雪球）

tsæ̃²¹³ □（干裂）

tsæ̃²⁴ □（讨价还价）

tsæ̃⁵³ 斩盏攒（积攒）

tsæ̃⁴⁴ 暂站（立站车站）蘸（蘸酱油）赞溅（溅水）

tsʰæ̃²¹³ 参餐搀

tsʰæ̃²⁴ 惨蚕谗馋残

tsʰæ̃⁵³惭铲产

tsʰæ̃⁴⁴灿绽_{破绽}

sæ̃²¹³三杉衫珊山删

sæ̃⁵³散_{鞋带散了}伞

sæ̃⁴⁴散_{分散}疝_{疝气}

iæ̃

piæ̃²¹³鞭编边

piæ̃⁵³贬蝙扁匾

piæ̃⁴⁴变辨辩辫 汴便_{方便}遍_{一遍}遍_{遍地}

pʰiæ̃²¹³偏

pʰiæ̃²⁴便_{便宜}骈

pʰiæ̃⁵³篇片

pʰiæ̃⁴⁴辨辩辫骗_{欺骗}

miæ̃²⁴绵棉眠

miæ̃⁵³免勉娩_{分娩}

miæ̃⁴⁴缅面

tiæ̃²¹³掂掂掇颠腆腆肚子

tiæ̃⁵³点典

tiæ̃⁴⁴店电殿奠佃

tʰiæ̃²¹³添天

tʰiæ̃²⁴甜田填

tʰiæ̃⁵³舔_{以舌取物}

tʰiæ̃⁴⁴垫

niæ̃²¹³蔫_{食物不新鲜}蔫_{花萎}

niæ̃²⁴严鲶_{鲶鱼}拈_{拈起来}年

niæ̃⁵³脸眼碾辇捻捵

niæ̃^{44}念

liæ̃^{24}廉镰帘连联怜莲

liæ̃^{53}敛殓

liæ̃^{44}练楝_{楝树}

tɕiæ̃^{213}监_{监督}兼搛_{搛菜}艰间_{空间}间_{间断}奸 肩坚

tɕiæ̃^{53}减碱检俭剑简柬捡谏涧笺茧趼

tɕiæ̃^{44}鉴监_{国子监}舰件 犍_{犍子}键建健腱见

tɕʰiæ̃^{213}钳谦牵铅

tɕʰiæ̃^{24}乾_{乾坤}虔掮犍_{犍为县}

tɕʰiæ̃^{53}嵌歉遣

tɕʰiæ̃^{44}欠件

ɕiæ̃^{213}杴_{木杴}掀

ɕiæ̃^{24}咸_{咸阳}衔嫌闲贤弦

ɕiæ̃^{53}险显

ɕiæ̃^{44}陷馅限宪献现县

tsiæ̃^{213}尖煎

tsiæ̃^{53}剪践

tsiæ̃^{44}渐箭贱荐

tsʰiæ̃^{213}签潜迁千

tsʰiæ̃^{24}歼_{歼灭}钱前

tsʰiæ̃^{53}浅

tsʰiæ̃^{44}贱

siæ̃^{213}仙先

siæ̃^{53}鲜_{新鲜}鲜_{鲜有}癣羡

siæ̃^{44}线先_{先后，即妯娌}

iæ̃^{213}淹阉醃烟燕_{燕赵}

iæ̃^{24}岩盐阎檐严俨_{俨然}颜延言研沿铅_{铅山}

iɛ̃⁵³掩魇演

iɛ̃⁴⁴验炎艳焰酽_{酽茶}雁晏焉_{心不在焉}莚谚堰砚燕_{燕子}宴

uɛ̃

tuɛ̃²¹³端

tuɛ̃⁵³短

tuɛ̃⁴⁴断_{断案}锻缎椴

tʰuɛ̃²⁴团

tʰuɛ̃⁵³湍

tʰuɛ̃⁴⁴断_{断绝}

luɛ̃²¹³□_{努力奋斗}

luɛ̃²⁴鸾

luɛ̃⁵³暖卵

luɛ̃⁴⁴乱

kuɛ̃²¹³官棺观_{参观}冠_{鸡冠}鳏关

kuɛ̃⁵³管馆莞

kuɛ̃⁴⁴冠_{冠军}冠_{衣冠}贯灌罐观_{寺观}冠_{冠军}惯盥鹳

kʰuɛ̃²¹³宽

kʰuɛ̃⁵³款

kʰuɛ̃⁴⁴□_{手□儿，手镯}

xuɛ̃²¹³欢

xuɛ̃²⁴桓还_{还原}环鬟寰

xuɛ̃⁵³缓浣痪

xuɛ̃⁴⁴唤焕换幻患宦豢

tʂuɛ̃²¹³专砖

tʂuɛ̃⁵³转_{转眼}

tʂuɛ̃⁴⁴撰篆转_{转螺丝}传_{传记}赚

tʂʰuæ̃²¹³ 川穿

tʂʰuæ̃²⁴ 传_{传达} 椽

tʂʰuæ̃⁵³ 喘

tʂʰuæ̃⁴⁴ 窜篡串

ʂuæ̃²¹³ 拴

ʂuæ̃²⁴ 船篅_{盛谷具}

ʂuæ̃⁴⁴ 闩涮_{涮洗}

ʐuæ̃⁵³ 软阮

tsuæ̃²¹³ 钻_{钻研}

tsuæ̃⁵³ 纂_{纂修□□□，一种发髻}

tsuæ̃⁴⁴ 钻_{钻头}

tsʰuæ̃²¹³ 氽_{氽丸子}…穿_{穿针}

tsʰuæ̃²⁴ □_{将散开的东西集中起来}

tsʰuæ̃⁴⁴ □_{香味浓厚} 窜蹿

suæ̃²¹³ 酸

suæ̃⁴⁴ 算蒜

yæ̃

lyæ̃²⁴ 恋联

lyæ̃⁴⁴ 恋

tɕyæ̃²¹³ 捐

tɕyæ̃⁵³ 卷_{卷起}

tɕyæ̃⁴⁴ 眷卷_{卷宗} 绢倦券

tɕʰyæ̃²¹³ 圈_{圆圈}

tɕʰyæ̃²⁴ 全泉拳权颧_{颧骨}

tɕʰyæ̃⁵³ 犬

tɕʰyæ̃⁴⁴ 圈_{猪圈} 劝

çyæ̃²¹³宣喧轩

çyæ̃²⁴旋玄悬眩

çyæ̃⁵³选

çyæ̃⁴⁴馅旋_{旋吃旋做}镟_{镟床}楦_{鞋楦}

yæ̃²¹³冤

yæ̃²⁴圆员缘元原源袁辕园援_{援救}渊

yæ̃⁵³远

yæ̃⁴⁴院愿怨

əŋ

pəŋ²¹³奔崩蹦

pəŋ⁵³本

pəŋ⁴⁴笨 奔_{投奔}迸泵

pʰəŋ²¹³喷

pʰəŋ²⁴盆朋烹彭膨_{膨胀}棚篷蓬鹏澎

pʰəŋ⁵³捧

pʰəŋ⁴⁴笨 喷_{喷嚏}碰

məŋ²¹³□_{情况不明}

məŋ²⁴门萌盟蒙

məŋ⁵³猛

məŋ⁴⁴闷孟梦□_{不聪明}

fəŋ²¹³分_{分开}风疯丰封峰蜂锋

fəŋ²⁴焚坟冯逢缝_{缝衣服}

fəŋ⁵³芬纷粉讽

fəŋ⁴⁴愤忿粪奋份_{一份两份}枫凤奉俸缝_{一条缝}

vəŋ²¹³温瘟翁

vəŋ²⁴文纹蚊闻

vəŋ⁵³稳刎

vəŋ⁴⁴问璺_{裂璺}瓮雍

təŋ²¹³登灯

təŋ⁵³等

təŋ⁴⁴扽凳镫_{马镫}邓瞪_{瞪眼}

tʰəŋ²¹³吞

tʰəŋ²⁴腾藤疼

tʰəŋ⁵³□_{说出一些不合常理的话}

tʰəŋ⁴⁴□_{狗伤人}

nəŋ²⁴能

nəŋ⁴⁴□_{~加}

ləŋ²¹³□_{做让人反感的事}

ləŋ²⁴棱凌_{冰凌}

ləŋ⁵³冷

ləŋ⁴⁴楞

kəŋ²¹³跟根更_{三更半夜}耕

kəŋ⁵³庚羹埂_{田埂}耿

kəŋ⁴⁴更_{更加}

kʰəŋ²¹³坑

kʰəŋ⁵³肯恳垦

kʰəŋ⁴⁴□_{由于特殊困难迫使原来的事项中断}

ŋəŋ²¹³恩

ŋəŋ⁵³摁

xəŋ²¹³亨哼

xəŋ²⁴痕恒衡

xəŋ⁵³很□_{老年人身体健康}

xəŋ⁴⁴恨狠

tʂəŋ²¹³针斟珍榛臻衬真诊疹征_{征求}蒸拯_{拯救}贞侦正_{正月}征

tʂəŋ⁵³枕振震整

tʂəŋ⁴⁴镇阵证症郑正政

tʂʰəŋ²¹³称_{称呼}

tʂʰəŋ²⁴沉陈尘辰晨臣澄承丞橙_{橙子}呈程成城诚盛_{盛满了}

tʂʰəŋ⁵³惩称_{称职}逞_{逞能}

tʂʰəŋ⁴⁴趁乘秤_{一杆秤}

ʂəŋ²¹³深升声

ʂəŋ²⁴神 身申 伸晨早晨绳盛盛满了

ʂəŋ⁵³沈审婶

ʂəŋ⁴⁴甚桑葚甚肾慎胜胜任剩胜胜败圣盛兴盛

ʐ̩əŋ²⁴壬任姓任人仁仍

ʐ̩əŋ⁵³纴缝纴忍扨

ʐ̩əŋ⁴⁴任责任刃认

tsəŋ²¹³曾姓增争筝睁

tsəŋ⁵³怎

tsəŋ⁴⁴憎赠

tsʰəŋ²¹³参参差蹭撑

tsʰəŋ²⁴岑曾曾经层

tsʰəŋ⁵³□要~

tsʰəŋ⁴⁴掌椅子掌衬

səŋ²¹³森参人参僧生牲笙甥

səŋ⁵³省省长省节省

səŋ⁴⁴渗渗水

iŋ

piŋ²¹³彬宾斌缤冰兵乒

piŋ⁵³禀丙秉柄饼炳

piŋ⁴⁴殡鬓并合并

pʰiŋ²⁴贫频频繁凭平坪评瓶屏萍苹

pʰiŋ⁵³品妍妍头拼

pʰiŋ⁴⁴聘病

miŋ²⁴民鸣明名铭

miŋ⁵³闽闽越悯敏抿皿

miŋ⁴⁴命

tiŋ²¹³丁钉铁钉疔盯

tiŋ²⁴□食物不消化

tiŋ⁵³顶鼎

tiŋ⁴⁴钉_{钉住}订_{订阅}<u>定</u>

tʰiŋ²¹³听_{听见}厅汀听_{听任}

tʰiŋ²⁴亭停廷庭蜓_{蜻蜓}

tʰiŋ⁵³艇挺

tʰiŋ⁴⁴<u>定</u>

niŋ²⁴凝宁_{安宁}拧泞

niŋ⁴⁴硬宁_{宁可}佞

liŋ²⁴林淋_{淋湿}临邻鳞磷陵凌菱灵零铃伶拎翎

liŋ⁵³檁赁领岭

liŋ⁴⁴吝_{吝啬}蔺躏令另

tɕiŋ²¹³今金禁_{禁不住}襟巾斤筋京荆惊颈经_{经纬}

tɕiŋ⁵³锦紧仅谨景警

tɕiŋ⁴⁴禁_{禁止}劲_{劲头}茎境敬竟镜竞鲸劲_{劲敌}径

tɕʰiŋ²¹³卿轻_{年轻}

tɕʰiŋ²⁴琴禽擒噙勤芹擎

tɕʰiŋ⁵³寝浸倾顷

tɕʰiŋ⁴⁴钦妗_{舅母}近庆磬_{钟声}

ɕiŋ²¹³兴_{兴旺}

ɕiŋ²⁴行_{行为}行_{品行}形型刑陉_{井陉}荥_{荥阳}

ɕiŋ⁵³欣擤

ɕiŋ⁴⁴衅_{挑衅}兴_{高兴}杏幸馨

tsiŋ²¹³津精晶睛_{眼睛}

tsiŋ⁵³尽_{尽力}井

tsiŋ⁴⁴进晋<u>静</u>_{静止}靖

tsʰiŋ²¹³亲清青蜻_{蜻蜓}

tsʰiŋ²⁴秦情晴

tsʰiŋ⁵³侵请

tsʰiŋ⁴⁴尽_{大尽，小尽}亲_{亲家}<u>静</u>_{安静}净

siŋ²¹³心辛新薪星腥

siŋ²⁴<u>寻</u>

siŋ⁵³省_{反省}醒

siŋ^{44}信讯性姓

iŋ^{213}音阴荫$_{屋子很荫}$因姻殷鹰莺鹦$_{鹦鹉}$樱$_{樱桃}$英婴缨茎

iŋ^{24}吟淫银寅蝇迎盈赢萤营

iŋ^{53}引饮$_{饮食}$隐允$_{允许}$尹影

iŋ^{44}饮$_{饮马}$印应$_{应当}$应$_{应对}$映颖

uŋ

tuŋ^{213}敦$_{敦厚}$墩蹲东冬

tuŋ^{53}董懂

tuŋ^{44}饨$_{馄饨}$盾$_{矛盾}$顿钝遁吨冻栋动 洞

tʰuŋ^{213}通捅$_{捅破了}$

tʰuŋ^{24}屯豚臀同铜桐童瞳

tʰuŋ^{53}筒桶统

tʰuŋ^{44}囤动 痛洞

luŋ^{24}笼聋农脓隆浓龙

luŋ^{53}拢陇垅

luŋ^{44}嫩弄

kuŋ^{213}公蚣工功攻弓躬宫恭供$_{供养}$

kuŋ^{53}滚汞拱$_{拱手}$

kuŋ^{44}棍贡共

kʰuŋ^{213}空$_{空气}$

kʰuŋ^{53}啃$_{老鼠啃}$昆坤捆孔控$_{控制}$巩$_{巩固}$恐

kʰuŋ^{44}困控$_{控水}$空$_{空缺}$

xuŋ^{213}昏婚荤轰

xuŋ^{24}魂馄$_{馄饨}$弘宏红洪鸿虹

xuŋ^{53}烘$_{烘干}$哄$_{哄骗}$

xuŋ^{44}浑$_{浑水摸鱼}$混$_{相混}$横$_{横直}$横$_{蛮横}$红$_{红火}$哄$_{起哄}$

tʂuŋ^{213}中$_{当中}$忠终钟$_{钟点}$钟$_{钟情}$盅

tʂuŋ^{53}准中$_{射中}$仲种$_{种类}$肿

tʂuŋ^{44}众种$_{种树}$

tʂʰuŋ^{213}椿$_{椿树}$春充冲舂$_{舂米}$

tʂʰuŋ²⁴唇纯醇_{酒味醇}淳虫崇重_{重复}

tʂʰuŋ⁵³宠蠢

tʂʰuŋ⁴⁴重_{轻重}

ʂuŋ²⁴唇□_{晦气}

ʂuŋ⁴⁴顺舜

ʐuŋ²⁴戎绒茸_{参茸}冗_{冗长}

ʐuŋ⁵³□_{食物酥软可口}

ʐuŋ⁴⁴润闰

tsuŋ²¹³尊搏遵棕鬃_{马鬃}宗踪

tsuŋ⁵³总

tsuŋ⁴⁴粽综_{综述}纵_{纵横}怂_{怂恿}纵_{放纵}

tsʰuŋ²¹³村聪匆葱囱皱_{脸皱}

tsʰuŋ²⁴存丛从_{从容}从_{跟从}

tsʰuŋ⁴⁴忖寸

suŋ²¹³孙松嵩

suŋ²⁴忪_{忪人}

suŋ⁵³损笋榫_{榫头}

suŋ⁴⁴逊送宋诵颂讼

yŋ

lyŋ²⁴论_{论语}仑伦沦轮浓_{浓霜}龙抡

lyŋ⁵³□_{量词}

lyŋ⁴⁴论_{议论}

tɕyŋ²¹³均钧君军踪

tɕyŋ⁵³窘菌郡迥_{迥然不同}

tɕyŋ⁴⁴俊峻骏

tɕʰyŋ²¹³皴_{脸皴}

tɕʰyŋ²⁴群裙琼穷穹

tɕʰyŋ⁵³焪

çyŋ²¹³熏勋薰兄胸凶_{吉凶}凶_{凶恶}

çyŋ²⁴荀旬循巡寻熊雄

çyŋ^{53}殉<u>笋</u>

çyŋ^{44}<u>逊</u>迅训驯诵<u>颂</u>讼

yŋ^{213}雍$_{施肥}$

yŋ^{24}匀云云$_{云彩}$荣融容蓉$_{芙蓉}$镕庸

yŋ^{53}<u>允</u>永泳咏拥甬$_{甬道}$勇涌

yŋ^{44}熨韵运晕孕用

aŋ

paŋ^{213}帮邦梆

paŋ^{24}□$_{吻}$

paŋ^{53}榜谤绑膀

paŋ^{44}棒蚌

pʰaŋ^{213}滂$_{滂沱}$胖$_{肿}$

pʰaŋ^{24}旁螃$_{螃蟹}$膀$_{膀胱}$庞

pʰaŋ^{44}傍胖

maŋ^{213}□$_{秃而圆的样子}$

maŋ^{24}忙芒茫盲氓

maŋ^{53}莽蟒

faŋ^{213}方

faŋ^{24}房防肪$_{脂肪}$

faŋ^{53}芳妨$_{妨害}$仿$_{仿效}$纺仿$_{相似}$仿$_{仿佛}$访

faŋ^{44}放

vaŋ^{213}汪$_{汪洋}$

vaŋ^{24}亡芒$_{麦芒}$王

vaŋ^{53}汪$_{姓}$网枉往

vaŋ^{44}忘妄望旺$_{火旺}$王$_{土王}$

taŋ^{213}当$_{当时,应当}$档

taŋ^{24}□$_{偶然碰见}$

taŋ^{53}党

taŋ^{44}挡$_{阻挡}$党$_{姓}$荡$_{放荡}$当$_{当作,典当}$宕档$_{档案}$

tʰaŋ^{213}汤烫

tʰaŋ²⁴堂棠螗_{螳螂}唐糖塘□_{尘土飞扬}

tʰaŋ⁵³倘躺淌

tʰaŋ⁴⁴趟_{一趟}溏_{便稀}

naŋ²¹³□_{无能}

naŋ²⁴囊

naŋ⁵³攘_{用刀子攘}

naŋ⁴⁴齉_{鼻塞不通}

laŋ²⁴郎廊狼螂浪_{庄浪,地名}

laŋ⁴⁴朗浪

kaŋ²¹³冈岗刚纲钢缸肛

kaŋ²⁴□_{尘土飞扬}

kaŋ⁵³讲_{讲价}港_{港口}

kaŋ⁴⁴钢_{刀钝了,钢钢}杠□_{牵引}

kʰaŋ²¹³康糠慷_{慷慨}扛腔

kʰaŋ⁴⁴抗炕

ŋaŋ²¹³昂肮_{肮脏}

xaŋ²¹³□_{用身体撞击}

xaŋ²⁴行_{行列,银行}航杭

xaŋ⁵³夯_{打夯}

xaŋ⁴⁴项巷

tʂaŋ²¹³张章樟彰

tʂaŋ²⁴□_{反应迟钝}

tʂaŋ⁵³长_{生长}涨掌

tʂaŋ⁴⁴丈仗杖 帐账胀障_{保障}瘴_{瘴气}

tʂʰaŋ²⁴长_{长短}肠场常嫦尝偿

tʂʰaŋ⁵³场_{场合}昌菖_{菖蒲}厂畅倡_{提倡}

tʂʰaŋ⁴⁴丈杖唱

ʂaŋ²¹³商伤晌晌_{晌午}

ʂaŋ²⁴尝裳偿

ʂaŋ⁵³赏

ʂaŋ⁴⁴上_{上山}尚上_{上面}绱_{绱鞋}垧

ʐaŋ²⁴瓢_{瓜瓢}

ʐaŋ⁵³穰_{禾茎}壤_{土壤}攘嚷酿

ʐaŋ⁴⁴让

tsaŋ²¹³赃脏

tsaŋ⁵³□_{现在}

tsaŋ⁴⁴葬藏_{西藏}脏_{内脏}

tsʰaŋ²¹³仓苍沧舱

tsʰaŋ²⁴<u>藏</u>

tsʰaŋ⁴⁴□_{挣钱}

saŋ²¹³桑丧_{婚丧}

saŋ⁵³嗓搡

saŋ⁴⁴丧_{丧失}

iaŋ

niaŋ²⁴娘

niaŋ⁵³<u>仰</u>

liaŋ²⁴良凉量_{量长短}粮梁粱

liaŋ⁵³两_{两个}两_{几两}辆

liaŋ⁴⁴亮谅量晾

tɕiaŋ²¹³<u>刚</u>疆僵姜礓_{料礓石}缰_缰姜江豇_{豇豆}

tɕiaŋ⁵³<u>讲</u>

tɕiaŋ⁴⁴降_{下降}虹_{天上的虹}

tɕʰiaŋ²¹³<u>腔</u>

tɕʰiaŋ²⁴强

tɕʰiaŋ⁵³强_{勉强}

tɕʰiaŋ⁴⁴强_{倔强}

ɕiaŋ²¹³香乡

ɕiaŋ²⁴降_{投降}

ɕiaŋ⁵³享响

ɕiaŋ⁴⁴向<u>项巷</u>

tsiaŋ²¹³将_{将来}浆

tsiaŋ⁵³蒋奖桨

tsiaŋ⁴⁴酱将_{大将}匠

tsʰiaŋ²¹³枪戗_{戗面风}

tsʰiaŋ²⁴墙藏

tsʰiaŋ⁵³抢呛

tsʰiaŋ⁴⁴匠

siaŋ²¹³相_{相互}箱厢湘襄镶

siaŋ²⁴详祥

siaŋ⁵³想

siaŋ⁴⁴象像橡_{橡树}相_{相貌}

iaŋ²¹³央秧殃鸯

iaŋ²⁴羊洋杨阳扬疡_{溃疡}王_{龙王池(地名)}佯

iaŋ⁵³仰养痒氧恙

iaŋ⁴⁴样漾

uaŋ

kuaŋ²¹³光光

kuaŋ²⁴□_{大口喝水}

kuaŋ⁵³广

kuaŋ⁴⁴桄_{一桄线}逛

kʰuaŋ²¹³匡诓筐眶_{眼眶}

kʰuaŋ²⁴狂

kʰuaŋ⁴⁴旷 况矿框

xuaŋ²¹³荒慌

xuaŋ²⁴黄簧_{锁簧}皇蝗凰惶蝗磺煌徨鳇

xuaŋ⁵³谎

xuaŋ⁴⁴晃_{晃眼}幌

tʂuaŋ²¹³庄装妆桩

tʂuaŋ⁵³奘_{粗大}

tʂuaŋ⁴⁴状壮装_{在被子、棉衣的夹层填充棉花、羊毛等防寒材料}

tʂʰuaŋ²¹³疮窗

tʂʰuaŋ²⁴床

tʂʰuaŋ⁵³闯创

tʂʰuaŋ⁴⁴撞

ʂuaŋ²¹³霜孀双

ʂuaŋ⁵³爽

第二节　分类词表

说明

1. 本词表以《方言词汇调查条目表》(《方言》2003 年第 1 期) 为蓝本，并适当作了调整和补充，共计收入隆德方言词语约 3500 条，本章第三节所列古汉语词语、第四节所列亲属称谓语、第五节所列四字格词语、第六节所列阿拉伯语、波斯语借词不在分类词汇表中出现。

2. 词语按意义分为二十三类，将意义相同的词列在一起。顺序大致按照使用频率或事物结构顺序排列。

3. 每词先写汉字，后用国际音标注音。声调标实际调值，有连读变调的直接标变调。调值用数字表示，位于音节的右上角。轻声的调值有 3、2、1。

4. 有音无字或本字不明的音节用 "□" 代替，有时也用同音字或音近字代替。为了阅读方便，对少数难懂的音节，在括号中用直音法进行补充注音。

5. 少数边缘音节 (主要是畜禽养殖中产生的呼唤之音) 有的辅音自成音节，有的带入声韵尾，这些音节在 "同音字汇" 中并未出现。但这些音节在农村生活中使用频率高，因此本词表择要收录。

6. 词条需要举例的，例句中用 "~" 代替该词语。

一　天文·地理·灾异

热头 ʐə²¹tʰəu²⁴：太阳。

阴伞儿 iŋ²¹sær⁵³：阴凉处。

扫星 sɔ⁴⁴siŋ¹：流星。

明星 miŋ²⁴siŋ²：启明星。

修秀 siəu²¹siəu⁴⁴：星星，为"星宿"一词的方言转读。

烧 ʂɔ⁴⁴：云霞。

□zɔ⁴⁴：太阳光线强烈刺眼。

黑云 xei²¹yŋ²⁴：乌云。

化阴子 xua⁴⁴iŋ¹tsɿ¹：云彩淡薄。

亮晴 liaŋ⁴⁴tsʰiŋ¹：晴朗。

焐人 tɕʰyŋ⁵³zəŋ³：天气闷热。

天爷 tʰiæ̃²¹iə²⁴：天。

拉磨子雷 la²¹mə⁴⁴tsɿ¹luei²⁴：闷雷。

炸雷 tsa⁴⁴luei²⁴：很响的雷。

露水 lu⁴⁴ʂuei¹：雨露。

浓霜 lyŋ²⁴ʂuaŋ²：一种危害粮食作物的霜冻，发生在秋季。

黑霜 xei²⁴ʂuaŋ²：一种危害粮食作物的霜冻，发生在春季。

毛毛雨 mɔ²⁴mɔ²⁴y⁵³：细雨。

条雨 tʰiɔ²⁴y⁵³：中雨。

冷子 ləŋ⁵³tsɿ³：冰雹，又称"冷子蛋蛋"。

珠珠雨 tʂu²¹tʂu³y⁵³：大雨，又叫"珠子雨"。

泼泼雨儿 pʰə²¹pʰə²⁴yər⁵³：倾盆大雨。

过雨 kuə⁴⁴y¹：雷阵雨，也说成"白雨"。

连阴雨 liæ̃²⁴iŋ²y⁵³：接连几天下雨。

偏雨 pʰiæ̃²¹y⁵³：局部地区下的雨。

雨拍了 y⁵³pʰei²¹liəu³：淋雨，又称"雨泡了"。

冰冻 piŋ²¹tuŋ⁴⁴：结冰。

冰溜子 piŋ²¹liəu⁴⁴tsɿ¹：因雨雪等原因在地面上结成的较厚的冰，也称"青冰溜子"。

地釉子 tʰi⁴⁴y¹tsɿ¹：因雨雪天气在地面上结成的薄冰。

干雪 kæ̃²⁴ɕyə²：不能很快融化的雪。

水雪 ʂuei⁵³ɕyə³：雨夹雪或能很快融化的雪，也称"稀屎雪"。

雪珍子 ɕyə²⁴tʂəŋ²¹tsɿ³：颗粒状的雪花。

烟雾 iæ̃²¹vu⁴⁴：雾霾。

大尽 ta⁴⁴tsʰiŋ⁴⁴：大月。

小尽 siɔ⁵³tsʰiŋ⁴⁴：小月。

黄风土雾 xuaŋ²⁴fəŋ²tʰu⁵³vu⁴⁴：沙尘暴。

旋风 ɕyæ̃²⁴fəŋ²：龙卷风。

老牛风 lɔ⁵³niəu²⁴fəŋ²：怒吼的北风。

旱地 xæ̃⁴⁴tʰi⁴⁴：浇不上水的地。

水地 ʂuei⁵³tʰi⁴⁴：能浇上水的地。

塬 yæ̃²⁴：地势高而宽平的土地。

岔 tsʰa⁴⁴：山势弯曲的地方。

梁 liaŋ²⁴：小山丘。

崖枙子 ŋei²¹xua³tsʅ³：悬崖上体积较大的土块。

圸 va⁴⁴：山坡处。

阴圸 iŋ⁴⁴va⁴⁴：山的阴面。也说成"阴山""阴坡"。

阳圸 iaŋ²⁴va⁴⁴：山的阳面，也说成"阳山""阳坡"。

豁岘 xuə²¹ɕiæ̃²⁴：山间豁口。也说成"嶐岘"

坝 pa⁴⁴：水库。

涝坝 lɔ⁴⁴pa¹：小水塘。

山地 sæ̃²¹tʰi⁴⁴：坡地。

梁头 liaŋ²⁴tʰəu²⁴：山梁的起点。

梁嘴 liaŋ²⁴tsuei⁵³：山梁突出的地方。

梁顶 liaŋ²⁴tiŋ⁵³：山梁最高处。

壕 xɔ²⁴：较浅的沟。

洋沟 iaŋ²⁴kəu²¹³：较深的沟。

沟 kəu²¹³：山的凹陷处。

渠渠 tɕʰy²⁴tɕʰy²：流水的小沟。

空山水 kuŋ⁴⁴sæ̃²¹ʂuei⁵³：山间溪流。

山水 sæ̃²¹ʂuei⁵³：山洪。

聚水 tɕy⁴⁴ʂuei⁵³：蓄水。

胡圈 xu²⁴tɕʰyæ̃²：山上陷下去的部分，也叫"胡坑"。

匡郎 kʰuaŋ²¹laŋ²⁴：空穴处。

陡奔棱 təu⁵³pəŋ²¹ləŋ²⁴：特别陡峭的山坡。

端砸子 tuæ̃²⁴tsʰa²tsʅ²：山势或路线陡峭。

慢坡儿 mæ̃⁴⁴pʰər¹：坡度较平缓。

沟脑 kəu²¹nɔ⁵³：山沟的最深处。

脚窝儿 tɕyə²⁴vər²：为了方便攀登，在陡壁上凿出来用来脚踩的小凹坑。

石牙茬 ʂʅ²⁴ia²⁴tsʰa²：陡峭的石崖。

红胶泥 xuŋ²⁴tɕiɔ²¹ni²⁴：一种红色黏性泥浆。

斑斑土 pæ̃²¹pæ̃²⁴tʰu⁵³：一种分层的黑土。

死土 sʅ²¹tʰu⁵³：没有肥力的土。

料礓石 liɔ⁴⁴tɕiaŋ¹ʂʅ¹：一种形状不规则的礓石。

糜面石头 mi²⁴miæ̃²ʂʅ²⁴tʰəu²：一种砂岩。

泥趟趟 ni²⁴tʰaŋ⁴⁴tʰaŋ¹：泥浆。

摇 iɔ²⁴：地震。

年馑 niæ̃²⁴tɕiŋ⁴⁴：因灾造成的大饥饿。

二　亲属

老孙胎 lɔ⁵³suŋ³tʰei³：最小的子女。

辈历 pei⁴⁴li¹：辈分。

家门 tɕia²¹məŋ²⁴：指五服内的宗亲。

外人 vei⁴⁴ʐəŋ¹：非同一家族的人，又称"旁人""旁人家"。

五服 vu⁵³fu²⁴：五代之内的亲属关系。

单传 tæ̃²¹tʂʰuæ̃²⁴：指家族谱系中没有旁支血脉。

顶门门儿 tiŋ⁵³məŋ²⁴mə̃r²：过继。

抱养 pɔ⁴⁴iaŋ¹：收养。

房下 faŋ²⁴ɕia⁴⁴：同村非五服内的家庭关系。

挂达子亲戚 kua⁴⁴ta¹tsʅ¹tsʰiŋ²¹tsʰi⁴⁴：关系很远的亲戚。

老古入亲戚 lɔ⁵³ku²⁴ʐu²tsʰiŋ²¹tsʰi⁴⁴：辈分很远的亲戚。

嫡亲 ti²⁴tsʰiŋ²：由血缘关系形成的亲属。

朋亲 pʰeŋ²⁴tsʰiŋ²：由朋友而形成的亲近关系。

干亲 kæ̃²⁴tsʰiŋ²：由结辈而形成的亲属关系。

党家子 taŋ⁵³tɕia²¹tsʅ³：同姓或同家族。

男人 næ̃²⁴ʐəŋ²：丈夫。也说成"掌柜的"。

女人 ny⁵³zə̩ŋ³：妻子。

结拜 tɕiə²¹pei⁴⁴ˋ：无亲属关系而结为亲属关系。

干爹 kæ̃²¹tiə²⁴：义父。

干娘 kæ̃²¹nia²⁴：义母。

干儿 kæ̃²¹ər²⁴：义子。

干女 kæ̃²¹ny⁵³：义女。

三 人体

囟门口 si⁴⁴miŋ¹kʰəu¹：前囟。

旋儿 ɕyæ̃r⁴⁴：头发长成旋涡状的地方。

双旋儿 ʂuaŋ²¹ɕyæ̃r⁴⁴：头发有两处旋窝。

帽角子 mɔ⁴⁴kə¹tsʅ¹：发辫。

气死毛 tɕʰi⁴⁴sʅ⁵³mɔ²⁴：幼儿头后部特意留下的一撮长头发，相传能预防呼吸痉挛引起的窒息。

背头 pei²¹tʰəu²⁴：头发朝后的发型。

□□tsuæ̃⁵³tsuæ̃³（音纂纂）：一种发型。

分头 fəŋ²¹tʰəu²⁴：一种发型。

头发畔子 tʰəu²⁴fa²pʰæ̃⁴⁴tsʅ¹：发际。例：他的~高得很。

鬓角 piŋ⁴⁴tɕyə¹：两鬓。

后棒颈 xəu⁴⁴paŋ⁴⁴tɕiŋ¹：后脑勺，又称"犟板颈"。

耳瓜子 ər⁵³kua³tsʅ³：耳朵。

耳门子 ər⁵³məŋ²⁴tsʅ²：耳边

耳朵坠坠 ər⁵³tuə³tʂʰuei⁴⁴tʂʰuei¹：耳垂。

耳朵碗碗 ər⁵³tuə³væ̃⁵³væ̃³：耳廓。

耳朵稍子 ər⁵³tuə³sɔ²¹tsʅ³：耳朵的最上端。

耳洞儿 ər⁵³tʰũr²⁴：穿耳环的洞眼。

耳朵眼儿 ər⁵³tuə³niæ̃r⁵³：耳孔。

眼仁子 niæ̃⁵³zə̩ŋ²⁴tsʅ²：为眼内玻璃状体。

黑眼仁 xei²¹niæ̃⁵³zə̩ŋ²⁴：眼内晶状体。

白眼仁 pei²⁴niæ̃⁵³ʐəŋ²⁴：眼结膜。

眼边子 niæ̃⁵³piæ²¹tsʅ³：眼睑。

眼媳妇儿 niæ̃⁵³si²¹fur²⁴：瞳孔。

谷水 ku²¹ʂuei⁵³：眼内房水。

眼窝子 niæ̃⁵³və²¹tsʅ³：眼眶。

眼扎毛 niæ̃⁵³tsa²¹mɔ²⁴：眼睫毛。

脸势 niæ̃⁵³ʂʅ⁴⁴：脸色。贬义词为"脸弦"。

满脸毛 mæ̃²¹niæ̃⁵³mɔ²⁴：络腮胡子。

鼻梁杆子 pʰi²⁴liaŋ²kæ̃⁵³tsʅ³：鼻梁。

鼻梁屲 pʰi²⁴liaŋ²⁴va⁴⁴：鼻梁的两侧。

鼻子门 pʰi²⁴tsʅ²mən³⁵：鼻孔。

七窍 tsʰi²¹tɕʰiɔ⁴⁴：眼、耳、鼻、口的总称。

燕窝嘴 iæ̃⁴⁴və¹tsuei⁵³：凹陷进去的嘴巴。

牙叉骨 ia²⁴tsʰa²ku²：下颌骨。

牵舌子 tɕʰiæ̃²⁴ʂə²⁴tsʅ²：因舌头构造缺陷发音不准，又称"咬舌子"。

豁牙子 xuə²¹ia²⁴tsʅ²：因牙齿脱落留下的空缺。

咽咽 iæ̃²⁴iæ̃²：悬雍垂。

牙 ia²⁴：牙齿。

牙花子 ia²⁴xua²¹tsʅ³：牙龈。

前门牙 tsʰiæ̃²⁴məŋ²⁴ia²⁴：门牙。

大牙 ta⁴⁴ia²⁴：臼齿。

许牙 ɕy⁵³ia²⁴：男孩八岁、女孩七岁开始换掉乳牙长出恒牙。

气筒骨 tɕʰi⁴⁴tuŋ¹ku¹：喉头。

口皮子 kʰəu⁵³pʰi²⁴tsʅ²：口唇。

如色 ʐu²⁴sei²：人的肤色。

胛股 tɕia²¹ku⁵³：肩膀，也说成"胛子""胛膀"。

大胳膊 ta⁴⁴kə²¹pei³：大臂。

小胳膊 siɔ⁵³kə²¹pei³：小臂。

磕捶子 kʰə²¹tʂʰuei²⁴tsʅ²：肘关节处。

胳搔凹 kə²¹tsɔ²⁴va⁴⁴：腋窝。

捶头 tʂʰuei²⁴tʰəu²：拳头。例：～上劲多。

大姆哥哥儿 ta⁴⁴mu¹ka²⁴kar²：大拇指。

小姆哥哥儿 siɔ⁵³mu¹ka²⁴kar²：小拇指。

手梢子 ʂəu⁵³sɔ²¹tsʅ³：手指部分。

指头肚儿 tsʅ²¹tʰəu²⁴tʰur⁴⁴：指端。

指头子 tsʅ²¹tʰəu²⁴tsʅ²］：手指。

几甲 tɕi²¹tɕia²⁴：指甲。

几甲芽儿 tɕi²¹tɕia²⁴iar²⁴：指甲顶端。

手豁缝 ʂəu⁵³xuə²¹fəŋ⁴⁴：指缝。

蒲篮 pʰu²⁴læ̃²：圆形的指纹。

簸箕 pə⁵³tɕi³：椭圆形的指纹。

虎口 xu²¹kʰəu⁵³：大拇指和食指之间。

腔子 kʰaŋ²¹tsʅ³：胸腔。

脊背 tsi²¹pei²⁴：背部。

肋巴 lei²¹pa²⁴：腰的左右两侧。

肋齿 lei²¹tsʰʅ⁵³：肋骨。

心口子 siŋ²¹kʰəu⁵³tsʅ³：胃部。

背腰 pei⁴⁴iɔ¹：肾脏。

腹脐眼 pʰu²⁴tsʰʅ²niæ̃⁵³：肚脐。

小肚子 siɔ⁵³tʰu⁴⁴tsʅ¹：下腹部。

脐胎子 tsʰi²⁴tʰei²tsʅ²：脐带。

腿猪娃子 tʰuei⁵³tʂu²¹va²⁴tsʅ²：小腿肚子。

干拐梁子 kæ̃²¹kuei⁵³liaŋ²⁴tsʅ²：胫骨。

磕膝盖 kʰə²¹siə²⁴kei⁴⁴：膝盖骨，也说成"瓦陀儿"。

腿绻绻儿 tʰuei⁵³tɕʰyæ²⁴ᵗɕʰyær²：平坐时两腿中间的部分。

干拐 kæ̃²¹kuei⁵³：小腿。

弯子 væ̃²¹tsʅ³：膝关节的背部。也说成"腿腕子"。

锣圈儿腿 luə²⁴tɕʰyær²tʰuei⁵³：双腿呈内弧形的弯曲。

脚片子 tɕyə²¹pʰiæ̃⁵³tsʅ³：脚板。

脚腰 tɕyə²¹iɔ²¹³：足弓。

脚背 tɕyə²¹pei⁴⁴：脚面。

脚把骨 tɕyə²¹pa⁴⁴ku¹：脚后跟。

开门脚 kʰei²¹məŋ²⁴tɕyə²¹³：指走路呈外八字的步伐。

杏核儿 ɕiŋ⁴⁴xur²⁴：脚踝骨。也说成"干拐核〔xu²⁴〕儿"。

腰子子儿 iɔ²¹tsʅ³tsər⁵³：睾丸，也说成"腰子"。

脬子 pʰɔ²¹tsʅ³：阴囊。

胯子 kʰua⁵³tsʅ³：胯部。

合拉 xə²⁴la²：大腿之间的部分。

嵌窝 tɕʰiæ̃⁵³və³：腹股沟。

沟子 kəu²¹tsʅ³：臀部。

血洞 ɕiə²¹¹tʰuŋ²⁴：血管。

生血 səŋ²⁴ɕiə⁴：鲜血。

疔痂 tiŋ²⁴tɕia²：脚或手上磨起的茧。

骨都 ku²¹tu²⁴：骨头。

骨卯 ku²¹mɔ⁵³：骨关节处。

骨殖（音同骨实）ku²¹ʂʅ²⁴：人的尸骨。

架势 tɕia⁴⁴ʂʅ⁴⁴：姿势、态势。

肉皮儿 ʐəu⁴⁴pʰiər²⁴：指人的皮肤。

筋 tɕiŋ²¹³：连接肉和骨头的肌腱。

四　饮食

五谷 vu⁵³ku³：泛称食物。

茶饭 tsʰa²⁴fæ²：饮食。

起面子馍 tɕʰi⁵³miæ̃⁴⁴tsʅ¹mə²⁴：发面馍。

死面子馍 sʅ⁵³miæ̃⁴⁴tsʅ¹mə²⁴：未发面馍。

干粮儿 kæ̃²¹liãr²⁴：干饼子。

碗钵子 væ̃²¹pə⁵³tsʅ³：杂面做的馍。

油旋子 iəu²⁴ɕyæ̃⁴⁴tsʅ¹：多用荞麦面做成的层饼。

油千子 iəu²⁴tsʰiæ̃²¹tsʅ³：一种烙饼，也称"千层饼"。

油陀陀 iəu²⁴tʰuə²tʰuə²：用荞麦面经油炸做成圈状的面点。

油花子 iəu²⁴xua²tsʅ²：油花卷。

锅盔 kuə²⁴kʰuei²：大而厚的圆形烙饼。

芽面烫儿 ia²⁴miæ̃⁴⁴tʰãr⁴⁴：用芽麦面粉做成的软饼，由于含麦芽糖多，味道较甜。

熠面 tɕʰyŋ⁵³miæ³：杂面和野菜搅拌而蒸成的面食，也称"熠馍馍"。

散饭 sæ̃⁵³fæ̃³：一种糊状食品。

搅团 tɕiɔ⁵³tʰuæ̃³：将荞面（或莜面、豆面）散入开水锅中边撒边搅，搅成黏稠状食物。

麻食子 ma²⁴ʂʅ²tsʅ²：将白面和好，用手指搓捻成一个个小筒状，下锅煮熟。

米疙瘩 mi⁵³kə²¹ta²⁴：面片和米放在一起煮成，也叫"米和和"。

拌汤［pʰæ̃⁴⁴tʰaŋ¹：面粉调成絮状入水煮熟。

长面 tʂʰaŋ²⁴miæ̃⁴⁴：长面条，如无汤则称为"干拌面"。

臊子面 sɔ⁴⁴tsʅ¹miæ̃⁴⁴：加肉臊子的面。

拉面 la²¹miæ̃⁴⁴：用手工拉成、状如细丝的面条。

雀舌面 tsʰiɔ⁵³ʂ̩²⁴miæ̃⁴⁴：也叫"雀儿舌头子"，状如雀舌的面叶。

疙瘩 kə²¹ta²⁴：一种菱形的小面叶。

面片 miæ̃⁴⁴pʰiæ̃⁵³：普通面叶子。

炒面 tsʰɔ⁵³miæ̃⁴⁴：一种面食。

角角子 tɕyə²¹tɕyə²⁴tsʅ²：类似馅饼的一种食物，有的人也称"盒子"。

水角子 ʐuei⁵³tɕyə³tsʅ³：水饺。

瓜瓜 kua²¹kua²⁴：锅巴。

柔柔 ʐəu²⁴ʐəu²⁴：一种面食。

凉粉 liaŋ²⁴fəŋ²：用团粉做成的夏令食品。

凉粉鱼儿 liaŋ²⁴fəŋ²yər²⁴：用漏斗做成的凉粉。

碗陀儿 væ̃⁵³tʰuər²⁴：在碗中凝固成型的凉粉块儿。

酿皮子 ʐaŋ⁵³pʰi²⁴tsʅ¹：将小麦面搓洗加工制成的食品。

米汤 mi⁵³tʰaŋ³：稀饭。

残汤 tsʰæ̃²⁴tʰaŋ²：剩饭。

甜醅子 tʰiæ̃²⁴pʰei²tsʅ²：将麦子（或莜麦）发酵制成的食品，又称"酒腐子"。

麯子 tɕʰy²¹tsʅ³：酿酒、醋时，一种用来发酵的菌种。

荤油 huŋ²¹iəu²⁴：动物食用油。

素油 su⁴⁴iəu²⁴：植物食用油，又叫"清油"。

荤气子 xuŋ²¹tɕʰi⁴⁴tsʅ¹：含肉或动物油的食品。

紫肉 tsʅ⁵³ʐəu⁴⁴：瘦肉。

白列子 pei²⁴liə²tsʅ²：面食中无蔬菜佐料。

改白 kei⁵³pei²⁴：在面食中添加蔬菜等佐料。

撇 pʰiə²¹³：用器皿在液体（多指汤类食物）表面舀去杂质。

调和 tʰiɔ²⁴xuə²：佐料。

碱面子 tɕiæ̃⁵³miæ̃⁴⁴tsʅ¹：一种食用苏打。

灰水 xuei²¹ʂuei⁵³：一种食用苏打水。

灰蛋儿 xuei²¹tæ̃r⁴⁴：烧制而成用来检验灰水是否合适的小面点。

笑 siɔ⁴⁴：馒头等食品在蒸制过程中表面裂开口子。

面饽 miæ̃⁴⁴pʰə¹：用来防止沾湿的干面。

面剂子：miæ̃⁴⁴tsʰi⁴⁴tsʅ¹：用刀分开的小面团。

酵子 tɕiɔ⁴⁴tsʅ¹：发酵用的面。

酵母子 tɕiɔ⁴⁴məŋ⁵³tsʅ³：留作发面用的酵种。

浆水 tsiaŋ²¹ʂuei⁵³：面汤经发酵而成的佐料。

浇水 ŋæ̃²⁴ʂuei⁵³：开水。

凉水 liaŋ²⁴ʂuei²：冷水。

席 si²⁴：酒席。

面筋 miæ̃⁴⁴tɕiŋ¹：用土豆淀粉摊成的食品。

醪糟 lɔ²⁴tsɔ²：即糯米酒。

下饭 ɕia⁴⁴fæ̃⁴⁴：煮面条。

小炒 siɔ²¹tsʰɔ⁵³：炒肉丝。

下菜 ɕia⁴⁴tsʰei¹：小菜。

菜碟儿 tsʰei⁴⁴tʰiər¹：小盘菜。

蘸吃子 tsʰæ̃⁴⁴tʂʰʅ¹tsʅ：盛汁的小碟。

洋盘 iaŋ²⁴pʰæ̃²：瓷盘。

茶面 tsʰa²⁴miæ̃⁴⁴：面粉炒熟后的食品。

秒面 tʂʰɔ⁵³miæ̃³：将粮食炒熟再磨成面粉，添加各种辅料后加工成的干粮，不易变质。

血八罗 çiə²⁴pa²¹luə²⁴：用动物血液和面粉蒸制而成的小吃。

棋子颗 tɕʰi²⁴tsʅ²kʰuə⁵³：用面、油、鸡蛋等做成的小面团经油炸而成。

焐洋芋 tɕʰyŋ⁵³iaŋ²⁴y⁴⁴：加少量水蒸煮而成的土豆。

糊糊 xu⁴⁴xu¹：用面粉做成的粥。

干吊儿 kæ̃²¹tiɚr⁴⁴：萝卜干，也叫"老婆肉"。

干菜 kæ̃²¹tsʰei⁴⁴：菜干。

麻麸 ma²⁴fu²：用大麻籽加工成料做成的食物馅儿。本地有"麻麸包子""麻麸盒子"等小吃。

醋糟 tsʰu⁴⁴tsɔ²¹³：制醋过程中产生的废料。

另醋 | iŋ⁴⁴tsʰu⁴⁴：将醋从酵料中分离出来。

恬醋 | tʰiæ̃²⁴tsʰu⁴⁴：淡味醋。

烈醋 | iə²¹tsʰu⁴⁴：浓味醋。

日囊 zʅ²¹naŋ⁵³：吃东西贬义说法，也说成"抬"。

咥 tiə²⁴：吃东西的粗俗说法。

丝气 sʅ²¹tɕʰi⁴⁴：食物发霉变质，也说成"扑气"。

□ʐuŋ⁵³（音润上声）食物酥软。

白花 pei²⁴xua²：食物因霉变在汤液表面产生的白色菌酸。

托 tʰuə²¹³：将熟食放在蒸笼中重新加热。

□（音同洼）va⁴⁴：大口大口地吃东西。

□（音光阳平）kuaŋ²⁴：大口大口地喝水。

掰眼子 pei²¹niæ̃⁵³tsʅ³：待客时中途食物短缺。

五 日常生活

起来 tɕʰiə⁵³lei³：起床。

扎帽角子 tsa²¹mɔ⁴⁴kə¹tsʅ¹：梳辫子。

铰几甲 tɕiɔ⁵³tɕi²¹tɕia²⁴：剪指甲。

耳塞 ɚr⁵³sei³：耳屎。

牙墟 ia²⁴çy²：牙垢。

颔水 xæ̃²¹ʂuei⁵³：口水。

耍 ʂua⁵³：玩。

浪 laŋ⁴⁴：逛，串门。

吃干粮 tʂʅ²¹kæ²¹liaŋ²⁴：上午九、十点吃的便餐。

饭罢饭 fæ⁴⁴pʰa¹fæ⁴⁴：午饭。

吃黑饭 tʂʰʅ²⁴xei²¹fæ⁴⁴：吃晚饭。

摸麻儿 mə⁵³mar²⁴：趁天黑。

搛菜 tɕiæ̃²¹tsʰei⁴⁴：夹菜。

吃烟 tʂʰʅ²⁴iæ̃²¹³：抽烟。

旱烟 xæ̃⁴⁴iæ̃¹：自己种植的烟叶。

水烟 ʂuei⁵³iæ̃³：一种在水烟锅上专用的烟丝。

烟锅 iæ̃²⁴kuə²：烟具。

烟屎 iæ̃²¹sʅ⁵³：烟垢。

水烟锅 ʂuei⁵³iæ̃²⁴kuə²：铜制曲柄盛水的烟管。

干烙儿 kæ̃²⁴luər²⁴：一种吸食水烟烟丝的烟具。

旱烟锅 xæ̃⁴⁴iæ̃²⁴kuə²：直柄的旱烟管。

纸烟 tsʅ⁵³iæ̃³：香烟。

片烟 pʰiæ̃⁴⁴iæ̃¹：鸦片。也称"大烟"。

过瘾 kuə⁴⁴iŋ⁵³：旧时称吸食鸦片为"过瘾"。

烟把儿 iæ̃²¹par⁴⁴：烟蒂，也称"烟头儿"。

茶罐罐 tsʰa²⁴kuæ̃⁴⁴kuæ̃¹：煮茶用的砂罐或铁罐。

罐罐茶 kuæ̃⁴⁴kuæ̃¹tsʰa²⁴：用小罐熬的茶。

火籽 xuə²¹tsʅ⁵³：火种。

笼火 luŋ²⁴xuə⁵³：生火。

遏火 ŋə²¹xua⁵³：保留炉灶中的火种。

失火 ʂʅ²¹xuə⁵³：发生火灾。

胤火 iŋ⁴⁴xuə¹：①火势由小突然变大。②移取火种。

尿尿 niɔ⁴⁴niɔ⁴⁴：解小便。

尿尿 niɔ⁴⁴niɔ¹：尿液。

尿瓜瓜 niɔ⁴⁴kua¹kua¹：尿渍。

夹尿 tɕia²¹niɔ⁴⁴：憋尿。

尿盆子 niɔ⁴⁴pʰəŋ²⁴tsʅ¹：尿壶。

尿臊味 niɔ⁴⁴sɔ¹uei⁴⁴：尿味。

毛臊味 mɔ²⁴sɔvei⁴⁴：毛料或布料燃烧时的烟味。

味气 vei⁴⁴tɕʰi⁴⁴：气味。

气力 tɕʰi⁴⁴li¹：力气或能力。

把屎 pa²¹sʅ⁵³：解大便。

洋碱 iaŋ²⁴tɕiæ̃⁵³：肥皂。

胰子 i⁴⁴tsʅ¹：香皂。

手巾 ʂou⁵³tɕiŋ³：毛巾。

晒热头 sei⁴⁴ʐə²¹tʰəu²⁴：晒太阳。

缓 xuæ̃⁵³休息。

丢盹 tiəu²¹tuŋ⁵³：打盹。

荐下 tsiæ̃⁴⁴xa¹：躺或半躺。

睡下 ʂuei⁴⁴xa¹：又称“躺下”。

睡展 ʂuei⁴⁴tʂæ̃¹：平躺。

拉呼 la²⁴xu²⁴：打呼噜，又称“拉鼾睡”。

窝枕 və²¹tʂəŋ⁵³：落枕。

睡梦 ʂuei⁴⁴məŋ⁴⁴：梦。

睡梦地里 ʂuei⁴⁴məŋ⁴⁴tʰi⁴⁴ni¹：熟睡中。

梦睡梦 məŋ⁴⁴ʂuei⁴⁴məŋ¹：做梦。

喝睡 xə⁵³ʂuei³；说梦话。

失睡 ʂʅ²¹ʂuei⁴⁴：睡过时了。

睡糊儿子 ʂuei⁴⁴xu⁴⁴ər¹tsʅ¹：睡迷糊了。

魇住 iæ̃⁵³tʂʰu³：做噩梦。

谎力 xuaŋ⁵³li³：不起作用的力。

富汉 fu⁴⁴xæ̃¹：富人。

穷汉 tɕʰyŋ³⁵xæ̃³：穷人。

铁穷汉 tʰiə²¹tɕʰyŋ²⁴xæ̃²：无任何偿还或支付能力的穷人。

断顿 tʰuæ̃⁴⁴tuŋ⁴⁴：吃了上顿没下顿，也说成“揭不开锅”。

辣酒 la²¹tsiəu⁵³：白酒。

洋灰 iaŋ²⁴xuei²：水泥。

洋丝 iaŋ²⁴sʅ²：铁丝。例：用~绑上。

钩捞子 kəu²¹lɔ²⁴tsʅ²：铁钩或木钩。

井绳 tsiŋ⁵³ʂəŋ²⁴：打水用的长绳索。

水楔子 ʂuei⁵³siə²¹tsʅ³：井绳连接水桶的木质构件。

洋火 iaŋ²⁴xuə⁵³：火柴。

火绳 xuə⁵³ʂəŋ³：吸烟时一种用来当火种的草绳。

火镰 xuə⁵³liæ̃¹：旧时取火用的弧形小铁块。

火石 xuə⁵³ʂʅ³：旧时取火用的小石块。

灯眼子 təŋ²⁴niæ̃⁵³tsʅ³：旧时油灯的眼线。

灯花儿 təŋ²⁴xuar²：油灯燃烧时在灯头上所产生的烟块。

打灯花儿 ta⁵³təŋ²⁴xuar²：灯花儿长大到一定体积时影响照明，因此要剔除灯花儿。

电棒 tiæ̃⁴⁴paŋ⁴⁴：灯管。

电泡儿 tiæ̃⁴⁴pʰɔr⁴⁴：日光灯。

电灯 tiæ̃⁴⁴təŋ²¹³：手电。

臭蛋 tʂʰəu⁴⁴tæ̃⁴⁴：卫生球。

瓦渣 va⁵³tsa³：碎瓦片。

堂土 tʰaŋ²⁴tʰu²：尘土。

□kaŋ²⁴（音冈阳平）：尘土飞扬。也说成□（音堂）。

托幕尘 tʰuə²¹mu⁴⁴tʂʰəŋ¹：黏结在蜘蛛网上的尘土。

恶水 ŋə²¹ʂuei⁵³：泔水。

垢圿 kəu⁵³tɕia³：污垢。

杂兮 tsa²⁴ɕi²：杂质。

锯末 tɕy⁴⁴mə²¹³：用锯子加工木头时产生的木屑。

木杂 mu²¹tsa²⁴：木匠做活剩下的废木块。

烧填 ʂɔ²¹tʰiæ̃²⁴：燃料。

茅衣 mɔ²⁴i⁴⁴：冬天的草皮，可以做火炕的燃料。

硬柴 niŋ⁴⁴tsʰei¹：木质燃料。

破加柴 pʰə⁴⁴tɕia¹tsʰei²⁴：用刀斧劈开的大块木柴。

穰柴 ẓaŋ⁵³tsʰei³：秸秆燃料。

浪渣 laŋ⁴⁴tsa¹：河水中草木等漂浮物。

筋绳 tɕiŋ²¹ʂəŋ²⁴：长度可以伸缩的线绳。

绳圈儿 ʂəŋ²⁴kʰuæ̃r⁴⁴：绳套。

竹笛圈儿 tʂu²¹tʰi²⁴kʰuæ̃r⁴⁴：一种形状像竹节的绳套。

活络圈儿 xuə²⁴luə²kʰuæ̃⁴⁴：一种大小可以自由调节的绳套。

挽蛋蛋 væ̃⁵³tæ̃⁴⁴tæ̃¹：打绳结。

死蛋蛋 sɿ⁵³tæ̃⁴⁴tæ̃¹：一种不易解开的绳结。

活蛋蛋 xuə²⁴tæ̃⁴⁴tæ̃¹：一种容易解开的绳结。

掰茬 pei²¹tsʰa²⁴：由于外力作用，木头表面发生不规则的裂缝，也说成"千茬"。

六　穿戴

衣裳 i²¹ʂəŋ²⁴：衣服。

重茬皮 tʂʰuŋ²⁴tsʰa²⁴pʰi²：衣服夹层。也说成"二夹洼"。

裹肚子 kuə⁵³tʰuə³tsɿ³：棉袄。

毡裹肚 tʂæ̃²¹kuə⁵³tʰuə³：用羊毛擀制的上衣。

夹裹肚 tɕia²¹kuə⁵³tʰuə³：一种双层布料的上衣。

皮袄 pʰi²⁴ŋɔ²：皮大衣。

卡衣 kʰa⁵³i³：棉（或皮）质小大衣。

大敞 ta⁴⁴tʂʰaŋ⁵³：大衣。

兜兜 tu²¹tu²⁴：穿在腰间的口袋，又称"缠腰子"。

罩衣 tsɔ⁴⁴i¹：外衣。

钻钻 tsuæ̃²¹tsuæ̃²¹³：一种不开襟的内衣。

大襟 ta⁴⁴tɕiŋ²¹³：开口在侧面的中式便服。

对襟 tuei⁴⁴tɕiŋ¹：开口在正中的衣服，又称"开襟"。

撩襟 liɔ²⁴tɕiŋ²：衣服前襟的下摆。

护襟子 xu⁴⁴tɕiŋ¹tsɿ¹：围裙，又叫"护裙"。

插袋子 tsʰa²¹tʰei²⁴tsɿ²：上衣的衣兜。

领豁 liŋ⁵³xuə³：衣领。

后尾衫 xəu⁴⁴i⁵³sæ̃²¹³：上衣的后尾。

袖头子 siəu⁴⁴tʰəu²⁴tsʅ²：袖端。

袖洞 siəu⁴⁴tʰuŋ¹：衣袖内。

裤衩 kʰu⁴⁴tsʰa⁵³：短裤或裤头。

裤插 kʰu⁴⁴tsʰa²¹³：裤兜。

套裤 tʰɔ⁴⁴kʰu⁴⁴：一种御寒的衣裤。

裤带 kʰu⁴⁴tei⁴⁴：腰带。

裤腿 kʰu⁴⁴tʰuei⁵³：裤子的下沿处。

开裆裤 kʰei²⁴taŋ²kʰu⁴⁴：小孩穿的分裆的裤子。

严裆裤 niæ̃²⁴taŋ²kʰu⁴⁴：不分裆的裤子。

暖帽 luæ̃⁵³mɔ⁴⁴：棉帽。

帽舌头 mɔ⁴⁴ʂ²⁴tʰəu²：帽子前面突出的沿。

扎帽 tsa²¹mɔ⁴⁴：妇女戴的斗笠，多用麦秆做成。

包头 pɔ²¹tʰəu²⁴：旧时老年妇女头上裹的黑丝巾。

凉圈儿 liaŋ²⁴tɕʰyæ̃r²¹³：旧时年轻妇女戴的一种遮阳帽。

暖鞋 luæ̃⁵³xei³：棉鞋，也称"暖窝窝"。

毛袜 mɔ²⁴va²：毛线织成的袜子。

鞋楦子 xei²⁴ɕyæ̃⁴⁴tsʅ¹：纸做的鞋样。

钮子 niəu⁵³tsʅ³：扣子。

钮门子·niəu⁵³məŋ²⁴tsʅ²：钮子的扣眼。

子母扣儿 tsʅ²¹məŋ²⁴kʰəur⁴⁴：一种纽扣。

巴眼儿 pa²¹niæ̃r⁵³：穿鞋带的钉眼。

顶针儿 tiŋ⁵³tʂə̃r²¹³：戴在手指上的针具。

缲边子 tsʰiɔ²⁴piæ̃²¹tsʅ³：用机器缝贴边。

引 iŋ⁵³：缝制被褥、棉衣时将布料和棉花等连接起来的一种针法。

蛮 mæ̃²⁴：将布料等蒙在衣物上面的一种针线活。

缉 tsʰi²¹³：将鞋口、衣服毛边等加条状布料缝制起来的一种细密手工针线活。

纳 na²¹³：做布鞋底的一种针线活。

缠 pʰiæ̃²⁴：将布料缝制成带状的针法。

桂 kuei⁴⁴：将吃缝外翻的一种针法。

缝 fəŋ²¹³：将吃缝内翻的一种针法。

缭 liɔ²⁴：手工缝纫。

扎 tsa²¹³：机器缝纫。

襻 pʰæ̃²¹³：用粗针线缝。

裰 tuə²¹³：绣花的针法。

绱 ʂaŋ⁴⁴：将衣物的小部件和大部件连接起来的一种针法。

状 tʂuaŋ⁴⁴：缝制被褥、棉衣时填充棉花、羊毛等防寒材料。

铰 tɕiɔ⁵³：用剪刀裁剪。

吃缝 tʂʅ²⁴fəŋ²：衣缝相接处。

针脚 tʂəŋ²⁴tɕyə²：针法。

针线 tʂəŋ²¹siæ̃⁴⁴：指人的缝纫技术。

雪 ɕyə²¹³：衣边或线头开裂风化。

背子 pei⁴⁴tsʅ¹：做鞋底时用破碎、废旧布料粘贴而成的硬质底料。

打背子 ta⁵³pei⁴⁴tsʅ¹：制作背子。

帛布 pʰə²¹pu⁴⁴：碎布片。

洋布 iaŋ²⁴pu⁴⁴：机器织的布。

土布 tʰu⁵³pu⁴⁴：手工织的布。

松紧 suŋ²¹tɕiŋ⁵³：一种可以伸缩的布料。

扣线 kʰəu⁴⁴siæ̃⁴⁴：彩丝线。

抽抽子 tʂʰu²¹tʂʰu²⁴tsʅ²：袋口大小可控制的布袋子。

稍马子 sɔ⁴⁴ma¹tsʅ¹：中间开口、两头装钱或食物的袋子，常搭在脚户的肩膀上。

围脖 vei²⁴pʰə²：围巾。

锁锁子 suə⁵³suə⁵³tsʅ¹：婴幼儿的饰物。

牛邦铃 niəu²⁴paŋ²¹liŋ²⁴：一种铜质铃铎，多为小孩身上饰物。

手圈儿 ʂəu⁵³kuæ̃r⁴⁴：手镯。

头绳 tʰəu²⁴ʂəŋ²：女子的发绳。

卡子 tɕʰia⁵³tsʅ³：女子的发卡。

石头眼镜 ʂʅ²⁴tʰəu²niæ̃⁵³tɕiŋ⁴⁴：水晶石镜。

七　村庄·房舍·器具

庄 tʂuaŋ²¹³：村落。

独庄 tʰu²⁴tʂuaŋ²：只有一户人家的村庄。

庄家 tʂuaŋ²⁴tɕia²：同村的人家。

山庄 sæ̃²⁴tʂuaŋ²：旧社会大户人家在外村置买了土地，为了经营这部分土地，部分家庭成员到外村定居下来叫"坐山庄"。这部分田产对于大户人家来说，属于"山庄"。

堡子 pu⁵³tsɿ³：旧时为防御兵匪而土筑的小城堡。

聚处 tɕʰy⁴⁴tʂʰu¹：院落。

瞎井 xa²¹tsiŋ⁵³：枯井。

瞎窖 xa²¹tɕiɔ⁴⁴：废弃的地窖。

照壁 tʂɔ⁴⁴pi¹：院落里用来遮挡视线的建筑墙。

头门 tʰəu²⁴mən²：进入院落的第一道大门。

二门 ər⁴⁴mən¹：走出院落的第一道大门。

水穿眼 ʂuei⁵³tʂʰuæ̃²⁴niæ̃²：院子向外排水的孔道。

上房 ʂaŋ⁴⁴faŋ¹：正屋。

上房台子 ʂaŋ⁴⁴faŋ²⁴tʰei²⁴tsɿ¹：正屋的台基。

高房子 kɔ²¹faŋ²⁴tsɿ¹：建在宅院拐角处的二层土楼。

茅子 mɔ²⁴tsɿ²：厕所，又称"后圈"。

胡墐墙 xu²⁴tɕiŋ²tsʰiaŋ²⁴：土坯墙。

山花墙 sæ̃²⁴xua²tsʰiaŋ²⁴：房屋的侧墙。

隔墙 kei²¹tsʰiaŋ²⁴：分隔房子的墙。

马头 ma⁵³tʰəu³：建筑物侧面突出的墙体。

鞍架房 ŋæ̃²¹tɕia⁴⁴faŋ²：有大梁的人字房。

滚木房 kuŋ⁵³mu³faŋ²⁴：也叫滚椽房，房顶呈一个斜面，木檁的方向与水流的方向一致。

顺水 ʂuŋ⁴⁴ʂuei¹：房屋的一种结构，木椽的方向与水流的方向一致。

四门八窗 sɿ⁴⁴məŋ²⁴pa²⁴tʂʰuaŋ²：房屋的一种式样。

深门浅窗子 ʂəŋ²¹məŋ²⁴tsʰiæ̃⁵³tʂʰuaŋ²¹tsɿ³：房屋一种式样。

半厦 pæ̃⁴⁴sa⁵³：一种有大梁的斜面房。

飞檐子 fei²¹iæ̃²⁴tsʅ²：屋檐上的重檐。

地棚 tʰi⁴⁴pʰəŋ¹：简陋的房子。

栅子 ʂæ̃²¹tsʅ³：茅草棚。

脊檩 tsi²¹liŋ⁵³：人字房顶最高处的檩条。

檩条子 liŋ⁵³tʰiɔ²⁴tsʅ¹：房顶用的支撑椽子的粗木料。

椽 tʂʰuæ̃²⁴：房顶建筑用的较小的木料。

筒柱 tʰuŋ⁵³tʂu⁴⁴：大梁之上支撑檩子的木柱。

灿板 tsʰæ̃⁴⁴pæ̃¹：椽子上面的一层薄木板。过去也用灿子或竹帘、苇席覆盖。

押灿 ia²¹tsʰæ̃⁴⁴：固定在木椽顶端的横条。

栿 fu²⁴：人字房的大梁。

土栿 tʰu⁵³fu²⁴：建造房屋时泥在墙里头的横梁。

桁条 çiŋ²⁴tʰiɔ²：大梁下的衬木。

挂檩子 kua⁴⁴liŋ¹tsʅ¹：横在屋梁上支撑椽子的檩条。

挑角 tʰiɔ⁵³tɕyə³：一半埋在墙体中、一半突出来支撑屋檐的木头。

椽眼 tʂʰuæ̃²⁴niæ̃⁵³：木椽一端凿开且起固定作用的洞眼。

椽套 tʂʰuæ̃²⁴tʰɔ⁴⁴：用来固定椽子的木套。

哨眼 sɔ⁴⁴niæ̃¹：房屋侧墙上端预留的通风口。

猫眼 mɔ²⁴niæ̃²：房屋门槛底下供猫出入的孔道。

马黄 ma⁵³xuaŋ³：连接木质构件的一种曲形大铁钉。

遏盖 ŋə²¹kei⁴⁴：盖房时封顶。

门钻窝 məŋ²⁴tsuæ̃⁵³və¹：控制门枢的木穴。

干板凉床 kæ̃²¹pæ̃⁵³liaŋ³⁵tʂʰuaŋ²⁴：没有被褥的木板床。

洒子 sa⁵³tsʅ³：炕边的木质围条，也说成"炕沿子 kʰaŋ⁴⁴iæ̃²⁴tsʅ²"。

炕面子 kʰaŋ⁴⁴miæ̃⁴⁴tsʅ¹：也叫"炕墐子"。

盘炕 pʰæ̃²⁴kʰaŋ⁴⁴：制作土炕的过程。

炕心 kʰaŋ⁴⁴siŋ²¹³：炕洞中心支撑炕面用的土坯。

炕围子 kʰaŋ⁴⁴vei²⁴tsʅ²：临炕的墙壁护裙。

炕眼头 kʰaŋ⁴⁴niæ̃¹tʰəu²⁴：炕的外边沿。也称"炕头"。

炕角落儿 kʰaŋ⁴⁴kə²¹lɔr²¹³：炕面的角落。

巷巷地 xaŋ²¹xaŋ²⁴tʰi⁴⁴：土炕一侧与墙体的夹道。无夹道的称"通炕"。

炕精 kʰaŋ⁴⁴tsiŋ²¹³：炕洞中长期熏烤的烟土，呈黑色。

炕土 kʰaŋ⁴⁴tʰu¹：①炕上的尘土。②土炕拆除后的废料，可以肥田。

扯炕 tʂʰə⁵³²kʰaŋ⁴⁴：带土炉的炕。

暖炕 luæ̃⁵³kʰaŋ⁴⁴：在热炕上铺好被褥，又叫"焐炕"。

烙炕 luə²¹kʰaŋ⁴⁴：很热的炕。

填炕 tʰiæ²⁴kʰaŋ⁴⁴：往炕洞里填充燃料。

炕洞 kʰaŋ⁴⁴tʰuŋ¹：土炕烧燃料的地方。

炕眼门 kʰaŋ⁴⁴niæ̃⁵³məŋ²⁴：向炕洞中填塞燃料用的入口。

灶火 tsɔ⁴⁴xuə¹：灶膛。

灶火门 tsɔ⁴⁴xuə¹məŋ²⁴：向灶火中填塞燃料的入口。

烟洞 iæ̃²¹tʰuŋ²⁴：烟囱。

烟洞眼 iæ̃²¹tʰuŋ²⁴niæ̃⁵³：烟囱的出口。

连锅炕 liæ̃²⁴kuə²kʰaŋ⁴⁴：火道相连的锅和炕。

锅头 kuə²¹tʰəu²⁴：锅台。

房檐水 faŋ²⁴iæ̃²⁴ʐuei²：屋檐水。

窗眼 tʂʰuaŋ²¹niæ̃⁵³：木格窗户的孔。

上坡里 ʂaŋ⁴⁴pʰə²¹ni³：房屋正门的对面，常用来作宴席的上位或主位。

推耙子 tʰuei²¹pʰa²⁴tsʅ²：烧炕的专用工具。

单子 tæ̃²¹tsʅ³：床单。

毡 tʂæ̃²¹³：用羊毛擀成的床垫子。

支爪 tsʅ²¹tsɔ⁵³：家具。

炕桌 kʰaŋ⁴⁴tʂuə¹：炕上用的小方桌。

坐坐子 tsʰuə⁴⁴tsʰuə¹tsʅ¹：小方凳。

电壶 tiæ̃⁴⁴xu²⁴：暖水壶。

壶壶子 xu²⁴xu²tsʅ²：小茶壶。

□子 pʰia⁵³tsʅ³：一种腹大口小的铜质器皿。

火棍 xuə⁵³kuŋ³：帮助烧火的短木棍。

火箸 xuə⁵³tʂu³：旧时用来夹火用的小火钳。

火盆 xuə⁵³pʰəŋ³：一种烤火用的三足盆状炉具。

风匣 fəŋ²¹ɕia²⁴：人力风箱。

升子 ʂəŋ²¹tsʅ³：一种木质量具。

斗子 təu⁵³tsʅ³：容积较大的木质量具。

马勺 ma⁵³ʂə³：容量较大的水瓢。

铁片子 tʰiə²¹pʰiæ⁵³tsʅ¹：锅铲。

笊笊子 tsɔ⁴⁴tsɔ¹tsʅ¹：用铁丝或藤条编的漏勺。

擦子 tsʰa²¹tsʅ³：可将萝卜或洋芋做成条状的器具。

破擦 pʰə⁴⁴tsʰa¹：将萝卜加工成片的工具。

磨擦 mə²⁴tsʰa²：将土豆磨成淀粉的工具。

笼床 luŋ²⁴tʂʰuaŋ²：蒸笼。

甑箅 tsiŋ⁴⁴pi¹：一种简易蒸煮工具。

蒜窝窝 suæ⁴⁴və²¹və³：将蒜捣成糊状的器具，也叫"捣蒜窝窝"或"踏蒜窝窝"。

蒜槌槌 suæ⁴⁴tʂʰuei²⁴tʂʰuei²：捣蒜用的柄。

大老碗 ta⁴⁴lɔ²¹væ⁵³：容积较大的碗。也说成"海碗"。

抹迷儿 ma²¹miər⁴⁴：小碗。

瓦陀儿 va⁵³tʰuər²⁴：用来托手的碗底座。

调羹 tʰiɔ²⁴kəŋ²：汤匙。

蛮蛮儿 mæ̃²¹mæ̃r²⁴：小木碗。

案子 ŋæ̃⁴⁴tsʅ¹：厨房用的案板。

擀杖 kæ̃⁵³tʂʰaŋ³：擀面用的木杖。

切刀 tsʰiə²¹tɔ²⁴：菜刀。

解锥 kei⁵³tʂuei³：螺丝刀。

箸笼罐 tʂu⁴⁴luŋ¹kuæ̃⁴⁴：盛筷子的竹笼。

水担 ʂuei⁵³tæ̃³：挑水的扁担。

腰门担 iɔ²¹məŋ²⁴tæ̃⁴⁴：旧时控制院门的横木。

茶盅子 tsʰa²⁴tʂuŋ²¹tsʅ³：小茶杯。

酒盅子 tsiəu⁵³tʂuŋ²¹tsɿ³：酒杯。

方桌 faŋ²⁴tʂuə²：与吊桌相配的正方形的桌子，也称"八仙桌"。

吊桌 tiɔ⁴⁴tʂuə¹：与方桌相配的长方形的桌子，一般为祭祀多用。

炕床 kʰaŋ⁴⁴tʂʰuaŋ²⁴：一种小柜子。

门箱 məŋ²⁴siaŋ²：一种小型箱柜。

揭箱 tɕiə²⁴siaŋ²：与门箱连体的木箱。

圈椅 tɕʰyæ̃²¹i⁵³：有靠背和扶手的座椅，多为明清遗留家具。

容容儿 yŋ²⁴yə̃r²：家具上的花纹。

拧车儿 niŋ²⁴tʂʰər²¹³：制作鞋底线绳的工具。

线杆儿 siæ̃⁴⁴kæ̃r¹：制作毛线的工具。

拐拐棍儿 kuei⁵³kuei³kũr⁴⁴：拐杖。

八　方向·位置

高头 kɔ²¹tʰəu²⁴：上面，又称"上头""高里"。

顶里 tiŋ⁵³ni³：最上面。

下头 xa⁴⁴tʰəu¹：下面，又称"底下"。

底脚里 ti⁵³tɕyə²¹ni³：背地里。

左半个 tsuə⁴⁴pæ̃⁴⁴kə¹：左边，又称"左首"。

半个 pæ̃⁴⁴kə¹：旁边。东南西北某一方向常说成"某半个"。

角子 kə²¹tsɿ³：一角儿，也称"角角子"。

当中 taŋ²⁴tʂuŋ²¹³：中间。

喝头 xə⁵³tʰəu³：里面。

外前 vei⁴⁴tsʰiæ̃¹：外面。

前头 tsʰiæ̃²⁴tʰəu²：前面。例：～的路黑着呢。

跟前 kəŋ²¹tsʰiæ̃²⁴：面前。

转圆儿 tʂæ̃⁴⁴yə̃r²⁴：周围。

墙帽 tsʰiaŋ²⁴mɔ⁴⁴：墙顶。

门高里 məŋ²⁴kɔ²¹ni³：门上面。

墙洼里 tsʰiaŋ²⁴va⁴⁴ni¹：墙壁上。

蛋顶子 tæ̃⁴⁴tiŋ⁵³tsɿ³：最顶端。

撤失洼 pʰiə⁵³ ʂɿ³ va⁴⁴：偏僻地方。

大门外头 ta⁴⁴məŋ²⁴vei⁴⁴tʰəu¹：门外边，又称"大门外前"。

里头头 li⁵³tʰəu²¹tʰəu²⁴：最里边。

拐拐子上 kuei⁵³kuei³tsɿ³ ʂaŋ³：拐角处。

下山子 ɕia⁴⁴sæ̃²¹tsɿ³：下坡。

上山子 ʂaŋ⁴⁴sæ̃²¹tsɿ³：上坡。

茬口 tsʰa²⁴kʰəu¹：机会。

向口 ɕiaŋ⁴⁴kʰəu¹：方向。

门洞 məŋ²⁴tʰuŋ⁴⁴：门口。

马套子 ma⁵³tʰɔ⁴⁴tsɿ¹：为"马道子"的方言转读，指大路。

夹套 tɕia²¹tʰɔ⁴⁴：为"夹道"的方言转读。指小巷子或胡同。

路套 lɔ⁴⁴tʰɔ⁴⁴：为"路道"的方言转读，指道路。

街套 kei²¹tʰɔ⁴⁴：为"街道"的方言转读。

过套 kuə⁴⁴tʰɔ¹：为"过道"的方言转读。

水套 ʂuei⁵³tʰɔ⁴⁴：为"水道"的方言转读。

巷套 xaŋ²¹tʰɔ⁴⁴：为"巷道"的方言转读。

口外 kʰəu⁵³vei⁴⁴：旧时专指玉门关、嘉峪关等交通要道以西的地域，现在改称新疆。

口里 kʰəu²¹li⁵³：旧时专指玉门关、嘉峪关等交通要道以东的地域，现特指陕甘宁地区。

北里 pei²¹ni³：北边。

南里 næ̃²⁴ni²：南边。

九　农事

寻活 siŋ²⁴xuə²⁴：泛指一切农事活动。

场 tʂʰaŋ²⁴：打碾粮食的场所。

麦摞 mei²¹luə⁴⁴：麦垛。

摞子 luə⁴⁴tsɿ¹：粮食垛子。

土粪 tʰu⁵³fəŋ⁴⁴：农家肥，也说成"粪土"。

大粪 ta⁴⁴fəŋ⁴⁴：大便。

压粪 nia⁴⁴fəŋ⁴⁴：积肥。

散粪 sæ⁴⁴fəŋ⁴⁴：将大堆肥分成小堆。

扬粪 iaŋ⁴⁴fəŋ⁴⁴：将堆粪肥均匀撒在地里。

一间粪 i⁴⁴tɕiæ²¹fəŋ⁴⁴：一行粪。

上粪　ʂaŋ⁴⁴fəŋ⁴⁴：施肥。

乱粪 luæ⁴⁴fəŋ⁴⁴：给粪少的地方上粪。

铺粪 pʰu²¹fəŋ⁴⁴：用粪斗将农家肥撒在犁沟里。

翻粪 fæ²¹fəŋ⁴⁴：将污成的粪堆均匀地翻一遍。

撒粪 sa⁴⁴fəŋ⁴⁴：将块粪打碎。

粪斗子 fəŋ⁴⁴təu¹tsɿ¹：铺粪用的木斗。

粪底儿 fəŋ⁴⁴tiər¹：粪堆的土底儿。

垫圈 tʰiæ⁴⁴tɕʰyæ⁴⁴：在牲口圈中压上一层新土以洁厕。

牛车 niəu²⁴tʂʰə²：牛拉车。

推车子 tʰuei²⁴tʂʰə²tsɿ²：双柄独轮车。

压车子 nia⁴⁴tʂʰə¹tsɿ¹：架子车。

车排 tʂʰə²¹pʰei²⁴：架子车的箱。

滚陀子 kuŋ⁵³tʰuə³tsɿ³：车轮子。

刮木 kua²⁴mu²：刹车。

拐带 kuei⁵³tei³：车辆内胎外翻。

车辕 tʂʰə²¹yæ²⁴：架子车的两条辕。

插板子 tsʰa²¹pæ⁵³tsɿ³：架子车的挡板。

装车 tʂuaŋ²⁴tʂʰə²：往车上装货。

卸车 siə⁴⁴tʂə²¹³：把牲口从车上卸下来。

下车 ɕia⁴⁴tʂʰə²¹³：把东西从车上卸下来。

单套 tæ²¹tʰɔ⁴⁴：一头牲口拉犁。

槅子 kei²¹tsɿ³：耕地套牛的用具。

独槅子 tʰu²⁴kei²tsɿ²：一头牛使用的槅子。

辕马 yæ²⁴ma⁵³：驾辕的马。

稍子马 sɔ⁴⁴tsɿ¹ma⁵³：辕马前面的马。

赶稍 kæ⁵³sɔ²¹³：稍子马中右边的马。

搭背子 ta²¹pei⁴⁴tsɿ¹：套在稍子马背上的套具。

肚带 $t^hu^{44}tei^1$：套在牲口肚子上的带子。

拥脖 $yŋ^{21}p^hə^{24}$：套在牲口脖子的农具。

夹板子 $tɕia^{21}p\tilde{æ}^{53}tsʅ^1$：套在牲口脖子的木质套具。

咤子 $ts^ha^{44}tsʅ^1$：含在牲口嘴里的铁具。

抽绳子 $tʂu^{21}ʂəŋ^{24}tsʅ^1$：控制牲口用的绳索。

汗騠 $x\tilde{æ}^{44}t^hi^1$：鞍下的垫子。

搭梁子 $ta^{21}liaŋ^{24}tsʅ^2$：辕马背上的绳。

坐坡 $ts^huə^{44}p^hə^1$：辕马屁股上的绳。

大肚 $ta^{44}t^hu^1$：辕马的肚带。

笼头 $luŋ^{24}t^həu^2$：牲口头上的索套。

笼嘴 $luŋ^{24}tsuei^2$：牲口嘴上防止偷食的套具。

水鞍 $ʂuei^{53}ŋ\tilde{æ}^3$：农用的鞍具。

骑鞍 $tɕ^hi^{24}ŋ\tilde{æ}^2$：供骑乘用的鞍具。

驮鞍 $t^huə^{24}ŋ\tilde{æ}^2$：供长途运货用的鞍具。

桄 $kuaŋ$：犁身。

桄辕 $kuaŋ^{53}y\tilde{æ}^{24}$：犁辕。

桄沟 $kuaŋ^{53}kəu^3$：犁沟。

铧 xua^{24}：铁犁头。

耱 $mə^{44}$：用藤条或铁条作的平田农具。

麦茬子 $mei^{21}ts^ha^{24}tsʅ^2$：麦收后的毛地。

麦茬地 $mei^{21}ts^ha^{24}t^hi^{44}$：种过麦子的地，又称"麦茬"。例：~明年能种洋芋。

豆茬地 $təu^{44}ts^ha^{24}t^hi^{44}$：种过豆子的地。

码码子 $ma^{53}ma^{53}tsʅ^3$：码摞在地里的粮食捆子。

夏田 $ɕia^{44}t^hi\tilde{æ}^1$：夏收作物。

秋田 $ts^hiəu^{21}t^hi\tilde{æ}^{24}$：秋收作物。

撞田 $tʂ^huaŋ^{44}t^hi\tilde{æ}^1$：完全靠自然运气收成的作物。

剪剪子 $tsi\tilde{æ}^{53}tsi\tilde{æ}^3tsʅ^3$：收割粮食时捆成的小捆。

杀驮 $sa^{21}t^huə^{44}$：也叫束驮。将剪剪子束成驮子。

搭驮 $ta^{21}t^huə^{44}$：将驮子搭在牲口身上。

折笤帚 tʂə⁵³tʰiɔ²⁴tʂu²：糜子成熟时折取糜穗部分的秸秆作为制作笤帚的原料。

摊场 tʰæ̃²¹tʂʰaŋ²⁴：将要碾的粮食平铺在场院中。

抖场 tʰəu⁵³tʂʰaŋ²⁴：用杈将碾压过的粮食翻动。

碾场 niæ⁵³tʂʰaŋ²⁴：碾粮食。

塌场 tʰa²¹tʂʰaŋ²⁴：碾场时被大雨淋湿。

起场 tɕʰi⁵³tʂʰaŋ²⁴：碾场结束时分出草和颗粒的工序。

扬场 iaŋ²⁴tʂʰaŋ²⁴：借风力分开颗粒和粒衣的工序。

掠场 lyə²¹tʂʰaŋ²⁴：用扫帚轻轻扫去粮食粒上的残余草梗和粒衣。

紧场 tɕiŋ⁵³tʂʰaŋ²⁴：趁雨后潮湿的天气用碌碡将场院地面夯实。

碌碡齐 lu²¹tʂʰu⁵³tsʰi²⁴：连接碌碡石体与枢轴的部分。

钵架 pə²¹tɕia²⁴：碌碡的枢轴。

木杴 mu²¹ɕiæ̃²⁴：扬场用的农具。

杈 tsʰa²¹³：碾粮食挑草用的农具。

耙板 pʰa⁴⁴pæ̃¹：起场用的农具。

拉耙 la²¹pʰa²⁴：起场用的农具。

耙子：pʰa²⁴tsɿ²：一种搂麦穗的农具。

刃子 ʐəŋ⁴⁴tsɿ¹：镰刀的刀刃。也说成"刃镰子"。

镰 liæ̃²⁴：镰刀。

镰肘肘 liæ̃²⁴tʂəu⁵³tʂəu³：镰刀的木柄。

铁镰 tʰiə²¹liæ̃²⁴：一种砍柴、割竹子用的铁制镰刀。

磨石 mə⁴⁴ʂɿ¹：磨刀石。

铁锨 tʰiə²⁴ɕiæ̃²：铁锨。

平斤 pʰiŋ²⁴tɕiŋ²：锛。

扎斧 tsa²¹fu⁵³：劈木柴的长柄大斧。

推刨 tʰuei²¹pʰɔ⁴⁴：一种木工工具。

墨斗 mei²¹təu⁵³：一种木工工具。

载子 tsei⁵³tsɿ³：一种斩断铁料的工具。

背斗 pei⁴⁴təu¹：扛在背上的盛具。

藩笼 pʰæ̃⁴⁴luŋ¹：有提手的圆筐。也叫"掩子"。

炮子 pʰɔ⁴⁴tsɿ¹：一种打碎田里土块的工具。

口袋 kʰəu⁵³tei¹：用亚麻线织成、盛粮食用的袋子。

担 tæ̃⁴⁴：扁担。

撂撇子 liɔ⁴⁴pʰiə²¹tsɿ³：驱赶麻雀用的农具，由木柄和绳套组成，可以将石块、土块等扔到很远的地方。

尖尖 tsiæ̃²¹tsiæ̃³：用来束驮时的农具。

圈子 tɕʰyæ̃²¹tsɿ³：连在绳索上的圈状工具。

麻棒 ma²⁴paŋ⁴⁴：用来敲打的圆柱形粗木棒。

泥匕 ni⁴⁴pi²¹³：干泥活的铁器。

泥掌 ni²⁴tʂaŋ⁵³：干泥活的木器。

解板 kei⁵³pæ̃⁵³：用锯子将圆木加工成板材。

柳木爬条 liəu⁵³mu³pʰa²⁴tʰiɔ²：一种有弹性的柳树长枝。

挑旗旗 tʰiɔ⁵³tɕʰi²⁴tɕʰi²：小麦将要抽穗的样子。

怀肚肚 xuei²⁴tʰu⁴⁴tʰu²：小麦抽穗前的状态。

出穗 tʂʰu²¹suei⁴⁴：抽穗。

芽 ia²⁴：粮食未曾打碾因雨淋而发芽。

叉棵 tsʰa⁴⁴kʰuə¹：分蘖。也说成"发叉"。

黄 xuaŋ²⁴：粮食或水果成熟。

黄口里 xuaŋ²⁴kʰəu⁵³ni³：粮食收成的关键时期。

搭镰 ta²¹liæ̃²⁴：开始收割。也说成"下镰"。

龙口夺食 luŋ²⁴kʰəu⁵³tʰuə²⁴ʂɿ²⁴：农历麦子收割季节，当地易遭冰雹袭击，因此抢收庄稼被喻为"龙口夺食"。

割倒 kə²¹tɔ⁵³：收割完毕。

蘡 iɔ⁴⁴：捆麦的草索。

下蘡 ɕiɔ⁴⁴iɔ⁴⁴：也称打蘡，做成蘡。

玉麦秆 y⁴⁴mei²¹kæ̃⁵³：摘掉玉米的秆。

田禾 tʰiæ̃²⁴xuə²：结穗的庄稼。

麦柴 mei²¹tsʰei²⁴：麦子脱粒后的秆。也说成"麦草"。

麦秆 mei²¹kæ̃⁵³：麦秸。

麦衣 mei²⁴yi²：碾麦后的草屑。

麦颗颗 mei²¹kʰuə⁵³kʰuə⁵³：麦粒。

糊颗 xu⁴⁴kʰuə¹：碾场后还没有完全脱粒的禾穗。

衣子 i²¹tsʅ³：附在粮食颗粒上面的的草屑。

草节 tsʰɔ⁵³tsiə³：用铡刀切成的粮食秸秆，作牲口饲草。

闲地 ɕiæ̃²⁴tʰi⁴⁴：没种粮食的地。

熟地 ʂu²⁴tʰi⁴⁴：种过粮食的地。

荒地 xuaŋ²¹tʰi⁴⁴：未开垦的土地。

头灿地 tʰəu²⁴tsʰæ⁴⁴tʰi⁴⁴：第一遍犁地。

二灿地 ər⁴⁴tsʰæ̃⁴⁴tʰi⁴⁴：第二遍犁地。

歇地 ɕiə²¹tʰi⁴⁴：让地闲置一年以恢复肥力。

地土 tʰi⁴⁴tʰu¹：土地。

倒茬 tɔ⁵³tsʰa²⁴：轮换作物种类，以恢复田地肥力。

重茬 tʂʰuŋ²⁴tsʰa²⁴：种植时与上年粮食种类一致。

豆茬 təu⁴⁴tsʰa²⁴：收割过豆类作物的田地，地力较肥。

深施化肥 ʂəŋ²¹sʅ²⁴xua⁴⁴fei²⁴：春天给冬小麦施肥。

磨面 mə⁴⁴miæ̃⁴⁴：用水力或机器将粮食加工成面粉。

拉 la²¹³：将粮食磨成粗粒状。

黄黄子 xuaŋ²⁴xuaŋ¹tsʅ¹：磨成颗粒状的粮食粗粉。

珍珍子 tʂəŋ²¹tʂəŋ²⁴tsʅ²：小颗粒状的面粉。

锣面 luə²⁴miæ̃⁴⁴：用锣将细粉分离出来。

□sa⁴⁴（音啥）筛孔较粗。

搭磨 ta²¹mə⁴⁴：上磨料。

推磨 tʰuei²¹mə⁴⁴：用人工在石磨上加工面粉。

磨担 mə⁴⁴tæ̃⁴⁴：推磨用的木杖。

磨齐子 mə²⁴tsʰi²⁴tsʅ²：连接上下磨盘的枢轴。

磨钻窝 mə⁴⁴tsuæ̃⁵³və³：磨盘上粮食的入口。

磨口 mə⁴⁴kʰəu⁵³：上下磨盘周边的接缝处，面粉由此流出。

磨堂 mə⁴⁴tʰaŋ²⁴：上下磨盘的接触处。

空堂 kʰuŋ²¹tʰaŋ²⁴：未填充磨料的空心石磨。

占堂 tʂæ̃⁴⁴tʰaŋ²⁴：石磨在使用后磨堂留一定的料，以备下次使用。

簸粮食 pə⁵³liaŋ²⁴ʂʅ²：用簸箕将粮食中的杂质清除出去。

篅子 ʂuæ̃²⁴tsʅ²：盛谷器具，多用秸秆编织成的草辫（俗称"转"）盘旋围绕而成。

筛粮食 sei^{53}lian^{24}ʂʐ^2：用筛子将粮食中的杂质除去。

草筛 tsʰɔ^{21}sei^{53}：筛孔较大的筛子。

细筛 si^{44}sei^{53}：筛孔较小的筛子。

窜籽 tsʰuæ̃^{44}tsʐ^{53}：将种子均匀地撒在犁沟里。

移籽 i^{24}tsʐ^{53}：将洋芋籽种点在犁沟里。

切洋芋籽 tsʰiə^{21}ian^{24}y^{44}tsʐ^{53}：将洋芋切成块状的籽种。

□（音判上声）洋芋 pʰæ̃^{53}ian^{24}y^{44}：使用锄头在洋芋地里松土。

□（音判上声）镢子 pʰæ̃^{53}ɕyə^{3}tsʐ^3：洋镐。

□（音判上声）pʰæ̃^{53}：用锄头松土。

壅洋芋 yŋ^{21}ian^{24}y^{44}：在洋芋的根部培土。

沤麻 ŋəu^{44}ma^{24}：胡麻秸秆在雨水中长期浸泡脱麻的过程。

颗麻 kuə^{53}ma^{24}：用木棒反复锤打加工亚麻的工序。

打绳 ta^{53}ʂəŋ^{24}：用亚麻线制作农用绳索。

杵子 tʂʰu^{53}tsʐ^3：打土坯、土墙用的石质或铁质工具。

庄农 tʂuaŋ^{21}luŋ^{24}：农业。

做庄农 tsu^{44}tʂuaŋ^{21}luŋ^{24}：从事农业生产。

庄农汉 tʂuŋ^{21}luŋ^{24}xæ̃^{44}：农民，又称"庄稼汉"。

麦客子 mei^{24}kʰei^{21}tsʐ^3：割麦的短工。

放羊娃 faŋ^{44}iaŋ^{1}va^1：牧羊人。

出牛 tʂʰu^{21}niəu^{24}：粮食颗粒生虫。

蛆吃罐罐 tɕʰy^{24}tʂʰʅ^{21}kuæ̃^{44}kuæ̃^{1}：粮食颗粒生虫以后形成的空壳。

红金旦了 xuŋ^{24}tɕiŋ^{2}tæ̃^{44}lə^1：小麦病害，也称铁锈病。

蛆炝了 tɕʰy^{21}tsʰiaŋ^{53}liəu^3：粮食或蔬菜发生虫害。

十　植物

杂粮 tsa^{24}liaŋ^{24}：除小麦以外的粮食。

穑生粮食 lu^{53}səŋ^{3}liaŋ^{24}ʂʐ^2：非人工种植、自然生长出来的庄稼。

冬麦 tuŋ^{24}mei^2：冬小麦。

春麦 tʂʰuŋ^{24}mei^2：春小麦。

挑旗旗 tʰiɔ^{53}tɕʰi^{24}tɕʰi^2：小麦快抽穗的样子。

怀肚肚 xuei²⁴tʰu⁴⁴tʰu¹：小麦抽穗时的状态。

莜麦 iəu²⁴mei²：一种秋粮作物。

燕麦 iæ̃⁴⁴mei¹：一种牲畜饲料草，状如莜麦。

御麦 y⁴⁴mei¹：玉米。

荞 tɕʰiɔ²⁴：荞麦。

步荞 pʰu⁴⁴tɕʰiɔ²⁴：早种的荞麦。

茬荞 tsa²⁴tɕʰiɔ²⁴：麦收后在麦茬地里种的荞麦。

苦荞 kʰu⁵³tɕʰiɔ²⁴：荞麦品种。

甜荞 tʰiæ̃²⁴tɕʰiɔ²⁴：荞麦品种。

荞皮 tɕʰiɔ²⁴pʰi²：荞麦果实外壳。

洋芋 iaŋ²⁴y⁴⁴：马铃薯。

白豆子 pei²⁴təu⁴⁴tsʅ¹：一种豆类，也称"豌豆"。

大碗豆 ta⁴⁴væ̃¹təu¹：蚕豆。

豆角子 təu⁴⁴tɕyə¹tsʅ¹：青豆角。

背皮 pei⁴⁴pʰi¹：嫩豆角的茎皮。

秫秫 ʂu²⁴ʂu²：高粱。

净子 tsʰiŋ⁴⁴tsʅ¹：胡麻。

圆圆 yæ̃²⁴yæ̃²：也叫"芸芥"。

胡麻脬头子 xu²⁴ma¹pʰɔ²⁴tʰəu²tsʅ²：胡麻果实。

七股八柯权 tsʰi²¹ku⁵³pa²¹xə²⁴tsʰa²：形容胡麻等粮食作物生长茂盛的样子。

菜水 tsʰei⁴⁴ʂuei¹：蔬菜。

水萝葡 ʂuei⁵³luə¹pʰu¹：萝卜品种。

红蒜 xuŋ²⁴suæ̃⁴⁴：红皮蒜。

白蒜 pei²⁴suæ̃⁴⁴：白皮蒜。

独独蒜 tʰu²⁴tʰu²suæ̃⁴⁴：不分瓣的蒜。

蒜卡 suæ̃⁴⁴tɕʰia⁵³：蒜瓣。

小蒜 siɔ⁵³suæ̃⁴⁴：一种根部较小的野蒜。

洋蒜 iaŋ²⁴suæ̃⁴⁴：洋葱。

水韭 ʂuei²¹tɕiəu⁵³：水地里生长的韭菜。

旱韭 xæ̃⁴⁴tɕiəu⁵³：旱地里生长的韭菜。

韭蕻子 tɕiəu⁵³xuŋ³tsʅ³：韭菜结籽的茎秆。

头刀子 tʰəu²⁴tɔ²tsʅ²：头茬韭菜。

二刀子 ər⁴⁴tɔ¹tsʅ¹：第二茬韭菜。

包包菜 pɔ²¹pɔ³tsʰei⁴⁴：莲花菜。

洋洋芋 iaŋ²⁴iaŋ²⁴y⁴⁴：洋姜。

香菜 ɕiaŋ²¹tsʰei⁴⁴：芫荽。

起莲 tɕʰiə⁵³liæ̃³：苤蓝。

洋蔓菁 iaŋ²⁴mæ̃²⁴tsiŋ²：一种蔬菜。

瓠子 xu⁴⁴tsʅ¹：一种菜瓜。

一窝猪 i⁴⁴və¹tʂu²¹³：瓠子的一种品种。

瓜 kua²¹³：西瓜。

套瓜子 tʰɔ⁴⁴kua¹tsʅ¹：一种菜瓜。

花盖 xua²¹kei⁴⁴：一种蔬菜。

浓葱 lyŋ²⁴tsʰuŋ²：红皮葱。

白葱 pei²⁴tsʰuŋ²：白皮葱。

葱胡子 tsʰuŋ²¹xu²⁴tsʅ²：葱的根须。

辣角子 la²⁴tɕyə²¹tsʅ³：小尖角辣子。

针荆 tʂəŋ²⁴tɕiŋ²：黄花菜。

秙 kʰuə⁵³：在菜的周围折断枝叶。例：芹菜要~着吃。

葛芦 kə²¹lu²⁴：蒲公英。

苦苣 kʰu⁵³tɕʰy³：一种野菜，也称"苦苦菜"。

葵花 kʰuei²⁴xua²：向日葵。

栽子 tsei²¹tsʅ³：杨柳的幼树。

树梢子 ʂu⁴⁴sɔ²¹tsʅ³：树枝。

树股枝 ʂu⁴⁴ku⁵³tsʅ³：比较粗的树枝。

树柯权 ʂu⁴⁴xə²⁴tsʰa²：树枝的分权处。

放树 faŋ⁴⁴ʂu⁴⁴：砍伐树。

栽树 tsei²¹ʂu⁴⁴：植树。

果木树 kuə⁵³mu³ʂu⁴⁴：果树。

臭椿 tʂʰəu⁴⁴tʂʰuŋ¹：椿树。

苇子 y⁵³tsʅ³：水地中的芦苇。

芦子 lu²⁴tsɿ²：旱地中的芦苇。

断须 tʰuæ̃⁴⁴ɕy²¹³：田间的一种野草。

臭蓬 tʂʰəu⁴⁴pʰəŋ¹：一种野草。

白蒿 pei²⁴xɔ²¹tsɿ³：一种白色的蒿草。

燎毛蒿 liɔ⁵³mɔ²⁴xɔ²：青蒿。中药名为"阴沉"。

狗尿苔 kəu⁵³niɔ⁴⁴tʰei¹：鬼笔，一种有毒蘑菇。

杀骟 sa²¹sæ̃⁴⁴：木耳等菌类食物在太阳的曝晒下顶端开伞变黑，这时已不能食用。

冰草 piŋ²¹tsʰɔ⁵³：茅草。

冰茎 piŋ²¹tɕiŋ⁴⁴：茅草的根。

冰草蕻蕻子 piŋ²¹tsʰɔ⁵³xuŋ²⁴xuŋ²tsɿ²：茅草的茎秆。

草胡子 tsʰɔ⁵³xu²⁴tsɿ²：一种低矮的茅草。

梭梭草 suə²¹suə²⁴tsʰɔ⁵³：一种细而密的牧草，类似草坪的绿化用草。

刺芥 tsʰɿ⁴⁴kei¹：一种有刺牙的草。

荨麻 siæ̃²⁴ma²：一种有毒的多年生草本植物，为恶草。

黄鼠馒头 xuŋ²⁴tʂʰu²mæ̃²⁴tʰəu²：一种草本植物，因田鼠、松鼠等喜食其花蕾，故名。

马苜蓿 ma⁵³mu²¹ɕy²⁴：一种植株较大形状类似苜蓿的草本植物，并不是饲草。

头镰子 tʰəu²⁴liæ̃²⁴tsɿ²：头茬苜蓿。

二镰子 ər⁴⁴liæ̃²⁴tsɿ²：第二茬苜蓿。

野棉花 iə⁵³miæ̃²⁴xua²：一种花朵较大的草本植物。

山丹丹花儿 sæ̃²¹tæ̃⁵³tæ̃³xuar³：一种野花，可入药，药名"百部"。

狗曲子花儿 kəu⁵³tɕʰy³tsɿ³xuar²¹³：一种多年生草本植物。

比色草 pi²⁴sei²¹tsʰɔ⁵³：一种多年生草本植物。

柠檬树 niŋ²⁴məŋ²ʂu⁴⁴：一种低矮的灌木。

死娃娃蔓 sɿ⁵³va³va³væ̃⁴⁴：一种多年生草本植物。

树津 ʂu⁴⁴tsiŋ²¹³：杏树等树干上分泌出来的胶质汁液。

谎花儿 xuaŋ⁵³xuar³：不结果的花。

榆钱 ʐu²⁴tsiæ̃²：榆树上的圆片状种子，可食用。

花袍桃 xua²¹pʰɔ²⁴tʰɔ²：花蕾。

免 miæ̃⁵³：花朵凋谢。

败 pʰei⁴⁴：花朵枯萎。

繁 fæ̃²⁴：花朵或果实繁多。

二转子 ər⁴⁴tʂuæ̃⁴⁴tsʅ¹：杂交的后代。

美子蔓 mei⁵³tsʅ³væ̃³：一种结有红色甜果的藤本植物。

古子蔓 ku⁵³tsʅ³væ̃⁴⁴：一种草本类植物。

地椒 tʰi⁴⁴tsiɔ¹：多年生草本类植物。叶茎可制茶，俗名"百里香茶"。

车串子 tʂʰə²¹tʂʰuæ̃⁴⁴tsʅ¹：中药草，即车前子。

酸湫湫 suæ̃²¹tsiəu²⁴tsiəu²：沙棘。果实可制饮料。

花红 xua²¹xuŋ²⁴：山楂。

玉黄 y⁴⁴xuaŋ¹：李子。

秋子 tsʰiəu²¹tsʅ⁵³：一种水果。

酸梨 suæ̃²¹li²⁴：一种梨子。

老冬果 lɔ⁵³tuŋ²¹kuə⁵³：一种梨子。

桑杏儿 saŋ²¹ɕiər⁴⁴：桑葚。

木植（音同木实）mu²¹ʂʅ²⁴：专指制作棺材的木料。

十一　动物

儿子 ər²⁴tsʅ²：动物名词后缀，意为野生动物幼崽。例如"长虫儿子""雀儿子""狼儿子"等。

娃子 va²⁴tsʅ²：动物名词后缀，意为饲养或豢养的动物幼崽。例如"鸡娃子""狗娃子""驴娃子"等。

蛮 mæ̃²⁴：动物幼崽撒娇的样子，有时也用于孩子。

老 lɔ⁵³：动物名词前缀，专指育雏的动物。例如"老鸡儿""老雀儿""老驴""老羊"。

洋鸡儿 iaŋ²⁴tɕiər²：外地引进的新品种鸡。

土鸡儿 tʰu⁵³tɕiər³：本地固有的鸡种。

罩鸡 tsɔ⁴⁴tɕi¹：不下蛋孵小鸡的母鸡。

帽帽鸡 mɔ⁴⁴mɔ⁴⁴tɕi²¹³：头部顶端长有较长羽毛的鸡。

穿裤子鸡 tʂʰuæ²¹kʰu⁴⁴tsʅ¹tɕi²¹³：爪上长有羽毛的鸡。

乌鸡 vu²⁴tɕi²：肤色为紫色的鸡。

水蛋 ʐuei⁵³tæ̃⁴⁴：软蛋。

瞎蛋 xa²¹tæ̃⁴⁴：孵卵时未受精的蛋。

野蛋 iə⁵³tæ̃⁴⁴：鸡在主人家里以外的地方生的蛋。

双蛋 ʐuaŋ²¹tæ̃⁴⁴：两个蛋核的蛋。

黄瓢子 xuaŋ²⁴ʐaŋ²⁴tsʅ²：蛋黄。

白瓢子 pei²⁴ʐaŋ²⁴tsʅ²：蛋清。

蛋皮儿 tæ̃⁴⁴pʰiər²⁴：蛋壳儿。

丫尾 ia²¹i⁵³：公鸡尾部的羽毛。

尾干 i⁵³kæ̃³：尾巴。

翎膀子 liŋ²⁴paŋ²tsʅ²：翅膀。

鸡翎子 tɕi²¹liŋ²⁴tsʅ²：鸡翅膀或鸡尾巴上的硬羽毛。

冠子 kuæ̃²¹tsʅ³：鸡冠。

嗉袋 su⁴⁴tʰei¹：禽鸟类的嗉囊，也叫"嗉子"。

鸡叫 tɕi²¹tɕiɔ⁴⁴：公鸡司晨。

叫鸣 tɕiɔ⁴⁴miŋ²⁴：公鸡啼鸣。

㪇窝儿 liɔ²⁴vər²¹³：母鸡下蛋前的踩窝行为。

呱蛋 kua²⁴tæ̃⁴⁴：鸡下蛋后大声鸣叫。

下蛋 ɕia⁴⁴tæ̃⁴⁴：生蛋。

呱 kua²⁴：鸡在下蛋时令前的咕咕鸣叫。

鸡溏屎 tɕi²¹tʰaŋ²⁴sʅ²：鸡的稀便。

鸡罩 tɕi²¹tsɔ⁴⁴：圈养小鸡的竹笼。

菢儿子 pɔ⁴⁴ər²⁴tsʅ：禽鸟等孵卵。

红脊菢菢子 xuŋ²⁴tsi²pɔ⁴⁴pɔ⁴⁴tsʅ¹：刚孵出身上未长羽毛的雏鸟。

老鸹 lɔ⁵³va³：乌鸦，又称"骚老鸹"。

雀儿 tsʰiɔr⁵³：麻雀。

雀雀儿 tsʰiɔ⁵³tsʰiɔr³：泛指各种小鸟。

恶落豹 ŋə⁴⁴la⁴⁴pɔ⁴⁴：一种体形特大的老鹰。

鹞子 iɔ⁴⁴tsʅ¹：鹞鹰。

鸺鶹 xəŋ⁴⁴xəu¹：猫头鹰。也称"夜鸽子"。

花莽 xua²¹maŋ⁵³：体形较大的鹰。

鹁鸽鹘 pʰu²⁴kə²xu²⁴：一种专门捕食鹁鸽的鹰。

古磟雁 ku⁵³lu³iæ̃⁴⁴：大雁。

夜变呼 iə⁵³piæ̃⁴⁴xu¹：蝙蝠。

青旋儿 tsʰiŋ²¹çyæ̃r⁴⁴：一种体形较小的鹰。

地雀儿 tʰi⁴⁴tsʰiɔr⁵³：一种在地面上做巢的小鸟。

水雀儿 ʂuei⁵³tsʰiɔr⁵³：一种水边做巢的鸟，也称"白眼媳妇儿"。

野鹅 iə⁵³ŋə²⁴：天鹅。

黄瓜罗儿 xuaŋ²⁴kua³luər²⁴：一种候鸟。

火石夜半子 xuə⁵³ʂʅ³iə⁴⁴pæ̃¹tsʅ¹：北红尾鸲，也称"火火燕"。

剁木虫儿 tuə⁴⁴mu¹tʂʰ ūr²⁴：啄木鸟，也叫"钻木虫"。

臊布谷 sɔ²¹pɔ⁵³ku³：一种候鸟。

咕咕持久 ku²⁴ku²tʂʰʅ²¹tɕiəu⁵³：一种色灰、尾长的鸟。

燕儿 iæ̃r⁴⁴：燕子。

呱啦鸡 kua⁴⁴la⁴⁴tɕi¹：大石鸡。

野鸡 iə⁵³tɕi³：雉鸡。

鹁鸽 pʰu²⁴kə²：鸽子。

半子 pæ̃⁴⁴tsʅ¹：一种野鸟。

垒窝 luei⁵³və²¹³：鸟雀作窝。

打窝 ta⁵³və²¹³：动物挖掘洞穴作窝。

瞎窝 xa²⁴və²：动物废弃的巢穴。

窝门 və²¹məŋ²⁴：巢穴的入口处。

引窝 iŋ⁵³və³：雏鸟（或小鸡）出巢。

叼 tɔ²¹³：鸡禽等用嘴啄。

叼仗 tɔ²¹tʂaŋ⁴⁴：鸡禽等类争斗。

邹邹 tsəu²¹tsəu³：蜘蛛。

蚍蜂蚂儿 pʰi⁵³fəŋ³mar⁵³：蚂蚁。

寡寡牛 kua⁵³kua³niəu²⁴：蜗牛。

蛾蛾子 ŋə²⁴ŋə²tsʅ²：小飞蛾，也叫"打灯蛾儿"。

没脸媳妇儿 mə²¹niæ⁵³si²¹fur³：蚕蛹。

虱 sei²¹³：虱子。

壁虱 pi²⁴sei²：一种臭虫。

圪蚤 kə²¹tsɔ³：跳蚤。

马黄蜂 ma⁵³xuaŋ²⁴fəŋ²：一种毒蜂。

蜂儿 fər²¹³：蜜蜂。

狗叨唠 kəu⁵³tɔ²⁴lɔ²：一种体形较大的野蜂。

牛牛子 niəu²⁴niəu²tsʅ²：小虫。

□səu⁵³（音搜上声）：小动物用力掘土。

咤 tsʰa⁴⁴：动物用尖锐的牙齿将东西咬断。

树牛 ʂu⁴⁴niəu²⁴：天牛。

树虎儿 ʂu⁴⁴xur⁵³：柳树上一种绿色长条寄生虫。

蝇沫子 iŋ²⁴mə²tsʅ²：成群而极小的小飞虫。

屎扒牛 sʅ⁵³pʰa²¹niəu²⁴：蜣螂。

念书娃娃 niæ̃⁴⁴ʂu¹va²⁴va²：一种甲虫。

暴军 pɔ⁴⁴tɕyŋ¹：一种蝗虫。

麻鞋底 ma²⁴xei²ti⁵³：湿生虫，也称"鞋底斑"。

臭斑斑 tʂʰəu⁴⁴pæ̃²¹pæ̃³：一种绿色虫子，能发出臭味，多生于果树。

雨斑斑 y⁵³pæ̃²¹pæ̃³：一种甲虫，多见于雨后。

麦噆 məŋ²¹tsæ̃²⁴：牛虻。

羊泵虫 iaŋ²⁴pəŋ⁴⁴tʂʰuŋ¹：羊只身上的寄生虫。

地蝼蝼 tʰi⁴⁴lu¹lu¹：蝼蛄。

花牛儿 xua²¹niəur²⁴：七星瓢虫。

麦牛儿 mei²¹niəur²⁴：一种黑色瓢虫。

剪剪虫 tsiæ̃⁵³tsiæ̃³tʂʰuŋ³：一种毒虫，尾巴似剪。

旱尘 xæ̃⁴⁴tʂʰəŋ：蚜虫。

旱蛤蟆 xæ̃⁴⁴xə²⁴mə²：癞蛤蟆，也称"钉子蛤蟆"。

水蛤蟆 ʂuei⁵³xə²⁴mə²：青蛙。

蛤蟆圪蚤子 xə²⁴ma²kə²¹tsɔ²⁴tsʅ¹：蝌蚪。

地蟮 tʰi⁴⁴sæ̃²⁴：蚯蚓，也称"曲蟮"。

地蝼蝼 tʰi⁴⁴lu¹lu¹：蝼蛄。

蟒 maŋ⁵³：体形较大的蛇。

长虫 tʂʰaŋ²⁴tʂʰuŋ²：蛇。

蛇虎子 ʂɤ²⁴xu²tsʐ²：一种类似壁虎的毒虫，有的种类也叫"七寸子"。

秦苔子 tsʰiŋ²⁴tʰei²tsʐ²：一种田鼠。

黄鼠 xuaŋ²⁴tʂʰu²：一种田鼠。

瞎瞎 xa²¹xa³：中华鼢鼠。

羿勃猫 tɕʰy⁴⁴liə¹mɔ²⁴：松鼠。

仓老鼠 tsʰaŋ⁴⁴lɔ¹tʂʰu¹：一种体形较大的老鼠。

老鼠窟窿 lɔ²¹tʂʰu⁵³kʰu²¹luŋ²⁴：老鼠洞穴。

铁猫 tʰiə²¹mɔ²⁴：捕鼠夹子。

崖狼子 ŋei²⁴laŋ²tsʐ²：一种吃鸡的兽。

野狐 iə⁵³xu³：狐狸。

猯鼠 tsʰuæ̃²¹tʂʰu⁵³：獾。

豺狗子 tsʰei²⁴kəu²tsʐ²：豺。

跳兔子 tʰiɔ⁴⁴tʰu⁴⁴tsʐ¹：兔子种类之一。

大牲口 ta⁴⁴səŋ¹kʰəu¹：专指骡马。

儿马 ər²⁴ma⁵³：公马。

骟马 ʂæ̃⁴⁴ma⁵³：阉割过的公马。

骒马 kʰuə⁴⁴ma⁵³：母马。

儿骡子 ər²⁴luə²⁴tsʐ²：公骡子。

骒骡子 kʰuə⁴⁴luə²⁴tsʐ²：母骡子。

驴骡子 ly²⁴luə²⁴tsʐ²：毛驴产的骡子。

马骡子 ma⁵³luə²⁴tsʐ²：马产的骡子。

掌 tʂaŋ⁵³：骡马蹄子上的铁掌。

叫驴 tɕiɔ⁴⁴ly²⁴：未阉的公驴。

骟驴 ʂæ̃⁴⁴ly²⁴：阉割过的公驴。

草驴 tsʰɔ⁵³ly²⁴：母驴。

夜眼 iə⁴⁴niæ̃⁵³：驴骡等左前腿内侧的黑色瘢痕，传说有夜视功能。

牤牛 pʰɔ²¹niəu²⁴：种牛，也叫"牤丹"。

犍牛 tɕiæ̃²¹niəu²⁴：阉割过的公牛。

乳牛 ʐu⁵³niəu²⁴：母牛。

侧牛 tsʰei²¹niəu²⁴：没有生育能力的母牛。

草肚子 tsʰɔ⁵³tʰu⁴⁴tsʅ¹：牛羊等动物腹部的左侧。

水肚子 ȵuei⁵³tʰu⁴⁴tsʅ¹：牛羊等动物腹部的右侧。

查查 tsʰa²⁴tsʰa²：未阉割的母猪。

刨猪子 pʰɔ²⁴tʂu²tsʅ²：种猪。

牙猪 ia²⁴tʂu²：阉割过的公猪。

母猪 mu⁵³tʂu³：阉割过的母猪。

股子 ku⁵³tsʅ³：半大的猪。

隔年猪 kei²¹niæ̃²⁴tʂu²：生长两个年头的猪。

当年猪 taŋ²¹niæ̃²⁴tʂu²：生长一个年头的猪。

生猪 səŋ²⁴tʂu²：未宰杀的猪。

猪哇老 tʂu²¹va⁴⁴lɔ¹：猪蹄。

牙狗 ia²⁴kəu⁵³：公狗。

骚狗 sɔ²¹kəu⁵³：发情的母狗，也说成"寻儿子狗"。

狗母子 kəu²¹məŋ⁵³tsʅ³：哺乳期的母狗。

四眼子狗 sʅ⁴⁴niæ̃⁵³tsʅ³kəu⁵³：一种不声张而咬人的狗，也比喻暗中放箭的人。

空咬 kuŋ²¹niɔ⁵³：没有敌情而空吠。

□tʰəŋ⁴⁴（音疼去声）：狗伤人。

恶 ŋə²¹³：狗性凶猛。

□狗 sɔ²⁴kəu⁵³（□，音扫阳平）：指挥狗发起攻击。

狗绳 kəu⁵³ʂəŋ²⁴：狗的缰绳。

跑绳 pʰɔ⁵³ʂəŋ²⁴：距离可以调节的狗绳。

米猫 mi⁵³mɔ³：母猫。

臊羊 sɔ²¹iaŋ²⁴：山羊。

臊胡 sɔ²¹xu²⁴：山羊中的种羊。

羖勃羔儿 tɕy²¹ly²⁴kɔr²¹³：山羊羊羔，因其活蹦乱跳，常喻活泼好动的孩子。

臊骟羯子 sɔ²¹sæ̃⁴⁴tɕiə¹tsʅ¹：山羊中阉割过的公羊。

羝羊 ti²¹iaŋ²⁴：绵羊中的种羊。

骟羯子 sæ̃⁴⁴tɕiə¹tsʅ¹：阉割过的公羊。也称"羯羊""骟羊"。

草羊 tsʰɔ⁵³iaŋ²⁴：母羊。

抵仗 ti^{53}tʂaŋ^{44}：牛羊等互相抵斗，又称"莽仗"。

咬仗 niɔ^{53}tʂaŋ^{44}：猫狗等动物相互撕咬。

撒欢儿 sa^{53}xuar^{213}：牲口活蹦乱跳的样子。

败奶子 pʰei^{44}nei^{1}tsʅ^{1}：牲畜的幼崽出生后因未能及时吃上奶，因而丧失了自动吃奶的能力。

隔奶 kei^{21}nei^{53}：牲畜的幼崽生长一定时间后，人工使幼崽停止食奶。

回草 xuei^{24}tsʰɔ^{53}：牛羊等动物反刍。

倒毛 tɔ^{44}m^{24}：动物按季节脱毛。

喙 xuei^{53}：动物用嘴翻搅泥土或杂物。

种畜 tʂuŋ^{53}ɕy^{3}：未阉的公畜。

落腹 luə^{21}fu^{24}：牲畜等早产，也叫"溜胎"。

衣 i^{213}：胎盘。

水门子 ʂuei^{53}məŋ^{3}tsʅ^{3}：母畜的生殖器官。

胜 ʂəŋ^{44}：种马或种驴的生殖器官。

鞭 piã^{213}：种牛、种羊等的生殖器官。

寻驹 siŋ^{24}tɕy^{213}：马或驴发情。

寻犊 siŋ^{24}tʰu^{213}：牛发情。

寻羔 siŋ^{24}kɔ^{213}：羊发情。

打圈 ta^{53}tɕʰyã^{44}：母猪发情。

寻儿子 siŋ^{24}ər^{24}tsʅ^{2}：禽兽等动物发情。

务 vu^{44}：牛交尾。

锻 tuã^{44}：羊交尾。

□tɕiəu^{24}（音纠阳平）：驴马等交尾，也说成"配种"。

□tɕiəu^{24}（音纠阳平）：喂牲畜。

踏蛋 tʰa^{24}tã^{44}：禽鸟等动物交尾。

链儿子 liã^{44}ər^{24}tsʅ^{2}：狗交尾。

交股子 tɕiɔ^{21}ku^{53}tsʅ^{3}：蛇交尾。

下 ɕia^{44}：动物生产幼仔。

口轻 kʰəu^{53}tɕʰiŋ^{213}：家畜年龄不老。

牙口 ia^{24}kʰəu^{2}：动物的齿龄。

低头栏 ti^{21}tʰəu^{24}lã^{24}：牛的疾病。

胀 tʂaŋ⁴⁴：牛羊因误食二茬苜蓿发生反刍障碍而引起腹鼓病。

结症 tɕiə²¹tʂəŋ⁴⁴：牲畜消化系统一种疾病。

破甲蹄 pʰə⁴⁴tɕia²¹tʰi²⁴：动物的一种足病。

倒旋 tɔ⁴⁴ɕyæ̃⁴⁴：猪头部的一种毛旋，迷信认为不祥。

破头旋 pə⁴⁴tʰəu¹ɕyæ̃⁴⁴：牛头部的一种毛旋，迷信认为不祥。

光趟 kuaŋ²¹tʰaŋ⁴⁴：动物毛色发亮。

开剥 kei²¹pə⁵³：宰杀动物后去除内脏的过程。

下水 ɕia⁴⁴ʐuei¹：动物的内脏。

膘息 piɔ²⁴si²：动物的膘肉。

纸囊皮 tsɿ²¹laŋ²⁴pʰi²：动物肉类表面附着的一层薄膜。

割猪 kə²⁴tʂu²¹³：阉割猪。

劁狗 tsʰiɔ²¹kəu⁵³：阉割狗。

打野 ta²¹iə⁵³：秋天粮食收割上场后，牲畜在野外放牧而无人看管。

□□teʔtɕʰiəuʔ：赶马驴骡之音。

□tʳu²⁴——（音嘟阳平。反复出现，下同）：唤马骡驴之音。

□tʳ——：唤马骡驴转弯或回头之音。

□□aŋ⁵³ʂ：驱牛之音。

□□mei²⁴kə²——（音枚圪）：唤牛之音。

□kaŋ²⁴——（音钢阳平）：唤狗之音。

□mæ̃²⁴——（音蛮）：唤羊之音。

□tʂɔ²⁴或tʂəu²⁴——（音招阳平或音羢阳平）：唤鸡之音。

□k——：唤鸡之音。

□ʂ——：驱鸡之音。

□□ʂɔ⁵³ʂ（音近"少失"）：驱鸡之音。

□pɔ²⁴——（音包阳平）：吓唬鸡之音。

□ia⁴⁴——（音鸭）：唤鸭之音

□□mɔ²⁴kə²——（音猫圪）：唤猫之音。

□mi⁴⁴——（音眯）：唤猫之音。

□lɔ⁴⁴——（音唠或啰）：唤猪之音。

十二　疾病·医疗

害病 xei⁴⁴pʰiŋ⁴⁴：生病。

变狗 piæ⁴⁴kəu⁵³：婉称小孩生病。

利享 li⁴⁴ɕiaŋ¹：小孩身体健康。

火气 xuə⁵³tɕi¹：人体抵抗风寒的能力。

禀气 piŋ⁵³tɕʰi³：人体抵御疾病的能力。

不窝也 pu²¹və²⁴iə²：有病。

猛症 məŋ⁵³tʂəŋ³：急症。

死症 sɿ⁵³tʂəŋ³：不治之症，也称"绝症"。

老病 lɔ⁵³pʰiŋ⁴⁴：老年人得的不治之症。

病劲大 pʰiŋ⁴⁴tɕiŋ⁴⁴ta⁴⁴：病得厉害。

吃力 tʂʰɿ²⁴li²¹³：病情很严重。

麻达病 ma²⁴ta²pʰiŋ⁴⁴：难以治愈的病，也称"瞎病"。

搭救 ta²¹tɕiəu⁴⁴：抢救，挽救。

丢赛 tiəu²¹sei⁴⁴：对病人撒手不管。

松活 suŋ²¹xuə²⁴：病情好转。

行 ɕiŋ²⁴：病情明显好转。

绕交儿 zɔ⁵³tɕiɔr²¹³：因衰老或长期患病造成体质虚弱，走路不稳的样子。

行行儿 ɕiŋ²⁴ɕiə̃r²⁴：流行性疾病，也称"时疫"。

害行行儿 xei⁴⁴ɕiŋ²⁴ɕiə̃r²：患流行病。

惹 zə⁵³：传染病，也说成"染"。

瓜子 kuə²¹tsɿ³：白痴，也说成"傻子"。

跑肚 pʰɔ⁵³tʰu⁴⁴：也说成"走肚"。拉肚子。

凉着 liaŋ²⁴tʂʰə²：感冒。

风发 fəŋ²⁴fa²：指感冒伤风。

风气子 fəŋ²¹tɕʰi⁴⁴tsɿ¹：体内的病气。

邪气子 siə²⁴tɕi⁴⁴tsɿ¹：一种能使人生病的晦气。

鬼按 kuei⁵³zua²⁴：癔症。

丝喉喉 sɿ²¹xəu⁵³xəu³：哮喘。

伤痨 ʂaŋ²¹lɔ²⁴：气管炎。

追 tʂuei²¹³：咳嗽。

吼 xəu⁵³：耳鸣。

不欠活 pu²¹tɕʰiæ̃⁴⁴xuə²：身体因有病而不舒适。

软骨 ʐuæ̃⁵³ku³：先天性软骨病。

发潮 fa²¹tʂʰɔ²⁴：恶心。

出花儿 tʂʰu²⁴xuar²⁴：出天花。

种花儿 tʂuŋ⁴⁴xuar²⁴：种牛痘。

黄病 xuaŋ²⁴pʰiŋ⁴⁴：黄胆性肝炎。

抽风 tʂʰu²¹fəŋ²¹³：抽搐。

瘿瓜瓜 iŋ⁵³kua³kuʌ³：地方病，缺碘引起的甲状腺肿大。

肿脖子 tʂuŋ⁵³pʰə²⁴tsɿ²：腮腺炎。

煞打了 sa²¹ta⁵³liəu³：中风，也称"风打了"。

颗颗 kʰuə⁵³kʰuə³：疖子。

核核儿 xu²⁴xur²：淋巴结肿大。

疙瘩 kə²¹ta²⁴：小粉瘤。

鸡皮疙瘩 tɕi²¹pʰi²⁴kə²¹ta²⁴：皮肤因寒冷等原因产生的点状疹子。

背锅子 pei²⁴kuə²tsɿ²：驼背的人。

折腰子 ʂə²⁴iɔ²tsɿ²：腰椎损伤，行动不便的人。

熟脓 ʂu²⁴luŋ²⁴：化脓。

疯狗咬了 fəŋ²¹kəu⁵³niɔ⁵³liəu³：狂犬病。

晓不得了 ɕiɔ⁵³pu²¹ti²⁴liəu²：昏迷。

风屎 fəŋ²¹sɿ⁵³：荨麻疹。

瘊子 xəu²⁴tsɿ²：扁平疣。

公瘊子 kuŋ²¹xəu²⁴tsɿ²：一个疣。

母瘊子 mu⁵³xəu²⁴tsɿ²：一群疣。例：这是～。

记 tɕi⁴⁴：痣。

癪 tsi²¹³：小儿消化不良。

溏 tʰaŋ⁴⁴：小儿腹泻。

骤 tsəu⁴⁴：便秘。

疮 tʂʰuaŋ²¹³：痈。

挛 lyæ̃²⁴：瘫痪。

着炕 tʂʰə²⁴kʰaŋ⁴⁴：卧床不起。

害眼 xei⁴⁴niæ̃⁵³：患眼疾。

眼橛 niæ̃⁵³tɕʰyə²⁴：一种眼疾。

近看眼 tɕʰiŋ⁴⁴kʰæ̃¹niæ⁵³：近视眼。

鸡瞀眼 tɕi²¹mu⁴⁴niæ̃⁵³：夜盲症。

瞖子 i⁴⁴tsʅ¹一种眼疾。

白瞪眼 pei²⁴təŋ⁴⁴niæ̃¹：有白色瞖障的眼疾。

雾 vu⁴⁴：视力模糊。

没耳子 mə²¹ər⁵³tsʅ³：耳朵外形残缺的人。

豁豁 xuə²¹xuə³：唇腭裂。

秃舌 tʰu²¹ʂɤ²⁴：先天性说话不清晰的舌疾。

噎食病 iə²¹ʂʅ²⁴pʰiŋ⁴⁴：胃癌。

鬼卡 kuei²¹tɕʰia⁵³：食道癌。

嗓癀 saŋ⁵³xuaŋ²⁴：一种嗓子疾病。

水鼓 ʂuei²¹ku⁵³：肝腹水。

痨病 lɔ²⁴pʰiŋ⁴⁴：结核。

消渴病 siɔ²⁴kʰə²¹pʰiŋ⁴⁴：糖尿病。

心口子疼 siŋ²¹kʰəu⁵³tsʅ³tʰəŋ²⁴：胃疼。

颇练人 pʰə²¹liæ̃⁴⁴ʐəŋ¹：尿道发炎疼痛的样子。

挂住 kua⁴⁴tʂʰu¹：肠胃停止消化，也叫"胃停了"。

生食气 səŋ²¹ʂʅ²⁴tɕʰi⁴⁴：消化不良。

伤食 ʂaŋ²¹ʂʅ²⁴：用食太多而难以消化。

食虫 ʂʅ²⁴tʂʰuŋ²：蛔虫。

绞肠痧 tɕiɔ⁵³tʂʰaŋ²⁴sa²：肠梗阻。

黄水疮 xuaŋ²⁴ʂuei⁵³tʂʰuaŋ²¹³：头部疽痈破溃。

皴口 tɕʰyŋ²¹kʰəu⁵³：因冻伤而形成的皮肤表面的裂口。

蛤蟆瘤 xə²⁴ma²liəu⁴⁴：一种皮肤病。

长虫瘤 tʂʰaŋ²⁴tʂʰuŋ²liəu⁴⁴：一种皮肤病。

六爪儿 liəu²¹tsɔr⁵³：有六个手指头的人。

连爪儿 liæ̃²⁴tsɔr⁵³：脚趾或手指相连的人。

气脬子 tɕʰi⁴⁴pʰɔ¹tsʅ¹：疝气。

臊子 sɔ²¹tsʅ³：患狐臭病的人。

鼠疮 ʂu⁵³tʂʰuaŋ³：骨结核。

羊角风 iaŋ²⁴kə²fəŋ²¹³：癫痫病。

卯错了 mɔ⁵³tsʰuə⁴⁴liəu¹：关节脱臼。

颠东 tiæ̃²¹tuŋ²¹³：老年人神志昏聩糊涂。

翻巴 fæ̃²¹pa²⁴：旧病复发。

发 fa²¹³：指伤口感染化脓。

半臂 pæ̃⁴⁴pi¹：残疾人。

全活 tɕʰyæ̃²⁴xuə²：身体无残疾。

乃子 nei⁵³tsʅ³：侏儒症。

掂检 tiæ̃²¹tɕiæ̃⁵³：检查诊断。

砂条子 sa²¹tʰiɔ²⁴tsʅ²：药锅。

药铺 yə²¹pʰu⁴⁴：药店。

扎干针 tsa²¹kæ̃²⁴tʂəŋ²¹³：针砭。

挂瓶子 kua⁴⁴pʰiŋ²⁴tsʅ²：输液，也称"打吊针"。

药引子 yə²¹iŋ⁵³tsʅ³：药方里一剂配药。

灸 tɕiəu⁵³：用艾蒿治疗。

菜 tsʰei⁴⁴：涂药膏。

良医 liaŋ²⁴i²：医生。

剜根 væ̃²⁴kəŋ²¹³：根除疾病。

病输了 pʰiŋ⁴⁴ʂu²¹liəu³：病情严重，无法医治。

病罐罐 pʰiŋ⁴⁴kuæ̃⁴⁴kuæ̃⁴⁴：长期患病的人。

放命 faŋ⁴⁴miŋ⁴⁴：病情危急凶险。

十三　人品

儿子娃娃 ər²⁴tsʅ²va²⁴va²：又称"男子汉大丈夫"，比喻说话算数的人。

女子娃娃 ny⁵³tsʅ³va²⁴va²：又称"妇道人家"，比喻说话不算数的人。

娃娃家 va²⁴va²⁴tɕia²：小孩，又称"娃娃伙"。比喻说话不管用的人。

指着 tsʅ⁵³tʂʰə²⁴：靠得住，信得过。

正桩人 tʂəŋ⁴⁴tʂuaŋ¹z̩ən²⁴：正派人。

乡棒 ɕiaŋ²¹paŋ⁴⁴：对农村人的蔑称。

街狗 kei²¹kəu⁵³：街面上的地痞流氓。

小聪明 siɔ⁵³tsʰuŋ²¹miŋ²⁴：玩弄小权术的人。

不成器 pu²¹tʂʰəŋ²⁴tɕʰi⁴⁴：不成才。也说成"不成农器"。

匪器 fei⁵³tɕi⁴⁴：不走正道的人。也说成"匪物"。

完货 væ̃²⁴xuə²：①品质恶劣的人。②不中用的人。

瞎货 xa²¹xuə⁴⁴：品质恶劣的人。

瞎仗 xa²¹tʂaŋ⁴⁴：指人品不好。

□pia⁴⁴：栽赃诬陷别人。

□kʰuə²¹³（音同科）：谎言。编造谎言被说成"编□"。

半瓶水 pæ̃⁴⁴pʰiŋ¹ʂuei⁵³：低水平的人。

二杆子 ər⁴⁴kæ̃⁵³tsʅ³：轻佻、冒失的人，又称"半吊子"。

二得很 ər⁴⁴ti¹xəŋ¹：做事轻浮。

傑物 tɕiə²⁴və²：与大人对着干的孩子。

懒王命 læ̃⁵³vaŋ²⁴miŋ⁴⁴：懒惰的孩子。

牙唰子 ia²⁴ʂuæ̃⁴⁴tsʅ¹：能说会道的人（含贬义）。

芽面嘴儿 ia²⁴miæ̃⁴⁴tsuer⁵³：甜言蜜语的人。

大尾巴狼 ta⁴⁴i;⁵³pʰa³laŋ²⁴：粗心大意的人。

麻糊糊 ma²⁴xu⁴⁴xu¹：一知半解的人，也说成"麻迷儿"。

料片子 liɔ⁴⁴piæ̃⁵³tsʅ³：言语轻狂、做事不稳重的人，也说成"料子"或"烧料子"。

下□子 ɕia⁴⁴tʂʰua⁵³tsʅ³：自贱的人。

二流子 ər⁴⁴liəu⁴⁴tsʅ¹：不务正业的人。

长毛子 tʂʰaŋ²⁴mɔ²⁴tsʅ²：留长头发、打扮流里流气的男青年。

沟篦子 kəu²¹pi⁴⁴tsʅ¹：为人不大方的人。

赖沟子 lei⁴⁴kəu¹tsʅ¹：赖账的人。

薄板儿 pʰə²⁴pæ̃r⁵³：浅薄之人。

窝里佬 və²¹li²⁴lɔ²：怕生的孩子。

善眯 ʂæ̃⁴⁴mi⁴⁴：外表和颜悦色但心术奸诈的人。

草包客 tsʰɔ⁵³pɔ³kei³：外强中干的人。

刀子客 tɔ²¹tsʅ³kʰei³：亡命徒。

杀徒 sa²¹tʰu²⁴：刽子手。

倒包客 tɔ^{53}pɔ^{3}kʰei^{3}：做事没有恒常的人。

牙客 ia^{24}kei^{2}：惹不起的人。也说成"板客"。

当客子 taŋ^{44}kʰei^{21}tsʅ^{3}：以小术骗人钱财的人。

啬皮 sei^{21}pʰi^{24}：吝啬鬼，也称"掐球蒜"。

肉人 ʐəu^{44}ʐəŋ^{1}：没有是非观念的人。

肉头 ʐəu^{44}tʰəu^{1}：无能的人。

小肚子人 siɔ^{53}tʰu^{44}tsʅ^{1}ʐəŋ^{24}：心胸狭隘的人，也说成"曲肚子人"。

嘴贝 tsuei^{53}pei^{3}：说得好听但不干实事的人。

财黑 tsʰei^{24}xei^{2}：贪财忘义。

小气 siɔ^{53}tɕʰi^{44}：心胸狭窄。

小眼 siɔ^{21}niæ̃^{53}：看见别人的东西就想据为己有，也说成"眼馋"。

逛嘴 kuaŋ^{44}tsuei^{53}：蹭饭吃，也说成"学嘴"。

话馋 xua^{44}tsʰæ̃^{24}：说话刻薄。

□tiəu^{53}（音丢上声）：不负责任地说话。也说成"□达"。

吃人贼 tʂʰʅ^{21}ʐəŋ^{24}tsei^{3}：在钱财上贪图占别人便宜的人。

打劫贼 ta^{53}tɕiə^{3}tsʰei^{3}：抢劫犯。

忤逆贼 vu^{53}i^{44}tsʰei^{1}：大逆不道的人。

抖家贼 tʰəu^{53}tɕia^{3}tsʰei^{24}：败家子。

骗子手 pʰiæ̃^{44}tsʅ^{1}ʂəu^{1}：骗子。

懒干手 læ̃^{53}kæ̃^{3}ʂəu^{53}：懒惰的人。

吃手 tʂʰʅ^{21}ʂəu^{53}：只愿意吃饭不愿意干活的人。

抬手 tʰei^{24}ʂəu^{2}：能吃能喝没有本领的人，也说成"抬神"。

撇子手 pʰiə^{21}tsʅ^{3}ʂəu^{53}：喜欢吹牛的人。

三只手 sæ̃^{21}tsʅ^{3}ʂəu^{53}：惯常偷盗的人。

绺娃子 liəu^{53}va^{3}tsʅ^{3}：小偷小摸的人。

贼娃子 tsei^{24}va^{2}tsʅ^{2}：小偷、扒手。

贼打鬼 tsei^{24}ta^{21}kuei^{53}：做事鬼鬼祟祟的人，也说成"鬼打链"。

栽鬼 tsei^{21}kuei^{53}：品质不好的人。

狗人 kəu^{53}ʐəŋ^{3}：不讲信用的人。

狗大爷 kəu^{53}ta^{44}iə^{1}：痞子。

死狗 sʅ^{21}kəu^{53}：无赖。

球杆子 tɕʰiəu²⁴kæ̃⁵³tsʅ³：詈语，指低俗下流的人。

混混 xuŋ⁴⁴xuŋ¹：地痞流氓。

胡弄子 xu²⁴luŋ⁴⁴tsʅ¹：招摇撞骗的人。

臭胡板 tʂʰəu⁴⁴xu¹pæ̃⁵³：棋艺不高的人。

常有理 tʂʰaŋ²⁴iəu²¹li⁵³：在任何情况下都认为自己对。

不得够 pu²¹tei²⁴kəu⁴⁴：贪得无厌的人。

溜沟子货 liəu⁴⁴kəu²¹tsʅ³xuə⁴⁴：拍马溜须的人，又称"舔沟子货"。

嫖头 pʰiɔ²⁴tʰəu²⁴：作风不好的男人。

嫖风 pʰiɔ²⁴fəŋ²¹³：男子有不正当的男女关系。

嫁汉 tɕia⁴⁴xæ̃⁴⁴：詈语，指女子有不正当的男女关系。

贼汉子 tsei²⁴xæ̃²tsʅ²：旧称情夫，也叫"野汉子"。

贼女子 tsei²⁴ny²tsʅ²：旧称情妇。

翻院墙 fæ̃²¹yæ̃⁴⁴tsʰiaŋ¹：男女私通的委婉语。

婊子 piɔ⁵³tsʅ³：妓女。

倒猪 tɔ⁴⁴tʂu¹：乱伦的男子。

老倒猪 lɔ⁵³tɔ⁴⁴tʂu¹：与晚辈乱伦的男子。

老不死 lɔ⁵³pu²¹sʅ⁵³：针对老人的詈语。

没尻脸 mə²⁴pʰʅ²¹niæ̃⁵³：詈语，不要脸。

坏㞞 xuei⁴⁴suŋ²⁴：品质不好的人，又称"瞎㞞"。

讹头 ŋə²⁴tʰəu²⁴：经常威胁别人的人。

赌博客 tu⁵³pə³kʰei³：赌棍。

咕噜子 ku²¹lu²⁴tsʅ²：惯赌。

赌头 tu⁵³tʰəu²⁴：声名很大的赌博人。

摇宝 iɔ²⁴pɔ⁵³：一种赌博形式。

押宝 nia²¹pɔ⁵³：赌博语。

押钱 nia²¹tsʰiæ̃²⁴：事先定押金。

揭飞碗子 tɕiə²⁴fei²¹væ̃⁵³tsʅ³]：赌博语，摇宝结束后，揭开覆碗一看自己输掉，趁机撒腿逃跑。

狗舔油 kəu⁵³tʰiæ̃⁵³iəu²⁴：赌博语。设局聚赌的人家从每位参赌者中抽取一定比例的钱作为报酬，以此为生，如果主人再用这笔钱来参与赌博，就叫"狗舔油"，这种人就连赌场上的人都会瞧不起他。

输打赢要 ʂu²¹ta⁵³iŋ²⁴iɔ⁴⁴：赌博语，输了不给别人还要打人，赢了硬要。

名气 miŋ²⁴tɕʰi⁴⁴：坏名声。

马迷 ma⁵³mi³：贪污。

马卡 ma²¹ka⁵³：指人的品行不好。

混坛场 xuŋ⁴⁴tʰæ̃²⁴tʂʰaŋ²：滥竽充数。

口是个转关子

kʰəu⁵³sʅ⁴⁴kə¹tʂuæ̃⁴⁴kuæ̃¹tsʅ¹：说话不算数。

吃野粮食长大的

tʂʰʅ²¹iə⁵³liaŋ²⁴ʂʅ²tʂaŋ⁵³ta⁴⁴ti¹：指没有教养的人。

打不住粮食 ta⁵³pu²¹tʂʰu⁴⁴liaŋ²⁴ʂʅ²：指人的城府不深。

良善 liaŋ²⁴ʂæ̃⁴⁴：善良的诙谐说法。

十四　称代

涅 niə²⁴：第三人称代词。

涅家 niə²⁴tɕia²：人家。

各人家 kə²¹ʐəŋ²⁴tɕia²：自己。也称"各家"。

旁人 pʰaŋ²⁴ʐəŋ²：别人。

众人 tʂuŋ²¹ʐəŋ²⁴：大家。

我都 ŋə⁵³təu³：我们。

你都 ni⁵³təu³：你们。

他都 tʰa⁵³təu³：他们。

信谁 siŋ⁴⁴ʂuei¹：任何人。也说成"是谁"。

别谁 pʰiə²⁴ʂuei²：另外的人。

曹 tsʰɔ²⁴：咱们。

中人儿 tʂuŋ²¹ʐə̃r²⁴：人人。

信经时 siŋ⁴⁴tɕiŋ¹sʅ¹：任何时候。

信阿达 siŋ⁴⁴a²¹ta³：任何地方。也说成"信丫达"。

信怎么 siŋ⁴⁴tsəŋ²¹mə³：任何情况下。

这达 tʂʅ⁴⁴ta¹：这里。也说成"达儿"。

伟 vei⁵³：那。

兀达 vu⁴⁴ta¹：那里。也说成"兀里"。

兀早 vu⁴⁴tsɔ¹：以前，也说成"在早"。

丫达 ia²¹ta²⁴：哪里。也说成"哪达"。

兀时间 vu⁴⁴sʅ¹tɕiæ̃¹：那时候，也说成"伟时间"。

乍么圪 tsa²⁴mə²¹kə³：怎么样，也说成"乍样"。

单帮子 tæ̃²⁴paŋ²¹tsʅ³：家里只有一个主要劳动力。

劳力 lɔ²⁴li²：主要劳动者。

满年 mæ̃⁵³niæ̃³：往年。

年时 niæ̃²⁴sʅ²：去年。

满常 mæ̃⁵³tʂʰaŋ³：往常。

今儿 tɕiə̃r²¹³：今天。

明儿 miə̃r²⁴：明天。

后儿 xəur⁴⁴：后天。

明后儿 miŋ²⁴xəur⁴⁴：明天或后天。

大后儿 ta⁴⁴xəur⁴⁴：后天的次日，也称外后天。

昨儿 tsʰuər²⁴：昨天，也称"昨夜"。

前儿 tsʰiæ̃r²⁴：前天。

上前儿 ʂaŋ⁴⁴tsʰiæ̃r²⁴：前天的前一日。

罢时子 pʰa⁴⁴sʅ¹tsʅ¹：结束的时候。

东方动了 tuŋ²¹faŋ³tʰuŋ⁴⁴liəu¹：东方出现鱼肚白。

天麻亮 tʰiæ̃²¹ma²⁴liaŋ⁴⁴：拂晓。

交过夜 tɕiɔ²¹kuə⁴⁴iə⁴⁴：午夜已过时分。

鸡叫了 tɕi²¹tɕiɔ⁴⁴liəu¹：鸡鸣时分。

麻阴子 ma²⁴iŋ²¹tsʅ³：天将黑的时分。

干粮会 kæ̃²¹liaŋ²⁴xuei²：上午九点左右，为农村地区农忙季节歇息的时刻。

晌午会 ʂaŋ²¹vu⁴⁴xuei¹：下午五时左右，又称"后响会"。

饭罢 fæ̃⁴⁴pʰa¹：中午时间。

夜儿 iər⁴⁴：下午。

历头 li²¹tʰəu²⁴：日历。

三十晚夕 sæ̃²¹ʂʅ²⁴væ̃⁵³siə³：除夕。

五月五 vu⁵³yə³vu⁵³：端午节。

一天 i⁴⁴tʰiæ̃¹：白天。

年成 niæ̃²⁴tʂʰəŋ²：年景。

热月天 zʅə²¹yə³tʰæ̃³：夏天。

冷月天 ləŋ⁵³yə³tʰiæ̃³：冬天。

二月二 ər⁴⁴yə¹ər⁴⁴：农历二月初二。

腊月八 la²¹yə⁵³pa³：农历腊月初八，腊八节。

晚夕 væ̃⁵³siə³：傍晚时分。

光阴 kuaŋ²⁴iŋ²：代称生计。

下数 xa⁴⁴ʂʅ¹：规则、方法。

捉手 tʂuə²¹ʂəu⁵³：行为方式。

死加数 sʅ⁵³tɕia³ʂʅ⁴⁴：固定规则。

刚口 kaŋ²¹kʰəu⁵³：口气。

说圪 ʂuə²⁴kə²：说法、口才。

根深转 kəŋ²⁴ʂəŋ²tʂuæ̃⁴⁴：事情的来龙去脉。

门路 məŋ²⁴lu⁴⁴：喻指办法、途径。

棺材瓢瓢子

kuæ̃²¹tsʰei²⁴zʅaŋ²⁴zʅaŋ²tsʅ²：对行将死亡的人的谑称，也说成"棺材楦子"。

客 kʰei²¹³：外地来的人。

打牛后半截子

ta⁵³niəu²⁴xəu⁴⁴pæ̃⁴⁴tsʰiə¹tsʅ¹：对农民的戏称，也说成牛巴儿。

乙 i⁵³：各种动作行为的代称。

摞死戛戛儿 luə⁵³sʅ³ka²⁴kar²：同类中的最弱者。

人物尖尖儿 zʅəŋ²⁴və²tsiæ̃²¹tsiæ̃r²⁴：出类拔萃的人，也说成"人物梢梢儿"。

尾尾儿 i⁵³iər³：最末端。例：清朝来~是宣统皇帝。

焦尾干 tsiɔ²¹i⁵³kæ̃³：没有生育能力的女人。

队伍 tuei⁴⁴vu¹：军队。

马家队伍 ma⁵³tɕia³tuei⁴⁴vu¹：旧时本指西北军阀马步芳、马步青、马鸿逵的军队，由于军纪败坏，被老百姓视为土匪不如。后专指有匪气的人。

乱年 luæ̃⁴⁴niæ̃¹：指兵荒马乱的岁月。

青草光棍 tsʰiŋ²¹tsʰɔ⁵³kuaŋ²¹kuŋ⁴⁴：为了穿戴好看不怕寒冷的青年人。

儿子娃娃 ər²⁴tsʅ²va²⁴va²：小男孩。

女子娃娃 ny⁵³tsʅ³va²⁴va²：小女孩。

耍娃娃 ʂua⁵³va³va³：未成年不懂事的小孩。

男女 næ̃²⁴ny⁵³：子女。

狗儿 kəur⁵³：婴幼儿的昵称，也称"蛮狗儿""蛮儿"等。

乌儿 vur²⁴：非常幽默的人。

寻吃 siŋ²⁴tʂʰʅ²：乞丐。也称"叫花子"。

大女子 ta⁴⁴ny⁵³tsʅ³：较成熟的未婚女孩。

女子 ny⁵³tsʅ³：未婚女子。

大汉 ta⁴⁴xæ̃¹：成年人。

娃娃儿 va²⁴var²⁴：年龄很小的人。

大个子 ta⁴⁴kə⁴⁴tsʅ¹：指个子高大的男人。

碎个子 suei⁴⁴kə⁴⁴tsʅ¹：小个子男人。

老婆子 lɔ⁵³pʰə³tsʅ³：老年女人。

老老婆子 lɔ²¹lɔ⁵³pʰə³tsʅ¹：年龄很大的女人。

碎老婆子 suei⁴⁴lɔ⁵³pə³tsʅ³：个子小的老年女人。

老先人 lɔ⁵³siæ̃²¹ʐəŋ²⁴：①先辈。例：清明节给~要上坟。②父母。例：~创下的家业全让后人给踢了。

肥八弥 fei²⁴pa²¹mi²⁴：贬称非常肥胖的人。

偷肥子 tʰəu²¹fei²⁴tsʅ²：外表不显眼的胖子。

垢圿棒 kəu⁵³tɕia³paŋ⁴⁴：外表脏乱不堪的人。

老鸦爪 lɔ⁵³va³tʂua⁵³：结满垢圿的手。

妖号儿 iɔ²¹xɔr⁴⁴：绰号。

番子 fæ̃²¹tsʅ³：北方少数民族，有时专指西夏时期的少数民族。

鞑子 ta²⁴tsʅ²：元代的蒙古族。

老藏 lɔ⁵³tsaŋ⁴⁴：藏族人。

老回回 lɔ⁵³xuei²⁴xuei²：回族人。

哈萨 xa⁵³sa²¹³：哈萨克族人。

北韶子 pei²¹ʂɔ²⁴tsʅ²：指隆德本县以北的人。

南杆子 næ̃²⁴kæ̃⁵³tsʅ³：指隆德本县以南的人，有时专指从南边迁移到本县的人。

河南侉子 xə²⁴næ̃²kʰua⁵³tsʅ³：河南人。

陕西操娃 sæ̃⁵³si³tsʰɔ²¹va⁴⁴：陕西人。

四川啾子 sʅ⁴⁴tʂʰuæ̃¹tsiəu²⁴tsʅ²：四川人。

浙江蛋 tʂə²⁴tɕiaŋ²tæ̃⁴⁴：浙江人。

官名 kuæ̃²⁴miŋ²⁴：学名。

小名 siɔ⁵³miŋ²⁴：乳名。

十五　红白大事

亲事 tsʰiŋ²¹sʅ⁴⁴：婚姻之事。

猴下山 xəu²⁴ɕia⁴⁴sæ̃¹：媒人自称。

盛惬媒人 ʂəŋ²⁴tɕʰiə²mei²⁴zˌəŋ²：男女双方自由恋爱并约定婚姻后，再聘请媒人，媒人只具象征意义。

托媒 tʰuə⁵³mei²⁴：聘请媒人。

提亲 tʰi²⁴tsʰiŋ²¹³：男方委托媒人首次到女方家提起婚事。

合婚 kə²⁴xuŋ²¹³：男方家庭将男女双方生辰八字相配以占卜婚姻吉凶。如果生辰八字不合，就是大相不合，婚姻往往不能成功。

根基 kəŋ²⁴tɕi²：提亲后，男女双方父母先行秘密考察对方家族遗传病病史，特别是狐臭病病史。如果有此类遗传病，便被视为根基不好。"根基不好"往往是婚姻成功的巨大障碍。

看亲 kʰæ̃⁴⁴sʰiŋ²¹³：媒人陪同男方本人首次到女方家庭走访、男女见面。

准心 tʂuŋ⁵³siŋ³：男子看亲时准备送给女子的见面礼物或礼金。

接准心 tsiə²¹tʂuŋ⁵³siŋ³：男女双方初次见面时，男子赠送女子礼物，女子接受并回赠男子礼物，这意味着女子本人已经同意了这门婚姻。若女方不接受礼物, 则表示女子本人拒绝了这门婚姻。

看屋里 $k^h\tilde{æ}^{44}vu^{21}ni^3$: 媒人提亲后, 女方家庭若无异议, 女方本人到男方家庭初次进行走访。

占 $tʂ\tilde{æ}^{44}$: 指男青年订婚。

订 $tiŋ^{44}$: 男女双方订立婚约。

退 t^huei^{44}: 解除婚约。

认亲 $ʐəŋ^{44}ts^hiŋ^1$: 订立婚约后, 女方父母首次到男方家庭访问。

喝酒 $xə^{21}tsiəu^{53}$: 订立婚约的仪式。

送节 $suŋ^{44}tsiə^{213}$: 订婚以后结婚之前的时间段内, 每逢端午节或中秋节, 男方要到女方家送节日礼品。

商量话 $ʂaŋ^{21}liaŋ^{24}xua^{44}$: 结婚前男方到女方家商讨结婚事项。

送红书 $suŋ^{44}xuŋ^{24}ʂu^2$: 临近结婚时男方给女方家的送礼行为。

翻礼 $f\tilde{æ}^{21}li^{53}$: 指女方在原来的彩礼基础上追加彩礼。

正礼 $tʂəŋ^{44}li^{53}$: 彩礼中的礼金。

捎爪 $sɔ^{21}tsɔ^{53}$: 彩礼中的礼物。

发落娃娃 $fa^{24}luə^2va^{24}va^2$: 出嫁女儿。

填箱 $t^hi\tilde{æ}^{24}siaŋ^2$: 嫁女时, 女子娘家客人赠送礼品的行为。

给婆婆 $kei^{44}p^hə^{24}p^hə^2$: 女子出嫁。

引女人 $iŋ^{53}ny^{53}ʐəŋ^3$: 男子在自家与女子结成婚姻。

引亲 $iŋ^{53}ts^hiŋ^{213}$: 男方家庭派人到女方家庭迎娶新娘。

送亲 $suŋ^{44}ts^hiŋ^{213}$: 女方家庭派人陪护女子到男方家结成婚姻。

招亲 $tʂɔ^{24}ts^hiŋ^{213}$: 男子去女子家结成婚姻。

戴头 $tei^{44}t^həu^{44}$: 女子在自家与男子结成婚姻。

换头亲 $xu\tilde{æ}^{44}t^həu^1ts^hiŋ^1$: 两家均因贫困、男子身体残疾等原因, 无力为男子娶妻, 商定双方姐妹兄弟互换成婚。此类婚姻嫁妆极微, 酒席极简, 婚后多不幸。

转亲 $tʂu\tilde{æ}^{44}ts^hiŋ^1$: 三个或三个以上的家庭换婚。

姑舅亲 $ku^{21}tɕiəu^{44}ts^hiŋ^1$: 姑表兄弟姐妹之间通婚。

姨姨亲 $i^{24}i^2ts^hiŋ^{213}$: 姨兄弟姐妹之间通婚。

倒姑舅 $tɔ^{44}ku^{21}tɕiəu^{44}$: 姑姑家的女儿不能嫁给舅舅家的儿子, 即骨肉不能还家, 如果违反了这个禁忌, 就叫"倒姑舅", 这是秦陇片婚姻伦理之大忌。

女儿亲 nyər⁵³ər³tsʰiŋ²¹³：婚姻中的女方为初婚。

娃娃亲 va²⁴va²tsʰiŋ²：男女孩童时代就由双方家长订立的婚姻。

童养媳 tʰuŋ²⁴iaŋ⁵³si²¹³：因家境贫寒等原因，女子幼稚时由父母包办订婚，提前数年寄养在婆家当小媳妇，成婚时不举行任何形式，仅由一老妈子挽发髻。此类婚姻多为不幸。

叔嫂亲 ʂu²¹sɔ⁵³tsʰiŋ³：弟娶亡兄之妻或兄娶亡弟之妻。此前所生子女，皆以父称呼。

以夫养夫 i⁵³fu³iaŋ⁵³fu³：夫妻婚配，已生子女，其夫低能孱弱，无法养家糊口，而传统的纲常伦理又不许离弃。于是请本族中的长老出面，向夫妻双方说明关系，为其妻再招一新夫，由新夫养家，旧夫坐食。此类婚姻已绝迹。

姊妹妻 tsɿ⁴⁴mei¹tsʰi²¹³：旧时代，绅士、富商或地方豪强等，除原配夫人外，常纳妾为"偏房"，其中以原配夫人之妹为偏房者，称为"姊妹妻"，现已绝迹。

抢亲 tsʰiaŋ⁵³tsʰiŋ³：如果婚姻中的女方为寡妇，按照当地风俗，男方家要赶在天亮前迎娶进门，因时间紧迫，故称抢亲。

办女人 pʰæ̃⁴⁴ny⁵³zən³：旧时指男子成家。也叫"办家"，常拆开说。

跟人 kəŋ²¹zən²⁴：妇女再嫁。

跟人跑了 kəŋ²¹zən²⁴pʰɔ⁵³liəu³：女子私奔。

出门 tʂʰu²¹məŋ²⁴：改嫁。

瞅 tsʰəu⁵³：找对象，也称"瞅对象"。

自瞅 tsɿ⁴⁴tsʰəu⁵³：自由恋爱。

辈历不顺 pei⁴⁴li¹pu²¹ʂəŋ⁴⁴：指婚姻不合伦理。

大相不合 ta⁴⁴siaŋ⁴⁴pu⁴⁴kə²¹³：指适婚男女的属相不匹配，也常比喻两个人关系不睦。

抬和 tʰei²⁴xuə²：对双方婚事进行离间破坏。

后婚 xəu⁴⁴xuŋ²¹³：再婚，也称"二婚"。

两口子 liaŋ²¹kʰəu⁵³tsɿ³：夫妻。

割茬 kə²¹tsʰa²⁴：离婚。

先家房 siæ̃²¹tɕia³faŋ³：前夫或前妻。

陪房 pʰei²⁴faŋ²：嫁妆。

搭情 ta²¹tsʰiŋ²⁴：送礼。

破股资 pʰə⁴⁴ku⁵³tsʅ³：平均摊派买礼品的花费。

股资 ku⁵³tsʅ³：走访亲戚时搭的份子钱。

新媳妇儿 siŋ²⁴si²⁴fur²：新娘子。

挑了 tʰiɔ⁵³liəu³：第三者插足，也说成"挑拨了"。

耍新媳妇儿 ʂua⁵³siŋ²⁴si²¹fur³：闹洞房。

回门 xuei²⁴məŋ²⁴：新婚后第三天回娘家。

身不空 ʂəŋ²⁴pu²¹kʰuŋ⁴⁴：怀孕，也称"有喜"。

月份大 yə²¹fəŋ⁴⁴ta⁴⁴：妇女到临产期。

害娃娃 xei⁴⁴va¹va¹：呕吐等妊娠反应。

双身子 ʂuaŋ²⁴ʂəŋ²¹tsʅ³：怀孕的妇女，又称"大肚子"。

小月 siɔ⁵³yæ̃²¹³：早产。

老娘婆 lɔ⁵³niaŋ³pʰə³：接生婆。

月婆子 yə²¹³pʰə²⁴tsʅ²：坐月的妇女。

坐月子 tsʰuə⁴⁴yə²¹tsʅ³：妇女分娩后的第一个月。

出月 tʂʰu²⁴yə²：妇女分娩后一个月的最后一天，又称"满月"。

做满月 tsu⁴⁴mæ̃⁵³yə³：婴儿满月，亲友祝贺，也称"做出月"。

月溜娃儿 yə²¹liəu⁴⁴var²⁴：婴儿，又称"月娃子"。

头身子 tʰəu²⁴ʂəŋ²¹tsʅ³：头胎。

二窝子 ər⁴⁴və²¹tsʅ³：第二胎。

过岁 kuə⁴⁴tsuei⁴⁴：小孩过生日。

对对子 tuei⁴⁴tuei⁴⁴tsʅ¹：双胞胎，也说成"对羔子"。

项圈 xaŋ⁴⁴tɕʰyæʰ²¹³：认干亲时给孩子的礼物。

哑奶 tsa²¹nei⁵³：孩子吃奶。

斋奶 tsei²¹nei⁵³：小孩断奶。

奶娃娃 nei⁵³va²⁴va²：给孩子喂奶。

过生儿 kuə⁴⁴sər̃²¹³：祝贺老年人生日。

咽气 iæ̃⁴⁴tɕʰi⁴⁴：迷信的人婉称人的死亡。也说成"闭咽喉"。

下场 ɕia⁴⁴tʂʰaŋ²⁴：去世。

少亡 ʂɔ⁴⁴vaŋ²⁴：未成年死亡。

寻无常 siŋ²⁴vu²⁴tʂʰaŋ²：自尽。也说成"寻短见"。

跳井 tʰiɔ²⁴tsiŋ⁵³：投井自杀。

跳崖 tʰiɔ²⁴ŋei²⁴：自坠崖身亡。

一绳绳子甩了

i²¹ ʂəŋ²⁴ ʂəŋ²tsʅ² ʂuei⁵³liəu³：自缢身亡，也说成"上吊"。

抹脖 mə⁵³pʰə²⁴：自刎。

吃毒药 tʂʰʅ²¹tʰu²⁴yə²：服毒。

生死路上无老少

səŋ²¹sʅ⁵³lu⁴⁴ʂəŋ¹vu²⁴ɔ⁵³ʂɔ⁴⁴：指人的生死寿命没有定数。

死娃娃 sʅ⁵³va³va³：夭折的婴孩。

白事 pei²⁴sʅ⁴⁴：丧事。

抬埋 tʰei²⁴mei²：治理丧事。

老衣 lɔ⁵³i³：寿衣。

枋板 faŋ²¹pæ̃⁵³：做棺材用的木料。

棺子 kuæ̃²¹tsʅ³：棺材，也称"寿材"。

束身 ʂu²⁴ʂəŋ²：棺材的委婉语，也称"枋"。

重底 tʂʰuŋ²⁴ti⁵³：棺材的双层底。

大棺套小棺

ta⁴⁴kuæ̃²tʰɔ⁴⁴siɔ⁵³kuæ̃³：棺椁。

线干子 siæ̃⁴⁴kæ̃²¹tsʅ³：固定棺盖用的木楔。

阴阳 iŋ²¹iaŋ²⁴：念经讲迷信、看风水的职业人士。

走艺 tsəu⁵³i⁴⁴：阴阳走穴。

吹手 tʂʰuei²¹ʂu⁵³：奏哀乐的乐师。

土工 tʰu⁵³kuŋ³：掘墓的人。

门告 məŋ²⁴kɔ⁴⁴：张贴在大门门扇上的讣告。

代劳 tei⁴⁴lɔ²⁴：红白喜事请来帮忙的人。

总管 tsuŋ²¹kuæ̃⁵³：主办红白事的管家。

亡人 vaŋ²⁴ʐəŋ²：刚刚逝去的亲人。

探口银 tæ̃⁴⁴kʰəu⁵³iŋ²⁴：死者口中所含的银质陪葬品。

落头 luə²¹tʰəu²⁴：生命的尽头，也说成"落点"。

救尸 tɕiəu⁴⁴sʅ²¹³：人刚死亡后给尸体降温冷却的过程。

落草 luə²¹tsʰɔ⁵³：人死后尸体停放在铺有干草的地上。

守灵 ʂu⁵³liŋ²⁴：守丧。

哭灵 $k^hu^{24}liŋ^{24}$：亲属、子女在灵堂里恸哭的礼节。

送纸 $suŋ^{44}tsʅ^{53}$：本族、本村庄人的吊唁活动。

印版 $iŋ^{44}pæ̃^1$：制作冥钱的模具。

印纸 $iŋ^{44}tsʅ^{53}$：印刷冥钱。

坟纸 $fəŋ^{24}tsʅ^2$：扫墓时压在坟墓上的冥钱。

童男女 $t^huŋ^{24}næ̃^{24}ny^2$：一种儿童形状的纸火。

献饭 $ɕiæ̃^{24}fæ̃^{44}$：祭祀鬼神的饭食。

掩棺 $iæ̃^{53}kuæ̃^3$：入殓后盖棺。

盛殓 $ʂəŋ^{24}liæ̃^2$：入殓。

香老 $ɕiaŋ^{21}lɔ^{53}$：负责烧香的长老。

破孝 $pə^{44}ɕiɔ^{44}$：由香老按亲属远近分孝给死者的亲属。

铭旌 $miŋ^{24}tsiŋ^{44}$：褒扬死者的丝质墓志铭。

起丧 $tɕ^hi^{53}saŋ^{213}$：发丧。

丧棍儿 $saŋ^{21}kũr^{44}$：丧事上儿孙手执的短木棍。

孝子盆 $ɕiɔ^{44}tsʅ^1p^həŋ^{24}$：发丧时死者长子头顶的瓦盆。

丧杖 $saŋ^{21}tʂaŋ^{44}$：抬棺用的木杠。

踩坟 $ts^hei^{53}fəŋ^{24}$：确定坟地。

斩草 $tsæ̃^{21}ts^hɔ^{53}$：阴阳确定墓穴位置、方向的过程。

破土 $p^hə^{44}t^hu^{53}$：开始挖坟。

打坟 $ta^{53}fəŋ^{24}$：掘墓。

穿套 $ts^huæ̃^{21}t^hɔ^3$：为"穿道"一词的方言转读，指墓穴中放置棺椁的侧道，也称"墓套（道）"。

鼓堆 $ku^{44}tuei^1$：墓塚。

乱儿坟 $luæ̃r^{44}fəŋ^{24}$：无主坟。

坟圈 $fəŋ^{24}tɕ^hyæ̃^2$：坟地。

祭奠 $tsi^{44}tiæ̃^{44}$：献牲，多以鸡羊为之。

夯耳子 $tsa^{44}ər^1tsʅ^1$：一种油炸的祭奠食品。

泼散 $p^hə^{21}sæ̃^{44}$：用饭食祭奠亡人。

香表 $ɕiaŋ^{21}piɔ^{53}$：祭祀材料，表多以黄纸为之。

旋门纸 $ɕyæ̃^{24}məŋ^{24}tsʅ^2$：未发丧时每晚在家门口烧的纸。

倒头纸 tɔ⁴⁴tʰəu²⁴tsʅ⁵³]：人刚死亡时烧的冥钱。

复三 fu²⁴sæ̃²¹³：葬后三日扫墓。

尽七纸 tsʰiŋ⁴⁴tsʰi²¹tsʅ⁵³：人死后第四十九天坟上烧纸。

百日纸 pei²⁴zʅ²tsʅ⁵³：人死后百天的祭奠。

三年纸 sæ̃²⁴niæ̃²⁴tsʅ⁵³：人死后三年的一次大祭。

拖欠 tʰuə²¹tɕʰiæ̃⁴⁴：生前对某事或某人的牵挂。

阴世 iŋ²¹ʂʅ⁴⁴：迷信认为人死后所进入的世界。

阳世 iaŋ²⁴ʂʅ⁴⁴：人世间。

山场 sæ̃²¹tʂʰaŋ⁵³：山区寺院较为集中的庙宇。

放舍饭 faŋ⁴⁴ʂə⁵³fæ̃³：宗教活动中寺院等免费施舍给教徒、百姓的饭食。

山神庙儿 sæ̃²¹ʂəŋ²⁴miɔr⁴⁴：农村庙宇。

大王爷 tei⁴⁴vaŋ¹iə¹：地位最高的神。

上坟 ʂəŋ⁴⁴fəŋ²⁴：到已逝的亲人坟墓上去祭祀。

灶爷 tsɔ⁴⁴iə¹：家里的灶神。

进火 tsiŋ⁴⁴xuə⁵³：将灶神迁入新居，代称乔迁新居。

家神 tɕia²¹ʂəŋ²⁴：主家庭事务的神。

龙王爷 lyŋ²⁴vaŋ²⁴iə²：主水的神。

土地神 tʰu⁵³tʰi⁴⁴ʂəŋ¹：主管土地事务的神仙。

土王 tʰu⁵³vaŋ⁴⁴：与泥土活儿有关的禁忌时限。

喜神 çi⁵³ʂəŋ³：主吉利的神。

财神 tsʰei²⁴ʂəŋ²：主财富的神。

门神 məŋ²⁴ʂəŋ²⁴：春节时张贴在院落大门上的神像，多为唐朝人物秦琼、敬德的画像。

毛鬼神 mɔ²⁴kuei²ʂəŋ²：专门捣乱作祟的小鬼。

鬼魂子 kuei⁵³xuŋ³tsʅ³：夜间活动的野鬼。

魂阴儿 xuŋ²⁴iər²：魂灵。

迷魂子 mi²⁴xuŋ²tsʅ²：一种能使人夜间迷路的鬼神。

神角子 ʂəŋ²⁴tɕyə²¹tsʅ³：巫婆。

沾了不是 tʂæ̃²¹liəu³pu²¹sʅ⁴⁴：邪气致人生病。

神主 ʂəŋ²⁴tʂu²：家中逝去的祖先的灵位。

木主 mu²¹tʂu⁵³：旧时木制的祖先的灵位。现多以照片为之。

冲气 tʂʰuŋ²¹tɕʰi⁴⁴：能使人致病或产生霉运的晦气。也称"邪气子"。

法碗 fa²¹vã̃⁵³：阴阳师工具。

针盘 tʂəŋ²¹pʰã̃²⁴：风水先生所用的指南针。

用物 yŋ⁴⁴və¹：迷信中所使用的工具、物料等。

符 fu²⁴：写在纸上的咒语。

祭文 tsi⁴⁴vəŋ²⁴：一种祭祀鬼神的专用文体。

出行 tʂʰu²¹ɕiŋ²⁴：农历正月初一出门迎神祭天的活动。

敬神 tɕiŋ⁴⁴ʂəŋ²⁴：祭祀鬼神。

醮马 tsiɔ⁴⁴ma⁵³：在神位前烧香、纸，磕头作揖。

做醮 tsu⁴⁴tsiɔ⁴⁴：人死亡后聘请阴阳师念经驱邪的法事活动。

送冲气 suŋ⁴⁴tʂʰuŋ²¹tɕʰi⁴⁴：用冥钱、凉水碗等物念经驱赶邪气。

解冲 kei⁵³tʂʰuŋ³：一种简单的驱逐邪气的活动。

掐婆 ɕʰia²¹pʰə²⁴：在巫师等处询问灾祸疾病的根源。

叫魂 tɕiɔ⁴⁴xuŋ²⁴：招魂。分为给死者招魂和给活人招魂两种。前者发生在给死者治丧期间，以红羽毛的公鸡为指引，将死者棺椁从生前居所导向墓穴，据说只有这样，死者才能入土为安。后者主要发生在活人（尤其是小孩）身上，健康人受到强烈惊吓以后，就成为失魂者（得了病）。其还魂的方法是，将鸡蛋缠上红丝线，在做过晚饭的灶火里烧熟，用笤箒加上祷告来使魂魄还身，事毕之后，失魂者吃掉鸡蛋。这种现象多发生在母亲和受到惊吓的孩子之间。

占课 tʂã̃²¹kʰuə⁴⁴：一种预测吉凶、命运等的卦术。

烧点 ʂɔ²¹tiã̃⁵³：燃烧香纸，为祭祀等的具体行为。

传说 tʂʰuã̃²⁴ʂəɻ²：死者魂魄附身。

忌口 tɕi⁴⁴kʰəu⁵³：宗教信仰中不食荤。也指疾病治疗中忌食辛、辣等特定的食品。

善人 ʂã̃⁴⁴z̩ˌəŋ¹：不食荤的信教人员。

居士 tɕy²¹s̩⁴⁴：居家信教人员。

丁相 tiŋ²¹siaŋ⁴⁴：指父子的十二生肖属相相同，迷信认为不吉利。

辞路 s̩²⁴lu⁴⁴：生前最后一次访亲探友。

哨 sɔ⁴⁴：晦气、不吉利。

踏败脚 tʰa²⁴pʰei⁴⁴tɕyə¹：做事不利，迷信认为是运气不好的征兆。

顺劲 ʂuŋ⁴⁴tɕiŋ⁴⁴：吉利，也说成"清吉"。

十六　商业

摊子 tʰæ̃²¹tsɿ³：小摊。

店房 tiæ̃⁴⁴faŋ¹：小旅馆，也说成"店"。

站店 tsæ̃⁴⁴tiæ̃⁴⁴：住旅馆。

车马店 tʂʰə²¹ma⁵³tiæ̃⁴⁴：可以停马车的旅馆。

开店房 kʰei²¹tiæ̃⁴⁴faŋ¹：开旅馆。

开门 kʰei²¹məŋ²⁴：商店上班。

搭门 ta²¹məŋ²⁴：商店下班。

赚 tʂuæ̃⁴⁴：盈利。

贱 tsʰiæ̃⁴⁴：便宜。

赊账 ʂə²¹tʂaŋ⁴⁴：欠账。也说成"担账"。

拉账 la²¹tʂaŋ⁴⁴：借债。

放账 faŋ⁴⁴tʂaŋ⁴⁴：贷款给人。

驴打滚儿 ly²⁴ta²¹kũr⁵³：一种高利贷。

元宝 yæ̃⁵³pɔ⁵³：旧时块状金银币。

白圆 pei²⁴yæ̃²⁴：民国时期的一种银币，币面上刻有袁世凯的头像图案，俗称"袁大头"。

龙圆 luŋ²⁴yæ̃²⁴：清代的一种银币，币面上刻有龙的图案。

票圆 pʰiɔ⁴⁴yæ̃²⁴：钞票。也说成"票子"。

钢圆子 kaŋ²¹yæ̃²⁴tsɿ²：人民币硬币。

麻钱 ma²⁴tsʰiæ̃²⁴：铜钱。

干钱 kæ̃²¹tsʰiæ̃²⁴：指崭新的钱币。如果是纸币也说成"干票子"。

□钱 tsʰaŋ⁴⁴tsʰiæ̃²⁴（□，音仓去声）：挣钱。

毛票子 mɔ²⁴pʰiɔ⁴⁴tsɿ¹：钞票在流通中变得陈旧。

钱不值钱了

tsʰiæ̃²⁴pu²¹tʂʰʅ²⁴tsʰiæ̃²⁴liəu²：因通货膨胀而货币贬值。

换钱 $xuæ^{44}tsiæ^{24}$：整币和零币相互兑换。

跌 $tiə^{213}$：①降价。②赔本。

秤砣 $tʂʰəŋ^{44}tʰuə^{24}$：秤锤。

秤杆 $tʂʰəŋ^{44}kæ^{53}$：木秤的平衡木。

秤盘 $tʂʰəŋ^{44}pʰæ̃^{24}$：小秤置货物的托盘。

秤花子 $tʂʰəŋ^{44}xua^{21}tsʐ^{3}$：镶嵌在秤杆上的星点状重量刻度。

大秤 $ta^{44}tʂʰəŋ^{44}$：一次能称量大重量的秤。

小秤 $siɔ^{53}tʂʰəŋ^{44}$：一次只能称量小重量的秤。

铁秤 $tʰiə^{21}tʂʰəŋ^{44}$：铁杆秤。

木秤 $mu^{21}tʂʰəŋ^{44}$：木杆秤。

抬秤 $tʰei^{24}tʂʰəŋ^{44}$：称重物时两人用杠肩抬大秤。

秤旺 $tʂəŋ^{44}vaŋ^{44}$：秤的分量足，也说成"秤硬"。

秤绵 $tʂʰəŋ^{44}miæ^{24}$：秤的分量不足。

秤平 $tʂʰəŋ^{44}pʰiŋ^{24}$：称量时分量合适。

折秤 $ʂə^{24}tʂʰəŋ^{44}$：货物在流通时由于损耗而下次称量不及上次称量。

秤不够 $tʂʰəŋ^{44}pu^{21}kəu^{44}$：奸商在出卖货物时短斤少两。

饶 $zɔ^{24}$：卖方称东西后给买方额外增添一些货物。

干货 $kæ̃^{21}xuə^{44}$：货物的净重量。

除皮 $tʂʰu^{24}pʰi^{24}$：货物称重时减去外包装、器皿等重量。

□$kə^{53}$（音个上声）：折算成实物或价钱。

盘点 [$pʰæ̃^{24}tiæ̃^{53}$]：货物售卖到一定阶段对账务进行清理，以判别经营盈亏情况。

等 $təŋ^{53}$：量尺寸。

花销 $xua^{24}siɔ^{213}$：各种费用。

刨了 $pʰɔ̃^{24}liəu^{2}$：减掉、不算。

做买卖 $tsu^{44}mei^{53}mei^{3}$：长期从事商业。

折倒了 $tʂə^{24}tɔ^{2}liəu^{2}$：倒闭了。

掌柜的 $tʂaŋ^{53}kʰuei^{44}ti^{1}$：经理。

二掌柜 $ər^{44}tʂaŋ^{53}kʰuei^{44}$：副经理。

甩手掌柜 $ʂuei^{53}ʂəu^{53}tʂaŋ^{53}kʰuei^{44}$：不进行具体劳作的经营者，也常比喻轻松掌握大权的人。

买主 mei²¹tʂu⁵³：顾客。

蔫主 niæ̃²¹tʂu⁵³：指货物卖不出去。

趿住 tsʰʅ²¹tʂʰu⁵³：销路不畅。

堆住 tuei²¹tʂʰu⁵³：货物供大于求。

萝卜快了不洗泥：

luə²⁴pʰu²kʰuei⁴⁴liəu¹pu²¹si⁵³ni²⁴：比喻货物出手很快。

段堆堆 tuæ̃⁴⁴tuei²¹tuei³：整批货物买进卖出。

发价 fa²¹tɕia⁴⁴：批发价格。

起价 tɕʰi⁵³tɕia⁴⁴：价格上涨。

价下来了 tɕia⁴⁴xa⁴⁴lei¹liəu¹：价格下跌。

□价 tɔ²⁴tɕia⁴⁴（□，音刀阳平）：讨价还价。也说成"□价"（□，音赞阳平）。

抬价 tʰei²⁴tɕia⁴⁴：哄抬物价。

压价 nia⁴⁴tɕia⁴⁴：故意压低价格。

跌本 tiə²¹pəŋ⁵³：指买卖赔本。

烂账 læ̃⁴⁴tʂaŋ⁴⁴：欠别人的账。

开销 kei²¹siɔ²¹³：所有成本。

搅然 tɕiɔ⁵³ʐʅæ̃³：日常开支、花费。

折耗 ʂə²⁴xɔ²：货物在流通过程中的自然损耗。

该账 kei²¹tʂaŋ⁴⁴：欠账。

七沟子八摸子 tsʰi²⁴kəu²¹tsʅ³pa²¹mə⁵³tsʅ³：比喻债务极多。

开释 kʰei²⁴ʂʅ²：偿还债务。

定钱 tiŋ⁴⁴tsʰiæ̃¹：押金。

揣手 tʂʰuei⁵³ʂəu⁵³：旧时骡马市场上买卖双方在对方的衣袖内互摸手指进行讨价还价的一种人体语言，也称"掏麻雀"。

典房子 tiæ̃⁵³faŋ²⁴tsʅ²：租房子。

京货铺 tɕiŋ²¹xuə⁴⁴pʰu⁴⁴：小百货店。

杂货铺 tsa²⁴xuə⁴⁴pʰu⁴⁴：日用杂货店。

当铺 taŋ⁴⁴pʰu⁴⁴：典当铺。

山货 sæ̃²¹xuə⁴⁴：用竹篾、藤条等编织成的货物。

瓷货 tsʰʅ²⁴xuə²：瓷器。

布铺子 pu⁴⁴pʰu⁴⁴tsʅ¹：小布店。

粜粮 tʰiɔ⁴⁴liaŋ²⁴：卖粮食。

量粮 liaŋ²⁴liaŋ²：到市场买粮食。

打粮 ta⁵³liaŋ²⁴：到粮库买粮食。

扯布 tʂʰə⁵³pu⁵⁵：买布。

割肉 kə²¹ʐəu⁴⁴：买肉。

倒油 tɔ⁴⁴iəu²⁴：买煤油。

纸货铺 tsʅ²¹xuə⁵³pʰu⁴⁴：制作花圈的作坊。

故衣摊子 ku⁴⁴i¹tʰæ̃²¹tsʅ³：卖旧衣服的小摊。

铁货铺 tʰiə²¹xuə⁴⁴pʰu⁴⁴：铁器店。

馆子 kuæ̃⁵³tsʅ¹：饭馆。

开馆子 kʰei²¹kuæ̃⁵³tsʅ¹：开设餐馆。

跟集 kəŋ²¹tsʰi²⁴：到农村乡镇定期轮回举办的农贸市场上买卖货物。也说成"赶集"。

抢集子 tsʰiaŋ⁵³tsʰi²⁴tsʅ²：农历年三十的集市，因人多拥挤、持续时间短、货物出手快而被称为"抢集子"。

败集子 pʰei⁴⁴tsʰi²⁴tsʅ²：不逢集的日子。

集红了 tsʰi²⁴xuŋ⁴⁴liəu¹：集市上人最多的时候。

贩子 fæ̃⁴⁴tsʅ¹：专门从事贩运的商人。

宰杀户 tsei⁵³sa³xu⁴⁴：屠户。

祷告 tɔ⁵³kɔ³：宰牲时口中诵词，如"怪刀子不怪我"之类。

牲口牙子 səŋ²¹kʰəu⁵³ia²⁴tsʅ²：集市上专门为买卖双方评定牲畜价格的职业中介人。

拉黑牛 la²⁴xei²¹niəu²⁴：原指市场上的非法中介活动。现指各行各业的非法中介活动。非法掮客被称为"黑牛"。

皮条客 pɔ⁵³mei²⁴：鸨媒。

窑货客 iɔ²⁴xuə²kei²：贩运瓷器的商人。

泥水匠 ni²⁴ʂuei⁵³tsʰiaŋ⁴⁴：盖房泥墙上瓦的工匠。

石匠 ʂʅ²⁴tsʰiaŋ⁴⁴：制作加工石器的工匠。

木匠 mu²¹tsʰiaŋ⁴⁴：木工。

皮匠 pʰi²⁴tsʰiaŋ⁴⁴：专门加工毛皮的工匠。

铁匠 tʰiə²¹tsʰiaŋ⁴⁴：打铁器的人。

银匠 iŋ²⁴tsʰiaŋ⁴⁴：制作金银首饰的工匠。

骟匠 ʂæ̃⁴⁴tsʰiaŋ⁴⁴：专门阉割牲畜的工匠。

碗碗匠 væ̃⁵³væ̃³tsʰiaŋ⁴⁴：修补碗盆等瓷器的工匠。

箩儿匠 luər²⁴tsʰiaŋ⁴⁴：生产或修理笼箩的人。

砖瓦匠 tʂuæ̃²¹va⁵³tsʰiaŋ⁴⁴：能做较高级砖瓦活的泥瓦匠。

小炉儿匠 siɔ⁵³lur²⁴tsʰiaŋ⁴⁴：修理小五金的工匠。

箍儿匠 ku²¹ər³tsʰiaŋ⁴⁴：钉补水缸的人。

毡匠 tʂæ̃²¹tsʰiaŋ⁴⁴：专门擀毡的手艺人。

匠人 tsiaŋ⁴⁴z̩.əŋ¹：各种手艺人，有时特指木匠。

手艺 ʂu⁵³i³：技术。

嘎百识 ka⁵³pei³ʂ̩³：技术不过关的工匠。

染坊 z̩.æ̃⁵³faŋ³：染布的作坊。

粉坊 fəŋ⁵³faŋ³：制作粉条的作坊。

磨坊 mə⁴⁴faŋ¹：加工面粉的作坊。

磨课 mə⁴⁴kʰuə⁴⁴：指磨面后付的加工费。

磨老鼠 mə⁴⁴lɔ²¹tʂʰu⁵³：专门看管水磨的师傅。

錾磨子 tsʰæ̃⁴⁴mə⁴⁴tsɿ¹：石匠对老化的石磨进行加工翻新。

油坊 iəu²⁴faŋ²：榨油的作坊。

油担 iəu²⁴tæ̃²¹³：老式油坊中大型木质榨油工具。

油泼 iəu²⁴pʰə²：老式油坊加工而成的半成品油料。

油渣 iəu²⁴tsa²：榨油后所余的废渣料。

硎 çiŋ²⁴：老式油坊中石质榨油工具。

油笼 iəu²⁴luŋ²：旧时盛油的容器，多用藤条编成。

油脱钵 iəu²⁴tʰuə²¹pə⁵³：专门负责榨油的师傅。

钱财 tsʰiæ̃²⁴tsʰei²⁴：指金钱，也说成"财贝"。

十七　交际

来往 lei²⁴vaŋ⁵³：亲友间的交往。

对近 tuei⁴⁴tɕiŋ⁴⁴：①关系密切。②适量。

交儿 tɕiɔr⁵³：相互关系。

连手 liæ̃²⁴ ʂəu²：朋友。

钻识 tsuæ̃²⁴ ʂʅ²：贬称不正当的交友。

隔壁子 kei²⁴pi²¹tsʅ³：邻居。

生人 səŋ²¹zʅəŋ²⁴：陌生人。也说成"生把子人""诧人"。

见面熟 tɕiæ̃⁴⁴miæ̃⁴⁴ʂu²⁴：初次见面就显得非常熟悉的样子。

捏撮撮儿 niə²⁴tsuə²¹tsuər³：临时结成帮派，也说成"叶把把儿"。

打和声 ta²¹xə⁵³ʂəŋ³：相呼应。

放水 faŋ⁴⁴ʂuei⁵³：在事务场中给别人使坏。

几棒跷 tɕi⁵³paŋ⁴⁴tɕʰiɔ²¹³：亲属之间关系不和，也说成"合不扎"。

尿不到一起 niɔ⁴⁴pu²¹tɔ⁴⁴i²¹tɕʰi⁵³：指无法和平相处，也说成"尿不到一个壶里"。

君子两百姓 tɕyŋ²¹tsʅ⁵³liaŋ⁵³pei²¹siŋ⁴⁴：指两人之间素无往来，没有任何关系。

心齐 siŋ²¹tsʰi²⁴：齐心协力。

门市 məŋ²⁴sʅ⁴⁴：指一个家庭的对外交流事项。

错心事 tsʰuə⁴⁴siŋ²¹sʅ⁴⁴：人际交往中对某人产生成见。

情行 tsʰiŋ²⁴ɕiŋ²：礼品。

人情 zʅəŋ²⁴tsʰiŋ²⁴：人与人之间的礼。

走人情 tsəu⁵³zʅəŋ²⁴tsʰiŋ²⁴：指参加别人家婚丧嫁娶之类的事情。

走亲戚 tsəu⁵³tsʰiŋ²¹tsʰi⁴⁴：亲戚之间的相互往来。

搭礼 ta²¹li⁵³：人情事务中奉送礼金。也叫"上礼""搭情"。

礼行 li⁵³ɕiŋ³：有礼貌。

追礼 tʂuei²¹li⁵³：上礼金。

索儿 suər⁵³：亲友给祝贺对象（多为新娘子、生日中的孩子等）奉送的礼金，也称"索索儿"。

挂索儿 kʰua⁴⁴suər⁵³：奉送索儿的过程。

办情行 pʰæ̃⁴⁴tsʰiŋ²⁴ɕiŋ²：置办礼品。例：他主持~。

补心 pu⁵³siŋ²¹³：因某事而感谢别人。

贴子 tʰiə²¹tsʅ³：请柬。

支应 tsʅ²¹iŋ⁴⁴：招待客人。也说成"待承"。

执席 tʂʅ²¹si²⁴：酒席上代主人招待客人。

站下 tsæ̃⁴⁴xa¹：邀请客人住下。

逛闲 kuaŋ⁴⁴ɕiæ̃²⁴：闲谈，也说成"扯磨"。

谝传 pʰiæ̃⁵³tʂʰuæ̃²⁴：说不正经的话，也说成"谝闲传"。

暮囊 mu⁴⁴naŋ¹：①难对付，难打交道。②不干净，不卫生。③麻烦。

撇 pʰiə²¹³：说大话。

看酒 kʰæ̃⁴⁴tsiəu⁴⁴：敬酒。

吃烟 tʂʅ²⁴iæ̃²¹³：抽烟。

道谢 tɔ⁴⁴siə⁴⁴：因某事而特意用礼品感谢别人，也称"辞谢"。

挡礼 taŋ⁴⁴li⁵³：主人事先传话不接受礼品。

坐席 tsʰuə⁴⁴si²⁴：客人在席上吃饭。

安席 ŋæ̃²¹si²⁴：请客人入席。该词常拆开说。

撤席 tʂʰə⁵³si²⁴：客人离席。

上席 ʂaŋ⁴⁴si²⁴：尊长的座位。

下席 ɕia⁴⁴si²⁴：与上席相对的座位。

席口 si²⁴kʰəu⁵³：在席上传茶送饭的方位。

门杯 məŋ⁴⁴pʰei¹：开始斟的酒。

干了 kæ̃²¹liəu³：喝干。

打关 ta⁵³kuæ̃²¹³：确定一人为主（称"关家"），与桌上其他人轮流豁拳，又称"打通关"。

应关 iŋ⁴⁴kuæ̃²¹³：与关家豁拳。

关转圆了 kuæ̃²¹tʂuæ̃⁴⁴yæ̃²⁴liəu¹：打关的人打完一圈。

一心敬 i⁴⁴siŋ²¹tɕiŋ⁴⁴：数一。

两相好 liaŋ⁵³siaŋ²¹xɔ⁵³：数二。

三星照 sæ̃²⁴siŋ²¹tʂɔ⁴⁴：数三。

四季财 sʅ⁴⁴tɕi⁴⁴tsʰei²⁴：数四。

五魁首 vu⁵³kʰuei²⁴ʂəu⁵³：数五。

六连连 liəu²¹liæ̃²⁴liæ̃²⁴：数六。

七个巧 tsʰi²¹kə²⁴tɕʰiɔ⁵³：数七。

八台关 pa²¹tʰei²⁴kuæ̃²¹³：数八。

快喝酒 kʰuei⁴⁴xə²¹tsiəu⁵³：数九。

满堂上 mæ̃⁵³tʰaŋ²⁴ʂaŋ⁴⁴：数十。

耍牌子 ɕua⁵³pʰei²⁴tsʅ¹：讲排场。

折了 tʂə²¹liəu²⁴：吃完饭把饭桌收拾了。

不卯 pu²¹mɔ⁵³：关系不好。

训板 ɕyŋ⁴⁴pæ̃⁵³：有矛盾，互不来往。

谋事 mu²⁴sʅ⁴⁴：故意找麻烦。

惹祸 zə⁵³xuə⁴⁴：故意找麻烦。

失笑 ʂʅ²¹siɔ⁴⁴：①可笑，无聊。②笑话。③禁不住笑。

看笑话 kʰæ̃⁴⁴siɔ⁴⁴xua¹：看笑头。

牛气 niəu²⁴tɕʰi⁴⁴：架子大，不易接近。

肘 tʂəu⁵³：①架子大，不易接近。②把东西举起来。

发落 fa²⁴luə²：送客。

回盘 xuei²⁴pʰæ̃²：走亲访友时的回赠。

侨 tɕʰiɔ²⁴：作假。

十八　文化·娱乐

书房 ʂu²¹faŋ²⁴：学校。

念书人 niæ̃⁴⁴ʂu²¹zən²⁴：念过书、有知识的人。

老粗儿 lɔ⁵³tsʰur²⁴：没有文化的人。

白识字 pei²⁴ʂʅ²tsʅ⁴⁴：不曾上学但认得少量字的人。

睁眼瞎子 tsəŋ²¹niæ̃⁵³xa²¹tsʅ³：文盲。

号卷子 xɔ⁴⁴tɕyæ̃⁴⁴tsʅ¹：阅卷。

公布榜 kuŋ²¹pu⁴⁴paŋ⁵³：出榜。

落榜 luə²¹paŋ⁵³：榜上无名。

抹光头 ma²⁴kuaŋ²¹tʰəu²⁴：考试通过率为零。

衬底 tsʰən⁴⁴ti⁵³：最后一名。

忙假 maŋ²⁴tɕia⁵³：暑假。

庇 tsʰʅ²¹³：抹拭或涂擦。

白字 pei²⁴tsʅ⁴⁴：别字。

洋码字 iaŋ²⁴ma⁵³tsʅ⁴⁴：阿拉伯数字。

字腿 tsʅ⁴⁴tʰuei⁵³：字的笔画。

半个字 pæ̃⁴⁴kər¹tsʅ⁴⁴：字的偏旁。

□tʰaŋ⁴⁴（音趟）：流利地写字。

砚台 iæ̃⁴⁴tʰei²⁴：石砚。

蘸笔 tsæ̃⁴⁴pi²¹³：蘸水笔。

粉锭儿 fəŋ⁵³tiər⁴⁴：粉笔。

笔砚 pi²¹iæ̃⁴⁴：笔。

油笔 iəu²⁴pi²¹³：圆珠笔。

水笔 ʂuei⁵³pi²¹³：钢笔。

隐格 iŋ⁵³kei³：学写毛笔字衬纸下边的字，也称"仿格"。

打格格儿 ta⁵³kei²¹ker³：在纸上画方格。

大仿 ta⁴⁴faŋ⁵³：大楷字。

中堂 tʂuŋ²¹tʰaŋ²⁴：挂在正面屋墙上的字画。

对子 tuei⁴⁴tsʅ¹：对联。

窗花 tʂʰuaŋ²⁴xua²：窗户上贴的彩色剪纸。

戏冶楼 çi⁴⁴iə²¹lu²⁴：露天舞台。

戏箱 çi⁴⁴siaŋ²¹³：戏曲中的衣服道具。

鉤弦 kəu⁴⁴çiæ̃¹：板胡、二胡之类的弦乐器，也称"胡胡儿"。

戏子 çi⁴⁴tsʅ¹：演员。

身子 ʂəŋ²¹tsʅ³：扮演的角色。

打花脸 ta⁵³xua²¹niæ̃⁵³：演员化妆。

荐台 tsiæ̃⁴⁴tʰei²⁴：演出中间鸣礼炮、赏礼金、请演员临时就餐休息的一种礼仪。

唱戏 tʂʰaŋ⁴⁴çi⁴⁴：秦腔剧演出。

乱弹 luæ̃⁴⁴tʰæ̃¹：秦腔的一种腔调。

牛皮灯影子
niəu²⁴pʰi²⁴təŋ²¹iŋ⁵³tsʅ³：皮影戏。

眉户 mi⁴⁴xu¹：陕西地方剧。

地摊子 tʰi⁴⁴tʰæ̃²¹tsʅ³：在平地上的演出。

干唱 kæ̃²¹tʂʰaŋ⁴⁴：没有伴奏的演唱，也叫"清唱"。

吼娃娃 xəu⁵³va²⁴va²：跑龙套的。

彻秋风 tʂə²¹tsʰiəu²⁴fəŋ²：社火的一种。

高鬼子 kɔ²¹kuei⁵³tsʅ³：高跷。

开台了 kʰei²¹tʰei²⁴liəu²：开戏了。

高抬 kɔ²¹tʰei²⁴：社火的一种形式。

耍船 ʂua⁵³ʂuæ̃²⁴：社火的一种形式。

耍狮子 ʂua⁵³sʅ²¹tsʅ³：社火舞狮子。

耍龙灯 ʂua⁵³luŋ²⁴təŋ²：社火玩火龙。

害婆娘 xei⁴⁴pʰə¹niaŋ¹：社火中的妇丑。

说议程 ʂuə²¹i⁵³tʂʰəŋ³：社火中司礼说赞词的角色。

出庄 tʂʰu²⁴tʂuaŋ²¹³：农村社火队赴外村巡回演出。

花儿 xuar²¹³：一种即编即唱的山歌，内容多抒发男女之情。如果含色情内容则称为"骚花儿"。

喝花儿 xə⁵³xuar²¹³：唱山歌。

打车咕噜 ta⁵³tʂʰə²⁴ku²¹｜u²⁴：侧手翻，也叫"打车轮子"。

打剪脚 ta²¹tsiæ̃⁵³tɕyə³：一种跳起来手和脚相连的动作。

翻数儿 fæ̃²¹ʂur⁴⁴：一种前滚翻动作。

耍把戏 ʂua²¹pa⁵³ɕi³：杂技魔术。

耍拳 ʂua⁵³tɕʰyæ̃²⁴：表演武术。

拳棒手 tɕʰyæ̃²⁴paŋ⁴⁴ʂou⁵³：武术师。

拳 tɕyæ̃²⁴：武术。

藏马马虎儿 tsʰiaŋ²⁴ma²¹ma²⁴xur²⁴：一种儿童游戏。

瞎子摸瘸子 xa²¹tsʅ³mə⁵³tɕʰyə²⁴tsʅ²：一种儿童游戏。

下方 ɕia⁴⁴faŋ²¹³：儿童游戏。

抓五子儿 tʂua²⁴vu²¹tsər⁵³：抓石子，儿童游戏。

弹豆儿 tʰæ̃²⁴təur⁴⁴：弹玻璃球。

打牛儿 ta⁵³niəur²⁴：抽陀螺。

打水漂 ta⁵³ʂuei⁵³pʰiɔ²¹³：向水面扔石片的儿童游戏。

解绞绞 kei⁵³tɕiɔ²¹tɕiɔ²⁴：解线游戏。

打弹崩 ta⁵³tæ̃⁴⁴pəŋ¹：打弹子。

绊炮 pæ̃⁴⁴pʰɔ⁴⁴：甩泥做响炮的儿童游戏。

耍水 ʂ_la⁵³ʂɿei⁵³：游泳。

打秋 ta⁵³tsʰiəu²¹³：荡秋千。

转秋 tʂuæ̃⁴⁴tsʰiəu²¹³：可以旋转的秋千。

闪担 ʂæ̃⁵³tæ̃²¹³：玩跷跷板。

丢窝 tiəu²⁴vər²¹³：儿童游戏。

跳房子 tʰiɔ²⁴faŋ²⁴tsɿ²：儿童游戏。

踢毽子 tʰi²¹tɕiæ⁴⁴tsɿ¹：儿童游戏。例略。

移手巾 i²⁴ʂəu⁵³tɕiŋ³：儿童游戏。

捉鳖 tʂuə²⁴piə²¹³：儿童游戏。

打砂锅 ta⁵³sa²⁴kuə²：用砂锅、水、石头三者事物比输赢的一种游戏。

老虎杠子鸡 lɔ⁵³xu⁵³kaŋ⁴⁴tsɿ¹tɕi²¹³：用老虎、杠子、鸡、虫子四者事物比输赢的一种游戏。

石头剪子布 ʂɿ²⁴tʰəu²tsiæ⁵³tsɿ³pu⁴⁴：用石头、剪子、布三者事物比输赢的一种游戏。

都噜噜水 tu²⁴lu²lu²ʂɿei⁵³：儿童游戏。

狼吃娃娃 laŋ²⁴tʂʰɿ²¹va²⁴va²：儿童游戏。

叨老鸦 tɔ²¹lɔ⁵³va³：儿童游戏。

链狗娃儿 liæ̃⁴⁴kəu⁵³var³：儿童游戏。

古经 ku⁵³tɕiŋ³：故事。

打百分 ta⁵³pei²⁴fəŋ²：打扑克。

争上游 tsəŋ²¹ʂaŋ⁴⁴iəu²⁴：扑克游戏，也称"五八王三二一"。

赶毛驴儿 kæ̃⁵³mɔ²⁴lyər²⁴：扑克游戏。

升级 ʂəŋ²⁴tɕi²¹³：扑克游戏。

折牛腿 tʂə⁵³niəu²⁴tʰuei⁵³：带有赌博性质的一种纸牌游戏，又称"掀牛"。

五家抱 vu⁵³tɕia³pɔ⁴⁴：折牛腿时五个人同时玩，头家和底家各有两人，二家占独份。

诈金花 tsa⁴⁴tɕiŋ²⁴xua²：一种游戏。

游斤 iəu²⁴tɕiŋ²¹³：带有赌博性质的一种纸牌游戏。

耍物儿 ʂɿa⁵³vər³：玩具。也叫"耍拉子"。

风车儿 fəŋ²⁴tʂʰər²¹³：玩具，有的用核桃壳和鸡翎子做成，有的用纸折叠而成，随风旋转。

毛蛋 mɔ²⁴tæ̃⁴⁴：儿童玩的小球。

口弦儿 kʰəu⁴⁴ɕiãr¹：妇女弹的竹质的弦乐器。

笛杆儿 tʰi²⁴kær²：笛子。

咪儿 miər⁴⁴：柳笛。

拧咪儿 niŋ²⁴miər⁴⁴：制作柳笛。

瓦鸣儿 va⁴⁴vur²⁴：一种泥做烧制的民间乐器，三孔，状如猫头，一说古代的"埙"即指此。

嗦嗦扬儿 su⁴⁴su¹iãr²⁴：一种泥做烧制的乐器，声如哨子。

都卢转儿 tu²¹lu²⁴tʂuãr⁴⁴：一种在地上旋转的儿童玩具。

马后背包子 ma⁵³xəu⁴⁴pei²⁴pɔ²¹tsʅ³：象棋俗语，以下词条同。

卧槽马 və⁴⁴tsʰɔ²⁴ma⁵³

高吊马 kɔ²¹tiɔ⁴⁴ma⁵³

挂角马 kʰua⁴⁴tɕyə²¹ma⁵³

连环马 liæ̃²⁴xuæ̃²⁴ma⁵³

边马 piæ̃²¹ma⁵³

窝心马 və²⁴siŋ²¹ma⁵³

马三相 ma⁵³sæ̃²¹siaŋ⁴⁴

二马盘槽 ər⁴⁴ma⁵³pæ̃²⁴tsɔ²⁴

夹马当头 tɕia²¹ma⁵³taŋ²¹tʰəu²⁴

马站大角 ma⁵³tsæ̃⁴⁴ta⁴⁴tɕy²¹³

别马腿 pʰiə²⁴ma⁵³tʰuei⁵³

守丧车 ʂəu⁵³saŋ²⁴tɕy²¹³

霸王车 pa⁴⁴vaŋ¹tɕy²¹³

大出车 ta⁴⁴tʂʰu²⁴tɕy²¹³

明老爷 miŋ²⁴lɔ⁵³iə³

车巡河 tɕy²¹ɕyŋ²⁴xə²⁴

巡河炮 ɕyŋ²⁴xə²⁴pʰɔ⁴⁴

单车炮 tæ̃²⁴tɕy²¹pʰɔ⁴⁴

重重炮 tʂʰuŋ²⁴tʂʰuŋ²pʰɔ⁴⁴

冠冠炮 kuæ̃⁴⁴kuæ̃¹pʰɔ⁴⁴

当头炮 taŋ²¹təu²⁴pɔ⁴⁴

担子炮 tæ̃⁴⁴tsʅ¹pʰɔ⁴⁴

背攻 pei⁴⁴kuŋ²¹³

高背攻 kɔ²¹pei⁴⁴kuŋ²¹³

三子归边 sæ̃²¹tsʅ⁵³kuei²⁴piæ̃²

悬门挂匾 ɕyæ̃²⁴məŋ²⁴kua⁴⁴piæ̃⁵³

苦车夺炮 kʰu⁵³tɕy³tuə²⁴pʰɔ⁴⁴

过河卒子 kuə⁴⁴xə²⁴tsu²⁴tsʅ²

拖手卒子 tʰuə²¹ʂəu⁵³tsu²⁴tsʅ²

笑里抽刀 siɔ⁴⁴li¹tʂʰəu²⁴tɔ²

明车暗炮 miŋ²⁴tɕy²ŋæ̃⁴⁴pʰɔ⁴⁴

倒取摩天岭 tɔ⁴⁴tɕʰy⁵³mə²⁴tʰiæ²¹liŋ⁵³

二鬼卡脖子 ər⁴⁴kuei⁵³tɕʰia⁵³pʰə²⁴tsʅ²

单拆 tæ̃²⁴tsʰei²

铁门 tʰiə²¹məŋ²⁴

剥皮 pə²¹pʰi²⁴

平顶关 pʰiŋ²⁴tiŋ⁵³kuæ̃³

大杀 ta⁴⁴sa¹

双车难破土相全 ʂuaŋ²⁴tɕy²næ̃²⁴pʰə⁴⁴sʅ⁴⁴siaŋ⁴⁴tɕʰyæ̃²⁴

双飞相 ʂuaŋ²⁴fei²¹siaŋ⁴⁴

十九　动作·行为·心理

拘倒 kəu²¹tɔ⁵³：低头弯腰。

蹴 tsiəu⁴⁴：坐。

圪蹴子 kə²¹tsiəu²⁴tsʅ¹：蹲立的一种姿势。

仰翻子 niaŋ⁵³pæ̃²¹tsʅ³：仰面朝天躺下的姿势。

侧能子 tsei²¹nəŋ²⁴tsʅ²：侧身而卧的样子。

狗蹲子 kəu⁵³tuŋ²¹tsʅ³：臀部着地而坐的样子。

趔趄子 liə⁴⁴tsiə²¹ltsʅ³：站立不稳的样子。

交架拐儿 tɕiɔ²¹tɕia⁴⁴kuer⁵³：二郎腿。

背仰子 pei⁴⁴niaŋ¹tsʅ¹：仰面朝天落空。

蜷住 tɕʰyæ̃²⁴tʂʰu²：曲蜷身子。

绊 pæ̃⁴⁴：①跌倒。例：他不小心～了。②摔东西。

栽倒 tsei²¹tɔ⁵³：跌倒。

马葡匐 ma⁵³pʰa²⁴pʰu²：四肢着地。贬义的说法为"狗吃屎"。

死腰落下 sʅ⁵³·iɔ²¹la⁴⁴xa¹：直不起腰。

刮 kua²¹³：批评。

□mɔ²¹³（音毛阴平）：估计、猜测。

飒 sa⁴⁴：遗漏。

□tʂʰua⁵³：用力猛然将粘着的片状东西往下拉。

咬 niɔ⁵³：痒。

搔咬人 tsɔ²¹niɔ⁵³z̩·əŋ³：搔痒。

圪留 kə²¹liəu²⁴：使人发痒。

圪搅 kə²¹tɕiɔ⁵³：干扰，也说成"和搅""搅打"。

打捷路 ta⁵³tsʰiə²⁴lu⁴⁴：抄近路。

穿趟子 tsʰuæ̃²¹tʰaŋ⁴⁴tsʅ¹：频繁出入。

窝倒回 və²¹tɔ⁴⁴xuei¹：折返。

挽二趟子 væ̃⁵³ər⁴⁴tʰaŋ⁴⁴tsʅ¹：二次返回。

扎窝子 tsa²⁴və²¹tsʅ³：建立据点。

扎站 tsa²¹tsæ̃⁴⁴：驻扎。

漾叶子 iaŋ⁴⁴iə²¹tsʅ³：出风头。

抹 mə⁵³：涂抹。

□（音资去声）tsʅ⁴⁴：用油浸润锅。

撂 liɔ⁴⁴：扔掉或丢失。

码 ma⁵³：垒起来。

摞 luə⁴⁴：一层一层叠加起来。

钉橛 tiŋ⁴⁴tɕʰyə²⁴：钉木桩。

挑 tiɔ⁵³：在木棍的一端系物。

吊水 tiɔ⁴⁴ʂuei⁵³：从井里打水。

放跑辘橹 faŋ⁴⁴pʰɔ⁵³lu²¹lu²⁴：吊水时快速降下绳索的一种方法。

驮水 tʰuə²⁴ʂuei⁵³：用牲口运水。

拉水 la²¹ʂuei⁵³：用车运水。

晓得 ɕiɔ⁵³ti³：知道。

晓不得 ɕiɔ⁵³pu²¹ti³：不知道。

□taŋ²⁴（音当阳平）：碰运气。

碰 pʰəŋ⁴⁴：不期而遇。

说下 ʂ⹖ə²¹xa²⁴：预定。

王光 vaŋ²⁴kuaŋ²：暂时维系。

杀懒 sa²¹læ̃⁵³：心中感到懒惰。

路数稠 lu⁴⁴ʂu¹tʂʰəu²⁴：心眼多，点子多。

不酥故 pu²¹su²⁴ku⁴⁴：事先未料到。也说成"不谋一"。

不打捞 pu²¹ta⁵³lɔ⁴⁴：不在意，不知不觉。

隐心 iŋ⁵³siŋ³：怀疑。

攒万 tsæ̃⁵³væ̃⁴⁴：注意，小心。

发毛 fa²¹mɔ²⁴：恐惧，烦躁。

寻病 siŋ²⁴pʰiŋ⁴⁴：找岔子。

怄气 ŋəu⁵³tɕʰi⁴⁴：心里不痛快，又称"着气"。

排山 pʰei²⁴sæ̃²¹³：因家务纠纷而负气出走。

游三 iəu²⁴sæ̃²：迷路。

发威 fa²⁴vei²¹³：发脾气、撒泼。

耍脾气 ʂua⁵³pʰi²⁴tɕʰi⁴⁴：使性子。

耍麻达 ʂua⁵³ma²⁴ta²：出严重问题或发生危险。例：他喝了酒开着车差一点耍了个麻达。

耍牙 ʂua⁵³ia²⁴：耍嘴皮子。

杠哨 kaŋ⁵³sɔ⁴⁴：在人前纠缠，使人颜面扫地。

躟蹋 ʐ⹖aŋ⁵³tʰa³：麻烦别人，也说成"骚躟"或"躟闹"。

发脾气 fa²¹pʰi²⁴tɕi⁴⁴：生气发火。

心疼 siŋ²¹tʰəŋ²⁴：①可惜。例：东西丢了他~得很。②漂亮可爱。

憎恶 tsəŋ⁴⁴vu⁴⁴：可憎可厌。

面情软 miæ⁴⁴tsʰiŋ²⁴ʐ⹖uæ̃⁵³：拉不开面子。

眼硬 niæ̃⁵³niŋ⁴⁴：不讲情面。

喘 tʂʰuæ̃⁵³：说话或应答。

喘声 tʂʰuæ̃⁵³ʂəŋ³：说话的声音。

张声 tʂaŋ²⁴ʂəŋ²¹³：声张。

吼 xəu⁵³：大声叫或哭。

言喘 iæ̃²⁴tʂʰuæ̃⁵³：开口说话，又称"吭声""吭气"。

搀言 tsʰæ̃²¹iæ̃²⁴：插嘴。

犟嘴 tɕʰiaŋ⁴⁴tsuei⁵³：顶嘴。

折辩 tʂə⁵³piæ̃⁴⁴：辩解。

回嘴 xuei²⁴tsuei⁵³：意较顶嘴为轻。

收唤 ʂəŋ²¹xuæ̃²⁴：呻吟、哭穷之义，为"呻唤"一词的音变，有时也说成"叫唤"。

嚷斤 z̻aŋ⁵³tɕiŋ³：为了达到某种目的不断提出要求。

骂仗 ma⁴⁴tʂaŋ⁴⁴：吵架，也说成"嚷仗"。

打捶 ta⁵³tʂʰuei²⁴：打架斗殴。

争竞 tsəŋ²¹tɕiŋ⁴⁴：计较，争论。

争掰 tsəŋ²⁴pei²：分得一些利益。

翻舌头 fæ̃²¹ʂə²⁴tʰəu²：传闲话。

说给 ʂuə²¹kei⁴⁴：告诉。

咬耳朵 niɔ⁵³ər⁵³tuə³：说悄悄话。

抬杠 tʰei²⁴kaŋ⁴⁴：无理争辩，又称"抬""抬死驴"。

抬 tʰei²⁴：①吹捧。②说别人的坏话，给别人使坏。

谑 ɕyə⁵³（音学上声）：狠狠批评，又称"训"。

说 ʂuə²¹³：指责。例：他把张三～了一顿。

呲 tsʰi²¹³：用言语使动。

□xaŋ²¹³（音航阴平）：用身体撞击。

掇戳 tuə²⁴tʂʰuə²：拿话刺激，指责。

耍嘴皮子 ʂuə⁵³tsuei⁵³pʰi²⁴tʂ²：贫嘴。

磨嘴皮子 mə²⁴tsuei⁵³pʰi²⁴tʂ̩¹：纠缠，又称"磨"。

安顿 ŋæ̃²¹tuŋ³：①嘱咐。②安置。

扎道 tsa²¹tɔ⁴⁴：再三叮嘱。

裁割 tsʰei²⁴kəʔ²：用各种理由干扰否定。

禁叶 tɕiŋ⁴⁴iəʔ¹：禁止，也说成"禁锢"。

颇论 pʰə²¹lyŋ⁴⁴：评论。

碰着 pʰəŋ⁴⁴tʂʰə²⁴：遇见。

看起 kʰæ̃⁴⁴tɕʰiə⁵³：看得起。

当人 taŋ⁴⁴ʐəŋ²⁴：受人尊重。

尊护 tsuŋ²¹xu²⁴：拥护、尊重。

撂护 tsʰəu²¹xu²⁴：抬举。

尊抬 tsuŋ²¹tʰei²⁴：尊重、抬举。

敬事 tɕiŋ⁴⁴sɿ⁴⁴：非常尊重。

佯意 iaŋ²⁴i⁴⁴：假意。

贴眼药 tʰiə²¹niæ̃⁵³yə³：阿谀奉承。

记情 tɕi⁴⁴tsʰiŋ²⁴：记住别人的恩情。

计较 tɕi⁴⁴tɕiɔ¹：对别人有较大成见。

结孽 tɕiə²⁴niə²¹³：结成冤仇。

上心 ʂaŋ⁴⁴siŋ²¹³：思考。

抓养 tʂua²¹iaŋ⁵³：抚养，也说成"拉扯"。

养活 iaŋ⁵³xuə³：赡养。

□tɕiəu²⁴（音纠阳平）：抚养婴幼儿。

担待 tæ̃²¹tei⁴⁴：原谅。

惯 kuæ̃⁴⁴：娇惯、纵容。

糊噜 xu²¹lu²⁴：糊弄、哄骗。

拉捶 la²¹tʂʰuei²⁴：劝架，又称"拉仗"。

拉偏捶 la²⁴pʰiæ̃²¹tʂʰuei²⁴：名为劝架，实为偏护一方，又称"拉偏架"。

解柝 kei⁵³tsʰei³：劝说使矛盾缓和或严重程度降低。

倒闲话 tɔ⁵³ɕiæ̃²⁴xua⁴⁴：拨弄是非。

笑话 siɔ⁴⁴xua¹：作动词用的是讥笑的意思。

六即 liəu²¹tsi²⁴：嘲弄。也常说成"郎"或"行叶"。

郎 laŋ²⁴：义同"六即"。

行叶 ɕiŋ²⁴iə²：义同"六即"。

花白 xua²¹pei²⁴：调侃。

丢笑 tiəu²¹siɔ⁴⁴：说笑话。

耍怪 ʂua⁵³kuei⁴⁴：装模作样令人发笑。

段 tuæ̃⁴⁴：追赶或赶跑，又称"撵"。

瓦 va⁵³：极速奔跑。

漾 iaŋ⁴⁴：逃逸。也说成"蹩（去声）""排"。

散 sæ̃⁴⁴：突然落空。

踏散脚 tʰa²ⁿæ̃⁴⁴tɕyə³：踩空。

散坑 sæ̃⁴⁴kəŋ²¹³：陷阱。

野狐散儿 iə⁵³xu³sæ̃r⁴⁴：诱骗别人上当的招数。

说散口 ʂuə²¹sæ̃⁴⁴kʰəu⁵³：不提防说漏了嘴或泄露了秘密。

捋抹 ly⁵³ma³：①考虑。②清点，拣选。

撇 pʰiə⁵³：扔。

□ʐæ̃⁴⁴：如滚雪球般变大。

不招嘴 pu²¹tʂɔ²⁴tsuei⁵³：不说话，不搭腔，又称"不招仗"。

淘 tʰɔ²⁴：初洗过的衣服再用清水漂洗。

拿 na²⁴：控制或要挟。

谩 mæ̃⁴⁴：说好话以取得他人的好感，也称"谩当"。

搞摸 kɔ⁵³mə³：抚慰，哄劝。

透弄 tʰəu⁴⁴luŋ⁴⁴：内外勾结，暗中转移，也说成"递弄"。

贩摆 fæ̃⁴⁴pei¹：吃里爬外。

挪揽 luə²⁴læ̃⁵³：使尽全力挪动。

挖爪 va²¹tʂua⁵³：用手触摸、掌握。

反斤 fæ̃⁵³tɕiŋ³：修理。

害 xei⁴⁴：小孩子调皮、恶作剧。也说成"害活""整"等。

捉大头 tʂuə²¹ta⁴⁴tʰəu¹：使人上当。

打马虎眼儿 ta⁵³ma⁵³xu³niæ̃r⁵³：哄骗。

打隔登 ta⁵³kə⁴⁴təŋ¹：犹豫或事情有了障碍。

蹾 tuŋ²¹³：重重地朝地上一放。

饮 iŋ^{44}：浸湿。

透 tʰəu^{44}：捅开。

心乏 siŋ^{21}fa^{24}：精神垮了。

杀赛 sa^{21}sei^{44}：丢下不管。

臊毛 sɔ^{44}mɔ^{24}：使人丢脸，也说成“臊皮”。

□（音赞阴平）tsæ̃^{213}：因干燥裂开口子。

趔 liə^{44}：退避。

撮 tsʰuə^{213}：偷看。

耀 ʐɔ^{44}：在缝隙中看。

瞅 tsʰəu^{53}：正眼看。

瓜了一眼 kua^{24}liəu^{2}i^{21}niæ̃^{53}：不经意地看了一眼。

□（音确上声）tɕʰyə^{53}：往远处看。

晾 liaŋ^{44}：丢下不管。

试 tsɿ^{44}（音自）：体验。

随 suei^{24}：跟随、服从。

搡 saŋ^{53}：推。

奓 tsa^{44}：竖起来或举起来。

濛 məŋ^{44}：加少量水分使物体有一定的湿度。

熟皮 ʂu^{24}pʰi^{24}：处罚人。

试当 sɿ^{44}taŋ^{1}：试一试，又称“试伙”。

唆 suə^{213}：吮吸。

搧 ʂæ̃^{213}：用巴掌拍打。

捏 niə^{213}：①握在手中。②双手用力合拢。

楔 siə^{213}：打进去。

杠 kaŋ^{44}：把刀放在瓦或石上磨一磨。

控 kuŋ^{44}：让器具、衣服等东西中的剩水流出来。

盛 ʂəŋ^{24}：用器皿在下面接住。

哈 xa^{213}：呼出热气。

划 xua^{24}：割开。

混 xuŋ^{44}：①混日子。②不理智，不明白。

混天天 xuŋ^{44}tʰiæ̃^{21}tʰiæ̃^{3}：混日子，又称“推日下山”。

挖 va²¹³：用手抓。

瓦 va⁵³：用碗等工具将器皿里的东西舀出。

维 vei²⁴：屁股着地慢慢移动。

背搭手 pei⁴⁴ta¹ ʂəu⁵³：反背双手，常形容趾高气扬的样子。

浪门子 laŋ⁴⁴məŋ²⁴tsʅ²：串门，又称"浪"或"游门子"。

光江 kuaŋ²¹tɕiaŋ²⁴：交谈。

奔望 pəŋ⁴⁴vaŋ¹：希冀有所帮助。也说成"习奔"。

弹嫌 tʰæ̃²⁴ɕiæ̃²：挑剔、嫌弃，又称"弹驳"。

押圪 ia²⁴kə²：控制情绪。

跌绊 tiə²¹pæ̃⁴⁴：积极想办法争取做成某件事情。

抿（上声）miŋ⁵³：少许喝一点。

□tsa⁵³（音匝上声）：用刀斧朝下砍。

片 pʰæ̃⁵³：用刀斧斜着砍。

□luə⁵³（音摞上声）：用刀猛割。

攘 naŋ⁵³：用锐器刺穿。

壳 kʰə⁴⁴（音可去声）：吃东西时退掉硬壳。

搬挡 pæ̃²¹taŋ⁴⁴：推辞。

展 tʂæ̃⁵³：将手伸出来。

词（阴平）tsʰʅ²¹³：把手或其他东西伸进去。

爽 ʂuaŋ⁵³：缩进去。

擤 ɕiŋ⁵³：排鼻涕。

线住 siæ̃⁴⁴tʂʰu¹：纠缠住。

蹻 tɕʰiɔ²¹³：跨过去。

拾掇 ʂʅ²⁴tuə²：收拾。

□tsʰuæ̃²⁴（音氽阳平）：将散开的东西集中起来。

收经 ʂəu²⁴tɕiŋ²：收拾。也说成"经收"。

将惜 tsiaŋ²⁴si²：珍惜。也说成"惜可"。

曲鸾 tɕʰy²¹luæ̃²⁴：劝解，疑为"劝"的分音词。

辨 pʰiæ̃⁴⁴：思考，弄懂。

董 tuŋ⁵³：①动水。②制造乱子。

掮 tɕʰiə²⁴：用肩扛。

灿 tsʰæ̃⁴⁴：寂寞的感觉。

相端 siaŋ⁴⁴tuæ̃¹：想办法。

卖拍 mei⁴⁴pʰei¹：说大话，夸耀。

款 kʰuæ̃⁵³：吹嘘、夸耀。

戏 ɕi⁴⁴：惹人眼馋。

扰达 ʐɔ⁵³ta³：短时间内走了一次。

臊摊子 sɔ⁴⁴tʰæ̃²¹tsɻ³：有意捣乱、骚扰，也说成"臊搅"。

了称 liɔ²⁴tʂʰəŋ²：准备。也说成"了乱"。

讹 ŋə²⁴：威胁、吓唬。

要鸡头 iɔ⁴⁴tɕi²¹tʰəu²⁴：称强。

跷尿臊 tɕʰiɔ²¹niɔ⁴⁴sɔ¹：腿从别人的头上扫过，为非礼行为。

刁 tiɔ²¹³：抢夺。

刁空 tiɔ²¹kʰuŋ⁴⁴：抽时间。

日鬼 ʐɻ²¹kuei⁵³：①做事不认真，为人不诚实。②捣鬼。

日塌 ʐɻ²¹tʰa²⁴：弄坏。

撵弄 niæ̃⁵³luŋ³：采取措施。

挣命 tsəŋ⁴⁴miŋ⁴⁴：拼命。

掉打 tʰiɔ⁴⁴ta¹：调整、安排。

搭帮 ta²⁴paŋ²¹³：帮助。

顾帮 ku⁴⁴paŋ²¹³：照顾。

把活 pa⁵³xuə³：留心察看。

佘意 ʂɤ²⁴i⁴⁴：在意，也说成"打涝"。

迷 mi⁴⁴：弄上脏东西。

□pia²¹³：把浆、泥或者稀软的东西贴上或粘上。

贵气 kuei⁴⁴tɕʰi⁴⁴：对小孩疼爱。

连累 liæ̃²⁴luei⁵³：牵涉进去。

扁言子 piæ̃⁵³iæ̃²⁴tsɻ²：指说话不用方言。也说成"操"。

排山 pʰei²⁴sæ̃²：因家庭矛盾负气出走。

跑土匪 pʰɔ⁵³tʰu²¹fei⁵³：旧时代因匪患而逃离家园。

法办 fa²¹pæ̃⁴⁴：逮捕。

捉 tʂuə²¹³：抓获。

掉过 tʰiɔ⁴⁴kuə⁴⁴：掉转方向。

记 tɕi⁴⁴：回忆，回想。

攒 tsʰuæ̃²⁴：将散的东西集中起来。

枚 mei²⁴：心里谋划盘算。

钩 kəu⁴⁴：来回锯。

搋 və²¹³：用力使直的东西变弯曲。

拓蒜 tʰa²⁴suæ̃⁴⁴：捣蒜。

下话 ɕia⁴⁴xua⁴⁴：告饶求情。

着气 tʂʰə²⁴tɕʰi⁴⁴：生气。

献尖 ɕiæ̃⁴⁴tsiæ̃²¹³：献殷勤。

利故 li⁴⁴ku⁴⁴：故意。

热眼 z̩ə²¹niæ̃⁵³：羡慕。

懒重 læ̃⁵³tʂʰuŋ³：懒得去做某事。

习说 si²⁴ʂuə²：指望，希冀。也说成"习确"。

掇 tuə²¹³：两手托起小孩，便利小孩大小便。

铎 tuə²¹³：用模具使泥类的东西成器。

绹绞 tʰɔ²¹tɕiɔ⁵³：线或绳索纠缠在一起，常比喻人的复杂关系或纠葛。

揭 tɕiə²¹³：向前推。

央及 iaŋ²¹³tɕi⁴⁴：央求，拜托。

央 iaŋ²¹³：鼓励，也说成"奖"。

恳 yŋ²¹³：怂恿。也说成"颠"。

观典 kuæ̃²¹tiæ̃⁵³：检查、诊断。

维 vei²⁴：结交、维持，和别人搞好关系。

拃 tsa⁵³（音匝上声）：用拇指和食指之间的距离度量长度，两拃为一尺。

喋 tɕʰiə²⁴：用嘴叼。

掬 tɕy²¹³：用两手捧。

拂 fə²⁴：扶着有弹性的手杖等。

拄 tʂʰu⁵³（音础）：扶着手。

吆 iɔ²¹³：赶牲畜。

誊 tʰəŋ²⁴：抄写。

佘 tsʰuæ̃²¹³：在沸水中添加丸子等料。

过事 kuə⁴⁴sʅ⁴⁴：操办红白喜事。

预当 y⁴⁴taŋ¹：考虑、准备，又称"虑当""盛当"。

拦挡 læ̃²⁴taŋ⁴⁴：阻拦。

理识 li⁵³ ʂʅ³：搭理。

招识 tʂɔ²⁴ ʂʅ²：理会。

生之 səŋ²⁴tsʅ²：做事不入常理。

胀气 tʂaŋ⁴⁴tɕʰi⁴⁴：生气。

抱怨 pɔ⁴⁴yæ̃¹：埋怨。

呱刷 kua²⁴ʂua²：讥讽。

着忙 tʂʰə²⁴maŋ²⁴：情急之下。

疑心 ni²⁴siŋ²：怀疑。

说和 ʂuə²¹xuə²⁴：调解矛盾，使之和解。

解拆 kei⁵³tsʰei³：调解矛盾或自我安慰。

学说 ɕyə²⁴ʂuə²：叙述事情的经过，也说成"学"。

转通 tʂuæ̃⁴⁴tʰuŋ¹：从中调停、斡旋。

转 tʂuæ̃⁴⁴：事物变化、运动。

谝嘴 pʰiæ̃⁵³tsuei⁵³：夸口、奢谈。

数落 ʂu⁵³luə³：数说或指责别人。

日映 zʅ²¹tɕyə²⁴：大骂，也说成"映""咷"。

嚼说 tsʰuə²⁴ʂuə²：说别人的坏话。

编科 piæ̃²⁴kʰuə²¹³：说谎。

打交儿 ta²¹tɕiɔr⁵³：打交道。

指交 tsʅ⁵³tɕiɔ³：戏弄、小看别人。

圪搅 kə²¹tɕiɔ⁵³：干扰。

吃咬 tʂʰʅ²¹niɔ⁵³：因心里不公平而埋怨，也说成"咬遭"。

派治 pʰei⁵³tʂʅ³：用各种方法整人。

没治 mə²¹tʂʅ⁴⁴：没有办法，也说成"没以治"。

倒灶 tɔ⁵³tsɔ³：①倒霉。②弄坏。

务依 vu⁴⁴i¹：种植园林。

歇缓 ɕiə²¹xuæ̃⁵³：休息。

得济 tei²¹tsi⁴⁴：获得了大的帮助。

接济 tsiə²¹tsi⁴⁴：帮助。

漂趣 pʰiɔ⁴⁴tɕʰy⁴⁴：自觉脸上无光。

倒换 tɔ⁵³xuæ̃³：倒卖更换。

整饬 tʂəŋ⁵³tʂʰʅ³：修理翻新。

胁偏 ɕiə²⁴pʰiæ̃²¹³：威逼，也说成"憋"。

估 ku⁵³：强迫别人做某事。例：吃屎来把巴屎来~住了。

□tɕʰia⁴⁴（音恰去声）：节省并隐藏。

别 pʰiə：撬。

护短 xu⁴⁴tuæ̃⁵³：包庇错误或缺点。

生养 səŋ²¹iaŋ⁵³：生育。

世番 ʂʅ⁴⁴fæ̃¹：折腾。

胡世番 xu²⁴ʂʅ⁴⁴fæ̃²：胡干，乱折腾。

经见 tɕiŋ²¹tɕiæ̃⁴⁴：经过或者见过的生活经验。

尺拇 tʂʅ⁵³mu³：估计、猜想。也说成"尺乎"。

揆拇 kʰuei²⁴mu²：大致估算。

世量 ʂʅ⁴⁴liaŋ¹：事前估定，也叫"拇量"。

抉（上声）tɕyə⁵³：猛然将东西折断。

抉（阴平）tɕyə²¹³：绳索形状的物体猛然抖动并发出声响。

□tɕiŋ²¹³（音惊）：跳。

帖着腔子 tʰiə⁴⁴tʂə¹kʰaŋ²¹tsʅ³：挺胸抬头，比喻很骄傲的样子。

上板 ʂaŋ⁴⁴pæ̃⁵³：欺贻别人。也说成"砸板"。

惘愧 vaŋ²⁴kʰuei²：后悔莫及。

亏欠 kʰuei²¹tɕʰiæ̃⁴⁴：心中感到对不起某人。

亏苦 kʰuei²¹kʰu⁵³：做缺德的事。

狼眼 laŋ²⁴niæ̃⁵³：因看错了人或错误估量了形势而后悔不迭。

眼窝儿高 niæ̃⁵³vər²⁴kɔ²¹³：目光远大。也说成"眼界高"。

剖心口 pʰɔ²⁴siŋ²¹kʰəu⁵³：幸灾乐祸。

怯火 tɕʰiə²¹xuə⁵³：胆怯，也说成"发毛""怯趋"。

怜念 liæ̃²⁴niæ̃⁴⁴：心中牵挂，也说成"牵心"。

遂心 suei²⁴siŋ²¹³：满意。

一心儿 i⁴⁴siə̃r¹：放心。也说成"素心"。

音不着 iŋ²¹pu²⁴tʂʰə²⁴：没有放在心上。

不意思 pu²¹i⁴⁴sʅ¹：心里有隔阂。

不暖和 pu²¹luæ̃⁵³xuə³：心里不高兴。

掏神 tʰɔ²⁴ʂəŋ²⁴：费神，也说成"劳毛"。

□tsʰɔ⁴⁴（音糙）：发怒。

□xəu²¹³（音后阴平）：发怒的样子。

照 tʂɔ⁴⁴：放哨，望风，看护。

悦愿 yə²¹yæ̃⁴⁴：高兴、喜悦。

斩万 tsæ̃⁵³væ̃⁴⁴：提防。

察访 tsʰa²¹faŋ⁵³：观察寻找。也说成"确识"。

约摸 yə²¹mə⁵³：察觉。也说成"摸识"。

扫见 sɔ⁵³tɕiæ̃⁴⁴：无意间看见或发现。

捉持 tʂuə²⁴tʂʰʅ²：暗中操控。也说成"捉圪"。

撬事 tɕʰiɔ⁴⁴sʅ⁴⁴：从中作梗。

甩霍 ʂuei⁵³xuə³：挥霍。

憋火 piə²¹xuə⁵³：浪费。

□沓 pʰia²¹tʰa²⁴：乱花钱。

翻船 fæ̃²¹ʂuæ̃²⁴：液体因在器皿中太满而溢出来。

眼骇 niæ̃⁵³xei³：憎恨。

转磨磨儿 tʂuæ̃⁴⁴mə⁴⁴mər¹：原地绕圈子。

原成 yæ̃²⁴tʂʰəŋ¹：劝说。也说成"原变"。

下余 ɕia⁴⁴y²⁴：剩余。

哇苦 va²¹kʰu⁵³：劳而无功。

比似 pi⁵³sʅ³：打比方，举例。

哄备 xuŋ⁵³pi⁴⁴：表比拟关系的动词。

日弄 zʅ²¹luŋ⁴⁴：使鬼，又称"作弄"，就是愚弄的意思。

抽野 tʂʰəu²¹iə⁵³：使别人跟随自己干不正当的事，也说成"招野"。

掂恨 $\text{tiæ}̃^{21}\text{xəŋ}^{44}$：扬言，放出风声。

耐活 $\text{nei}^{44}\text{xuə}^{1}$：忍耐，坚持。

潮麦 $\text{tʂʰɔ}^{24}\text{mei}^{2}$：留心做某事。

拉扽 $\text{la}^{21}\text{təŋ}^{44}$：在经济上依靠别人。

掏旋 $\text{tʰɔ}^{21}\text{ɕyæ}^{44}$：不断侵蚀，也说成"涮腾"。

掏骗 $\text{tʰɔ}^{21}\text{pʰiæ}̃^{44}$：骗取。

落点 $\text{luə}^{21}\text{tiæ}̃^{53}$：归宿。

揣 tʂʰuei^{53}：摸。

跐踏 $\text{tsʰɿ}^{53}\text{tʰa}^{3}$：脚下不停地动。

卷包 $\text{tɕyæ}̃^{53}\text{pɔ}^{3}$：囊括。

打彻 $\text{ta}^{53}\text{tʂʰə}^{3}$：打扫。

剿杀 $\text{tsiɔ}^{53}\text{sa}^{3}$：因人多力量大而快速解决掉劳动对象或剪除对方势力。

彻揽 $\text{tʂʰə}^{21}\text{læ}̃^{53}$：承包做某事。

打长长 $\text{ta}^{21}\text{tʂaŋ}^{53}\text{tʂaŋ}^{3}$：伸懒腰。

出长气 $\text{tʂʰutʂaŋ}^{24}\text{tɕʰi}^{44}$：叹息。

杠 kaŋ^{44}：用力拽。

□$\text{tʂʰæ}̃^{53}$（音缠上声）：纠缠。

□$\text{tʂʰæ}̃^{44}$（音缠去声）：努力做事。

□tɕiəu^{24}（音阄阳平）：关门。

搭贴 $\text{ta}^{24}\text{tʰiə}^{2}$：投入。

叉 tsʰa^{53}：腿部分开。

□kʰəu^{24}（音口阳平）：用器皿罩住。

浅看 $\text{tsʰiæ}̃^{53}\text{kʰæ}̃^{3}$：瞧不起。例：他叫人~了。

□paŋ^{24}（音邦阳平）：吻。

冷颤 $\text{ləŋ}^{53}\text{tʂæ}̃^{44}$：激灵。

蹩圈 $\text{piə}^{44}\text{tɕʰyæ}̃^{1}$：自动远离。

绾 $\text{væ}̃^{53}$：绕远路。

撕摆 $\text{sɿ}^{21}\text{pei}^{53}$：摆弄。

跟找 $\text{kəŋ}^{21}\text{tsɔ}^{53}$：寻找。

巡 ɕyŋ^{24}：暗中跟踪。

错腾 tsʰuə⁴⁴tʰəŋ¹：将旧物腾开挪动，为新的物件重新找到位置。

寸摸 tsʰuə⁴⁴mə¹：慢慢地靠近，也说成"训摸"。

□糊 pia²¹xu²⁴：黏液状的东西沾得到处都是，也说成"磨糊"。

打整 ta²¹tʂəŋ⁵³：整治、治理。

装洋蒜 tʂuaŋ²¹iaŋ²⁴suæ̃⁴⁴：故意在人前假装。

混坛场 xuŋ⁴⁴tʰæ̃²⁴tʂʰaŋ²：滥竽充数。

登盛 təŋ²¹ʂəŋ²⁴：承诺。

阴治 iŋ²¹tʂʅ⁴⁴：暗害。

□ka²⁴（音嘎阳平）：枪毙人。

收没 ʂəu²⁴mə²：没收。

经道 tɕiŋ²¹tɔ⁴⁴：故意滋事。也说成"踢道"。

耍狗 ʂua⁵³kəu⁵³：耍无赖，也叫"耍死狗""耍牙"。

反乱 fæ̃⁵³luæ̃⁴⁴：造反。

换换倒儿 xuæ̃⁴⁴xuæ̃⁴⁴tɔr⁴⁴：轮换。

吃枪子儿 tʂʰʅ²⁴tsʰiaŋ²¹tsər⁵³：被枪决，也说成"挨枪子儿"。

耍郎当 ʂua⁵³laŋ²⁴taŋ²：把非常严肃、重要的事情当作儿戏，相当于"开玩笑"一语。

耍□ ʂua²¹tsʰəŋ⁵³（□，音层上声）：差点发生危险。

打郎堂 ta⁵³laŋ²⁴tʰaŋ²：假戏真做。

末末失笑儿 mə⁵³mə³ʂʅ²¹siɔr⁴⁴：情不自禁地笑。

掂检着 tiæ̃²¹tɕiæ̃⁵³tʂʰə²⁴：发现。

乌希 vu²⁴ɕi²：对某人发牢骚。

抹迷 mə⁵³mi³：遮掩过去。

杀蔓 sa²¹væ̃⁴⁴：结束。

挓 tʂa²¹³：用力拉引。

奔大 pəŋ²¹ta⁴⁴：自高自大。

吃死食 tʂʰʅ²¹sʅ⁵³ʂʅ³：坐吃山空。

失传 ʂʅ²¹tʂʰuæ̃²⁴：亡佚，也说成"迷失"。

出帔 tʂʰu²⁴pʰei²⁴：摆姿态、做样子给人看。

耍人 ʂua⁵³ʐəŋ²⁴：显示自己，突出自己。

耍即溜 ʂua⁵³tsi²¹liəu²⁴：显示自己的聪明。

催撵 tsʰuei²¹niæ̃⁵³：催促。

音名名儿 iŋ²¹miŋ²⁴miər²：打着别的旗号干某种不可告人的事情。

驾马 tɕia⁴⁴ma⁵³：假借别人名义做某事。

铰样子 tɕiɔ⁵³iaŋ⁴⁴tsʅ¹：杀鸡给猴看。

兴 ɕiŋ²¹³：流行。

世 ʂʅ⁴⁴：先天注定。例：天~下他是唱戏来料。

清 tɕʰiŋ⁴⁴（音庆）：凝固。

眣 tiə⁴⁴：不定期地看一眼。

提戏儿 tʰi²⁴ɕiər⁴⁴：有意用话题逗弄孩子提出不当要求。

二十　性质·状态

擘 niə²¹³：木头朽坏。

撬 tɕʰiɔ⁴⁴：木材变形弯曲。

害 xei⁴⁴：田间杂草太多。

乖 kuei²¹³：①外貌好看漂亮。②听话、懂事。

建 tɕiæ̃⁴⁴：小孩顽皮，不听话。

欢 xuæ̃²¹³：热闹。

清 tsʰiŋ²¹³：饭菜等汤多料少。

稠 tʂʰəu²⁴：①饭菜等汤少料多。②浑浊。

□tɕʰyə⁴⁴（音确去声）：体质瘦弱。

□tʂʰə⁴⁴（音车去声）：不正。

受阴 ʂəu⁴⁴iŋ¹：舒服。

把稳 pa²¹vəŋ⁵³：稳当，有把握。

美气 mei⁵³tɕʰi⁴⁴：合适或让人感到舒服。

难打整 næ̃²⁴ta²¹tʂəŋ⁵³：害羞。

尴 kæ̃⁴⁴：难为情。

气长 tɕʰi⁴⁴tʂʰaŋ²⁴：扬眉吐气。

久长 tɕiəu⁵³tʂʰaŋ²⁴：长久。

气慌 tɕʰi⁴⁴xuaŋ⁵³：气喘吁吁的样子。

短精神 tuæ̃⁵³tsiŋ²¹ʂəŋ²⁴：感觉自卑。

勤谷 tɕʰiŋ²⁴ku²：勤快。

□luæ̃²¹³（音乱阴平）：努力奋斗。

撑眼 tsʰəŋ²¹niæ̃⁵³：做事惹人讨厌。

乏 fa²⁴：疲劳。

炕 kʰaŋ⁴⁴：口渴。

吮 ʂuŋ²⁴：①倒霉。②使人难堪。

□sɔ⁴⁴（音扫去声）：倒霉。

颠顿 tiæ̃²¹tuŋ²⁴：因年老而昏聩糊涂。

本分 pəŋ⁵³fəŋ⁴⁴：安分守己。

走手 tsəu²¹ʂəu⁵³：行走的姿态、样子。

五形 vu⁵³ɕiŋ²⁴：动作姿态的贬义词。

泼实 pʰə²¹ʂʅ²⁴：干活踏实卖力，也说成"泼"。

干散 kæ̃²¹sæ̃⁵³：办事或行动干净利落。

□令 tsiɔ⁵³liŋ⁴⁴（□音焦上声）：直截了当。

伞 sæ̃⁵³：指馒头一类的食品因发酵得好而松散开裂。

□tiə⁵³（音叠上声）：有坡度的地形突然变陡或物体弯曲朝下，如地名"叠叠沟"。

斩劲 tsæ̃⁵³tɕiŋ⁴⁴：①力量大、能干。②人长得漂亮或帅。

清俊 tsʰiŋ²¹tɕyŋ⁴⁴：男子帅气。

联书 lyæ̃²⁴ʂu²：有亲和力，善于交际。

细详 si⁴⁴siaŋ¹：①节约、俭朴。②认真。

细 si⁴⁴：节俭。

油得很 iəu²⁴ti²xəŋ⁵³：屡试不爽的样子。

脱把 tuə²¹pa⁵³：接续不上的样子。

脱四子 tuə²¹sʅ⁴⁴tsʅ¹：容器的底部掉开的样子。也说成"脱底子"。

一窝蜂 i⁴⁴və¹fəŋ¹：好多人怒气冲冲的样子。

寻心 siŋ²⁴siŋ²：斤斤计较的样子。

紧细 tɕiŋ⁵³si⁴⁴：特别节约。

瓤 ʐaŋ²⁴：①体弱。②形势或质量处于劣势。

勒得 lei²¹tei²⁴：人的某种状况差。

绵 miæ̃²⁴：①饭菜等煮得很烂。②质地细碎，也说成"绵胡"。

碎 suei⁴⁴：小。

□tsa⁵³（音匝上声）：颗粒粗大。

劲大 tɕiŋ⁴⁴ta⁴⁴：程度严重。

天胆 tʰiæ̃²¹tæ̃⁵³：比喻特别大的胆量（常含贬义），也说成"豹子胆"。

肚郎 tu⁵³laŋ³：指人的胆量。

豪 xɔ²⁴：指女性妖艳娇气。

骚 sɔ²¹³：色情、淫秽。如歌词含色情内容的山花儿（一种地方曲子）称"骚花儿"。

颇烦 pʰə²¹fæ̃²⁴：心里烦闷。

暮连人 mu⁴⁴liæ̃¹ʐəŋ¹：脏兮兮的样子。

死押风 sɿ⁵³nia²⁴fəŋ²：做事不会随机应变。

干束 kæ̃²⁴ʂu²：干净整洁。

细束 si⁴⁴ʂu¹：指活儿做得漂亮、好看。也说成"交样"。

日眼 zʅ²¹niæ̃⁵³：惹人憎恶。

日赖 zʅ²¹lei⁴⁴：不讲理或难对付。

吃窍 tʂʰʅ²¹tɕʰiɔ⁴⁴：合适。

吃劲 tʂʰʅ²¹tɕiŋ⁴⁴：自重的样子。

栒 ɕiɔ²¹³：木头或家具不结实。

呼卢 xu²¹lu²⁴：卯钉、牙齿等松动。

雪边 ɕyə²⁴piæ̃²¹³：指棱角或边沿损坏。

磁实 tsʰʅ²⁴ʂʅ²：结实。

展脱 tʂæ̃⁵³tʰuə³：多指女子体貌大方。

扁胖 piæ̃⁵³pʰaŋ³：植物枝叶肥嫩或小孩身体结实的样子。

律直 ly⁵³tʂʅ³：端正好看。

秀律 siəu²⁴ly²：多指女子身材细长秀美。

连巧 liæ̃²⁴tɕʰiɔ⁴⁴：合适。

紧成 tɕiŋ⁵³tʂʰəŋ³：不松散。

紧困 tɕiŋ⁵³kʰuŋ⁴⁴：紧要关头。

麻达 ma²⁴ta²：①祸殃。②指人手腕高、本事大。

叉利 tsʰa⁵³li⁴⁴：说话做事干脆利落。

攒促 tsʰuæ̃²⁴tsʰu²：比较集中的样子。

麻希 ma²⁴çi²：麻烦。

开舍 kʰei²¹ʂə⁵³：大方。

打张治 ta⁵³tʂaŋ²¹tʂʅ⁴⁴：说话吞吞吐吐的样子。

实受 ʂʅ²⁴ʂəu⁴⁴：实在。

毒 tʰu²⁴：狠毒，又称"歹"。

精 tsiŋ²¹³：聪明，机灵。

精 tsiŋ²¹³：赤裸。

精沟子 tsiŋ²⁴kəu²¹tsʅ³：光屁股。

精脊背 tsiŋ²⁴tsi²¹pei²⁴：赤裸上身，也说成"精溜子"。

精脚片子 tsiŋ²⁴tɕyə²¹pʰiæ̃⁵³tsʅ³：赤脚。

精身儿 tsiŋ²⁴ʂər²：一丝不挂，常形容贫穷的程度。

精光没火山

tsiŋ²⁴kuaŋ²mə²¹xuə⁵³sæ̃³：家境凄凉。

鬼耍水 kuei⁵³ʂua⁵³ʂuei⁵³：什么也没有。

奸 tɕiæ̃²¹³：诡计多端。

悻 çiŋ²¹³：为人做事悖于情理。

鼻子剪 pʰi²⁴tsʅ²tsiæ̃⁵³：嗅觉灵敏。

麻利 ma²⁴li⁴⁴：动作敏捷，又称"窜和""剪窜""剪麻"。

拉踏 la²⁴ta²：因懒散而显得脏、乱、差。

雷堆 luei²⁴tuei²⁴：外貌不整洁或生活无条理。

累场 luei⁴⁴tʂʰaŋ²：生活艰难或体质多病，又称"累"。

坦臑 tʰæ̃²⁴ʂu²：浑身无力。例：得了病后，她觉着~得很。

懵 məŋ⁴⁴：笨拙的样子。

懵伀 məŋ⁴⁴suŋ¹：笨蛋

愣 ləŋ⁵³：做事鲁莽、不计后果。

孽障 niə²¹tʂaŋ⁴⁴：没出息，可怜。

心严 siŋ²¹niæ̃²⁴：心眼不开窍。

完 væ̃²⁴：①坏。②不中用。

猴 xəu²⁴：指女孩不稳重，又称"猴精"。

鲜净 çyæ̃²¹tsʰiŋ⁴⁴：服饰容貌整洁美观。

肉皮子亮 ẓəu⁴⁴pʰi¹tsʅ¹liaŋ⁴⁴：皮肤洁白。

净索 tsʰiŋ⁴⁴suə¹：干净，纯净。

猓伶 luə⁵³liæ̃²⁴：境况艰难，又称"猓"。

烂场 læ̃⁴⁴tʂʰaŋ¹：生活艰难。

囊 naŋ⁴⁴：没本事、没能力。

□sæ̃²⁴（音闪阳平）：指承重的木头中间变弯曲。也指人做事没有力气或处事不果断。

齉 naŋ⁴⁴：鼻塞不通。

□niə²⁴（音捏阳平）：精神萎靡不振的样子。

窍 tɕʰiɔ⁴⁴：指人的关节僵硬，活动不便的样子。

□xəŋ⁵³（音很）：①老年人身体健康。②有本事。

尽腔腔子努 tsiŋ⁵³kʰaŋ²¹kʰaŋ³tsʅ³lu⁵³：做事非常努力的样子。

抹眼 ma²¹niæ̃⁵³：①品质恶劣。例：这个人~得很。②状况变坏。例：病~了。

欢闹 xuæ̃²¹nɔ⁴⁴：热闹，又称"欢"。

欢欢 xuæ̃²¹xuæ̃²⁴：热闹。

背 pei⁴⁴：偏僻。

端 tuæ̃²¹³：直。

泼 pʰə²¹³：性格泼辣。

耿性 kəŋ⁵³siŋ⁴⁴：指人的性格或脾气。

油 iəu²⁴：不服管教、缺乏修养。

硬扎 niŋ⁴⁴tsa¹：严格、严厉。

□皮 pʰa⁵³pi³（□音怕上声）：不认真，敷衍了事的样子。

赘实 tʂuei⁵³ʂʅ³：神情高傲、趾高气扬，也说成"赘"。

弄不札 luŋ⁴⁴pu⁴⁴tsa²¹³：关系不和，又称"拿不扎"。

憋囊 piə²¹naŋ⁵³：①窝囊。②心情不愉快。

囊脏 naŋ⁵³tsaŋ³：吃东西不文雅的样子。

囊哉 naŋ⁵³tsei³：悠闲自在的样子。

诧人 tsʰa⁴⁴ẓəŋ²⁴：小孩怕见生人。

伤脸 ʂaŋ²¹niæ̃⁵³：害臊的样子。

腼腆 miæ̃²¹tʰiæ̃⁵³：羞怯。

丁当 tiŋ²¹taŋ²⁴：①结实。②靠得住。

俩伍 lia²⁴vu⁵³：对人或事十分怠慢。

黄了 xuaŋ²⁴liəu²：事情没有结果。

窜 tsʰuæ̃⁴⁴：食物气味浓烈。

惬实 tɕʰiə⁴⁴ʂʅ¹：大摇大摆，神情高傲的样子。

张 tʂaŋ²⁴：呆傻。

消停 siɔ²¹tʰiŋ²⁴：不着急，也说成"消坦"或"消缓"。

安然 ŋæ̃²¹zæ̃²⁴：平安无事。

坦 tʰæ̃⁵³：①慢性子。②动作缓慢。

脱把 tʰuə²¹pa⁵³：接续不上。

焦 tsiɔ⁴⁴：①急性子。②动作快。

□tʂua²⁴（音抓阳平）：青少年机灵能干，也说成"翻万""千反"。

□maŋ²¹³（音莽阴平）：秃而圆的样子。

□pʰɔ²¹³（音泡阴平）：虚而松软。例：萝葡~了。

□pʰa²¹³（音怕阴平）：丝织品不细密、不牢固。

□su⁵³（音素上声）：食物等块状的东西松脆易散。

逛 kuaŋ⁴⁴：做事不认真。

靠 kʰɔ⁴⁴：一种正常需求得不到满足。

靠瘾 kʰɔ⁴⁴iŋ¹：嘴馋。

牢实 lɔ²⁴ʂʅ²：结实。

口重 kʰəu⁵³tʂʰuŋ⁴⁴：习惯吃较咸味儿的食物。

恬 tʰiæ̃²⁴：调料味儿淡。

□ʂa²⁴（音傻阳平）：舒坦。

□tsʰiɔ⁴⁴（音俏）：道路泥泞。也作动词，踩在泥上。

品麻 pʰiŋ⁵³ma²⁴：悠闲自在。

霸了 pa⁴⁴liəu¹：①不怎么好。②还算可以。

料 liɔ⁴⁴：为人轻浮，追求时髦，这样的人叫"料片子"。

重 tʂʰuŋ²⁴：说话啰唆。例：人老了~得很。

争 tsəŋ²¹³：出类拔萃。

乌麻 vu²¹ma²⁴：内心烦乱。也说成"乌苏"。

扎哇 tsa²¹va²⁴：做事非常认真踏实。

乏不踏踏 $fa^{24}pu^2t^ha^2t^ha^2$：没有精神，又称"乏不拉踏"，参看四字格词语"乏死拉塌"。

软将 $z̩u\tilde{æ}^{53}tsiaŋ^3$：不壮实，又称"不硬强"。

俊 $tɕyŋ^{44}$：长相好看。

皮实 $p^hi^{24}ʂ̩^2$：①身体结实，经得起折磨。②东西耐用。

利索 $li^{44}suə^1$：行动敏捷。

利郎：$li^{44}laŋ^1$：流畅。

把作 $pa^{53}tsuə^3$：不自在或境况窘迫。

抠 $k^həu^{213}$：①吝啬。②用手指抓。

粘 $z̩\tilde{æ}^{24}$：纠缠。

硬邦 $niŋ^{44}paŋ^1$：作风硬气或身体结实。也说成"硬呈"。

塌垮 $t^ha^{21}k^hua^{53}$：失败或身体站不起来，也说成"塌火"。

轻 $tɕ^hiŋ^{213}$：高兴的样子。

稍轻 $sɔ^{24}tɕ^hiŋ^{213}$：举止不稳重，容易招惹是非。

几贵 $tɕi^{21}kuei^{44}$：贵重。

怪势 $kuei^{44}ʂ̩^{44}$：难看。

便宜 $pi\tilde{æ}^{44}i^{44}$：方便现成。

严赞 $ni\tilde{æ}^{24}ts\tilde{æ}^{213}$：严密，也说成"严乌""行乌"。

盛惬 $ʂəŋ^{24}tɕ^hiə^2$：现成。

顽缠 $v\tilde{æ}^{24}tʂ^h\tilde{æ}^2$：处理或对付比较复杂的事情。

宽展 $k^hu\tilde{æ}^{21}tʂ\tilde{æ}^{53}$：①宅院或房子大而宽余。②经济生活比较富裕。

散花 $s\tilde{æ}^{53}xua^3$：馒头等食品表面裂开口子。

威 vei^{213}：强硬、厉害。

□$tɕyə^{53}$（音决上声）：待人态度不好。

趄 $ɕyə^{44}$：蛮横不讲理。

软活 $z̩u\tilde{æ}^{53}xuə^1$：松软。

花哨 $xuə^{21}sɔ^{44}$：活泼风流。

公道 $kuŋ^{21}tɔ^{44}$：公平合理。

帮间 $paŋ^{24}tɕi\tilde{æ}^2$：合适、差不多。

间转 $tɕi\tilde{æ}^{21}tʂu\tilde{æ}^{44}$：转眼之间，形容时光短暂。

乖爽 kuei²¹ ʂuaŋ⁵³：小孩听话可爱。

布当 pu⁴⁴taŋ¹：可怜或不忍心看的样子，有时也说成"布当花花"。

苦焦 kʰu⁵³tsiɔ⁴⁴：因土地贫瘠而贫穷。

红火 xuŋ⁴⁴xuə¹：热闹。

绿 liəu²¹³：做事卑鄙，见不得人。

孤惜 ku²⁴si²：孤独。

恓惶 si²¹xuaŋ²⁴境况凄惨。

停当 tʰiŋ²⁴taŋ²：事情已办完或办妥。

总张 tsuŋ⁵³tʂaŋ³：完整。

整爽 tʂəŋ⁵³ʂuaŋ³：整齐。

美实 mei⁵³ʂʅ³：形容瓜果块头大或人的个头结实。

烂包 læ̃²⁴pɔ²：局面坏到不可收拾的地步，也称"烂面"。

卯硬 mɔ⁵³niŋ⁴⁴：过头，过量。

没向 mə²¹ɕiaŋ⁴⁴：不行。

没手斗 mə²¹ʂu⁵³təu⁴⁴：局面很严重。

半拉子 pæ̃⁴⁴la²⁴tsʅ²：事情正在进行中，也称"半眼下"。

难心 næ̃²⁴siŋ²：做事为难或生活困难，也说成"难肠"。

能成 nəŋ²⁴tʂʰəŋ²⁴：能干。

窝也 və²⁴iə²：合适、关系融洽或身体健康。

没是 mə²¹sʅ⁴⁴：不行了。

瞎茬 xa²¹tsʰa²⁴：事情无可挽回。

只末 tsʅ²¹mə²⁴：不付报酬。

巧鬼 tɕiɔ²¹kuei⁵³：事不凑巧，也说成"巧趌""打错茬"。

对对儿来 tuei⁴⁴tuer⁴⁴lei²⁴：非常正确的样子。

顺顺子 ʂuŋ⁴⁴ʂuŋ⁴⁴tsʅ¹：头在上，脚在下。

倒札子 tɔ⁴⁴tsa¹tsʅ¹：头在下，脚朝上。

趌趌子 ɕyə²⁴ɕyə²⁴tsʅ²：横着。

乱逛子 luæ̃⁴⁴kuaŋ⁴⁴tsʅ¹：慌乱。

不拿严 pu²¹na²⁴niæ̃²⁴：技术不过关。

不降堂 pu²¹ɕiaŋ²⁴tʰaŋ²⁴：不怎么样好。

转场大 tʂuæ̃²⁴tʂʰaŋ²ta⁴⁴：手腕高明。

耍得大 ʂua⁵³ti³ta⁴⁴：大大咧咧的样子，也说成"大拿儿"。

生把子 səŋ²¹pa⁵³tsʅ³：陌生的样子。

性子大 siŋ⁴⁴tsʅ¹ta⁴⁴：脾气暴躁。

忘昏大 vaŋ⁴⁴xuŋ¹ta¹：记忆力差，也说成"洋昏子"。

把定 pa⁵³tiŋ⁴⁴：很有把握。

逼 pi²¹³：经济拮据。

宽舒 kʰuæ̃²⁴ʂu²：空间大或经济宽余，也说成"宽展"。

窄扁 tsei²¹piæ̃⁵³：空间狭小，也说成"曲卡"或"窄卡"。

苦辛 kʰu⁵³siŋ³：辛苦。

情意 tsʰiŋ²⁴i⁴⁴：待人热情。

苦情 kʰu⁵³tsiŋ²⁴：具有辛酸悲伤的经历。

歹怪 tei⁵³kuei⁴⁴：幽默。

蛮 mæ̃²⁴：胡乱。

余贴 y²⁴tʰiə²：事情得到了妥善处理。

色气 sei²¹tɕʰ⁴⁴：颜色。

大红 ta⁴⁴xuŋ¹：鲜红。

水红 ʂuei⁵³xuŋ³：紫红。

黑红 xei²¹xuŋ²⁴：棕色。

黑绿 xei²⁴liəu²：深绿。

土黄 tʰu⁵³xuaŋ²⁴：赭黄。

杏黄 ɕiŋ⁴⁴xuaŋ¹：橙黄。

苜蓿花儿色 mu²¹ɕy²⁴xuar²⁴sei²¹³：紫罗兰色。

亮蓝 liaŋ⁴⁴læ̃²⁴：蓼蓝。

青 tsʰiŋ²¹³：黑色。

麻 ma²⁴：灰色。

乌青 vu²⁴tsʰiŋ²：紫黑色。

铁青 tʰiə²¹³：灰黑色。

血青 ɕiə²⁴tsʰiŋ²：紫色。

鸭蛋青 ia²¹tæ̃⁴⁴tsʰiŋ¹：浅青色。

月白 yə²¹pei²⁴：浅白色。

乳白 ʐu⁵³pei²⁴：亮白色。

钱辣辣儿 tsʰiæ̃²⁴la²¹lar²⁴：很有钱的样子。

气囊囊儿 tɕʰi⁴⁴naŋ¹nãr¹：很暖和或悠闲的样子。

黑乌乌儿 xei²¹vu⁵³vur²⁴：天很黑的样子。

圪能能儿 kə²¹nəŋ⁵³nə̃r²⁴：站立不稳的样子。

高入入儿 kɔ²¹ʐu⁵³ʐur³：容器里的盛物凸起的样子。

干熇熇儿 kæ̃²¹tɕʰyŋ⁵³tɕʰyə̃r³：食物水分少的样子。

稠出出儿 tʂʰəu²⁴tʂʰu²¹tʂʰur³：水或汤中物料很多。

干党党儿 kæ̃²¹taŋ⁵³tãr³：十分无奈的样子。

干巴巴儿 kæ̃²¹pa⁵³par³：同上。

定巴巴儿 tʰiŋ⁴⁴pa²¹par³：十分肯定的样子或固定物牢固的样子。

硬走走儿 niŋ⁴⁴tsəu²¹tsəur³：坚挺的样子。

亮休休儿 liaŋ⁴⁴ɕiəu²¹ɕiəur³：光亮的样子。

光就就儿 kuaŋ²¹tsiəu⁵³tsiəur³：表面光滑的样子。

光本本儿：kuaŋ²¹pəŋ⁵³pə̃r³：同上。

明油油儿 miŋ²⁴iəu⁵³iəur³：油光可鉴的样子。

泡楞楞儿 pʰɔ²¹ləŋ⁵³lə̃r³：物体内部虚而不实的样子。

实楞楞儿 ʂʅ²⁴ləŋ⁵³lə̃r³：①物体内部实心而没有中空的样子。②事情确定无疑的样子。

实腾腾儿 ʂʅ²⁴tʰəŋ⁵³tə̃r³：同上。

□踏踏儿 pʰia²¹tʰa⁵³tʰar²⁴：小步跑动的样子。

□衍衍儿 pʰia²¹iæ̃⁵³iæ̃r³：容器中的液体满得快要溢出的样子。

可手手儿 kʰə²¹ʂəu⁵³ʂəur²⁴：哆嗦的样子。

能古古儿 nəŋ²⁴ku⁵³kur²⁴：逞能的样子。

石艮艮儿 ʂʅ²⁴kəŋ⁵³kə̃r³：思维迟钝的样子。

直囊囊儿 tʂʰʅ²⁴naŋ²¹nãr³：端直、没有弯曲的样子。

直楞楞儿 tʂʰʅ²⁴ləŋ⁵³lə̃r³：同上。

严本本儿 niæ̃²⁴pəŋ⁵³pə̃r³：严实的样子。

新崭崭儿 tsʰiŋ²¹tsæ̃⁵³tsæ̃r³：崭新的样子。

立行行儿 li²¹ɕiŋ⁵³ɕiə̃r³：恭恭敬敬侍候人的样子。

肿楞楞 tʂuŋ⁵³ləŋ³ləŋ³：水肿的样子。

胀红红 tʂaŋ⁴⁴xuŋ²¹xuŋ³：肿胀的感觉。

咬粟粟 niɔ⁵³su³su³：发痒的感觉。

乏踏踏 fa²⁴tʰa²tʰa²：疲倦不振作的样子。

怪辣辣 kuei⁴⁴la¹la¹：很怪异的样子。

冰哇哇 piŋ²¹va⁵³va³：冰冷的样子。

热愣愣 ʐə²¹ləŋ⁵³ləŋ³：燥热难受的样子。

黑愣愣 xei²¹ləŋ⁵³ləŋ³：天突然黑下来的样子。

旧约约 tɕʰiəu⁴⁴yə⁵³yə³：不新鲜的样子。

凉□□liaŋ²⁴tʂʰua²tʂʰua²：①天气微冷的样子。②对人不热情的样子。

薄□□pʰə²⁴pia⁵³pia³：不厚实的样子。

亮晃晃 liaŋ⁴⁴xuaŋ¹xuaŋ¹：光亮度突然加大的样子。

孟慌慌 məŋ⁴⁴xuaŋ²¹xuaŋ³：笨蛋。

耀红红 ʐɔ⁵³xuŋ¹xuŋ¹：光线刺眼的样子。

秃厥厥 tʰu²¹tɕyə⁵³tɕyə⁵³：主体不凸出的样子。

黏乎乎 ʐæ̃²⁴xu²xu²：黏液粘手的样子。

圪陡陡 kə²¹təu⁵³təu²⁴：行走不稳的样子。

大愣愣 ta⁴⁴ləŋ²¹ləŋ³：年龄大而幼稚的样子。

尖入入 tsiæ̃²¹ʐu⁵³ʐu³：尖锐而凸出的样子。

莽愣愣 maŋ²¹ləŋ⁵³ləŋ³：圆而秃的样子。

麻乎乎 ma²⁴xu²xu²：灰蒙蒙的样子。

红粟粟 xu²⁴su⁵³su³：红而刺眼的样子。

张呆呆 tʂaŋ²⁴tei²tei²：反应迟缓的样子。

稀□□ɕi²¹pʰia⁵³pʰia³：肌肉松软的样子。

獒愣愣 tʂuaŋ⁵³ləŋ³ləŋ³：粗而笨重的样子。

明苍苍 miŋ²⁴tsʰaŋ²tsʰaŋ²：星光繁多的样子。

抠哇哇 kʰəu²¹va⁵³va³：胃空难受的样子。

软囊囊 ʐuæ̃⁵³naŋ³naŋ³：软而无力的样子。

绵乎乎 miæ̃²⁴xu²xu²：绵软而没有筋道的样子。

急猴猴 tɕi²⁴xəu²xəu²：着急不定的样子。

臊乎乎 sɔ²¹xu⁵³xu³：腥臭味浓重的样子。

重楞楞 tʂʰuŋ⁴⁴ləŋ¹ləŋ¹：沉重的样子。

绿哇哇 liəu²¹va⁵³va³：色绿而感觉不适的样子。

轻飘飘 tɕʰiŋ²¹pʰiɔ⁵³pʰiɔ³：轻而不稳的样子。

厚楞楞 xəu⁴⁴ləŋ¹ləŋ¹：厚重、不轻巧的样子。

肥囊囊 fei²⁴naŋ²¹naŋ²⁴：十分肥胖的样子，也指肥胖的人。

碎遭遭 suei⁴⁴tsɔ¹tsɔ¹：因小而嫌弃的样子。

窟出出 kʰu²¹tʂʰu⁵³tʂʰu²⁴：不断涌出的样子。

呵马马 xə²¹ma⁵³ma²⁴：人数多的样子。

呵闪闪 xə²¹sæ̃⁵³sæ̃²⁴：阵势大的样子。

饿兮兮 ŋə⁴⁴ɕi¹ɕi¹：饥饿的样子。

怕愣愣 pʰa²¹ləŋ⁵³ləŋ³：害怕的样子。

紧绷绷 tɕiŋ⁵³pəŋ³pəŋ³：绷得很紧的样子。

舞玄玄 vu⁵³ɕyæ̃³ɕyæ̃³：张牙舞爪的样子。

鳖乎乎 piə²¹xu⁵³xu³：球状体凸出的样子。

平闪闪 pʰiŋ²⁴sæ̃²¹sæ̃³：辽阔而平坦的样子。

慢傻傻 mæ⁴⁴ʂa¹ʂa¹：慢腾腾的样子。

湿哇哇 ʂʅ²¹va⁵³va³：水湿的样子。

空哇哇 kuŋ⁴⁴va¹va¹：空虚寂寞的样子。

泼且且 pʰə²¹tsʰiə⁵³tsʰiə²⁴：待人虚假的样子。

脓黑黑 luŋ²⁴xei²xei²：脓液流出的样子。

水荏荏 ʂuei⁵³tsʰa³tsʰa³：含水量过多的样子。

重亨亨 tʂʰuŋ⁴⁴xəŋ¹xəŋ¹：沉重的样子。

苦□□kʰu⁵³pia³pia³：苦涩的样子。

咸□□xæ̃²⁴pia⁵³pia³：味咸不适口的样子。

老扎扎 lɔ⁵³tsa³tsa³：食物不脆嫩或人的外貌显老的样子。

古挼挼 ku²¹ʐua⁵³ʐua²⁴：虫多而恐怖的样子。

黄□□xuaŋ²⁴tʂʰua⁵³tʂʰua³：肤色蜡黄的样子。

□踏踏 tʂʰua²¹tʰa⁵³tʰa²⁴：眼泪涌出或雨水流动的样子。

挣人 tsəŋ⁴⁴ʐ̩əŋ¹：使人感到吃力。

潮人 tʂʰɔ²⁴ʐ̩əŋ²：使人感到心里发潮、恶心。

重人 tʂʰuŋ⁴⁴ʐ̩əŋ¹：使人感到沉重。

噎人 iə²¹ʐ̩əŋ²⁴：使人感到吞咽不畅快。

急人 tɕi²⁴ʐ̩əŋ²：使人感到着急。

磨人 $mə^{24}z̩əŋ^2$：因摩擦使人感到疼痛难受。

腻人 $ni^{44}z̩əŋ^1$：使人感到发腻。

压人 $nia^{44}z̩əŋ^1$：因受重力压迫使人感到疼痛。

垫人 $t^hiæ̃^{44}z̩əŋ^1$：因脚底或身体接触到坚硬的异物使人感到疼痛难受。

辣人 $la^{21}z̩əŋ^{24}$：辛辣刺激使人感到难受。

气人 $tɕ^hi^{44}z̩əŋ^1$：使人生气。

恨人 $xəŋ^{44}z̩əŋ^1$：使人感到愤恨。

夹人 $tɕia^{21}z̩əŋ^{24}$：使人有挤压的感觉。

揞人 $z̩ua^{24}z̩əŋ^2$：吃东西时产生恶心的感觉。

攉人 $xuə^{21}z̩əŋ^{24}$：食物在下咽时有刺痛感。

咬人 $niɔ^{53}z̩əŋ^3$：使人感到发痒。

辱人 $z̩u^{21}z̩əŋ^{24}$：使人感到污辱。

捂人 $vu^{21}z̩əŋ^{24}$：使人产生呼吸不畅的感觉。

坠人 $tʂ^huei^{44}z̩əŋ^1$：重物使人有下垂的感觉。

饿人 $ŋə^{44}z̩əŋ^1$：使人感到饥饿。

熰人 $tɕ^hyŋ^{53}z̩əŋ^3$：使人感到闷热、潮湿。

闷人 $məŋ^{44}z̩əŋ^1$：使人感到闷热、潮湿。

扣人 $kəu^{21}z̩əŋ^{24}$：胃中有烧灼感。

扎人 $tsa^{21}z̩əŋ^{24}$：使人有针扎的感觉。

哼人 $xəŋ^{21}z̩əŋ^{24}$：因食物油腻使人厌食。

懔人 $liŋ^{44}z̩əŋ^1$：使人感到惊吓。

秋人 $ts^hiəu^{21}z̩əŋ^{24}$：辛辣的气味使眼睛发疼。

渗人 $səŋ^{44}z̩əŋ^1$：使人感到冰冷刺骨。

勒人 $lei^{21}z̩əŋ^{24}$：因绳子扎得太紧使人疼痛。

拘人 $tɕy^{21}z̩əŋ^{24}$：由于衣领等束得太紧使人呼吸不畅。

碜人 $ts^həŋ^{53}z̩əŋ^3$：说话使人难听或场面使人惨不忍睹。

耀人 $z̩ɔ^{44}z̩əŋ^1$：因光线强烈使人眼睛难受。

憋人 $piə^{21}z̩əŋ^{24}$：无法说出来使人感到难受。

胀人 $tʂaŋ^{44}z̩əŋ^1$：肚子发胀使人难受。

追人 $tʂuei^{21}z̩əŋ^{24}$：因连续咳嗽使人难受。

熏人 $ɕyŋ^{21}z̩əŋ^{24}$：浓烟或气味使人难受。也说成"喷人"。

旦人 $t\tilde{æ}^{44}əŋ^1$：上下颠簸使人难受。

颇练人 $p^hə^{21}li\tilde{æ}^{44}z̩əŋ^1$：因尿道发炎使人疼痛。

燎辣人 $liɔ^{53}la^3z̩əŋ^3$：胃部刺痛使人不舒服。也说成"挖人"

二十一　副词·连词·语气词·量词

臧 $tsaŋ^{53}$：时间副词。现在。例：～走。

就 $ts^hiəu^{44}$：时间副词，立刻。

才刚（音同才江）$ts^hei^{24}tɕiaŋ^{213}$：刚才。

差乎 $ts^ha^{21}xu^{53}$：语气副词。差一点儿。也说成"一乎"。例：～跌着河里了。

零干 $liŋ^{24}k\tilde{æ}^2$：只作补语，为程度副词，极言程度高。

连圪 $li\tilde{æ}^{24}kə^2$：情态副词，赶快。

转磨儿 $tʂu\tilde{æ}^{44}mər^{44}$：频率副词，次数频繁。

倒亮儿 $tɔ^{44}liãr^{44}$：语气副词。意同"竟然"。例：我寻了半天，～在插袋子里。

准中儿 $tʂuŋ^{53}tʂ̍ŭr^{24}$：情态副词。不偏不倚。例：～把他碰上了。

暗猛处 $ŋ\tilde{æ}^{44}məŋ^{53}tʂ^hu^3$：情态副词，突然。也说成"猛茬子"。例：他～晕倒了。

一蹦子 $i^{44}pəŋ^1tsʅ^1$：情态副词，突然跑开的样子，也说成"冷蹦子"。例：贼娃子看着警察～跑了。

一扫儿 $i^{21}sɔr^{53}$：情态副词，一眨眼的工夫。例：贼娃子看见警察～溜了。

一圪尺 $i^{21}kə^{24}tʂʅ^2$：情态副词，一下子。

满共 $m\tilde{æ}^{24}kuŋ^{44}$：范围副词，总共。例：家里～有一百元钱了。

按巧 $ŋ\tilde{æ}^{44}tɕ^hiɔ^{53}$：情态副词，正好。例：我正要找他，他～来了。

彻展 $tʂ^hə^{21}tʂ\tilde{æ}^{53}$：程度副词，放开手脚的样子。例：～睡一觉。

一达 $i^{21}ta^{24}$：方式副词，一块儿。例：两个娃娃～上学去了。

挨齐 $ŋei^{21}ts^hi^{24}$：方式副词，一个接一个，一个不漏。例：大家～上车。

可 $k^hə^{53}$：表示范围，整个。例：～屋里烟罩严了。

晃晃 xuaŋ⁴⁴xuaŋ⁴⁴：情态副词，轻轻地或原封不动地。例：把东西～放下。

带共 tei⁴⁴kuŋ⁴⁴：范围副词。满打满算。例：～三个人。

广 kuaŋ⁵³：频率副词，经常，也说成"一老"。例：他～到城里去。

投道 tʰəu²⁴tɔ⁴⁴：等到。例：～大夫来，人早就断气了。

势上 ʂʅ⁴⁴ʂəŋ¹：绝对。例：李四过日子～不如张三。

就算是 tsʰiəu⁴⁴suæ̃⁴⁴sʅ⁴⁴：表让步假设关系的连词。

要是 iɔ⁴⁴sʅ¹：表假设关系的连词。例：～下雨了，就不走了。

但 tʰæ̃⁴⁴：表假设关系的连词。天～晴了，就晒衣裳。

丫 ia⁵³：表示并列关系的连词，为"也"的白读音。例：他～这么说了。

设使 ʂə²¹sʅ⁵³：表示假设关系的连词。例：～别人不说，也有人说。

圪加 kə²¹tɕia²⁴：已经。也说成"圪刀"。例：热头～冒花子了。

么是 ma⁴⁴sʅ¹：表选择关系的连词。例：～缓一下。

犹了 iəu²¹liəu²⁴：表示让步假设关系的连词。例：～就火车，还不如就飞机。

乍溜 tsa²⁴liəu²：表示无条件关系的连词，意为"无论如何"，也说成"作溜"。例：这个娃娃～都能考上大学。

除介 tʂʰu²⁴tɕiə⁴⁴：表示转折关系的连词。例：～不干，还说了些风凉话。

末时介 mə⁵³sʅ³tɕiə³：表示让步假设关系的连词。例：～谁还一定要争个高低。

着 tʂə²¹³：表使动用法和被动用法。例：他～人骗了。

生 səŋ²¹³：偏，也说成"生生"。例：他～要这么个做。

习 si²⁴：朝。例：他～你笑。

把外 pa⁴⁴vei⁴⁴：另外。例：他～里得了些报酬。

临完 liŋ⁴⁴væ̃²⁴：最终。例：～没有落个好下场。

亏幸 kʰuei²¹ɕiŋ⁴⁴：幸亏。例：～了有人帮他，不然没有好结果。

很死 xəŋ²¹sʅ⁵³：范围副词，限定的最大范围。例：～一月挣上二千块钱。

见是么 tɕiæ̃⁴⁴sʅ⁴⁴mə¹：不留神，不知不觉。例：～就过了冬天。

白不作 pei²⁴pu²¹tsuə²⁴：暂时没有可能性。例：天阴了，但～下雨。

有多没少 iəu⁵³tuə²¹mə³ ʂɤ⁵³：无论多少。例：～你拿来。

中末说 tʂuŋ²⁴mə² ʂuə²：嫌弃量少的语气词。例：做了一年年子活，～就给了这么一点儿工钱。

当当儿 taŋ²⁴tãr²⁴：正好是这样。例：～是这个人。

抬动 tʰei²⁴tʰuŋ²：动不动。

老拇呢 lɔ²¹mu⁵³ni³：①总共。例：～手头只有一百块钱，买啥的是！②从根本上讲。例：～没有这一回事！

□沓 pʰia⁴⁴tʰa¹：量词，极言其多。例：他欠了一～账。

包劳 pɔ²¹lɔ²⁴：量词，多用于整体。例：这个洋芋是一～水。

嘟啦 tu²¹la²⁴：表示串状的量词。例：手里提了一～葡萄。

柲子 xua²¹tsʅ³：表示块状的量词，也说成"柲儿"。例：他吃了一～子馍馍。

二十二　固定短语

一个老鼠不见尾干了

i²¹kə³lɔ²¹tʂʰu⁵³pu²¹tɕiæ⁴⁴i⁵³kæ̃³liəu³：趁机溜掉或跑得无影无踪的样子。

沟子一拍转过走了

kəu²¹tsʅ³i⁴⁴pʰei²¹³tʂuæ̃⁴⁴kuə⁴⁴tsəu⁵³liəu¹：比喻不负责任地离开。

碌碡曳到半山上了

lu²¹tʂʰu⁵³iə²¹tɔ⁴⁴pæ̃⁴⁴sæ̃²¹ ʂaŋ³liəu³：欲罢不能的样子。

猪嫌狗不爱

tʂu²¹ɕiæ̃²⁴kəu⁵³pu²¹ŋei⁴⁴：到处惹人憎嫌的样子。

狗咬狗 kəu⁵³niɔ⁵³kəu⁵³：比喻坏人之间发生矛盾。

一头抹担了，一头挑担了

i²¹tʰəu²⁴ma²¹tæ̃⁴⁴liəu¹，itʰəu²⁴tʰiɔ⁵³tæ̃³liəu³：顾此失彼的样子。

冷手抓了个热馍头

ləŋ⁵³ʂəu⁵³tʂua²¹liəu³kə³zʅə²¹mæ̃²⁴tʰəu²：比喻得到了意外的收获。

凑手的鹌鹑

tsʰəu⁴⁴ʂəu⁵³ti³ŋæ̃²¹tʂʰuŋ²⁴：比喻已经到眼前的利益。

双手攥了个鸡脖子

tʂʰuaŋ²¹ ʂu⁵³tsuæ̃⁴⁴liəu¹kə¹tɕi²¹pʰə²⁴tʂʅ²：成竹在胸的样子。

把不住门场

pa⁵³pu²¹tʂʰu²¹məŋ²⁴tʂʰaŋ²：掌握不住局面。

肥猪哼哼，瘦猪也哼哼

fei²⁴tʂu²xəŋ²¹xəŋ³，

səu⁴⁴tʂu¹ia⁵³xəŋ²¹xəŋ³：讥讽情况好但经常哭穷的人。

藉住坡坡儿就溜：

tsʰiə⁴⁴tʂʰu¹pə²¹pər³tsʰiəu⁴⁴liəu⁴⁴：趁机脱身。

见好就收 tɕiæ̃⁴⁴xɔ⁵³tsʰiəu⁴⁴ʂu²¹³：得到好处就止步。

瞎雀儿拾了个糜穗子：

xa²¹tsʰiɔr⁵³ ʂʅ²⁴liəu²kə²mi²⁴suei⁴⁴tsʅ¹：比喻偶然碰到好运气。也说成
"瞎子打狗—冒得了一棍"。

落碍然 luə²¹ŋei⁵³zʅæ̃³：落下话柄。

猫捉老 mɔ²⁴tʂuə²¹lɔ⁵³：猫腻。

一本账 i²¹pəŋ⁴⁴tʂaŋ⁴⁴：对某事非常了解。

吃了乱饭 tʂʰʅ²¹liəu³luæ̃⁴⁴fæ̃⁴⁴：无关之人趁乱讨取便宜。

听天书 tʰiŋ²¹tʰiæ̃²⁴ʂu²：对某专业知识的讲解一点也不明白。

入了瞎猫眼

zʅu²¹liəu³xa²¹mɔ²⁴niæ̃⁵³：比喻无任何回报的经济上的投入。

说话占地方 ʂuə²¹xua⁴⁴tʂæ̃⁴⁴ti⁴⁴faŋ¹：以话压人的样子。

一问三不知 i²¹vəŋ⁴⁴sæ̃²¹pu⁴⁴tʂʅ¹：不明白或故意装聋作哑。

偏刃子斧头砍 pʰiæ̃²⁴zʅəŋ⁴⁴tsʅ¹fu⁵³tʰəu³kʰæ̃⁵³：偏袒一方。

撒到干滩里 sa⁴⁴tɔ⁴⁴kæ̃²⁴tʰæ̃²¹ni³：落得空结果。

八个劲儿 pa²¹kə²⁴tɕiər⁴⁴：做了最大限度的努力。

从鸡窝里跳到鸭窝里 tsʰuŋ²⁴tɕi²⁴və²ni²tʰiɔ²⁴tɔ⁴⁴ia²⁴və²ni²：比喻环境虽
然改变但际遇并没有变好。

瞎鸡儿老在内窝窝子里参 xa²⁴tɕiər²lɔ⁵³tsei⁴⁴luei⁴⁴və²¹və²⁴tsʅ²ni²tsʰæ̃²¹³：
比喻没有本领的人爱搞窝里斗。

窝门下的雀儿先大 və²¹məŋ²⁴xa²ti²tsiɔr⁵³siæ̃²¹ta⁴⁴：意为近水楼台先
得月。

一个老鼠害了一锅汤 i²¹kə²⁴lɔ²¹tʂʰu⁵³xei⁴⁴liəu¹¹i⁴⁴kuə¹tʰaŋ¹：比喻害群之马。

一个包头里绽下的 i²¹kə³pɔ²¹tʰəu²⁴ni²tsʰæ̃⁴⁴xa¹ti¹：比喻同胞兄弟姐妹。

日鬼捣棒槌 zʅ²¹kuei⁵³tɔ⁵³paŋ⁴⁴tʂʰuei¹：做事不认真、为人不正派或胡作妄为。

填不满的胡坑 tʰiæ²⁴pu²¹mæ̃⁵³ti³xu²⁴kʰəŋ²：欲壑难填的人。

干指头蘸盐 kæ̃²⁴tsʅ²¹tʰəu²⁴tsæ̃⁴⁴iæ²⁴：常讥讽只想获取不想投入的人。

害怕树叶跌下来打头 xei⁴⁴pʰa⁴⁴ʂu⁴⁴iə¹tiə²¹xa⁴⁴lei¹ta⁵³tʰəu²⁴：比喻胆小怕事的人。

背着牛头不认赃 pei²¹tʂə³niəu²⁴tʰəu²⁴pu²¹zʅəŋ⁴⁴tsaŋ²¹³：比喻拒不认错的人。

提着猪头摸不着庙门 tʰi²⁴tʂə²tʂu²¹tʰəu²⁴mə⁵³pu²¹tʂʰə²⁴miɔ⁴⁴məŋ²⁴：讥讽办事不中用的人。

抹布捏得水淌呢 ma²¹pu⁴⁴niə²¹ti³ʂuei²¹tʰaŋ⁵³ni³：讥讽人的平庸。也说成"乒乒旁"。

鞭杆抡得呜呜呜 piæ²¹kæ̃⁵³lyŋ²⁴ti²u⁵³u⁵³u⁵³：比喻虚张声势。

踏脚后跟 tʰa²⁴tɕyə²¹xəu⁴⁴kəŋ¹：有意欺侮人。

驴粪蛋儿外面光 ly²⁴fəŋ⁴⁴tæ̃r⁴⁴vei⁴⁴miæ̃¹kuaŋ²¹³：比喻金玉其表，败絮其中。

鼻黏住棍了 pʰi²⁴zæ̃²⁴tʂʰu⁴⁴kuŋ⁴⁴liəu¹：纠缠不清。

眼睛仁子朝后瞪 niæ̃⁵³ᵗsiŋ³zʅəŋ²⁴tsʅ²tʂʰɔ²⁴xəu⁴⁴təŋ⁴⁴：比喻束手无策的样子，也说成"大眼瞅小眼"。

口里胡打哇哇 kəu⁵³ni³xu²⁴ta⁵³va⁴⁴va¹：口中胡乱支吾。

死狗凉腔子 sʅ²¹kəu⁵³liaŋ⁴⁴kaŋ²¹tsʅ³：形容衣衫不整的样子。

端了个盛悭碗 tuæ²¹liəu³kə³ʂəŋ²⁴tɕʰiə²væ⁵³：吃现成饭，比喻坐享其成。

吃了豹子胆 tʂʰʅ²¹liəu³pɔ⁴⁴tsʅ¹tæ̃⁵³：胆大妄为，无所顾忌，也说成"胆大脱四子"。

打得哑哑儿 ta⁵³ti³ia⁵³iar²⁴：严守秘密。

瞅得眼眼儿圆 tsʰəu⁵³tei³niæ̃⁵³niæ̃r³yæ²⁴：能够把握好机会，多含贬义。

三下五除二 sæ̃²¹ɕia⁴⁴u⁵³ʂʰu²⁴ər⁴⁴：比喻做事干脆利落，也说成"三锤两梆子"。

灌米汤 kuæ̃⁴⁴mi⁵³tʰaŋ³：用甜言蜜语哄人。

照雀儿 tʂɔ⁴⁴tsʰiər⁵³：望风。

做踏彻 tsu⁴⁴tʰa²⁴tʂʰə¹：因尝到甜头而习惯于做某事（贬义）。

遏不住火 ŋə²¹pu⁴⁴tʂʰu⁴⁴xuə⁵³：供不应求。

心塌到腔子里了 siŋ²⁴tʰa²¹tɔ⁴⁴kʰaŋ²¹tsɿ³ni²¹liəu³：因有把握而十分放心。

挪不住 luə²⁴pu²¹tʂʰu⁴⁴：无法抽出时间。

背不住 pei²¹pu²⁴tʂʰu⁴⁴：忍受不了。

摊承住 tʰæ̃²¹tʂʰəŋ²⁴tʂʰu⁴⁴：对可能出现的不利局面做最坏的打算。

打柴的辈不住放羊娃 ta⁵³tsʰei²⁴ti²pei⁴⁴pu²¹tʂʰu⁴⁴faŋ⁴⁴iaŋ¹va¹：比喻大忙人不能和闲人相比。也说成"麻雀儿跟上野蝙蝠熬眼"。

叶到糜子地里 iə²¹tɔ⁴⁴mi²⁴tsɿ²tʰi⁴⁴ni¹：被人唆使到绝境。

不相信狼是麻来 pu⁴⁴siaŋ²¹siŋ⁴⁴laŋ²⁴sɿ⁴⁴ma²⁴lei²：不顾后果。

揣鞋拾帽子 tʂʰuei⁵³xei²⁴ʂɿ²⁴mɔ⁴⁴tsɿ¹：忙得不可开交。

板住门槛行很 pæ̃²¹tʂʰu⁵³məŋ²⁴kaŋ²ɕiŋ²⁴xəŋ⁵³：仗势欺人。

说住来比绑住来牢 ʂuə²¹tʂʰu⁴⁴lei¹pi⁵³paŋ⁵³tʂʰu⁴⁴lei¹lɔ²⁴：有理才能服人。

猫老不逼鼠 mɔ²⁴lɔ⁵³pu⁴⁴pi²¹ʂu⁵³：比喻人老以后就失去了威严。

无栏头 u²⁴læ̃²⁴tʰəu²：断然斥责的样子。

死驴不怕狼扽 sɿ⁵³ly²⁴pu²¹pʰa⁴⁴laŋ²⁴təŋ⁴⁴：破罐子破摔的样子。也说成"死猪不怕开水烫"。

习旁人来下巴 si²¹pʰaŋ²⁴ʐəŋ²lei²xa⁴⁴pa¹：有求于别人。

没习说 mə²¹si²⁴ʂuə²：指望不成。

说话包不住脚巴骨 ʂuə²¹xua⁴⁴pɔ²¹pu⁴⁴tʂʰu⁴⁴tɕyə²¹pa⁴⁴ku¹：指责别人，自己却无法做到。

吃饭来胚胎造粪来机器 tʂʰɿ²¹fæ̃⁴⁴lei¹pʰi²⁴tei²tsɔ⁴⁴fəŋ⁴⁴lei¹tɕi²¹tɕʰi⁴⁴：詈语，犹言"饭桶"。

打离身权 ta⁵³li⁴⁴ʂəŋ¹tɕʰyæ̃²⁴：推卸责任。例：他把事情做下还打～。

不得活了 pu²¹tei²⁴xuə²⁴liəu¹：了不得了。例：～，他闯了大祸。

只得夜儿 tsʅ²⁴tei²iər⁴⁴：不得不。例：没钱花了，~出去搞副业。

镜儿里头照 tɕiər⁴⁴li⁵³tʰəu³ʐɔ⁴⁴：比喻还未实现的事情。

灰比土热 xuei²¹pi⁵³tʰu⁵³ʐə²¹³：比喻血缘关系比非血缘关系重要。

妈母子根根儿 ma²⁴məŋ²tsʅ²kəŋ²¹kər³：指单传孤儿。

蛇奘窟窿大 ʂə²⁴tʂuaŋ⁵³kʰu²¹luŋ²⁴ta⁴⁴：比喻收入高同时支出也多。

蛇虎子祭成了蟒 ʂə²⁴xu²tsʅ²tsi¹⁴tʂʰəŋ²⁴liəu²maŋ⁵³：
比喻人有小毛病经纵容或娇惯而变成了大祸害。

不是省油的灯 pu²¹sʅ⁴⁴səŋ⁵³iəu²⁴ti²təŋ²¹³：意为不是省事的人。

一竿子插到底 i⁴⁴kæ̃¹tsʅ¹tsʰa²¹tɔ⁴⁴ti⁵³：意为直接操控，负责到底。

一口吃不成个胖子 i²¹kʰəu⁵³tʂʰʅ²¹pu²¹tʂʰəŋ²⁴kə²paŋ⁴⁴tsʅ¹：意同"冰冻
三尺，非一日之寒"。

没义留留儿 mə²¹vəŋ²⁴liəu²⁴liəur²：无动于衷或无法打开局面的样子。

打擦不离然 ta⁵³tsʰa³pu²¹li⁴⁴ʐæ̃¹：纠缠不清的样子。

头发长、见识短 tʰəu²⁴fa²¹tʂʰaŋ²⁴，tɕiæ̃⁴⁴ʂʅ¹tuæ̃⁵³：旧时轻视妇女没有
远见。

咬狼的狗 niɔ⁵³laŋ²⁴ti²kəu⁵³：比喻出类拔萃的人。

拾银子不在你起得迟早上 ʂʅ²⁴iŋ²⁴tsʅ²mə²¹tsei⁴⁴ni⁵³tɕʰi⁵³ti³tsʰʅ²⁴tsɔ⁵³
ʂaŋ³：比喻运气为偶然所得。

打心棰棰 ta⁵³tsʰiŋ²¹tʂʰuei²⁴tʂʰuei²：喻指情人。

不大是 pu²¹ta⁴⁴sʅ⁴⁴：量不多，也说成"不大法"。

小刀子割死人 siɔ⁵³tɔ³tsʅ³kə²¹sʅ⁵³ʐəŋ²⁴：比喻点滴浪费能够造成大的
亏损。

三年等了个润腊月 sæ̃²¹niæ̃²⁴təŋ⁵³liəu³kə³ʐuŋ⁴⁴la²⁴yə²：比喻机会来之
不易。

失火带邻居 ʂʅ²¹xuɔ⁵³tei⁴⁴liŋ²⁴tɕy¹：意同"城门失火，殃及鱼池"。

说话站不住岗 ʂuə²¹xua⁴⁴tʂæ̃⁴⁴pu²¹tʂʰu⁴⁴kaŋ²¹³：说话不算数。

唾沫渣子乱溅 tʰuə⁴⁴miæ̃¹tsa²¹tsʅ³luæ⁴⁴tsæ̃⁴⁴：说话天花乱坠、不着边际
的样子。

打死不离荞麦地 ta²¹sʅ⁵³pu²¹li²¹tɕʰiɔ²⁴mei²tʰi⁴⁴：比喻某种习惯形成以
后，无法轻易改变。

一爪子打走了 i²¹tʂua⁵³tsʅ³ta⁵³tsəu⁵³liəu³：窃取成果。

得都 tei²⁴təu²：放在句首表示不知道的语气。例：～是谁做下来。

瞌睡遇上了枕头 kʰə²¹ ʂuei⁴⁴ y⁴⁴ ʂaŋ⁴⁴ liəu¹ tʂəŋ⁵³ tʰəu³：比喻长期等待的机会终于来了。

两个胖子肘了个头 liaŋ⁵³ kə³ tɕia²¹ tsɿ³ tʂəu⁵³ liəu³ kə³ tʰəu²⁴：比喻赤手空拳而来。

肠子咬（痒）了搔不上 tʂʰaŋ²⁴ tsɿ² niɔ⁵³ liəu³ tsɔ²¹ pu²⁴ ʂaŋ²：讥讽想插手的事情无法插手。

猪槽里没食把狗心操烂了 tʂu²¹ tsʰɔ²⁴ ni² mə²¹ ʂɿ²⁴ pa²¹ kəu⁵³ siŋ³ tsʰɔ²¹ læ̃⁴⁴ liəu¹：晋语，指多管闲事。

鸡儿不尿尿，各有各窍道 tɕiər²¹³ pu²¹ niɔ⁴⁴ niɔ⁴⁴ kə²¹ iəu⁵³ kə²¹ tɕʰiɔ⁴⁴ tɔ¹：指做事每个人有每个人的思考和办法。

骑驴捉尾巴，各有各拿法 tɕʰi²⁴ ly²⁴ tʂuə²¹ i⁵³ pʰa³ kə²¹ iəu⁵³ kə²¹ na²⁴ fa²：意思同上。

驴乏了怨纣绲 ly²⁴ fa²⁴ liəu² yæ̃⁴⁴ tʂʰəu⁴⁴ kuŋ¹：没有理由地埋怨别人。

求爷爷告奶奶 tɕʰiəu²⁴ iə²⁴ iə²kɔ⁴⁴ nei⁵³ nei³：到处求别人帮忙。

鸡沟子里掏蛋 tɕi²⁴ kəu²¹ tsɿ³ ni³ tʰɔ²¹ tæ̃⁴⁴：迫不及待的样子。

第三节　语法例句

本节收录的隆德方言语法例句分为两部分，第一部分为语法常规调查例句，第二部分为动词体貌调查例句。相应的普通话例句均引自游汝杰《汉语方言学教程》附录三和附录四内容。

每条例句先列出隆德话说法，再用国际音标标出隆德话读音，最后在括号内给出普通话说法。隆德话语法特点可以参看第四章语法部分。

一　语法常规调查例句

1. 你姓王，我也姓王，曹两个都姓王。
ni⁵³ siŋ⁴⁴ vaŋ²⁴，ŋə⁵³ ia⁵³ siŋ⁴⁴ vaŋ²⁴，tsʰɔ²⁴ liaŋ⁵³ kə³ təu²¹ siŋ⁴⁴ vaŋ²⁴。
（你姓王，我也姓王，咱们两个都姓王）
2. 老张啦？他正连一个连手说话着呢。
lɔ⁵³ tʂaŋ²¹ la²⁴？ tʰa⁵³ tʂəŋ⁴⁴ liæ̃²⁴ i²¹ kə³ liæ̃²⁴ ʂəu² ʂuə²¹ xua⁴⁴ tʂə¹ ni¹。

（老张呢？他正在同一个朋友说着话呢）

3. 他还没说完吗？还没。

t^{h}a^{53}xæ^{24}mə^{24}ʂuə^{21}væ^{24}ma^2？ xæ^{24}mə^{213}。

（他还没有说完吗？还没有。）

4. 你到丫达恰？我到街上恰。

ni^{53}tɔ^{44}ia^{21}ta^{24}tɕ^{h}ia^{24}？ ŋə^{53}tɔ^{44}kei^{21}ʂaŋ^{3}tɕ^{h}ia^3。

（你到哪儿去？我上街去。）

5. 在兀达，不在这达。

tsei^{44}vu^{44}ta^1，pu^{21}tsei^{44}tʂʅ^{44}ta^1。

（在那儿，不在这儿。）

6. 这个大，伟个小，这两个丫一个好些子？

tʂə^{53}kə^{3}ta^{44}，vei^{53}kə^{3}siɔ^{53}，tʂə^{53}liaŋ^{53}kə^{3}ia^{24}i^{21}kə^{3}xɔ^{53}siə^{21}tsʅ^3？

（这个大，那个小，这两个哪一个好一点呢？）

7. 这个比伟个好。

tʂə^{53}kə^{3}pi^{53}vei^{53}kə^{3}xɔ^{53}？

（这个比那个好。）

8. 这些房子没有伟些房子好。

tʂə^{53}siə^{3}faŋ^{24}tsʅ^{2}mə^{21}iəu^{53}vei^{53}siə^{3}faŋ^{24}tsʅ^{2}xɔ^{53}。

（这些房子不如那些房子好。）

9. 不是兀么个做，要这么个做。

pu^{21}ʂʅ^{44}vu^{44}mə^{1}kə^{1}tsu^{44}，sʅ^{44}iɔ^{44}tʂʅ^{44}mə^{1}kə^{1}tsu^{44}。

（不是那么做，是要这么做的。）

10. 要不了兀么多，只要这么多。

iɔ^{44}pu^{21}liɔ^{53}vu^{44}mə^{1}tuə^{213}，tsʅ^{21}iɔ^{44}tʂʅ^{44}mə^{1}tuə^{213}。

（用不着那么多，只要这么多。）

11. 他今年多大岁数了？

t^{h}a^{53}tɕiŋ^{21}niæ^{24}tuə^{24}ta^{44}suei^{44}ʂu^{1}liəu^1？

（他今年多大岁数？）

12. 大概有三十来岁。

ta^{44}k^{h}ei^{53}iəu^{53}sæ^{21}ʂʅ^{24}lei^{2}suei^{44}。

（大概有三十来岁。）

13. 这个东西有多重？

tʂə⁵³kə³tuŋ²¹si³iəu⁵³tuə²⁴mə²tʂʰuŋ⁴⁴?

（这个东西有多重呢?）

14. 有五十斤重。

iəu⁵³vu⁵³ʂ̩³tɕiŋ³tʂʰuŋ⁴⁴。

（有五十斤重呢。）

15. 能拿动吗?

nəŋ²⁴na²⁴tʰuŋ⁴⁴ma¹?

（拿得动吗?）

16. 我能拿动，他拿不动。

ŋə⁵³nəŋ²⁴na²⁴tʰuŋ⁴⁴，tʰa⁵³na²⁴pu²¹tʰuŋ⁴⁴。

（我拿得动，他拿不动。）

17. 他说得好很。

tʰa⁵³ʂuə²¹ti³xɔ⁵³xəŋ⁵³。

（他说得很好。）

18. 我嘴笨，我说不过他。

ŋə⁵³tsuei⁵³pəŋ⁴⁴，ŋə⁵³ʂuə²⁴pu²¹kuə⁴⁴tʰa⁵³。

（我嘴笨，我说不过他。）

19. 说了一遍，却说了一遍。

ʂuə²¹liəu²⁴·i²¹piæ̃⁴⁴，kʰə⁴⁴ʂuə²¹liəu³·i²¹piæ̃⁴⁴。

（说了一遍，又说了一遍。）

20. 你再说一遍哟。

ni⁵³tsei⁴⁴ʂuə²⁴·i²¹piæ̃⁴⁴sa¹。

（请你再说一遍。）

21. 不早了，赶紧去哟!

pu²¹tsɔ⁵³liəu³，kæ̃²¹tɕiŋ⁵³tɕʰi⁴⁴sa¹!

（不早了，快去吧!）

22. 你先去，我都等一阵子再去。

ni⁵³siæ̃²¹tɕʰi⁴⁴，ŋə⁵³təu³təŋ⁵³·i²¹tʂəŋ⁴⁴tsɿ¹tsei⁴⁴tɕʰi⁴⁴。

（你先去，我们等一会儿再去。）

23. 坐着吃比站着吃好些儿。

tsʰuə⁴⁴tʂə¹tʂʰɿ²¹³pi³tsæ̃⁴⁴tʂə¹tʂʰɿ²¹³xɔ⁵³siər²¹³。

（坐着吃比站着吃好些。）

24. 这个能吃，伟个不能吃。

tʂə⁵³kə³nəŋ²⁴tʂʰʅ²¹³，vei⁵³kə³pu²¹nəŋ²⁴tʂʰʅ²¹³

（这个吃得，那个吃不得。）

25. 他饭吃了，你饭吃了吗没有？

tʰa⁵³fæ̃⁴⁴tʂʰʅ²¹liəu³，ni⁵³fæ̃⁴⁴tʂʰʅ²¹liəu³ma³mə²¹iəu⁵³？

（他吃了饭了，你吃了饭没有呢？）

26. 他上海去过，我没去过。

tʰa⁵³ʂaŋ⁴⁴xei⁵³tɕʰi⁴⁴kuə¹，ŋə⁵³mə²¹iəu⁵³tɕʰi⁴⁴kuə¹。

（他去过上海，我没有去过。）

27. 给我给一本书。

kei⁴⁴ŋə⁵³kei⁴⁴i²¹pəŋ⁵³ʂu²¹³。

（给我一本书。）

28. 这是他来书，伟一本是他哥哥来。

tʂə⁵³ ʂʅ⁴⁴tʰa⁵³lei³ʂu²¹³，vei⁵³i³pəŋ⁵³ʂʅ⁴⁴tʰa⁵³kə²⁴kə²lei²。

（这是他的书，那一本是他哥哥的。）

29. 把伟一本给我拿来。

pa²¹vei⁵³i²¹pəŋ⁵³kei⁴⁴ŋə⁵³na²⁴lei²⁴。

（把那一本拿给我。）

30. 看书来看书，看报来看报，写字来写字。

kæ̃⁴⁴ʂu²¹lei³kæ̃⁴⁴ʂu²¹³，kæ̃⁴⁴po⁴⁴lei¹kæ̃⁴⁴po⁴⁴，ɕiə⁵³tsʅ⁴⁴lei¹ɕiə⁵³tsʅ。

（看书的看书，看报的看报，写字的写字。）

31. 好好儿来走，不要跑。

xɔ⁵³xɔr²⁴lei²tsəu⁵³，pu²¹iɔ⁴⁴pʰɔ⁵³。

（好好儿地走，不要跑。）

32. 来闻呵子这朵花香吗不香。

lei²⁴vəŋ²⁴kʰə²tsʅ²tʂə⁵³tuə⁵³xua²¹³ɕiaŋ²¹ma³pu⁴⁴ɕiaŋ²¹³。

（来闻闻这朵花香不香。）

33. 香得很，对着吗不对？

ɕiaŋ²¹ti³xəŋ⁵³，tuei⁴⁴tʂə¹ma¹pu²¹tuei⁴⁴？

（香得很，是不是？）

34. 不管你去不去，反正我要去。

pu²¹kuæ̃⁵³ni⁵³tɕʰi⁴⁴pu²¹tɕʰi⁴⁴，fæ̃²¹tʂəŋ⁴⁴ŋə⁵³iɔ⁴⁴tɕʰi⁴⁴。

（不管你去不去，反正我是要去的。）

35. 我非去不可。

ŋə⁵³fei²¹tɕʰi⁴⁴pu²¹kʰə⁵³。

（我非去不可。）

36. 半个呢走着呢，半个呢说着呢。

pæ̃⁴⁴kə¹ni¹tsəu⁵³tʂə³ni³，pæ̃⁴⁴kə¹ni¹ʂɿə²¹tʂə³ni³。

（一边走，一边说。）

37. 越走越远，越说越多。

yə²¹tsəu⁵³yə²¹yæ̃⁵³，yə²⁴ʂɿə²¹yə²⁴tuə²¹³。

（越走越远，越说越多。）

二　动词"体"调查例句

1. 进行

（1）妈妈缝衣裳着呢，姐姐煮饭着呢。

ma⁴⁴ma¹fəŋ²⁴i²¹ʂaŋ²⁴tʂə²ni²，tsiə⁵³tsiə⁵³tʂu⁵³fæ̃⁴⁴tʂə¹ni¹。

（妈妈在缝衣服，姐姐在煮饭。）

我吃饭着呢，你等呵子。

ŋə⁵³tʂʰɿ²¹fæ̃⁴⁴tʂə¹ni¹，ni⁵³təŋ⁵³kʰə³tsɿ³。

（我吃饭呢，你等一等。）

（2）她哭着呢，啥也不吃。

tʰa⁵³kʰu²¹tʂə³ni³，sa⁴⁴iə⁵³pu²¹tʂʰɿ²¹³。

（她哭着呢，什么也不吃。）

我跑着呢，所以觉不着冷。

ŋə⁵³pʰɔ⁵³tʂə³ni³，ʂɿə⁵³i³kə²¹pu²¹tʂʰə²⁴ləŋ⁵³。

（我跑着呢，所以不觉得冷。）

（3）坐着，不了站起来。

tsʰuə⁴⁴tʂə¹，pu²¹liəu³tsæ̃⁴⁴tɕʰi¹lei¹。

（坐着，不要站起来。）

躺着，不了坐起来。

tʰaŋ⁵³tʂə³，pu²¹liəu³tsʰuə⁴⁴tɕʰi¹lei。

（躺着，不要站起来。）

（4）外头下雨着呢，要拿伞。

vei⁴⁴tʰəu¹ɕia⁴⁴y⁵³tʂə³ni³，iɔ⁴⁴na²⁴sæ̃⁵³。

（外面下雨呢，要带伞。）

外头下雪着呢，不了去了。

vei⁴⁴tʰəu¹ɕia⁴⁴ɕyə²¹tʂə³ni³，pu²¹liəu²⁴tɕʰi⁴⁴liəu¹。

（外面下雪呢，别去了。）

（5）我没吃饭，我正扫地着呢。

ŋə⁵³mə⁴⁴tʂʰʅ²¹fæ̃⁴⁴，ŋə⁵³tʂəŋ⁴⁴sɔ⁵³tʰi⁴⁴tʂə¹ni¹。

（我没在吃饭，我在扫地。）

他做啥着呢？他抱娃娃着呢。

tʰa⁵³tsu⁴⁴sa⁴⁴tʂə¹ni¹？tʰa⁵³pɔ⁴⁴va²⁴va²tʂə²ni²。

（他在干什么？他在抱孩子。）

他洗手着吗？没，他没洗手。

tʰa⁵³si⁵³ʂəu⁵³tʂə³ma³？tʰa⁵³mə²¹si⁵³ʂəu⁵³。

（他在洗手吗？不，他不在洗手。）

2. 完成

（1）我吃了饭了，你吃了吗？

ŋə⁵³tʂʰʅ²¹liəu³fæ̃⁴⁴liəu¹，ni⁵³tʂʰʅ²¹liəu³ma³？

（我吃了饭了，你吃了吗？）

你刚吃了药，不能喝茶。

ni⁵³tɕiaŋ²⁴tʂʰʅ²¹liəu³yə²¹³，pu²¹nəŋ²⁴xə²¹tsʰa²⁴。

（你刚吃了药，不能喝茶。）

他天天吃了早饭就出去。

tʰa⁵³tʰiæ̃²⁴tʰiæ̃²tʂʰʅ²¹liəu³tsɔ⁵³fæ̃⁴⁴tsʰiəu⁴⁴tʂʰu²¹tɕʰi³。

（他每天吃了早饭就出去。）

我圪加做了三张桌子了。

ŋə⁵³kə²¹tɕia²⁴tsu⁴⁴liəu¹sæ̃²¹tʂaŋ³tʂuə²¹tsʅ³liəu³。

（我已经做了三张桌子了。）

（2）我去了三趟都没有寻着他。

ŋə⁵³tɕʰi⁴⁴liəu¹sæ̃²¹tʰaŋ⁴⁴təu²⁴mə²¹siŋ²⁴tʂʰə²⁴tʰa⁵³。

（我去了三趟都没找到他。）

他去了一个多月了，还没有回来。

tʰa⁵³tɕʰi⁴⁴liəu¹i²¹kə⁴⁴tuə²¹yə²¹liəu³，xæ̃²⁴mə²¹iəu⁵³xuei²⁴lei²。

（他去了一个多月了，还没有回来。）

我都寻这几本书寻了好长时间。

ŋə⁵³təu³siŋ²⁴tʂə⁵³tɕi²¹pəŋ⁵³ʂʐ̩²¹³siŋ²⁴liəu²xɔ⁵³tʂʰaŋ²⁴sʐ̩²⁴tɕiæ̃²。

（我们找这几本书找了好久。）

你奶奶病了几天了？三天了。

ni⁵³nei⁵³nei³pʰiŋ⁴⁴liəu¹tɕi⁵³tʰiæ̃³liəu³？sæ̃²⁴tiæ̃²liəu²。

（你奶奶病了几天了？三天了。）

（3）娃娃睡了吗？睡了，睡着床上了。／没睡，在床上耍着呢。

va²⁴va²ʂuei⁴⁴liəu¹ma？ʂuei⁴⁴liəu¹，ʂuei⁴⁴tʂə¹tʂʰuaŋ²⁴ʂaŋ²liəu²。／mə²¹ʂuei⁴⁴tsei⁴⁴tʂʰuaŋ²⁴ʂaŋ²ʂua⁵³tʂə³ni³。

（小孩睡了吗？睡了，睡在床上。／没睡，在床上玩儿。）

你把昨夜买下来东西放着丫达了？放着桌子上了。

ni⁵³pa²¹tsʰuə²⁴iə²mei⁴⁴xa¹lei¹tuŋ²¹si³faŋ⁴⁴tʂə¹ia²¹ta²⁴liəu²⁴
faŋ⁴⁴tʂə¹tʂuə²¹tsʐ̩³ʂaŋ³liu³。

（你把昨天买的东西放在哪儿？放在桌子上。）

（4）我把一个盘子打烂了。

ŋə⁵³pa²¹i²¹kə³pʰæ̃²⁴tsʐ̩¹ta⁵³læ̃⁴⁴liəu¹。

（我打破了一个盘儿。）

饭吃饱了再寻活。

fæ̃⁴⁴tʂʰʐ̩²¹pɔ⁵³liəu³tsei⁴⁴siŋ²⁴xuə²⁴。

（吃饱了饭再干活。）

这个娃娃这些日子变乖了。

tʂə⁵³kə³va²⁴va²tʂə⁵³siə³zʐ̩²¹tsʐ̩³piæ̃⁴⁴kuei²¹liəu³。

（这个孩子这些日子变乖了）

他睡着了吗？他睡着了。／没睡着。

tʰa⁵³ʂuei⁴⁴tʂʰə¹liəu¹ma？tʰa⁵³ʂuei⁴⁴tʂʰə¹liəu¹。mə²¹ʂuei⁴⁴tʂʰə¹。

（他睡着了吗？他睡着了。／没睡着。）

（5）明天这时候他已经到北京了。

mi²⁴tʰiæ̃²¹³tʂʅ⁴⁴sʅ¹xəu¹tʰa⁵³i⁵³tɕiŋ³tɔ⁴⁴pei²⁴tɕiŋ²liəu²。

（明天这个时候他已经到了北京了。）

他家你去了吗没有？去了。/没去。

tʰa⁵³tɕia³ni⁵³tɕʰi⁴⁴liəu¹ma¹mə²¹iəu⁵³？tɕʰi⁴⁴liəu¹。/mə²¹tɕʰi⁴⁴。

（你去了他家没有？去了。/没去。）

（6）球滚着洞里去了。

tɕʰiəu²⁴kuŋ⁵³tʂə³tuŋ⁴⁴ni¹tɕʰi⁴⁴liəu¹。

（球滚到洞里去了。）

大家费了好大来劲儿才爬着上去了。

ta⁴⁴tɕia¹fei⁴⁴liəu¹xɔ⁵³ta⁴⁴lei¹tɕiə̃ʳ⁴⁴tsʰei²⁴pʰa²⁴tʂə²ʂaŋ⁴⁴tɕʰi¹liəu¹。

（大家费了很大的劲儿才爬了上去。）

（7）房子里点了一盏灯。

faŋ²⁴tsʅ²ni²tiæ̃⁵³liəu³i²¹tsæ̃⁵³təŋ²¹³。

（房子里点了一盏灯。）

门洞里站了好多人。

məŋ²⁴tʰuŋ⁴⁴ni¹tsæ̃⁴⁴liəu¹xɔ⁵³tuə³ʐ̩ən²⁴。

（门口站了许多人。）

（8）他昨晚夕来敲门来时候我圪加睡了。

tʰa⁵³tsʰuə²⁴væ⁵³siə³lei²⁴tɕʰiɔ²¹məŋ²⁴lei²sʅ²⁴tɕiæ̃²ŋə⁵³kə²¹tɕia²⁴ʂuei⁴⁴liəu¹。

（他昨天晚上来敲门的时候我已经睡了。）

你去了吗没去？我去了着呢。

ni⁵³tɕʰi⁴⁴liəu¹ma¹mə²¹tɕʰi⁴⁴？ŋə⁵³tɕʰi⁴⁴liəu¹tʂə¹ni¹。

（你去了没有？我去了。）

长久没见了，你好像瘦了/胖了。

tʂʰaŋ²⁴tɕiəu⁵³mə²¹tɕiæ̃⁴⁴liəu¹，ni⁵³xɔ⁵³siaŋ⁴⁴səu⁴⁴liəu¹/pʰaŋ⁴⁴liəu¹。

（长久不见了，你好像瘦了/胖了。）

晾在外头来衣服早就干了。

liaŋ⁴⁴tsei⁴⁴vei⁴⁴tʰəu¹lei¹i²¹ʂaŋ²⁴tsɔ⁵³tsʰiəu⁴⁴kæ̃²¹liəu³。

（晾在外头的衣裳早就干了。）

（9）讲错了闲着呢，再讲一遍就对了。

tɕiaŋ⁵³tsʰuə⁴⁴liəu¹ɕiæ̃²⁴tʂə²ni², tsei⁴⁴tɕiaŋ⁵³i²¹piæ̃⁴⁴tsʰiəu⁴⁴tuei⁴⁴liəu¹。

（讲错了没关系，再讲一遍就是了。）

我买了三斤，他买了一斤。

ŋə⁵³mei⁴⁴liəu¹sæ̃²⁴tɕiŋ²¹³, tʰa⁵³mei⁵³liəu³i⁴⁴tɕiŋ²¹³。

（我买了三斤，他买了一斤。）

3. 完成体的肯定和否定回答

（1）他到北京去了吗没去？去了/没去。

tʰa⁵³tɔ⁴⁴pei²⁴tɕiŋ²tɕʰi⁴⁴liəu¹ma¹mə²¹tɕʰi⁴⁴? tɕʰi⁴⁴liəu¹/mə²¹tɕʰi⁴⁴。

（他到北京去了没有？去了/没去。）

他昨晚夕下棋了吗没有？下了/没下。

tʰa⁵³tsuə²⁴væ̃⁵³siə³ɕia⁴⁴tɕʰi²⁴liəu²ma²mə²¹iəu⁵³? ɕia⁴⁴liəu¹/mə²¹ɕia⁴⁴。

（他昨晚下棋了没有？下了/没下。）

（2）你家种花了吗没有？种了/没种。

ni⁵³tɕia³tʂuŋ⁴⁴xua²¹liəu³ma³mə²¹iəu⁵³? tʂuŋ⁴⁴liəu¹/mə²¹tʂuŋ⁴⁴。

（你家种花没有？种了/没种。）

他家养金鱼了吗没养？养了/没养。

tʰa⁵³tɕia³iaŋ⁵³tɕiŋ²¹y²⁴liəu²ma²mə²¹iaŋ⁵³? iaŋ⁵³liəu³/mə²¹iaŋ⁵³。

（他家养没养金鱼？养了/没养。）

4. 持续

（1）他手里拿着一个茶杯。

tʰa⁵³ʂəu⁵³ni³na²⁴tʂə²i²¹kə³tsʰa²⁴pʰei²¹³。

（他手里拿着一个茶杯。）

戴着帽子寻帽子。

tei⁴⁴tʂə¹mɔ⁴⁴tsɿ¹siŋ⁵³mɔ⁴⁴tsɿ¹。

（戴着帽子找帽子。）

我戴雨衣着呢，不怕下雨。

ŋə⁵³tei⁴⁴y⁵³i³tʂə³ni³, pu²¹pʰa⁴⁴ɕia⁴⁴y⁵³。

（我戴着雨衣，不怕下雨。）

（2）躺着看书不好。

tʰaŋ⁵³tʂə³kʰæ̃⁴⁴ʂu²¹³pu²¹xɔ⁵³。

（躺着看书不好。）

他爱站下吃。

tʰa⁵³ŋei⁴⁴tsæ̃⁴⁴xə¹tʂʰʅ²¹³。

（他喜欢站着吃。）

她在地下蹴着呢，不肯站起来。

tʰa⁵³tsei⁴⁴tʰi⁴⁴xa¹tsiəu⁴⁴tsə¹ni¹，pu²¹kʰəŋ⁵³tsæ̃⁴⁴tɕʰi¹lei¹。

（她在地上坐着，不肯站起来。）

（3）你拿着。

ni⁵³na²⁴tʂə²。

（你拿着。）

快些儿，时间不多了。

kuei⁴⁴siər²¹³，sʅ²⁴tɕiæ̃²pu⁴⁴tuə²¹liə³。

（快着点儿，时间不多了。）

这达人多得很，行李要看着。

tʂʅ⁴⁴ta¹z̩.əŋ²⁴tuə²¹ti³xəŋ⁵³，ɕiŋ²⁴li²iɔ⁴⁴kʰæ̃⁴⁴tʂə¹。

（这儿人很多，行李要看着点儿。）

躺着，不了坐起来。

tʰaŋ⁵³tʂə³，pu²¹liəu²⁴tɕiə⁵³lei³。

（躺着，不要起来。）

（4）他头上没戴帽子。

tʰa⁵³tʰəu²⁴ʂaŋ²mə²¹tei⁴⁴mɔ⁴⁴tsʅ¹。

（他头上没戴着帽子。）

你带雨衣着吗？我没带雨衣，我带伞着呢。

ni⁵³tei⁴⁴y⁵³i³tʂə³ma³？ŋə⁵³mə²¹tei⁴⁴y⁵³i³，ŋə⁵³tei⁴⁴sæ̃⁵³tʂə³ni³。

（你带着雨衣吗？我没带雨衣，我带伞呢。）

5. 存在

（1）门开着呢，喝头没人。

məŋ²⁴kʰei²¹tʂə³ni³，xə⁵³tʰəu³mə²¹z̩.əŋ²⁴。

（门开着，里面没有人。）

墙上挂下一幅画。

tsʰiaŋ²⁴ʂaŋ²kua⁴⁴xə¹i²¹fu²⁴xua⁴⁴。

（墙上挂着一幅画。）

（2）墙上没挂下画。

tsʰiaŋ²⁴ ʂəŋ² mə²¹ kua⁴⁴ xə¹ xua⁴⁴。

（墙上没有挂着画。）

门口站人着吗？没站下人。

məŋ²⁴ kʰəu⁵³ tsæ⁴⁴ ʐ̩əŋ²⁴ tʂə² ma²? mə²¹ tsæ⁴⁴ xə¹ ʐ̩əŋ²⁴。

（门口站着人吗？没有站着人。）

6. 延续

6.1 杯子里倒下茶着呢，你没看着吗？

pʰei²¹ tsʅ³ ni³ tɔ⁴⁴ xa¹ tsʰa²⁴ tʂə² ni²，ni⁵³ mə²¹ kʰæ̃⁴⁴ tʂʰə²⁴ ma²?

（杯子里倒着茶，你没看见吗?）

先把肉切了，等一阵子炒菜。

siæ̃²¹ pa²¹ ʐ̩əu⁴⁴ tsʰiə²¹ liəu³，təŋ⁵³ i²¹ tʂəŋ⁴⁴ tsʅ¹ tsʰɔ⁵³ tsʰei⁴⁴。

（先把肉切了，待一会儿炒菜。）

把这杯茶喝了，免得路上口渴。

pa²¹ tʂə⁵³ pʰei²¹³ tsa²⁴ xə²¹ liəu³，miæ̃⁵³ tei³ lu⁴⁴ ʂəŋ¹ kʰəu⁵³ kʰaŋ⁴⁴。

（把这杯茶喝了，以免路上口渴。）

6.2 杯子里倒下茶着吗？没倒下茶。

pʰei²¹ tsʅ³ ni³ tɔ⁴⁴ xa¹ tsʰa²⁴ tʂə² ma²? mə²¹ tɔ⁴⁴ xa¹ tsʰa²⁴。

（杯子里倒着茶吗？没有倒着茶。）

7. 经验

（1）他到过好多国家。

tʰa⁵³ tɔ⁴⁴ kuə¹ xɔ⁵³ tuə³ kuei²⁴ tɕia²。

（他到过很多国家。）

他以前做过生意。

tʰa⁵³ i⁵³ tsʰiæ̃²⁴ tsu⁴⁴ kuə¹ səŋ²¹ i⁴⁴。

（他从前做过生意。）

（2）你去过北京吗？我去过。／没去过。

ni⁵³ tɕʰi⁴⁴ kuə¹ pei²⁴ tɕiŋ² ma²? ŋə⁵³ tɕʰi⁴⁴ kuə¹。／mə²¹ tɕʰi⁴⁴ kuə¹。

（你去过北京吗？我去过。／没去。）

你吃过烟吗？吃过。／没吃过。

ni⁵³ tʂʰʅ²¹ kuə⁴⁴ iæ̃²¹ ma²? tʂʰʅ²¹ kuə⁴⁴。／mə⁴⁴ tʂʰʅ²¹ kuə⁴⁴。

（你抽过烟吗。抽过。／没抽过。）

8. 起始

（1）下雨开了，赶紧把衣裳儿收经了。

çia⁴⁴y⁵³kʰei²¹liəu³，kæ̃²¹tɕiŋ⁵³pa²¹i²¹ʂaŋ²⁴ʂəu²⁴tɕiŋ²¹liəu³。

（下雨了，快把衣服收起来。）

天气冷开了，要多穿一件衣裳儿。

tʰiæ²¹tɕʰi⁴⁴ləŋ⁵³kʰei³liəu³，iɔ⁴⁴tuə²⁴tʂʰuæ̃²¹i²¹tɕʰiæ⁴⁴i²¹ʂaŋ²⁴。

（天气冷起来了，要多穿一件衣服。）

（2）你怎么做开生意了？

ni⁵³tsʐ⁴⁴mə¹tsu⁴⁴kʰei²¹səŋ²¹i⁴⁴liəu¹？

（你怎么做起生意来了？）

他们打开了吗？还没有打开。

tʰa⁵³mən³ta⁵³kʰei²¹liəu³ma³？xæ̃²⁴mə²¹iəu⁵³ta⁵³kʰei³。

（他们打起来了吗？还没有打起来。）

9. 即时

（1）他一来大家就走开了。

tʰa⁵³i²¹lei²⁴ta⁴⁴tɕia¹tsʰiəu⁴⁴tsəu⁵³kei²¹liəu³。

（他一来大家就走。）

风一停就下雨开了。

fəŋ²⁴i²¹tʰiŋ²⁴tsʰiəu⁴⁴çia⁴⁴y⁵³kʰei²¹liəu³。

（风一停就下雨。）

（2）他一坐船，头就晕开了。

tʰa⁵³i²¹tsʰuə⁴⁴ʂuæ̃²⁴，tʰəu²⁴tsʰiəu⁴⁴yŋ⁴⁴kʰai¹liəu¹。

（他一坐船就头晕。）

你一碰它它就破了。

ni⁵³i²¹pʰəŋ⁴⁴tʰa²¹³tʰa²¹tsʰiəu⁴⁴pʰə⁴⁴liə¹。

（你一碰它它就破。）

10. 部分完成

（1）三个梨我吃了两个。

sæ̃²¹kə³liər²⁴ŋə⁵³tʂʰʐ²¹liəu³liaŋ⁵³kə³。

（三个梨我吃了两个。）

十盒烟我已经给你给了五盒。

ʂʅ²⁴xər²⁴iæ̃²¹³ŋə⁵³i⁵³tɕiŋ²¹³kei⁴⁴ni⁵³kei⁴⁴liəu¹vu⁵³xər²⁴。

（十盒烟我已经给了你五盒。）

（2）五个苹果他一个都给我没给。

vu⁵³kə³pʰiŋ²⁴kuə²tʰa⁵³i²¹kə³təu²¹kei⁴⁴ŋə⁵³mə²¹kei⁴⁴。

（五个苹果他一个都没给我。）

家具你都买了吗？我买了些了。

tɕia²¹tɕy⁴⁴ni⁵³təu²¹mei⁴⁴liəu¹ma¹？ŋə⁵³mei⁴⁴liəu¹siə²¹liəu³。

（家具你都买了吗？我买了一部分了。）

11. 惯常

（1）我一直在这达住着呢。

ŋə⁵³i²¹tʂʅ²⁴tsei⁴⁴tʂʅ¹ta¹tʂu⁴⁴tʂə¹ni¹。

我一直住在这儿。

他一直在这张椅子上蹴着呢。

tʰa⁵³i²¹tʂʅ²⁴tsei⁴⁴tʂə⁵³tʂaŋ²¹³i⁵³tsʅ³ʂaŋ³tsiəu⁴⁴tʂə¹ni¹。

他一直坐在这张椅子上。

（2）他一直爱吃烟着呢。

tʰa⁵³i²¹tʂʅ。24ŋei。44tʂʰʅ²⁴iæ̃²¹tʂə³ni³。

（他向来喜欢抽烟。）

我一直戴眼镜着呢。

ŋə⁵³i²¹tʂʅ²⁴tei⁴⁴niæ̃⁵³tɕiŋ⁴⁴tʂə¹ni¹。

（我一直戴眼镜。）

（3）他一直骑自行车着吗没有？他自不骑自行车。

tʰa⁵³i²¹tʂʅ²⁴tɕʰi²⁴tsʅ⁴⁴ɕiŋ²⁴tʂʰə²¹tʂə³ma³mə²¹iəu⁵³？

tʰa⁵³tsʅ⁴⁴pu²¹tɕʰi²⁴tsʅ⁴⁴ɕiŋ²⁴tʂʰə²¹³。

（他一直骑自行车吗？他一直不骑自行车。）

他一直不爱喝酒。

tʰa⁵³i⁵³tʂʅ²⁴pu²¹ŋei⁴⁴xə²¹tsiəu⁵³。

（他向来不喜欢喝酒。）

12. 连续

（1）他不住来跳着呢。

tʰa⁵³pu²¹tʂʰu⁴⁴lei¹tʰiɔ²⁴tʂə²ni²。

（他不停地跳着。）

雪不住来下着呢。

ɕyə²¹³pu²¹tʂʰu⁴⁴lei¹ɕia⁴⁴tʂə¹ni¹。

（雪不停地在下着呢。）

（2）他不住来叫唤着呢。

tʰa⁵³pu²¹tʂʰu⁴⁴lei¹tɕio⁴⁴xuæ̃¹tʂə¹ni¹。

（他不停地大声地哭。）

时针不住来慢慢走着呢。

sʅ²⁴tʂəŋ²¹³pu²¹tʂʰu⁴⁴lei¹mæ̃⁴⁴mæ̃⁴⁴tsəu⁵³tʂə³ni³。

（时针不停地慢慢地在走。）

13. 可能

（1）这个大房间能住下十个人。

tʂə⁵³kə³ta⁴⁴faŋ²⁴tɕiæ̃²nəŋ²⁴tʂu⁴⁴xa¹ʂʅ²⁴kə²z̩əŋ²⁴。

（这个大房间住得下十个人。）

他能担起一百斤重来担子。

tʰa⁵³nəŋ²⁴tæ̃²¹tɕʰiə⁵³i⁴⁴pei¹tɕiŋ¹tʂʰuŋ⁴⁴lei¹tæ̃⁴⁴tsʅ¹。

（他挑得动一百斤重的担子。）

（2）两个人喝不了三瓶酒。

liaŋ⁵³kə³z̩əŋ²⁴xə²¹pu²¹lio⁵³sæ̃²¹pʰiŋ²⁴tsiəu⁵³。

（两个人喝不下三瓶酒。）

你能吃了三碗饭吗？能吃了／吃不了。

ni⁵³nəŋ²⁴tʂʰʅ²¹lio⁵³sæ̃²¹væ̃⁵³fæ̃⁴⁴ma¹？nəŋ²⁴tʂʰʅ²¹lio⁵³／tʂʰʅ²¹pu²¹lio⁵³。

（你吃得下三碗饭吗？吃得下／吃不下。）

14. 转变

我都旋走旋说，说呢说呢就到了。

ŋə⁵³təu³ɕyæ̃⁴⁴tsəu⁵³ɕyæ̃⁴⁴ʂɹə²¹³，ʂɹə²¹ni³ʂɹə²¹ni³tsʰiəu⁴⁴to⁴⁴liəu¹。

（我们边走边说，说着说着就到了。）

他唱呢唱呢暗猛处嗓子哑了。

tʰa⁵³tʂʰaŋ⁴⁴ni¹tʂʰaŋ⁴⁴ni¹ŋæ̃⁴⁴məŋ⁵³tʂʰu³saŋ⁵³tsʅ³ia⁵³liəu³。

（他唱着唱着忽然哑了喉咙。）

15. 尝试

我来把这碗菜尝呵子。

ŋə⁵³lei²⁴pa²¹³tʂə⁵³væ̃⁵³tsʰei⁴⁴ʂaŋ²⁴kʰə²tsʅ²。

（我来尝尝这碗菜。）

你来把这瓶酒喝呵子。

ni⁵³lei²⁴pa²¹³tʂə⁵³pʰiŋ²⁴tsiəu⁵³xə²¹kʰə³tsʅ³。

（你来喝喝这瓶酒。）

16. 短暂

大家缓呵子再干。

ta⁴⁴tɕia²¹³xuæ̃⁵³kʰə³tsʅ³tsei⁴⁴kæ̃⁴⁴。

（大家歇歇再干。）

我到外头走呵子就回来。

ŋə⁵³tɔ⁴⁴vei⁴⁴tʰəu¹tsəu⁵³kʰə³tsʅ³tsʰiəu⁴⁴xuei²⁴lei²。

（我到外头走走就回来。）

17. 接续

（1）曹都连着做，不了停。

tsʰɔ²⁴təu²liæ̃²⁴tʂə²tsu⁴⁴，pu²¹liəu²⁴tʰiŋ²⁴。

（我们做下去，不要停。）

你连着说，我都都要听。

ni⁵³liæ̃²⁴tʂə²ʂuə²¹³，ŋə⁵³təu³təu²¹iɔ⁴⁴tʰiŋ²¹³。

（你说下去，我们都要听。）

（2）你连着听吗？不了连着听了。

ni⁵³liæ̃²⁴tʂə²tʰiŋ²¹ma³？pu²¹liəu²⁴liæ̃²⁴tʂə²tʰiŋ²¹liəu³。

（你听下去吗？不要听下去了。）

我都不连着做了。

ŋə⁵³təu³pu²¹liæ̃²⁴tʂə²tsu⁴⁴liəu¹。

（我们不做下去了。）

18. 回复

（1）他昨夜害病没吃饭，今儿病好了，却吃饭开了。

tʰa⁵³tsʰuə²⁴iə²xei⁴⁴pʰiŋ⁴⁴mə⁴⁴tʂʰʅ²¹fæ̃⁴⁴，

tɕiər²¹³pʰiŋ⁴⁴xɔ⁵³liəu³，kʰə²⁴tʂʰʅ²¹fæ̃⁴⁴kʰei²¹liəu³。

（他昨天生病没吃饭，今天病好了，又吃饭了。）

他年时回来过，今年却回来了。

tʰa⁵³niæ̃²⁴sʐ²xuei²⁴lei²kuə²，tɕiŋ²¹niæ̃²⁴kə²¹xuei²⁴lei²liəu²。

（他去年回来过，今年又回去了。）

把伟两张桌子原回搬着来。

pa²¹vei⁵³liaŋ⁵³tʂaŋ²⁴tʂuə²¹tsʐ³yæ̃²⁴xuei²⁴pæ̃²¹tʂø³lei²⁴。

（把那两张桌子搬回来。）

把盖子原回盖上。

pa²¹kei⁴⁴tsʐ¹yæ̃²⁴xuei²⁴kei⁴⁴ʂaŋ¹。

（把盖子盖回去。）

（2）我来钻石表跌了，想原回再买一只新来。

ŋə⁵³lei³tsu æ̃⁴⁴ʂʅ¹piɔ⁵³tiə²¹liəu³，siaŋ⁵³y æ̃²⁴xuei²⁴tsei⁴⁴mei⁴⁴i²¹tsʐ³siŋ²¹lei³。

（我的钻石表掉了，想再买一只新的回来。）

我时间长了不吃烟了，这一向却原回吃上了。

ŋə⁵³sʐ²⁴tɕi æ̃²tʂʰaŋ²⁴liəu²pu²¹tsʐ²¹i æ̃²¹liəu³．tʂə⁵³i²¹ɕiaŋ⁴⁴kə²¹y æ̃²⁴xuei²⁴tʂʰʅ²¹ʂaŋ³liəu³。

（我长久不抽烟了，近来又重新抽烟了。）

（3）盖子不了原回盖上了。

kei⁴⁴tsʐ¹pu²¹liəu²⁴yæ̃²⁴xuei²⁴kei⁴⁴ʂaŋ¹liəu¹。

（盖子不要盖回去。）

他今年却回来了吗？他没回来。

tʰa⁵³tɕiŋ²¹niæ̃²⁴kʰə²¹xuei²⁴lei²liəu²ma²？tʰa⁵³mə²¹xuei²⁴lei²。

（他今年又回来了吗？他没有回来）

19．续完

（1）他等我着呢，你也等我着。

tʰa⁵³təŋ⁵³ŋə⁵³tʂø³ni³，ni⁵³ia⁵³təŋ⁵³ŋə⁵³tʂə³。

（他等我，你也等我吧。）

他去，你也去。

tʰa⁵³tɕʰi⁴⁴，ni⁵³ia⁵³tɕʰi⁴⁴。

（他去，你也去吧。）

（2）把这碗粥吃完，不了剩下了。

pa²¹ tʂə⁵³ væ̃⁵³ tʂəu²¹³ tʂʰʐ̩²¹ væ²⁴，pu²¹ liəu³ ʂəŋ⁴⁴ ɕia¹ liəu¹。

（吃完这碗粥，不要剩下来。）

还有一点钱也给你给给。

xæ̃²⁴ iəu⁵³ i²¹ tiæ̃⁵³ tsʰiæ̃²⁴ ia⁵³ kei⁴⁴ ni⁵³ kei⁴⁴ kei¹。

（还有一点钱也给你。）

（3）要把这碗粥吃了呢吗？把这碗粥不了吃了了，走恰。

iɔ⁴⁴ pa²¹ tʂə⁵³ væ̃⁵³ tʂəu⁵³ tʂʰʐ̩²¹ liɔ⁵³ ni³ ma²？pa²¹ tʂə⁵³ væ̃⁵³ tʂəu⁵³ pu²¹ liəu³ tʂʰʐ̩²¹ liɔ⁵³ liəu³，tsəu⁵³ tɕʰia³。

（要吃完这碗粥吗？不要吃完这碗粥了，要走了。）

还有一点钱给你不给了。

xæ̃²⁴ iəu⁵³ i²¹ tiæ̃⁵³ tsʰiæ̃²⁴ kei⁴⁴ ni⁵³ pu²¹ kei⁴⁴ liəu¹。

（还有一点钱不给你了。）

20. 确定

（1）伟天黑了我去了着呢。

vei⁵³ tʰiæ̃²¹³ xei²¹ liəu³ ŋə⁵³ tɕʰi⁴⁴ liəu¹ tʂə¹ ni¹。

（那天晚上我是去的。）

第四节　标音举例

一　故事

北风连热头

iəu⁵³ i²¹ xuei²⁴. pei²⁴ fəŋ² liæ̃²⁴ ʐə²¹ tʰəur²⁴ liaŋ⁵³ kə³ tsei⁴⁴ vu⁴⁴ ta¹ tsəŋ²¹ tɕiŋ⁴⁴ ɕuei²⁴ lei² pəŋ⁵³ sʐ̩

有 一 回，北风 连热头儿两 个在 兀达争竞 谁 来本事

³ta⁴⁴. tsəŋ²¹ kuə⁴⁴ lei²⁴ tsəŋ²¹ kuə⁴⁴ tɕʰi⁴⁴. tsʰiəu⁴⁴ sʐ̩⁴⁴ fəŋ²¹ pu⁴⁴ tʂʰu²¹ kə³ kɔ²⁴ ti²¹³. tʂʐ̩⁴⁴ sʐ̩¹ tɕiæ̃¹

大， 争 过来 争 过 去，就 是 分不出个高低。这时间

lu⁴⁴ ʂaŋ¹ ŋæ̃⁴⁴ tɕʰiɔ⁵³ lei⁴ liəu¹ i²¹ kə³ tsəu⁵³ lu⁴⁴ lei⁴ ʐəŋ²⁴. tʰa²⁴ ʂəŋ²¹ ʂaŋ³ tʂʰuæ̃²¹ tʂə³ i²¹ tɕʰiæ̃⁴⁴ tsʐ̩¹ xə

路上按 巧 来了一个走路来人，他身 上 穿 着一件 子厚

u⁴⁴ ta⁴⁴ i¹. tʰa⁵³ liaŋ⁵³ kə³ ɕuə²¹ xɔ⁵³ liəu³. ɕuei²⁴ nəŋ²⁴ siæ̃²⁴ tʂə⁵³ kə³ tsəu⁵³ lu⁴⁴ lei⁴ ʐəŋ²⁴ pa²¹ tʰa⁵³

大衣。他　两个说　好了，谁　能　先着　这个走路来人把他

lei³xəu⁴⁴ta⁴⁴i¹tʰuə²¹tʂə³xa⁴⁴lei¹. tsʰiəu⁴⁴suæ̃⁴⁴ɕuei²⁴lei²pəŋ⁵³sʐ³ta⁴⁴. pei²⁴fəŋ²tsʰiəu⁴⁴ləŋ⁵³

来厚大衣脱着下来，　就　算　谁　来本事大，　北风　就　冷

kua⁵³kʰei³liəu³. pei²⁴fəŋ²kua⁵³ti³yə²¹tɕiŋ⁴⁴ta⁴⁴. vei⁵³kə³tsəu⁵³lu⁴⁴lei¹ʐəŋ²⁴fæ̃⁵³tə⁴⁴xuei¹

刮　开　了，北风刮得越劲大，伟个走　路来人反倒回

pa²¹ta⁴⁴i¹kuə⁵³ti³yə²¹tɕiŋ⁵³liəu³. tsʰʐ⁵³xəu⁴⁴pei²⁴fəŋ²tsʰiəu⁴⁴məⁱfa²¹tsʐ³liəu³. tsʐ²¹xɔ⁵³

把大衣裹得越　紧了。　此　后　北　风　就　没　法子了。只好

tsʰiəu⁴⁴la²¹tə⁵³liəu³. kuə⁴⁴liəu¹i²¹tʂəŋ⁴⁴tsʐ¹. ʐə²¹tʰəur²⁴tʂʰu²¹lei²⁴liəu². ʐəu²¹tʰəur²⁴xuə⁵³la³

就　拉倒了。过　了一阵　子，热　头儿　出来了。热　头儿火辣

la³lei¹i²¹sei⁴⁴. vei⁵³kə³tsəu⁵³lu⁴⁴lei¹ʐəŋ²⁴li²¹ma⁵³tsʰiəu⁴⁴pa¹tʰa⁵³vei¹i²¹tɕʰiæ̃⁴⁴tsʐ¹xəu⁴⁴ta⁴⁴i¹

辣来一晒，　伟个走　路来人立马　就　把他伟一　件　子厚大衣

kei²¹tʰuə²¹liəu³. tʂə⁵³i²¹kə³tʂʰʐ²¹³pei²⁴fəŋ²məⁱsa⁴⁴xua⁴⁴ɕuə²¹liəu³. tsʐ²¹xɔ⁵³tʂʰəŋ²⁴ʐəŋ⁴⁴.

给脱了。这一屹尺　北风没啥　话　说了，只好承　认，

tʰa⁵³liaŋ⁵³kə³li⁵³tʰəu³. xæ̃²⁴sʐ⁴⁴niə²⁴ʐəu²¹tʰəur²⁴lei²pəŋ⁵³sʐ¹ta⁴⁴.

他　两个里　头，还是涅热头儿来本　事大。

二　歌谣

十八姐担水

狗咬了，鸡叫了，城门开，

kəu²¹niɔ⁵³liəu³, tɕi²¹tɕiɔ⁴⁴liəu¹, tʂʰəŋ²⁴məŋ²⁴kʰai²¹³,

城门开，十八的姐儿担水（哎）来，

tʂʰəŋ²⁴məŋ²⁴kʰai²¹³, ʂʐ²⁴pa²¹ti³tsiər⁵³tæ̃²¹ɕuei⁵³lei³,

十八的姐儿担水来（哎）。

ʂʐ²⁴pa²¹ti³tsiər⁵³tæ̃²¹ɕuei⁵³lei³.

出了城门上北坡，碰见娘家里亲哥哥。

tʂʰu²⁴liəu²tʂʰəŋ²⁴məŋ²⁴ʂəŋ⁴⁴pei²⁴p²ə², pʰəŋ⁴⁴tɕiæ̃⁴⁴niaŋ²⁴tɕiəⁱ²ni²tsʰiŋ²¹kə²⁴kə².

哥哥见妹轻得笑，我见哥哥泪汪汪。

kə²⁴kə²tɕiæ̃⁴⁴mei⁴⁴tɕʰiŋ²¹ti³siɔ⁴⁴, ŋə⁵³tɕiæ̃⁴⁴kə²⁴kə²luei⁴⁴vaŋ¹vaŋ¹.

左看右看没地方坐，端上块胡基哥哥坐。

tsuə⁵³kʰæ̃⁴⁴iəu⁴⁴kʰæ̃⁴⁴məⁱti⁴⁴faŋ¹tsʰuə⁴⁴, tuæ̃²¹ʂəŋ⁴⁴kʰuei⁵³xu²⁴tɕi²¹³kə²⁴ kə²tsʰuə⁴⁴。

哥哥听言莫心伤，听妹妹把苦处说端详。

kə²⁴kə²tʰiŋ²¹iæ̃²⁴mə⁵³siŋ²⁴ʂaŋ²¹³，tʰiŋ²¹mei⁴⁴mei¹pa²¹kʰu⁵³tʂʰu³ʑɿə²⁴tuæ̃²¹siaŋ²⁴。

二老爹娘狠心肠，把我卖在远路上。

ər⁴⁴lɔ⁵³tiə²⁴niaŋ²xəŋ⁴⁴siŋ²¹tʂʰaŋ²⁴，pa²¹ŋə⁵³mei⁴⁴tsei⁴⁴yæ̃⁵³lu⁴⁴ʂaŋ¹。

公婆可恶不能言，丈夫年幼才十三。

kuŋ²¹pʰə²⁴kʰə⁵³vu⁴⁴pu⁴⁴nəŋ²⁴iæ̃²⁴，tʂaŋ⁴⁴fu¹niæ̃²⁴iəu⁴⁴tsʰei²⁴ʂɿ²⁴sæ̃²¹³。

早起担水四十担，晚间推磨五更天。

tsɔ²¹tɕʰiə⁵³tæ̃²¹ʑuei⁵³sɿ⁴⁴ʂɿ¹tæ̃⁴⁴，væ̃⁵³tɕiæ̃³tʰuei²¹mə⁴⁴vu⁵³kəŋ⁴⁴tʰiæ̃²¹³。

怀抱磨担丢个盹，婆婆骂我瞌睡多。

xuei²⁴pɔ⁴⁴mə⁴⁴tæ̃⁴⁴tiəu²¹kə³tuŋ⁵³，pʰə²⁴pʰə²ma⁴⁴ŋə⁵³kʰə²¹ʑuei⁴⁴tuə²¹³。

端上饭碗尝一口，婆婆骂我吃得多。

tuæ̃²¹ʂaŋ³fæ̃⁴⁴væ̃⁵³ʂaŋ²⁴i²¹kʰəu，pʰə²⁴pʰə²ma⁴⁴ŋə⁵³tʂʂɿ²¹ti³tuə²¹³。

炕上没有芦席衬，半片沙毡不挡风。

kʰaŋ⁴⁴ʂaŋ¹mə²¹iəu⁵³lu⁴⁴si²⁴tsʰəŋ⁴⁴，pæ̃⁴⁴pʰiæ̃⁵³sa²⁴tʂæ̃²pu²¹taŋ⁴⁴fəŋ²¹³。

三九天身上抖单衫，脚穿的绣鞋露出尖。

sæ̃²¹tɕiəu⁵³tʰiæ̃³ʂəŋ²¹ʂaŋ³tʰəu⁵³tæ̃²⁴sæ̃²¹³，tɕyə²¹tʂʰuæ̃²¹ti³siəu⁴⁴xei²⁴lu⁴⁴tʂʰu²⁴tsiæ̃²¹³。

出门见人不敢言，一说我婆婆把牙扳。

tʂʰu²⁴məŋ²⁴tɕiæ̃⁴⁴ʐəŋ²⁴pu²¹kæ̃⁵³iæ̃²⁴，i⁴⁴ʂuə¹ŋə⁵³pʰə²⁴pə²pa²¹ia²⁴pæ̃²¹³。

公公打来婆婆骂，小丈夫翻脸拔头发。

kuŋ²¹kuŋ³ta⁵³lei³pʰə²⁴pʰə²ma⁴⁴，siɔ⁵³tʂaŋ⁴⁴fu¹fæ̃²¹niæ̃⁵³pʰa²⁴tʰəu²⁴fa²。

一根头发一根线，咱二老听见心疼烂。

i²¹kəŋ²⁴tʰəu²⁴fa²i²¹kəŋ²⁴siæ̃⁴⁴，tsa²⁴ər⁴⁴lɔ⁵³tʰiŋ²¹tɕiæ̃⁴⁴siŋ²⁴tʰəŋ²⁴læ̃⁴⁴。

一根头发一根丝，咱二老听见心疼死。

i²¹kəŋ²¹³tʰəu²⁴fa²i²¹kəŋ²⁴sɿ²¹³，tsa²⁴ər⁴⁴lɔ⁵³tʰiŋ²¹tɕiæ̃⁴⁴siŋ²¹tʰəŋ²⁴sɿ⁵³。

不怪爹来不怪娘，怪只怪媒婆瞎心肠。

pu²¹kuei⁴⁴tiə²⁴lei²pu²¹kuei⁴⁴nia²⁴，kuei⁴⁴tsɿ²¹kuei⁴⁴mei²⁴pʰə²xa²⁴ siŋ²¹tʂʰaŋ²⁴。

一对对鸡鸭一对羊，媒人吃上害嗓癀。

i²¹tuei⁴⁴tuei⁴⁴tɕi²⁴ia²·²¹tuei⁴⁴iaŋ²⁴，mei²⁴ʐən²tʂʅ²¹ʂaŋ³xei⁴⁴saŋ⁵³xuaŋ²⁴。

一双袜子一双鞋，媒人穿上遇大灾。

i⁴⁴ʂuaŋ¹va²¹tsʅ³i⁴⁴ʂuaŋ²¹xei²⁴，mei²⁴ʐən²tʂʰuæ²¹ʂaŋ³y⁴⁴ta⁴⁴tsei²¹³。

不怨张来不怨王，单怨我生在苦字上。

pu²¹yæ²⁴tʂaŋ²¹lei³pu²¹yæ⁴⁴vaŋ²⁴，tæ̃²¹yæ⁴⁴ŋə⁵³sən²¹tsei⁴⁴kʰu⁵³tsʅ⁴⁴ʂaŋ¹。

回家叫二老把我看，我想爹娘泪不干。

xuei²⁴tɕia²¹³tɕiɔ⁴⁴ər⁴⁴lɔ⁵³pa²¹ŋə⁵³kʰæ̃⁴⁴，ŋə⁵³siaŋ⁵³tiə²⁴niaŋ²luei⁴⁴pu⁴⁴kæ̃²¹³。

哥哥过河已走远，我在河畔泪涟涟。

kə²⁴kə²kuə⁴⁴xə²⁴i⁵³tsəu⁵³yæ̃⁵³，ŋə⁵³tsei⁴⁴xə²⁴pʰæ̃⁴⁴luei⁴⁴liæ̃²⁴liæ̃²。

撩起襟儿把泪擦，回去的迟了挨"家法"。

liɔ²⁴tɕʰiə⁵³tɕiər²¹³pa²¹luei⁴⁴tsʰa²¹³，xuei²⁴tɕʰi²ti²tsʰʅ²⁴liəu²ŋei²⁴tɕia²⁴fa²。

三　谚语

1. 学好四七归，走到天下不吃亏。

   ɕyə²⁴xɔ⁵³sʅ⁴⁴tsʰi²⁴kuei²¹³，tsəu⁵³tɔ⁴⁴tʰiæ²¹ɕia⁴⁴pu⁴⁴tʂʰʅ²⁴kʰuei²

2. 父母的心在儿女上，儿女的心在石头上。

   fu⁴⁴mu¹ti¹siŋ²¹tsei⁴⁴ər²⁴ny²ʂaŋ²，ər²⁴ny²ti²siŋ²¹tsei⁴⁴ʂʅ²⁴tʰəu²ʂaŋ²

3. 伏里戳一橼，强如秋里耕半年。

   fu²³ni²tʂʰuə²⁴i²¹tʂʰuæ²⁴，tɕʰiaŋ²⁴ʐu²⁴tsʰiəu²¹ni³kəŋ²¹pæ̃⁴⁴niæ̃²⁴

4. 一分钱逼倒英雄汉。

   i⁴⁴fəŋ¹tsʰiæ²⁴pi²¹tɔ⁵³iŋ²¹ɕyŋ²⁴xæ̃⁴⁴

5. 一个巴掌拍不响。

   i²¹kə³pa²⁴tʂaŋ²pʰei²¹pu²⁴ɕiaŋ⁵³

6. 一个槽里拴不下两个叫驴。

   i²¹kə³tsʰɔ²⁴ni²ʂuæ̃²¹pu²¹xa⁴⁴liaŋ⁵³kə³tɕiɔ⁴⁴ly²⁴

7. 一娘养九种。

   i²¹niaŋ²⁴iaŋ⁵³tɕiəu²¹tʂuŋ⁵³

8. 一瓶水不响，半瓶水咣当。

　　i²¹pʰiŋ²⁴ ʂuei⁵³pu²¹ɕiaŋ⁵³，pæ̃⁴⁴pʰiŋ²⁴ ʂuei⁵³kuaŋ²¹taŋ⁵³

9. 一家养女儿百家求。

　　i⁴⁴tɕia¹iaŋ⁵³nyər⁵³pei²⁴tɕia²tɕʰiəu²⁴

10. 一黑一亮，石头泡胀。

　　i⁴⁴xei¹i²¹liaŋ⁴⁴，ʂʅ²⁴tʰəu²pʰɔ⁴⁴tʂaŋ⁴⁴

11. 烟雾拉山头，泡死老犍牛。

　　iæ̃⁴⁴vu⁴⁴la²⁴sæ̃²¹tʰəu²⁴，pʰɔ⁴⁴sʅ⁵³lɔ⁵³tɕiæ̃²¹niəu²⁴

12. 要吃胡麻油，伏里晒热头。

　　iɔ⁴⁴tʂʰʅ²¹xu²⁴ma²iəu²⁴，fu²⁴ni²sei⁴⁴ʐə²¹tʰəu²⁴

13. 有粉搽在脸上，不要搽在沟子上。

　　iəu⁵³fəŋ⁵³tsʰa⁴⁴tsei⁴⁴niæ̃⁵³ʂaŋ³，pu²¹iɔ⁴⁴tsʰa⁴⁴tsei⁴⁴kəu²¹tsʅ³ʂaŋ³

14. 有理不打上门客。

　　iəu⁵³li⁵³pu²¹ta⁵³ʂaŋ⁴⁴məŋ²⁴kʰei²¹³

15. 有钱难买回头看。

　　iəu⁵³tsʰiæ̃²⁴næ̃²⁴mei⁴⁴xuei²⁴tʰəu²⁴kʰæ̃⁴⁴

16. 老子不死儿不大。

　　lɔ⁵³tsʅ³pu²¹sʅ⁵³ər²⁴pu²¹ta⁴⁴

17. 老鼠眼睛鸽鹆头，吃去欢喜做去愁。

　　lɔ⁵³tʂʰu⁵³ni æ̃⁵³tsiŋ³xəŋ⁴⁴xəu¹tʰəu²⁴，tʂʰʅ²¹tɕʰi³xu æ̃²¹ɕi⁵³tsu⁴⁴tɕʰi¹tsʰəu²⁴

18. 老虎不下狼儿子。

　　lɔ²¹xu⁵³pu²¹ɕia⁴⁴laŋ²⁴ər²⁴tsʅ²

19. 六月的韭，臭死狗。

　　liəu²⁴yə²ti²tɕiəu⁵³，tʂʰəu⁴⁴sʅ¹kəu⁵³

20. 路不平了人人说。

　　lu⁴⁴pu²¹piŋ²⁴liəu²ʐəŋ²⁴ʐəŋ²ʂuə²¹³

21. 龙生龙，凤生凤，老鼠的儿子会打洞。

　　luŋ²⁴səŋ²¹luŋ²⁴，fəŋ⁴⁴səŋ²¹fəŋ⁴⁴，lɔ²¹tʂʰu⁵³ti³ər²⁴tsʅ²xuei⁴⁴ta⁵³tuŋ⁴⁴

22. 骆驼脖子长，吃不了隔山草。

　　luə⁴⁴tʰuə¹pʰə²⁴tsʅ²tʂʰaŋ²⁴，tʂʰʅ²¹pu³liəu³kei²⁴sæ̃²tsʰɔ⁵³

23. 麦见芒，四十五天收上场。

mei²¹tɕiæ̃⁴⁴vaŋ²⁴, sʅ⁴⁴ʂʅ¹vu⁵³tʰiæ̃³ ʂəu²¹ ʂaŋ⁴⁴tʂʰaŋ²⁴

24. 宁吃仙桃一口，不吃酸梨子半背斗。

nəŋ⁴⁴tʂʰʅ²¹siæ²¹tʰɔ²⁴i²¹kʰəu⁵³, pu⁴⁴tʂʰʅ²¹suæ̃²¹li²⁴tsʅ²pæ̃⁴⁴pei⁴⁴təu¹

25. 泥泥娃娃泥泥滚。

ni²⁴ni²va²⁴va²ni²⁴ni²kuŋ⁵³

26. 你敬人一尺，人敬你一丈。

ni⁵³tɕiŋ⁴⁴ʐəŋ¹i⁴⁴tʂʰʅ²¹³, ʐəŋ²⁴tɕiŋ⁴⁴ni⁵³i²¹tʂaŋ⁴⁴

27. 眼里过千遍，不如手里过一遍。

niæ̃⁵³ni³kuə⁴⁴tsʰiæ²¹piæ̃⁴⁴, pu²⁴ʐu²⁴ʂəu⁵³ni³kuə⁴⁴i²¹piæ̃⁴⁴

28. 牛没力了胡扯，人没理了胡说。

niəu²⁴mə⁴⁴li²¹liəu³xu²⁴tʂʰə⁵³, ʐəŋ²⁴mə⁴⁴li²¹liəu³xu²⁴ʂuə²¹³

29. 饿了给一口，强如饱了给一斗。

ŋə⁴⁴liəu¹kei¹i²¹kʰəu⁵³, tɕʰiaŋ²⁴ʐu²⁴pɔ⁵³liəu³kei⁴⁴i²¹təu⁵³

30. 不说过头话，不做过头事。

pu⁴⁴ʂuə²¹kuə⁴⁴tʰəu²⁴xua⁴⁴, pu⁴⁴tsu⁴⁴kuə⁴⁴tʰəu²⁴sʅ⁴⁴

31. 不听老人言，吃亏在眼前。

pu⁴⁴tʰiŋ²¹lɔ⁵³ʐəŋ²⁴iæ²⁴, tʂʰʅ²⁴kʰuei²tsei⁴⁴niæ̃⁵³tsʰiæ²⁴

32. 病汉不忌口，坏了良医手。

pʰiŋ⁴⁴xæ̃¹pu²¹tɕi⁴⁴kʰəu⁵³, xuei⁴⁴liəu¹liaŋ²⁴i²ʂəu⁵³

33. 山不转水转，天不转地转。

sæ̃²¹pu²¹tʂæ̃⁴⁴ʂuei⁵³tʂuæ̃⁴⁴, tʰiæ̃²⁴pu²¹tʂuæ̃⁴⁴tʰi⁴⁴tʂuæ̃⁴⁴

34. 三岁看大，七岁看老。

sæ̃²¹tsuei⁴⁴kʰæ̃⁴⁴ta⁴⁴, tsʰi²¹tsuei⁴⁴kʰæ̃⁴⁴lɔ⁵³

35. 生死路上无老少。

səŋ²¹sʅ⁵³lu⁴⁴ʂaŋ¹vu²⁴lɔ⁵³ʂɔ⁴⁴

36. 树放倒就不想卖了，房拆倒就不想要了。

ʂu⁴⁴faŋ⁴⁴tɔ⁵³tsʰiəu⁴⁴pu²¹siaŋ⁵³mei⁴⁴liəu¹, faŋ²⁴tsʰei²¹tɔ⁵³tsʰiəu⁴⁴pu²¹siaŋ⁵³iɔ⁴⁴liəu¹

37. 树挪死，人挪活。

ʂu⁴⁴luə²⁴sʅ⁵³³, ʐəŋ²⁴luə²⁴xuə²⁴

38. 大暑小暑，泡死老鼠。

ta⁴⁴ʂʅ¹siɔ²¹ʂʅ⁵³，pʰɔ⁴⁴sʅ⁵³lɔ²¹tʂʰu⁵³

39. 打捶处少看，□（音砸上声）柴处少站。

ta⁵³tʂʰuei²⁴tʂʰu²ʂɔ⁵³kʰæ̃⁴⁴，tsa⁵³tsʰei²⁴tʂʰu²ʂɔ⁵³tsæ̃⁴⁴

40. 东虹热头西虹雨，南虹过来发白雨。

tuŋ²¹tɕiaŋ⁴⁴zʴə²¹tʰəu²⁴si²¹tɕiaŋ⁴⁴y⁵³，næ̃²⁴tɕiaŋ⁴⁴kuə⁴⁴lei¹fa²¹pei²⁴y²

41. 天晴解水路，人要早维和。

tʰiæ̃²¹tsʰiŋ²⁴kei²¹ʂuei⁵³lu⁴⁴，zʴəŋ²⁴iɔ⁴⁴tsɔ⁵³vei²⁴xuə²

42. 天转转儿，地转转儿，羊粪变成个地软软儿。

tʰiæ̃²¹tʂuæ̃⁴⁴tʂuæ̃r¹，tʰi⁴⁴tʂuæ̃⁴⁴tʂuæ̃r¹，iaŋ²⁴fə̃r⁴⁴piæ̃⁴⁴tʂʰəŋ²⁴kə²tʰi⁴⁴
zʴuæ̃⁵³zʴuæ̃r³

43. 交人交君子，栽树栽松柏。

tɕiɔ²¹zʴəŋ²⁴tɕiɔ²⁴tɕyŋ²¹tsʅ³，tsei²¹ʂu⁴⁴tsei²¹suŋ²⁴pei²

44. 久赌输神仙。

tɕiəu²¹tu⁵³ʂu²¹ʂəŋ²⁴siæ̃²

45. 金窝儿银窝儿，不如自家的穷窝儿。

tɕiŋ²⁴vər²¹³³iŋ²⁴vər²¹³，pu²¹zʴu²⁴tsʅ⁴⁴tɕia¹ti¹tɕʰyŋ²⁴vər²¹³

46. 穷没有穷根，富没有富蔓。

tɕʰyŋ²⁴mə²¹iəu⁵³tɕʰyŋ²⁴kəŋ²¹³，fu⁴⁴mə²¹iəu⁵³fu⁴⁴væ̃⁴⁴

47. 执棍叫犬，越叫越远。

tʂʅ²¹kuŋ⁴⁴tɕiɔ⁴⁴tɕʰyæ̃⁵³，yə²¹¹tɕiɔ⁴⁴yə²¹yæ̃⁵³

48. 吃不穷，喝不穷，不会打算一世穷。

tʂʰʅ²¹pu⁴⁴tɕʰyŋ²⁴，xə²¹pu⁴⁴tɕʰyŋ¹，pu²¹xuei⁴⁴ta⁵³suæ̃³i²¹ʂʅ⁴⁴tɕʰyŋ²⁴

49. 吃了人家的口软，拿了人家的手短。

tʂʰʅ²¹liəu³zʴəŋ²⁴tɕia²ti²kʰəu⁵³zʴuæ̃³，na²⁴liəu²zʴəŋ²⁴tɕia²ti²ʂəu⁵³tuæ̃³

50. 猪多没好食，人多没好饭。

tʂu²⁴tuə²mə²¹xɔ⁵³ʂʅ²⁴，zʴəŋ²⁴tuə²mə²¹xɔ⁵³fæ̃⁴⁴

51. 无事不要找事，有事不要怕事。

vu²⁴sʅ⁴⁴pu²¹iɔ⁴⁴tsɔ⁵³sʅ⁴⁴，iəu⁵³sʅ⁴⁴pu²¹iɔ⁴⁴pʰa⁴⁴sʅ⁴⁴

52. 瞎马下的是好骡子。

xa²¹ma⁵³ɕia⁴⁴ti¹sʅ⁴⁴xɔ⁵³luə²⁴tsʅ²

53. 好兄弟，明算账。

xɔ⁵³ɕyŋ²¹tʰi⁴⁴，miŋ²⁴suæ̃⁴⁴tʂaŋ⁴⁴

54. 好邻居，高打墙。

xɔ⁵³liŋ²⁴tɕy²¹³，kɔ²¹ta⁵³tsʰiaŋ²⁴

55. 好男不跟女斗，好官不跟民斗。

xɔ⁵³næ̃²⁴pu⁴⁴kəŋ²¹ny⁵³təu⁴⁴，xɔ⁵³kuæ̃²¹³pu⁴⁴kəŋ²¹miŋ²⁴təu⁴⁴

56. 人能生万物，万物不生人。

ʐəŋ²⁴nəŋ²⁴səŋ²¹væ̃⁴⁴və¹，væ̃⁴⁴və¹pu⁴⁴səŋ²¹ʐəŋ²⁴

57. 人比人，没活头，驴比骡子没驮头。

ʐəŋ²⁴pi⁵³ʐəŋ²⁴，mə²¹xuə²⁴tʰəu²，ly²⁴pi⁵³luə²⁴tsʅ²mə²¹tʰuə²⁴tʰəu²

58. 人怕出名猪怕壮。

ʐəŋ²⁴pʰa⁴⁴tʂʰu²¹miŋ²⁴tʂu²¹pʰa⁴⁴tʂuaŋ⁴⁴

59. 人是一圪瘩肉，一眼识不透。

ʐəŋ²⁴sʅ⁴⁴i⁴⁴kə²¹ta²⁴ʐəu⁴⁴，i²¹niæ̃⁵³ʂʅ²¹pu²⁴tʰəu⁴⁴

60. 人情一匹马，买卖争分毫。

ʐəŋ²⁴tsʰiŋ²⁴i²¹pʰi⁵³ma⁵³，mei²¹mei⁵³tsəŋ²¹fəŋ²¹xɔ²⁴

四　歇后语

1. 二十四个狗娃子拉车——没个掌辕来。

ər⁴⁴ʂʅ¹sʅ⁴⁴kə¹kəu⁵³va³tsʅ³la²⁴tʂʰə²¹³—mə²¹kə³tʂaŋ⁵³yæ̃²⁴lei²

2. 二争子拉胡胡儿——吱勾吱（自顾自）。

ər⁴⁴tsəŋ²¹tsʅ³la²¹xu²⁴xur²—tsʅ⁴⁴kəu⁴⁴tsʅ⁴⁴

3. 哑巴哭他达呢——伤心着说不出来。

ia⁵³pa³kʰu²¹tʰa⁵³ta²⁴ni²—ʂaŋ²⁴siŋ²¹tʂə³ʂuə²¹pu⁴⁴tʂʰʯ²¹lei²⁴

4. 鸭子过河——嘴向前。

ia²¹tsʅ³kuə⁴⁴xə²⁴—tsuei⁵³ɕiaŋ⁴⁴tsʰiæ̃²⁴

5. 鸭子搅粪——嘴拨拉。

ia²¹tsʅ³tɕiɔ⁵³fəŋ⁴⁴—tsuei⁵³pə²¹la²⁴

6. 阎王爷开店——鬼买。

iæ̃²⁴vaŋ²iə²kʰei²¹tiæ̃⁴⁴—kuei⁵³mei⁴⁴

7. 羊群里的骆驼——数你大。

iaŋ²⁴tɕʰyŋ²⁴ni²ti²luə⁴⁴tʰuə¹ — ʂu⁵³ni⁵³ta⁴⁴

8. 狗看星宿——满天明。

kəu⁵³kʰæ̃⁴⁴siəu²¹siəu⁴⁴—mæ̃⁵³tʰiæ̃²¹miŋ²⁴

9. 狗戴毡帽——人起来了。

kəu⁵³tei⁴⁴tʂæ̃²¹mɔ⁴⁴—ʐəŋ²⁴tɕʰi⁵³lei³liəu³

10. 狗吃羊肚子——连吃带甩霍。

kəu⁵²tʂʰʅ²¹iaŋ²⁴tu⁵³tsʅ³—liæ̃²⁴tʂʰʅ²tei⁴⁴ʂuei⁵³xuə³

11. 关山上的鸰鹩——陕甘两省的绝物。

kuæ̃²¹sæ̃²¹ʂaŋ³ti³xəu¹xəu⁴⁴xəu¹ — ʂæ̃⁵³kæ̃²¹liaŋ²¹səŋ⁵³ti³tɕʰyə²⁴və²

12. 锅盖梁梁子做了个风匣杆杆子——受了热气受冷气。

kuə²¹kei⁴⁴liaŋ²⁴liaŋ²tsʅ²tsu⁴⁴liəu¹kə¹fəŋ²¹ɕia²⁴k ̃æ⁵³k ̃æ³tsʅ³ — ʂəu⁴⁴liəu¹ʐ̩ə²¹tɕʰi⁴⁴ʂəu⁴⁴ləŋ⁵³tɕʰi⁴⁴

13. 口里吃馒头——心里有数。

kʰəu⁵³ni³tʂʰʅ²¹mæ̃²⁴tʰəu²—siŋ²¹ni³iəu⁵³ʂu⁴⁴

14. 喇嘛剜沟子呢——没法了。

la²¹ma²⁴væ̃²¹kəu²¹tsʅ³ni³—mə⁴⁴fa²¹liəu³

15. 涝坝沿上□葱花——给鳖上汤着呢

lɔ⁴⁴pa¹iæ̃²⁴ʂaŋ³tsa⁵³tsʰuŋ²⁴xua³—kei⁴⁴piə²¹ʂaŋ⁴⁴tʰaŋ²¹tʂə³ni³

16. 涝坝里泡馍馍——汤大了。

lɔ⁴⁴pa¹ni¹pʰɔ⁴⁴mə²⁴mə²—tʰaŋ²¹1ta⁴⁴liəu¹

17. 老鼠拉木枕——大头子在后。

lɔ²¹tʂʰu⁵³la²¹mu²⁴ɕiæ̃²—ta⁴⁴tʰəu¹tsʅ¹tsei⁴⁴xəu⁴⁴

18. 老鼠骂斗行——把你家的吃了。

lɔ²¹tʂʰu⁵³ma⁴⁴təu⁵³xaŋ³—pa²¹ni⁵³tɕia³ti³tʂʰʅ²¹liəu³

19. 老鼠钻到风匣里——两头子受气。

lɔ²¹tʂʰu⁵³tsuæ̃²¹tɔ⁴⁴fəŋ²¹ɕia²⁴ni²—liaŋ⁵³tʰəu²⁴tsʅ²ʂəu⁴⁴tɕʰi⁴⁴

20. 老鼠钻到书箱里——不是咬文就是嚼字。

lɔ²¹tʂʰu⁵³tsu ̃æ²¹tɔ⁴⁴ʂu²⁴siaŋ²¹ni³—pu²¹sʅ⁴⁴niɔ⁵³vəŋ²⁴tsʰiəu⁴⁴sʅ⁴⁴tsʰuə²⁴tsʅ⁴⁴

21. 老虎不吃人——恶名在外。

$lɔ^{21}\,xu^{53}\,pu^{44}\,tʂʰʅ^{21}\,z̩ən^{24}$—$ŋə^{21}\,miŋ^{24}\,tsei^{44}\,vei^{44}$

22. 老虎吃蝇沫子——白拌牙茬。

$lɔ^{21}\,xu^{53}\,tʂʰʅ^{21}\,iŋ^{24}\,mə^{2}\,tsʅ^{2}$—$pei^{24}\,pæ̃^{44}\,ia^{24}\,tsʰa^{2}$

23. 老虎吃天爷——没处下爪。

$lɔ^{21}\,xu^{53}\,tʂʰʅ^{24}\,tʰiæ̃^{21}\,iə^{24}$—$mə^{21}\,tʂʰu^{53}\,ɕia^{44}\,tʂua^{53}$

24. 癞蛤蟆沟子上插鸡翎子——不知道是飞禽还是走兽。

$lei^{44}\,xə^{24}\,ma^{2}\,kəu^{21}\,tsʅ^{3}\,ʂaŋ^{3}\,tsʰa^{24}\,tɕi^{21}\,liŋ^{24}\,tsʅ^{1}$—$pu^{44}\,tʂʅ^{21}\,tɔ^{3}\,sʅ^{44}\,fei^{21}$

$tɕʰiŋ^{24}\,xæ̃^{24}\,sʅ^{44}\,tsəu^{53}\,ʂəu^{44}$

25. 癞蛤蟆跳门槛——连蹲沟子带伤脸。

$lei^{44}\,xə^{24}\,ma^{2}\,tʰiɔ^{24}\,məŋ^{24}\,kʰaŋ^{2}$—$liæ̃^{24}\,tuŋ^{24}\,kəu^{21}\,tsʅ^{3}\,tei^{44}\,ʂaŋ^{21}\,niæ̃^{53}$

26. 料礓石錾佛爷——三形不对。

$liɔ^{44}\,tɕiaŋ^{21}\,ʂ̩^{3}\,tsʰæ̃^{44}\,fə^{24}\,iə^{2}$—$sæ̃^{21}\,ɕiŋ^{24}\,pu^{21}\,tuei^{44}$

27. 六爪划拳——伟（那）一个算吗？

$liəu^{21}\,tsɔ^{53}\,xua^{44}\,tɕʰyæ̃^{24}$—$vei^{53}\,i^{21}\,kə^{3}\,suæ̃^{44}\,ma^{1}$

28. 六月里的野狐子——藏皮呢么顾毛呢。

$liəu^{24}\,yə^{21}\,ni^{3}\,ti^{3}\,iə^{53}\,xu^{3}\,tsʅ^{3}$—$tsʰiaŋ^{24}\,pʰi^{24}\,ni^{2}\,ma^{2}\,ku^{44}\,mɔ^{24}\,ni^{2}$

29. 聋子的耳朵——样子货。

$luŋ^{24}\,tsʅ^{2}\,ti^{2}\,ər^{53}\,tuə^{3}$—$iaŋ^{44}\,tsʅ^{1}\,xuə^{44}$

30. 驴啃脖子——工㸬工。

$ly^{24}\,kʰuŋ^{53}\,pʰə^{24}\,tsʅ^{2}$—$kuŋ^{21}\,pʰiæ̃^{44}\,kuŋ^{213}$

31. 驴推磨儿——顺着转。

$ly^{24}\,tʰuei^{21}\,mər^{44}$—$ʂuŋ^{44}\,tʂuæ̃^{44}$

32. 驴跷马步——看崩裆了着。

$ly^{24}\,tɕʰiɔ^{21}\,ma^{53}\,pʰu^{44}$—$kʰæ̃^{44}\,pəŋ^{24}\,taŋ^{2}\,liəu^{2}\,tʂə^{2}$

33. 马尾串豆腐——别提了。

$ma^{21}\,i^{53}\,tʂʰuæ̃^{44}\,təu^{44}\,fu^{1}$—$piə^{24}\,tʰi^{24}\,liəu^{2}$

34. 麻袋上绣花——底子太差。

$ma^{24}\,tei^{44}\,ʂaŋ^{1}\,siəu^{44}\,xua^{213}$—$ti^{53}\,tsʅ^{3}\,tʰei^{53}\,tsʰa^{213}$

35. 马槽里伸出了个驴头——多你一张嘴。

ma⁵³tsʰɔ²⁴ni²ʂɤŋ²⁴tʂʰu²¹liəu³kə³ly²⁴tʰəu²⁴—tuə²¹ni⁵³i²¹tʂaŋ²⁴tsuei⁵³

36. 猫儿吃浆子——老在嘴上挖爪。

mɔr²⁴²tʂʰʅ²¹tɕiaŋ⁴⁴tsʅ¹—lɔ⁵³tsei⁴⁴tsuei⁵³ʂaŋ³va²¹tʂua⁵³

37. 帽角子上绑辣子——抡红了。

mɔ⁴⁴kə¹tsʅ¹ʂaŋ¹paŋ⁵³la²¹tsʅ³—lyŋ²⁴xuŋ²⁴liəu²

38. 米汤献神——一脸的庆皮。

mi⁵³tʰaŋ³ɕiæ⁴⁴ʂɤŋ²⁴—i²¹niæ⁵³ti³tɕʰiŋ⁴⁴pʰi²⁴

39. 木匠吊线——睁一只眼,闭一只眼。

mu²¹tsʰiaŋ⁴⁴tiɔ⁴⁴siæ⁴⁴—tsɤŋ²⁴i²¹tsʅ³niæ⁵³, pi⁴⁴i²¹tsʅ³niæ³

40. 棒槌剜牙——夯口着说不出来。

paŋ⁴⁴tʂʰuei¹væ²¹ia²⁴—xaŋ²¹kʰəu⁵³tʂə³ʂuə²¹pu⁴⁴tʂu²¹lei²⁴

41. 老公公背上儿媳妇朝华山——瓜力出了还落了个倒猪的名声。

lɔ⁵³kuŋ²¹kuŋ²⁴pei²¹ʂaŋ³ər²⁴si²¹fu³tʂʰɔ²⁴xua⁴⁴sæ¹——kua²⁴li²⁴tʂʰu²¹liəu³xæ²⁴luə²¹liəu³kə³tɔ⁴⁴tʂu¹ti¹miŋ²⁴ʂɤŋ²

42. 背的褡褡子撵骆驼——撵上了搭不上。

pei²¹ti³ta²¹ta²⁴tsʅ³niæ⁵³luə⁴⁴tʰuə¹—niæ⁵³ʂaŋ⁴⁴liəu¹ta²¹pu²⁴ʂaŋ²

43. 白菜豆腐汤——谁也没沾谁的油水。

pei²⁴tsʰei⁴⁴təu⁴⁴fu¹tʰaŋ²¹³—ʂuei²⁴ia⁵³mə²¹tʂæ²¹ʂuei²⁴ti²iəu²⁴ʂuei²

44. 鞭杆吹笛子——实腾腾来。

piæ²¹kæ⁵³tʂʰuei²¹tʰi²⁴tsʅ²—ʂʅ²⁴tʰəŋ⁵³tʰəŋ³lei³

45. 跛子担水——不要衍的紧。

pə⁵³tsʅ³tæ²¹ʂuei⁵³—pu²¹iɔ⁴⁴iæ⁵³ti³tɕiŋ⁵³

46. 炮弹打苍蝇——大材小用了。

pʰɔ⁴⁴tæ⁴⁴ta⁵³tsʰaŋ²¹iŋ²⁴—ta⁴⁴tsʰei²⁴siɔ⁵³yŋ⁴⁴liəu¹

47. 砂锅子捣蒜——一锤子的买卖。

sa²⁴kuə²¹tsʅ³tɔ⁵³suæ⁴⁴—i²¹tsʰuei²⁴tsʅ³ti³mei²¹mei⁵³

48. 三根粪杈支案板——摆了个臭架子。

sæ²¹kəŋ²¹³fəŋ⁴⁴tsʰa¹tsʅ²¹ŋæ⁴⁴pæ¹—pei⁵³liəu³kə³tʂʰəu⁴⁴tɕia⁴⁴tsʅ¹

49. 三十儿借笼床——你蒸呢我烙恰。

sæ²¹ʂər²¹³tsiə⁴⁴luŋ²⁴tʂʰuaŋ³—ni⁵²tʂəŋ²¹ni³ŋɤ⁵²luɤ²¹tɕʰiA³⁵]

50. 三张麻纸糊了个驴头——好大的面子。

sæ̃²¹tʂaŋ²⁴ma²⁴tsʅ⁵³xu²⁴liəu²kə²ly²⁴tʰəu²⁴—xɔ⁵³ta⁴⁴ti¹miæ̃⁴⁴tsʅ¹

51. 小鸡吃米——光点头。

siɔ⁵³tɕi³tʂʰʅ²¹mi⁵³—kuaŋ²⁴tiæ̃⁵³tʰəu²⁴

52. 秀才死了倒札子埋下——臭文从沟子里冒出来了。

siəu⁴⁴tsʰei¹sʅ⁵³liəu³tɔ²⁴tsa¹tsʅ¹mei²⁴xa²—tʂʰəu⁴⁴vəŋ²⁴tsʰuŋ²⁴kəu²¹tsʅ³
ni³mɔ⁴⁴tʂʰu²¹lei²⁴liəu²

53. 屎扒牛支炕桌——硬撑着。

sʅ⁵³pʰa²¹niəu²⁴tsʅ²¹kʰaŋ⁴⁴tʂuə¹—niŋ⁴⁴tsʰəŋ²¹tʂə³

54. 死人顶门——硬扛。

sʅ⁵³ʐəŋ³tiŋ⁵³məŋ²⁴—niŋ⁴⁴kʰaŋ²¹³

55. 陕西的乱弹——干板儿。

ʂæ̃⁵³si³ti³luæ̃⁴⁴tʰæ̃¹—kæ̃²¹pær⁵³

56. 手上长毛——老手。

ʂəu⁵³ʂaŋ³tʂaŋ⁵³mɔ²⁴—lɔ²¹ʂəu⁵³

57. 秣秣秆儿夹凉粉——滑头遇见了逛鬼。

ʂ̩u²⁴ʂ̩u²kæ̃r⁵³tɕia²¹liaŋ²⁴fəŋ²—xua²⁴tʰəu²⁴y⁴⁴tɕiæ̃⁴⁴liəu¹kuaŋ⁴⁴kuei⁵³

58. 爽头子椽——耐孽（腐朽）。

ʂuaŋ⁵³tʰəu³tsʅ³tʂʰuæ̃²⁴—nei⁴⁴niə²¹³

59. 水浸下的麻绳——节节紧。

ʂuei⁵³tɕiŋ²¹xa³ti³ma²⁴ʂəŋ²⁴—tsiə²⁴tsiə²tɕiŋ⁵³

60. 大腿上扎刀子——离心远着呢。

ta⁴⁴tʰuei¹ʂaŋ¹tsʰa²⁴tɔ²¹tsʅ³—li⁴⁴siŋ²¹yæ̃⁵³tʂə³ni³

61. 打着灯笼儿拾粪——找屎（死）。

ta²¹tʂə³təŋ²¹lũr²⁴ʂ̩²⁴fəŋ⁴⁴—tsɔ⁵³sʅ⁵³

62. 店房里的壁虱——光吃客。

tiæ̃⁴⁴faŋ¹ni¹ti¹pi⁴sei²¹³—kuaŋ²⁴tʂʰʅ²⁴kʰei²¹³

63. 头上戴袜子——脸上抹不下来。

tʰəu²⁴ʂaŋ²tei⁴⁴va²¹tsʅ³—niæ̃⁵³ʂaŋ³ma²¹pu³⁵xa⁴⁴lei¹

64. 头上顶筛子——百眼儿开。

tʰəu²⁴ʂaŋ²tiŋ⁵³sei⁵³tsʅ³—pei²¹niær⁵³kʰei²¹³

65. 头上长蒿子——荒（慌）了。

tʰəu²⁴ ʂaŋ² tʂaŋ⁵³ xɔ²¹ tsɿ³ —xuŋ²¹ liəu³

66. 提着碌碡打月亮——不知道轻重高低。

tʰi²⁴ tʂə³ lu²¹ tʂʰu⁵³ ta⁴⁴ yə²¹ liaŋ⁴⁴ —pu⁴⁴ tʂɿ²¹ tɔ³ tɕʰiŋ²¹ tʂʰuŋ⁴⁴ kɔ²⁴ ti²¹³

67. 秃子骂和尚——自骂自。

tʰu²¹ tsɿ³ ma⁴⁴ xuə²⁴ ʂaŋ² —tsɿ⁴⁴ ma⁴⁴ tsɿ⁴⁴

68. 秃子头上的虱——明摆着呢。

tʰu²¹ tsɿ³ tʰəu²⁴ ʂaŋ³ ti³ sei²¹³˙ —miŋ²⁴ pei⁵³ tʂə³ ni³

69. 搅屎的脏棒——闻（文）不得的舞（武）不得。

tɕiɔ⁵³ sɿ⁵³ ti³ tsaŋ²¹ paŋ⁴⁴ —vəŋ²⁴ pu²¹ ti³ ti³ vu³ pu³ ti³

70. 叫花子拾了个烂历头——当经书着念着呢。

tɕiɔ⁴⁴ xua¹ tsɿ¹ ʂɿ²⁴ liəu² kə² l æ̃⁴⁴ li²¹ tʰəu²⁴ —taŋ⁴⁴ tɕiŋ²⁴ ʂu² tʂə² ni æ̃⁴⁴ tʂə¹ ni¹

71. 脚底下流脓——坏到底了。

tɕyə²¹ ti⁵³ xa³ liəu²⁴ luŋ²⁴ —xuei⁴⁴ tɔ⁴⁴ ti⁵³ liəu³

72. 荞皮打浆子——没粘。

tɕʰiɔ²⁴ pʰi² ta⁵³ tɕiaŋ⁴⁴ tsɿ¹ —mə²¹ z̩ æ̃r²⁴

73. 穷汉家娃娃吃挂面——有盐（言）在先。

tɕʰyŋ²⁴ xæ̃² tɕia² va²⁴ va² tʂʰɿ²¹ kua⁴⁴ mi æ̃¹ —iəu⁵³ i æ̃²⁴ tsei⁴⁴ si æ̃²¹³

74. 贼娃子打官司——场场输。

tsei²⁴ va² tsɿ² ta⁵³ kuæ̃²⁴ sɿ² —tʂʰaŋ⁵³ tʂʰaŋ⁵³ ʂu²¹³

75. 精沟子段狼——胆大脸唇（害臊）。

tsiŋ²⁴ kəu²¹ tsɿ³ tuæ̃⁴⁴ laŋ²⁴ —tæ̃⁵³ ta⁴⁴ ni æ̃⁵³ ʂuŋ²⁴

76. 井里的蛤蟆——筛筛大的天。

tsiŋ⁵³ ni³ ti³ xə²⁴ ma² —sei⁵³ sər³ ta⁴⁴ ti¹ tʰi æ̃²¹³

77. 嘴上抹石灰——白吃。

tsuei⁵³ ʂaŋ² mə⁵³ ʂɿ²⁴ xuei² —pei²⁴ tʂʰɿ²¹³

78. 仓老鼠向老鸹借粮——守着的没，飞的倒有！

tsʰaŋ⁴⁴ lɔ²¹ tʂʰu⁵³ ɕiaŋ⁴⁴ lɔ⁵³ va³ tsiə⁴⁴ liaŋ²⁴ — ʂu⁵³ tʂə³ ti³ mə²¹ iəu，fei²¹ ti³ tɔ⁴⁴ iəu⁵³

79. 七八十岁上吹喇叭——寿长气短。

tsʰi˙²⁴pa²¹ sʅ²⁴suei⁴⁴ ʂaŋ¹tʂʰuei²¹la⁵³pa³ — ʂɤu⁴⁴tʂʰaŋ²⁴tɕʰi⁴⁴tuæ̃⁵³

80. 猪八戒照镜子——里外不是人。

tʂu²⁴pa²¹tɕiə⁴⁴tʂɔ⁴⁴tɕiŋ⁴⁴tsʅ¹—li⁵³vei⁴⁴pu²¹sʅ⁴⁴zən²⁴

参考文献

著作类：

北京大学中国语言文学系语言学教研室：《汉语方音字汇》，语文出版社 2003 年版。

北京大学中国语言文学系语言学教研室：《汉语方言词汇》（第二版），语文出版社 1995 年版。

陈秀兰：《敦煌变文词汇研究》，四川民族出版社 2002 年版。

陈章太、李行健：《普通话基础方言基本词汇集》，语文出版社 1996 年版。

陈振寰：《音韵学》，湖南人民出版社 1986 年版。

长泽规矩也：《明清俗语辞书集成》，上海古籍出版社 1989 年版。

戴耀晶：《现代汉语时制系统研究》，浙江出版社 1997 年版。

丁邦新：《历史层次与方言研究》，上海教育出版社 2007 年版。

丁声树、李荣：《汉语音韵讲义》，上海教育出版社 2004 年版。

冯春田：《近代汉语语法研究》，山东教育出版社 2000 年版。

郭芹纳：《训诂散论》，中国社会科学出版社 2002 年版。

郭芹纳：《训诂学》，高等教育出版社 2005 年版。

郭锡良：《汉字古音手册》，北京大学出版社 1984 年版。

耿振生：《二十世纪汉语音韵学方法论》，北京大学出版社 2004 年版。

龚煌城：《汉藏语研究论文集》，北京大学出版社 2004 年版。

海峰：《中亚东干语言研究》，新疆大学出版社 2003 年版。

侯精一：《现代汉语方言概论》，上海教育出版社 2002 年版。

侯精一、温端政：《山西方言调查研究报告》，山西高校联合出版社1993年版。

胡朴安：《俗语典》，上海书店1983年版。

胡士云：《汉语亲属称谓研究》，商务印书馆2007年版。

胡安顺：《音韵学通论》，中华书局2004年版。

黄伯荣、廖序东：《现代汉语》（增订五版），高等教育出版社2011年版。

黄家教：《汉语方言论集》，北京语言文化大学出版社1997年版。

黄征、张泉涌：《敦煌变文校注》，中华书局1997年版。

火会亮：《乡村的语言》，宁夏人民出版社2005年版。

蒋绍愚：《近代汉语研究概要》，北京大学出版社2005年版。

蒋宗福：《四川方言词语考释》，巴蜀书社2002年版。

蒋鸿礼：《敦煌变文字义通释》，上海古籍出版社1981年版。

柯西钢：《白河方言调查研究》，中华书局2013年版。

李恭：《陇右方言发微》，兰州大学出版社1988年版年版。

李范文：《宋代西北方音》，中国社会科学出版社1994年版。

李如龙：《汉语方言学》，高等教育出版社2007年版。

李如龙：《汉语方言特征词研究》，厦门大学出版社2001年版。

刘淑学：《中古入声字在河北方言中的读音研究》，河北大学出版社2000年版。

刘俐李：《现代汉语方言核心词·特征词集》，凤凰出版社2007年版。

林涛：《中亚东干语研究》，香港教育出版社2003年版。

隆德县志办：《隆德县志》，宁夏人民出版社1998年版。

隆德县中学校本教材编写组：《悠悠六盘》（未刊本）2006年版。

陆澹安：《小说词语汇释》，上海古籍出版社1979年版。

陆俭明、沈阳：《汉语和汉语研究十五讲》，北京大学出版社2004年版。

罗常培：《唐五代西北方音》，中央研究院史语所1933年版。

莫超：《白龙江流域汉语方言语法研究》，中国社会科学出版社2004年版。

明生荣：《毕节方言研究》，中国社会科学出版社2007年版。

宁夏方志办：《宁夏通志·宁夏方言研究述略》，宁夏人民出版社 2008 年版。

乔全生：《晋方言语音史研究》，中华书局 2008 年版。

孙立新：《关中方言代词研究》，三秦出版社 2010 年版。

孙立新：《陕西方言漫话》，中国社会科学出版社 2004 年版。

孙立新：《户县方言研究》，东方出版社 2002 年版。

孙立新：《陕西方言纵横谈》，华夏文化出版社 2000 年版。

桑丹桂、陈国栋：《隆德县志》，成文出版社民国二十四年版。

史存直：《汉语音韵学论文集》，华东师范大学出版社 1997 年版。

王力：《汉语史稿》，中华书局 1980 年版。

王文卿：《晋源方言研究》，语文出版社 2007 年版。

唐作藩：《音韵学教程》，北京大学出版社 2002 年版。

王廷贤等：《天水方言》，甘肃文化出版社 2004 年版。

王临惠：《汾河流域语音演变研究》，中国社会科学出版社 2003 年版。

王福堂：《汉语方言语音的演变和层次》，语文出版社 2005 年版。

王士元：《王士元语言学论文集》，商务印书馆 2002 年版。

王洪君：《汉语非线性音系学》，北京大学出版社 2008 年版。

邵荣芬：《邵荣芬语言学论文集》，商务印书馆 2009 年版。

武宇林：《中国花儿通论》，宁夏人民出版社 2008 年版。

邢向东：《陕北晋语语法比较研究》，商务印书馆 2006 年版。

邢向东：《神木方言研究》，中华书局 2002 年版。

邢向东：《西北方言与民俗研究论丛》，中国社会科学出版社 2004 年版。

邢向东、蔡文婷：《合阳方言调查研究》，中华书局 2010 年版。

徐通锵：《历史语言学》，商务印书馆 1991 年版。

徐兴亚：《西海固史》，甘肃人民出版社 2002 年版。

杨子仪、马学恭：《固原县方言志》，宁夏人民出版社 1990 年版。

杨苏平：《固原方言俗语》，宁夏人民出版社 2007 年版。

杨树达：《积微居小学金石论丛》，中华书局 1983 年版。

杨耐思：《中原音韵音系》，中国社会科学出版社 1981 年版。

叶超：《民国固原县志》，宁夏人民出版社 1992 年版。

叶祖贵：《固始方言研究》，中国社会科学出版社 2009 年版。

游汝杰：《汉语方言学教程》，上海教育出版社 2004 年版。

佚名：《庆阳方言亲属称谓语》，未刊稿。

张安生：《同心方言研究》，中华书局 2006 年版。

张博：《古代汉语词汇研究》，宁夏人民出版社 2000 年版。

张华文：《昆明方言词源断代考辨》，民族出版社 2002 年版。

张维佳：《演化与竞争：关中方言音韵结构的变迁》，陕西人民出版社 2005 年版。

张相：《诗词曲语辞汇释》，中华书局 1979 年版。

赵元任：《语言问题》，商务印书馆 1980 年版。

赵葵欣：《武汉方言语法研究》，武汉大学出版社 2012 年版。

周祖谟：《广韵校本》，中华书局 2004 年版。

邹晓丽：《传统音韵学实用教程》，上海辞书出版社 2002 年版。

中国社会科学院语言研究所：《方言调查字表》，商务印书馆 1981 年版。

中国社会科学院、澳大利亚人文科学院：《中国语言地图集》，朗文（远东）出版有限公司 1987 年版。

朱东润：《中国历代文学作品选》，上海古籍出版社 1980 年版。

朱正义：《关中方言古词论稿》，上海古籍出版社 2004 年版。

论文类：

丁邦新：《从历史层次论吴闽关系》，《方言》2006 年第 1 期。

贺巍：《中原官话分区（稿）》，《方言》2005 年第 2 期。

黑维强：《陕北绥德河底方言的文白异读》，《方言》2010 年第 4 期。

劲松、瞿霭堂：《尖团音新议》，《语文研究》2009 年第 2 期。

刘沛玲：《山西方言中的非常态舌尖元音》，《语言科学》2009 年第 4 期。

刘勋宁：《一个中原官话中曾经存在过的语音层次》，《语文研究》2005 年第 1 期。

刘勋宁：《文白异读与语音层次》，《语言教学研究》2003 年第 4 期。

刘丹青、唐正大：《现代汉语方言语法语料库调查方案》（暂定稿）2003 年。

李树俨：《银川方言读音例外字例释》，《语文研究》2004 年第 4 期。

李树俨：《银川方言人称代词复数的两种形式及词缀"都"》，《语文研究》2001 年第 1 期。

李如龙、辛世彪：《晋南、关中的"全浊送气"与唐宋西北方音》，《中国语文》1999 年第 1 期。

李生信：《宁夏方言研究五十年》，《宁夏大学学报》2008 年第 5 期。

李蓝：《方言比较、区域方言史与方言分区》，《方言》2002 年第 1 期。

雒鹏：《甘肃汉语方言研究现状和分区》，《甘肃高师学报》2007 年第 4 期。

莫超、朱富林：《洮河流域汉语方言的语音特点》，《方言》2009 年第 3 期。

乔全生：《晋方言研究综述》，《山西大学学报》2005 年第 1 期。

乔全生：《从晋方言看古见系字在细音前腭化的历史》，《方言》第 2006 年 3 期。

乔全生：《晋方言古全浊声母的演变》，《山西大学学报》2005 年第 2 期。

特约评论员：《语言研究所六十年》，《中国语文》2010 年第 4 期。

太田斋：《常用词特殊音变的分析法：以"肩膀"和"井拔凉水"为例》，《中国语文》2010 年第 4 期。

田春来：《近代汉语"着"字被动句》，《语言科学》2009 年第 5 期。

王洪君：《山西闻喜方言的白读层与宋西北方音》，《中国语文》1987 年第 1 期。

王洪君：《兼顾演变、推平和层次的汉语方言历史关系模型》，《方言》2009 年第三期。

王洪君：《层次与断阶——叠置式音变与扩散式音变的交叉与区别》，《中国语文》2010 年第 4 期。

王军虎：《晋陕甘方言的"支微入鱼"现象》，《中国语文》2004 年第 3 期。

王军虎：《陕西凤翔方言两字组的连调模式》，《方言》2010 年第 3 期。

王玉鼎：《论海原方言的浊音清化规则及其形成原因》，《延安大学学报》2009 年第 6 期。

王宝红：《近代文献中的陕西方言词语》，《咸阳师范学院学报》2010年第 3 期。

吴媛：《陕西岐山方言声调演变中的例外现象》，《东南大学学报》2010 年第 4 期。

熊正辉：《官话方言分 ts ʦ 的类型》，《方言》1990 年第 1 期。

邢向东、郭沈青：《晋陕宁三省区中原官话的内外分区与差异》，《方言》2005 年第 4 期。

邢向东：《陕西省的汉语方言》，《方言》2007 年第 4 期。

邢向东：《论现代汉语方言祈使语气词"着"的形成》，《方言》2004 年第 4 期。

杨苏平：《宁夏隆德方言分尖团举例》，《中国语文》2008 年第 1 期。

杨苏平：《宁夏隆德方言古从母仄声字的声母异读现象》，《语言科学》2012 年第 6 期。

杨苏平：《宁夏隆德方言古全浊声母今读的送气现象》，《方言》2013 年第 2 期。

杨占武：《回族语言底层与回族历史文化传承》，《回族研究》2011 年第 2 期。

张安生：《宁夏境内的兰银官话和中原官话》，《方言》2008 年第 3 期。

张安生：《宁夏同心话的选择性问句——兼论西北汉语方言"X 吗 Y"句式的来历》，《方言》2003 年第 1 期。

张安生：《银川话阳平、上声合并史新探》，《河北大学学报》2005 年第 1 期。

张安生：《西夏定州俗称"田州"考》，《方言》2013 年第 2 期。

张安生：《宁夏方言研究综述》（未刊稿）2005 年。

张成材：《青海汉语方言研究五十年》，《方言》2006 年第 3 期。

张成材：《陕西方言研究六十年述评》，《咸阳师范学院学报》2011 年第 1 期。

中国社会科学院语言研究所：《汉语方言词语调查条目表》，《方言》2003 年第 1 期。

学位论文：

曹强：　《海原方言音韵研究》，硕士学位论文，陕西师范大学，

2006 年。

　　杨苏平：《固原方言俗语调查报告》，硕士学位论文，陕西师范大学，
2008 年。

　　傅灵：《方言与普通话的接触研究》，苏州大学，2010 年。

　　董建文：《明代官话语音演变研究》，复旦大学，2007 年。

　　贡贵训：《安徽淮河流域方言语音比较研究》，河北大学，2011 年。

　　李小平：《河北方言助词"着"研究》，河北师范大学，2011 年。

　　刘雪霞：《河南方言语音的演变与层次》，复旦大学，2006 年。

　　苏俊波：《丹江方言词汇研究》，华中师范大学，2007 年。

　　吴云霞：《万荣方言语法研究》，河北师范大学，2002 年。

　　殷相印：《微山方言语法研究》，南京师范大学，2006 年。

电子图书：

　　侯精一：《现代汉语方言音库》各点音档，上海教育出版社、上海教育声像出版社 1992—1999 年版。

　　尹小林：《国学备要》，北京国学时代传播有限公司 2003 年版。

　　刘俊文：《中国基本古籍库》［DB/OL］，北京爱如生数字化技术研究中心 2006 年版。

后　记

　　本书是在笔者博士学位论文的基础上修改完成的。在即将出版之际，我不由得回想起与本书有关的一些人和事。

　　为了提升学术研究能力，2009 年，我参加了河北大学博士研究生的入学考试。但考试的结果是，我的英语成绩没有过关。为了实现我的入学愿望，导师组杨宝忠老师、郭伏良老师、陈双新老师同张安生老师一起努力，向学校提出建议破格录取了我，我的梦想终于变为现实，现在回想起来，仍然心存感激！

　　入学后，在张老师的指导下，我开始系统学习汉语方言学的有关理论。边学习，边调查。其间就学习和调查当中产生的疑惑随时请教张老师，并将一些思考整理成单篇论文。经过张老师的精心指导和修改，有的论文被《方言》《语言科学》等相关专业杂志刊用。同时，张老师提供了大量原始语料和调查表格，这些语料和表格为论文的最终形成起了重要支撑作用。可以说，这本论文，凝结着张老师的大量劳动。

　　与此同时，我还选修了杨宝忠老师、郭伏良老师、陈双新老师给博士生上的一些专业课。这些课程扩大了我的学术视野，为我的系统研究奠定了良好基础。

　　在校学习时，梁春胜、杨清臣、李娜、郭贞彦等一些青年教师和同学给了我很多帮助。我在保定素无亲人，因为有他们相助，我对这段校园生活感到温馨和充实。

　　三年脱产学习结束后，我回到宁夏，一边上班，一边调查和撰写毕业论文。感谢北方民族大学原副校长赵杰博士和东干语研究专家林涛先生的提携，我因此获得机会，从宁夏师范学院调入北方民族大学工作。北方民族大学图书馆的丰富资料和工作人员优良的工作态度为论文的撰写提供了诸多方便。

感谢宁夏师范学院和北方民族大学的有关领导，在我学习和答辩期间，一路绿灯，使我得以在宁夏和河北两地从容穿梭。

在实地调查期间，我的一些亲戚全程参与帮忙。他们有的放下手头工作，专门开车接送我在偏僻的乡村来回往返，有的负责给我提供丰厚的食宿，而我并没有为他们做过什么有益的事情，现在回想起来，仍然心怀不安！

2015 年 6 月初，我完成了河北大学规定的所有学习任务后，怀着十分激动的心情参加了博士学位论文的答辩。论文的题目正是《隆德方言研究》。感谢答辩委员会主席邢向东先生和各位委员李小平先生、吴继章先生、郭伏良先生、武文杰先生，他们分别提出了非常重要的批评和修改意见。

感谢北方民族大学原文史学院的各位领导，他们将这本书列入 2017年度出版计划，决定给予 4.5 万元人民币的全额资助。

感谢以上所有为我提供过帮助的领导、老师、朋友、同学、亲人！

由于本人才疏学浅，书中一定存在这样或那样的缺点错误，敬请各位专家和读者批评指正！

作者 2017 年 11 月 21 日于银川寓所